# INHALTSVERZEICHNIS



VORWORT 7

EINLEITUNG 9

Walter Müller

KLASSENLAGEN UND SOZIALE LAGEN IN DER BUNDESREPUBLIK 21

1 Klassenlagen in der Bundesrepublik 27

2 Klassenlage vs. soziale Lage und das Problem der empirischen Bezugsgröße 45

3 Die Verteilung der Bevölkerung auf Klassenlagen und soziale Lagen 53

4 Altersschichtung 80

5 Intergenerationenschichtung 87

6 Schlußbemerkung 97

Johann Handl

SOZIO-ÖKONOMISCHER STATUS UND DER PROZESS DER STATUSZUWEISUNG - ENTWICKLUNG UND ANWENDUNG EINER SKALA 101

1 Problemstellung und theoretisches Konzept 101

2 Die Datenbasis 107

3 Skalierung der Berufsvariablen 116

4 Skalierung der Bildungsvariablen 129

5 Überprüfung der Linearitäts- und Additivitätsannahme im Pfadmodell des Statuszuweisungsprozesses 134

6 Ein globales Pfadmodell des Statuszuweisungsprozesses für die BRD 144

7 Schlußbemerkung 152

Karl Ulrich Mayer

STATUSHIERARCHIE UND HEIRATSMARKT - EMPIRISCHE ANALYSEN ZUR STRUKTUR DES SCHICHTUNGSSYSTEMS IN DER BUNDESREPUBLIK UND ZUR ABLEITUNG EINER SKALA DES SOZIALEN STATUS 155

1 Stände, soziale Schichten, Statusgruppen 159

2 Daten und Variablen 172

3 Die Struktur der Heiratsbeziehungen in der Bundesrepublik Deutschland 174

4 Heiratschancen und Mobilitätschancen - ein erster Vergleich 185

5 Eine Statusskala nach Heiratsquoten 191

6 Eine multidimensionale Skalierung von 34 Berufskategorien nach Heiratsbeziehungen 199

7 Zusammenfassung und Interpretation 224

ANHANG A

TABELLEN ZUM BEITRAG: KLASSENLAGEN UND SOZIALE LAGEN IN DER BUNDESREPUBLIK 233

ANHANG B

TABELLEN ZUM BEITRAG: SOZIO-ÖKONOMISCHER STATUS UND DER PROZESS DER STATUSZUWEISUNG 247

ANHANG C

KURZE CHARAKTERISTIK DER MIKROZENSUS-ZUSATZERHEBUNG 1971 "BERUFLICHE UND SOZIALE UMSCHICHTUNG DER BEVÖLKERUNG" 263

LITERATURVERZEICHNIS 267

CIP-Kurztitelaufnahme der Deutschen Bibliothek

Handl, Johann
Klassenlagen und Sozialstruktur: empir. Unters.
für d. Bundesrepublik Deutschland / Johann Handl;
Karl Ulrich Mayer ; Walter Müller
- 1. Aufl. - Frankfurt/Main, New York : Campus
Verlag, 1977.
(SPES ; Bd. 9)
ISBN 3-593-32203-X
NE: Mayer, Karl Ulrich:; Müller, Walter

ISBN 3-593-32203-X


Gestaltung und Produktion: Warminski & Heinzlmeier, Buchteam Frankfurt
Druck und Bindung: fotokop, Darmstadt
Printed in Germany

Johann Handl, Karl Ulrich Mayer, Walter Müller

# Klassenlagen und Sozialstruktur

## Empirische Untersuchungen für die Bundesrepublik Deutschland

Campus Verlag
Frankfurt/New York

SPES-PROJEKT

SOZIALPOLITISCHES ENTSCHEIDUNGS- UND INDIKATORENSYSTEM FÜR DIE BUNDESREPUBLIK DEUTSCHLAND

SCHRIFTENREIHE BAND 9

HERAUSGEGEBEN VON DER SOZIALPOLITISCHEN FORSCHERGRUPPE AN DEN UNIVERSITÄTEN FRANKFURT UND MANNHEIM

MITGLIEDER DER SOZIALPOLITISCHEN FORSCHERGRUPPE

**Johann Handl,** Dr.rer.soc.oec., geb. 1947, Studium der Sozial- und Wirtschaftswissenschaften an der Universität Wien. Dissertation über multivariate Verfahren zur Analyse qualitativer Daten, Entwicklung eines EDV-Tabellenanalysesystems für umfangreiche Stichproben ('TASUS').
**Karl Ulrich Mayer,** Dr.rer.soc., geb. 1945, Studium der Soziologie, Philosophie und Germanistik in Tübingen, Spokane (Wash.), New York und Konstanz. Veröffentlichungen u.a.: *Ungleichheit und Mobilität im sozialen Bewußtsein,* Opladen 1975; *Soziologischer Almanach,* Frankfurt 1975 (mit E. Ballerstedt, W. Glatzer, W. Zapf); *Soziale Schichtung und Mobilität,* München 1975 (mit E. Wiehn).
**Walter Müller,** Dr.rer.soc., geb. 1942, Studium der Philosophie, Soziologie und Volkswirtschaftslehre in Löwen (Belgien), Köln und Konstanz. Veröffentlichungen u.a.: *Familie – Schule – Beruf,* Opladen 1975; *Social Stratification and Career Mobility,* Paris-Hague 1973 (mit K.U. Mayer); *Chancengleichheit durch Bildung?* Stuttgart 1975 (mit K.U. Mayer).

# VORWORT

Im Gegensatz zu vielen anderen Gesellschaften mit zum Teil erheblich geringeren ökonomischen und wissenschaftlichen Ressourcen, gibt es für die Bundesrepublik keine große, von Soziologen angelegte Erhebung, die sich spezifisch mit Problemen der Statuszuweisung, der Verteilung und Bestimmung von Bildungs- und Berufschancen, der Mobilität zwischen den Generationen und im Verlauf von Berufskarrieren befaßt.

Mit der Mikrozensus-Zusatzerhebung 'Berufliche und soziale Umschichtung der Bevölkerung' 1971 des Statistischen Bundesamtes ergab sich damit zum erstenmal die Chance, eine für die Bundesrepublik repräsentative, aufgrund der Stichprobengröße auch für Teilgruppen zuverlässige und methodisch fortgeschrittene Untersuchung zu Strukturen und Mechanismen sozialer Ungleichheit durchzuführen[1].

Zur Sekundäranalyse dieser Daten bildete sich im Rahmen des SPES-Projekts (Sozialpolitisches Entscheidungs- und Indikatorensystem für die Bundesrepublik Deutschland) der Sozialpolitischen Forschergruppe Frankfurt/Mannheim eine Arbeitsgruppe, die 1974 ihre Arbeit aufnahm. Nach der Übernahme und Aufbereitung des umfangreichen Datensatzes im Herbst 1975 ist der hier vorgelegte Band ihr erstes größeres Forschungsergebnis[2].

Diese Arbeiten werden im folgenden als eigenständige, sich ergänzende Studien vorgestellt. Sie haben jedoch daneben vor allem vorbereitenden Charakter für unsere gegenwärtig laufenden Untersuchungen zur Struktur und Entwicklung der Intergenerationenmobilität, zur Karrieremobilität und zur Rolle des Bildungssystems im Prozeß der Statuszuweisung

---

1) Zu den Veröffentlichungen des Statistischen Bundesamtes und des Bundesinstituts für Bevölkerungsforschung über diese Erhebung siehe im Literaturverzeichnis am Ende des Bandes Statistisches Bundesamt (1975), Tegtmeyer (1975 a, b), Steiger/Tegtmeyer (1976) und Lengsfeld (1976).

2) Zu kleineren Analysen tabellarischer Materialien siehe Müller (1974), Mayer/Müller (1976 a, b), Müller/Mayer (1976). Ein breiter Überblick über den Stand der Ungleichheitsforschung in der Bundesrepublik findet sich in Müller/Mayer (1975).

sowie zur Erwerbstätigkeit und sozialen Mobilität von Frauen.

Die Beiträge in dieser Publikation dokumentieren auch, daß die Fülle von Daten, die die amtliche Statistik erhebt, in viel stärkerem Maße als bisher für die sozialwissenschaftliche Forschung genutzt werden kann. Wir danken dem Statistischen Bundesamt für die Überlassung der Daten und insbesondere den Herren Herberger, Dr. Schubnell, Steiger, Tegtmeyer und Zindler für ihre tatkräftige Unterstützung.

Der technische Leiter des Rechenzentrums der Universität Mannheim, Herr Peter, und Frau Cassidy vom Zentrum für Umfragen, Methoden und Analysen (ZUMA) haben uns bei vielen Datenverarbeitungsproblemen geholfen. Daß aus schwer entzifferbaren Papieren ein reproduzierbares Manuskript wurde, verdanken wir Frau Michelsen und unseren studentischen Mitarbeitern Frau Willms, Herrn Brach und Herrn Pfluger.

J. Handl hat den umfangreichen Datensatz aufbereitet und die Datenverarbeitungsinfrastruktur entwickelt, mit deren Hilfe eine zeitökonomische Auswertung der über 4oo.ooo Fälle umfassenden Stichprobe erst möglich wurde. Diese Arbeiten zeigen sich zwangsläufig nur mittelbar in den auf ihrer Grundlage durchgeführten Analysen. Sein Anteil am Zustandekommen dieses Bandes ist daher weit größer, als hier sichtbar wird.

Mannheim, im Dezember 1976

J. Handl
K.U. Mayer
W. Müller

# EINLEITUNG

Kaum ein Gegenstand ist in der soziologischen Forschung von so vielfältigem Interesse, wie die Probleme, die unter den Rubriken Klassenstruktur, soziale Schichtung oder soziale Ungleichheit behandelt werden. Untersuchungen in diesen Bereichen sind nicht nur zur Bereitstellung von Basiswissen zur Sozialstruktur unverzichtbar, sondern sie haben auch einen zentralen Stellenwert im Rahmen gesamtgesellschaftlicher Analysen, die sich auf die gesellschaftliche Arbeitsteilung, die Verteilung und Kontrolle von Ressourcen, die Legitimität der gesellschaftlichen Ordnung sowie die Organisation und Artikulation von Interessen beziehen. In der soziologischen Theorie und Forschungspraxis gelten Klassenlage, Schichtzugehörigkeit oder sozio-ökonomischer Status aber nicht nur als Hauptbestimmungsgründe politischer Differenzierung. Es gibt auch darüberhinaus kaum einen Verhaltensbereich, in dem diese Variablen nicht als zentrale Erklärungsgrößen beigezogen werden. Schulen und ganze Forschungszweige haben sich um Begriffe wie schichtspezifisches Sprachverhalten, schichtspezifische Erziehungsstile, Konsumstile, Kriminalität usw. gebildet.

Im krassen Gegensatz zur Bedeutung des Gebiets steht der ausgesprochen spärliche Stand von empirischen Arbeiten, die sich explizit mit Problemen der Sozialstrukturanalyse befassen. Die amtliche Statistik hat sich lange Zeit fast ausschließlich mit Aufgliederungen nach sozialrechtlichen Kategorien begnügt. Forschungsarbeiten, die geleistet werden konnten, mußten deshalb überwiegend auf eigene Erhebungen abstellen, deren Stichproben in aller Regel zu klein waren, um differenziertere Aufgliederungen oder verläßliche Schätzungen zu ermöglichen.

Zwar zeigen die umfangreichen Arbeiten zur Klassenanalyse, die in den letzten Jahren durchgeführt wurden, daß in den Veröffentlichungen der amtlichen Statistik ein bislang unausgeschöpftes Reservoir von Informationen verfügbar ist. Die Sekundäranalyse solcher veröffentlichter Agglomeratdaten stößt jedoch überall dort an enge Grenzen, wo spezifischere soziologische Problemstellungen zu bearbeiten sind.

Theoretisch wie methodisch gehen die für die Bundesrepublik bislang vorliegenden Untersuchungen zur Klassenstruktur und sozialen Schichtung höchst unterschiedliche Wege und kommen entsprechend auch zu durchaus unterschiedlichen Ergebnissen. Man kann grob vier Ansätze unterscheiden: ad hoc-Klassifikationen, so etwa die Studie von Janowitz (1958); Bemühungen um die Entwicklung von Schichtungsskalen und daran anschließende Abgrenzungen sozialer Schichten, wie z.B. Kleining und Moore (196o, 1968) oder Scheuch (1961); Dahrendorfs (1971) synthetische Schichtungskonstruktion sowie neuerdings die Arbeiten unter klassentheoretischer Problemstellung (Tjaden-Steinhauer/Tjaden 1973; Autorenkollektiv 1974; Projekt Klassenanalyse 1974).

Im folgenden sollen diese Ansätze und der Beitrag der Arbeiten dieses Bandes für eine Sozialstrukturanalyse kurz skizziert werden.

Die erste für die Bundesrepublik durchgeführte größere Untersuchung, die Studie von Morris Janowitz (1958), weist ohne Vorüberlegungen theoretischer Art Personen nach ihrer beruflichen Stellung einer von vier sozialen Schichten zu: der unteren oder oberen Unterschicht (ungelernte vs gelernte Arbeiter), der unteren oder oberen Mittelschicht von Angestellten, Beamten und Selbständigen. Daneben stehen als je eigene Kategorie die selbständigen Landwirte und die Landarbeiter. Auf ähnlich arbiträre Weise verfahren die meisten empirischen Studien, in denen Schichtzugehörigkeit, Klassenlage oder sozio-ökonomischer Status als zentrale unabhängige Variable auftreten.(Vgl. Herz 1977).

Die Vorstellung, daß sich die soziale Schichtung in einer Gesellschaft am unterschiedlichen Ansehen, das die Inhaber verschiedener Berufe genießen, ablesen läßt, ist der Ausgangspunkt der Arbeiten von Kleining und Moore (196o, 1968) zur sozialen Schichtung in der Bundesrepublik. Dieser Vorstellung folgend haben diese Autoren eine Berufsliste entwickelt, in der neun verschiedene Gruppen von je vier Berufen aufgeführt sind. Die Gruppen wurden so zusammengestellt, daß nach dem Urteil von Testpersonen jede Gruppe nur solche Berufe enthält, denen ähnliches Ansehen auf einer Stufenleiter 'von ganz unten bis ganz oben' zukommt, und daß die Berufsgruppen mit annähernd gleichen Abständen über die ganze Stufenleiter hinweg verteilt liegen. Jede der Berufsgruppen soll damit sozusagen das Spektrum einer sozialen Schicht repräsentieren. Die Zugehörigkeit von Personen zu einer Schicht und die relative Größe verschiedener Schichten wird dann bestimmt nach der Selbsteinstufung von Befragten in die Gruppe von Berufen, die dem eigenen Beruf "am ähnlichsten sind, ... am ähnlichsten im Sinne der Tätigkeit, des Ansehens, der Bezahlung, der Verantwortung usw.". (Kleining und Moore 1968: 5o3)[1].

Die Leichtigkeit der Anwendung dieses Instruments in Massenumfragen und die Reproduktion gleicher Ergebnisse in sukzessiven Erhebungen kann die zahlreichen Einwände dagegen nicht entkräften. Hinsichtlich der inhaltlichen Interpretation von Prestigescores haben Goldthorpe und Hope (1973) mit guten Gründen argumentiert, daß solche Maße nicht mehr messen als "general desirability" von Berufen. Ein Schichtungsmodell, das auf solchen Maßen aufbaut, würde danach letztlich nicht mehr erbringen als eine Ordnung der Bevölkerung nach der allgemeinen Attraktivität der Berufe und würde keineswegs notwendigerweise auch eine Hierarchie der gesellschaftlichen Stellung erfassen.

Selbst wenn man von diesem grundsätzlichen Einwand einmal absieht, ist weiterhin nicht sichergestellt, daß mit den Prestigescores auch soziale Schichten voneinander abgetrennt werden, deren Mitglieder mehr gemeinsam haben als eben das Prestige der Berufsgruppe, der sie sich zuordnen[2]. Die starke Streuung gleicher Bildungsmerkmale und Einkommensverhältnisse über verschiedene Prestigeschichten hinweg - wie sie Kleining und Moore selber finden - kann solche Zweifel nur unterstützen.

Weniger anfällig gegen derartige Kritik ist Scheuchs Ansatz zur Konstruktion einer Schichtungsskala (Scheuch 1961). In seinen Schichtungsindex gehen die zentralen sozio-ökonomischen Variablen, wie Bildungsniveau, berufliche Stellung, Einkommensverhältnisse und in der differenzierten Version auch Aspekte des Lebensstandards und kulturellen Niveaus direkt ein. Aus diesen Variablen bildet Scheuch einen kumulativen Index und definiert dann soziale Schichten durch die Abgrenzung bestimmter

---

1) Auf Besonderheiten der Einstufung von Nicht-Erwerbstätigen oder Frauen, die nie mit ihrem eigenen Beruf, sondern immer mit dem Beruf des Vaters (wenn ledig oder geschieden) oder dem Beruf ihres Mannes (wenn verheiratet oder verwitwet) erfaßt sind, soll hier nicht eingegangen werden.

2) Auch die Tatsache, daß - gemessen am mittleren Prestige der Berufe, die in der Berufsliste eine Schicht indizieren - etwa gleiche Prestigedistanzen zwischen den einzelnen Schichten bestehen, bedeutet nicht, daß damit Schichten definiert sind, die auch in anderer Hinsicht soziologisch relevante Bevölkerungsgruppen umfassen.

Indexbereiche. Die Probleme dieses Verfahrens liegen in der Natur eines kumulativen Index. Die Gewichtung der in die Indexbildung einbezogenen Variablen ist arbiträr. Weil es sich um einen Index handelt, in dem die Werte der einzelnen Dimensionen einfach aufaddiert werden, können Personen in höchst unterschiedlichen Lebenssituationen schließlich den gleichen Indexwert bekommen und werden dann der gleichen Schicht zugerechnet. Dieser Einwand ist also vor allem in Gesellschaften ernst zu nehmen, in denen Inkonsistenz in verschiedenen Statusdimensionen nicht selten anzutreffen ist. Zudem ist ein derartiger kumulativer Index auch denkbar ungünstig für ein Problemgebiet, in dem die Untersuchung von zeitlichen Entwicklungstendenzen ein zentraler Forschungsschwerpunkt sein muß. In kürzester Zeit sind Indexgewichtungen völlig überholt, wenn der Index Variablen wie z.B. das Einkommen enthält, deren Werte durch Inflations- oder Wachstumsprozesse sich laufend verändern. In Vergleichsuntersuchungen über verschiedene Zeitpunkte ist deshalb nicht feststellbar, ob veränderte Ergebnisse nun sozialen Wandel indizieren oder bloß als die Artefakte der notwendig gewordenen Neugewichtungen zu betrachten sind.

Schließlich gilt auch hier wie bei Kleining, daß über die Ziehung der Trennungslinie, durch die Bereiche von nur noch schwer anschaulich vorstellbaren Indexwerten zu sozialen Schichten abgegrenzt werden, die Definition von Schichten und deren Größe beliebigen Festlegungen des Forschers anheimgestellt ist.

An Geigers Kriterium der Schichtmentalitäten schließt Dahrendorf in seiner Konstruktion eines Gebäudes der sozialen Schichtung für die Bundesrepublik an, wollte aber über Geiger hinaus "einen betont sozio-politischen und zudem sozio-kulturellen Akzent bei der Beschreibung der Mentalitäten" setzen. (Dahrendorf 1971: 96).

Zur <u>Arbeiterschicht</u> werden hier 45% der Bevölkerung gerechnet. Diese Schicht gilt nicht nur nach den Qualifikationsmerkmalen gelernter, an- oder ungelernter Arbeit differenziert, sondern nach einer Vielfalt weiterer Kriterien, wie nach ländlichem oder städtischem Sozialkontext oder nach der Beschäftigung in Kleinbetrieben bzw. unter industrieller Arbeiterorganisation. Weil alle diese Arbeiter "eben doch eine Schicht mit eigener Kultur und Mentalität" (S. 1o4) bilden, gliedert sie Dahrendorf nicht weiter auf und grenzt gegen die eigentliche Arbeiterschicht nur die kleine Arbeiterelite (5%) - "die Steiger und Meister, die Buchdrucker und Schlosser" - ab, die er jedoch als prägend betrachtet für den Sozialcharakter der "Subkultur ... derer, die 'unten' stehen in der Gesellschaft". (Dahrendorf 1971: 1o1 f.).

Neben dem traditionellen 'Mittelstand' (2o%), zu dem von den Kleinbauern und Einzelhändlern bis hin zu den freien Berufen und den Unternehmern der Industrie alle Selbständigen zählen, werden zwei Kategorien des neuen Mittelstands unterschieden: die Dienstklasse (12%) - die von Statusmentalität und individueller Konkurrenz geprägten Helfershelfer der Mächtigen in den bürokratischen Organisationen des Staates und der privaten Wirtschaft - sowie der 'falsche' Mittelstand (12%) der Dienstleistungsarbeiter, die zwar ein mittelständisches Selbstbewußtsein zu Tage tragen, aber weder selbständig sind, noch an der arbeitsteiligen bürokratischen Herrschaftsausübung partizipieren, noch von ihrer materiellen Lage her in begründbarer Weise dem Mittelstand zugerechnet werden können.

Die Spitze der Gesellschaft wird aus einer Pluralität von Eliten (1%) gebildet, Inhabern von Führungs- und Machtpositionen in den verschiedenen institutionellen Bereichen, die "vergleichsweise wenig Zusammenhalt, wenig objektive und subjektive Solidarität ..., kein Bewußtsein der Zugehörigkeit zu einer Oberschicht" aufweisen. (Dahrendorf 1971: 97).

Den Boden in diesem Schichtgebäude bildet die Unterschicht (5%) aus "Dauererwerbslosen, Unsteten, Rückfallkriminellen und anderen ..., die zuweilen als 'Bodensatz' der Gesellschaft bezeichnet werden." (Dahrendorf 1971: 1o5).

Diese Art der Analyse folgt weder einem rudimentären Marxschen Antagonismusmodell, noch den problematischen Instrumenten der Schichtungs- und Prestigeforschung. Und zweifelsohne gewinnt im Vergleich zu diesen Ansätzen das Strukturbild durch den Versuch, 'sozio-politische' Kriterien in die Abgrenzung der Schichten einzubeziehen, an soziologischer Substanz. Anstelle der Willkürlichkeit der Grenzziehungen in den Modellen von Kleining oder Scheuch steht eine, wenn auch nur impressionistische, Analyse der in der Meinung des Autors die Gesellschaft der Bundesrepublik charakterisierenden Differenzierungen. Dahrendorf macht es sich dabei aber insofern leicht, als er sich die Mühe operationalisierbarer

Umschreibungen spart und sich für die Größenangaben mit Schätzungen auf der Basis informierter Willkür zufriedengibt. Selbst in der Beschreibung der für seinen Ansatz so zentralen schichttypischen Mentalitäten kommt der Autor ohne strikte empirische Evidenz aus.

Die umfangreichsten Untersuchungen zur 'Klassen- und Sozialstruktur der BRD' wurden in den letzten Jahren von Autoren und Autorengruppen vorgelegt, die theoretisch an der Marxschen Klassenanalyse orientiert sind. Kennzeichen dieser Arbeiten ist der Versuch, auch empirisch ein Bild der Klassenstruktur in der Bundesrepublik zu zeichnen, das den Marxschen Voraussagen über die Entwicklungsdynamik kapitalistischer Gesellschaften gerecht wird: zunehmende Konzentration von immer größeren Kapitalien in den Händen von immer weniger Kapitalisten, abnehmender Bevölkerungsanteil in der Mittelschicht und eine stets wachsende Arbeiterklasse.

In der Zusammenfassung ihrer Berechnungen und Schätzungen der Größe der verschiedenen Klassen kommen Tjaden-Steinhauer und Tjaden (1973: 2oo) zu folgendem Ergebnis: "Es gehörten von den erwerbstätigen Gesellschaftsmitgliedern der Bundesrepublik Deutschland im Jahre 197o etwa 83,3% zur Arbeiterklasse, 1,8% zur Kapitalistenklasse und 14,9% zu den nicht- oder halbkapitalistischen Sondergruppen und -schichten". Zu sehr ähnlichen Befunden kommt das Autorenkollektiv für marxistische Studien und Forschungen (1974) in seinen sozialstatistischen Analysen, die eine ausserordentlich findige und gründliche Ausschlachtung verschiedenster veröffentlichter Daten der amtlichen Statistik darstellen. Im Unterschied zu den Tjadens, nach denen mit Ausnahme der Spitzenmanager in Großkonzernen und dem obersten Leitungspersonal in staatlichen Bürokratien alle Lohnbezieher zur Arbeiterklasse gehören, ist das Autorenkollektiv jedoch bereit, zu den Mittelschichten auch einen kleinen Teil der Lohnabhängigen zu rechnen. Es zählt dazu die "soziale Schicht der Intelligenz", das sind "jene Personen, deren Existenzgrundlage die Verwertung ihrer durch ein Hochschulstudium erworbenen Spezialistenqualifikation ist" (Autorenkollektiv 1974: 347) sowie "die lohnabhängigen Mittelschichten", d.h. "das Aufsichts-, Leitungs- und Spezialistenpersonal ohne Intelligenzqualifikation und -funktion unterhalb der Ebene des kapitalistischen Managements bzw. der bourgeoisen Spitzengruppe des Staatsapparates".[1]
(Autorenkollektiv 1974 II, 2: 352).

---

(Fußnote siehe nächste Seite.)

Eine äußerst eigenwillige Abgrenzung der Mittelschichten von der Arbeiterklasse einerseits und der Kapitalistenklasse andererseits nimmt schließlich das Projekt Klassenanalyse (1974) vor, indem es den Mittelschichten u.a. sämtliche Lohnabhängigen zuschlägt, die in irgendeiner Weise mit Staatsfunktionen in Beziehung stehen. So gehört ein Bahnarbeiter ebenso zur Mittelschicht wie der Leiter einer Oberpostdirektion. Lohnabhängige, die ähnliche Funktionen in der privaten Wirtschaft erfüllen, gelten dagegen unterschiedslos als Angehörige der Arbeiterklasse.

Ohne Zweifel hat die gesellschaftliche Entwicklung der Marxschen Voraussage der zunehmenden Konzentration des Kapitals in der Verfügungsgewalt von wenigen recht gegeben. Auch die Tatsache, daß die obersten Leitungsfunktionen oft nicht von den Kapitalbesitzenden selbst, sondern von 'angestellten' Managern ausgeübt werden, verändert weder die Tatsache, daß Gesellschaften mit kapitalistischer Wirtschaftsordnung eine enorme Konzentration wirtschaftlicher Macht aufweisen, noch daß die von einzelnen Kapitalisten oder Kapitalgesellschaften gesteuerten wirtschaftlichen Aktivitäten unter dem Gesetz der privaten Aneignung von und Verfügung über Gewinne stehen, und daß in vielen Politikbereichen die Möglichkeiten demokratisch legitimierter und von wirtschaftlicher Macht unabhängiger politischer Entscheidungen in hohem Maße prekär sind.

Die Streitfrage geht also nicht um dieses grundlegende Strukturprinzip kapitalistisch verfaßter Wirtschaftsordnungen oder um deren weitreichende Folgen. Sie geht darum, ob das Kriterium des Produktionsmittelbesitzes für die Analyse der sozialstrukturellen Gliederung moderner Gesellschaften ausreicht. Sie geht um die Notwendigkeit der Differenzierung innerhalb der Masse der lohnabhängigen Bevölkerung und insbesondere um die Stellung derjenigen Lohnabhängigen, deren Arbeitsplätze in der Folge der Kapitalakkumulation, der industriellen und wissenschaftlichen Revolution und der Bürokratisierung des gesellschaftlichen Lebens neu geschaffen wurden, und die Soziologen wie Geiger - zwar ungern,

---

1) Zur lohnabhängigen Intelligenz werden vom Autorenkollektiv 2,6%, zu den übrigen lohnabhängigen Mittelschichten 3,9% der Erwerbsbevölkerung gerechnet; der Anteil der agrarischen und gewerblichen Mittelschichten beträgt 15,8%, der Anteil der Arbeiterklasse reduziert sich auf 75,6%, und zur Bourgeoisie gehören nach der Rechnung des Autorenkollektivs 2,1% der Erwerbsbevölkerung.

aber doch - als 'neuen' Mittelstand bezeichnet haben.

Selbst wenn inzwischen einige Autoren marxistischer Orientierung bereit sind, die Existenz von lohnabhängigen Mittelschichten anzuerkennen, tendiert dieser Ansatz dazu, bestehende Unterschiede und Trennungslinien auch innerhalb der lohnabhängigen Bevölkerung zu übersehen. So übergeht auch das Autorenkollektiv, nach dem die Arbeiterklasse drei Viertel der Gesamtbevölkerung ausmacht, offensichtliche Differenzierungen, die innerhalb der zur Arbeiterklasse gerechneten Bevölkerungsteile nicht nur in der Art der Tätigkeit, der Arbeitssituation, der rechtlichen Stellung und materiellen Lebenslage bestehen, sondern auch im sozialen Bewußtsein, der Interessenartikulation und -organisation.

Die in diesem Band enthaltenen Beiträge nehmen die den oben beschriebenen Ansätzen zugrundeliegenden Zielsetzungen in mehrfacher Hinsicht auf. Im Anschluß an Geiger, Dahrendorf und Tjaden-Steinhauer/Tjaden wird der Versuch unternommen, mit Hilfe einiger weniger sozialstatistischer Merkmale die Differenzierung der Bevölkerung in relativ homogene, soziologisch relevante Kollektive zu rekonstruieren. Eine systematische Soziographie der Verteilung der Bevölkerung nach Klassenlagen und Lebenschancen bildet die Basis einer jeden Sozialstrukturanalyse. Sie hätte schon dann einen hervorragenden Nutzen, wenn sie nur dazu führen würde, monographische Informationen über einzelne soziale Kollektive, wie z.B. dequalifizierte oder 'gutverdienende' Arbeiter,in ihrer quantitativen Bedeutung richtig einzuschätzen und voreilige Generalisierungen über die 'Lohnabhängigen' oder die Selbständigen zu vermeiden. Die Arbeit von Müller geht über die vorliegenden Untersuchungen dieser Art insofern hinaus, als sie sich zum einen nicht auf die Verteilung von Erwerbstätigen beschränkt und vor allem die soziale Gliederung der vom staatlichen Umverteilungssystem abhängigen Rentnerbevölkerung mitberücksichtigt, zum anderen die Sozialstruktur nicht nur statisch abbildet, sondern wenigstens in Ansätzen den gesamten sozialen 'Lebenslauf' zur Basis der Analyse macht. Ein Vorzug dieser Strukturanalyse ist auch darin zu sehen, daß durch Sekundäranalysen eines umfangreichen Individualdatensatzes der amtlichen Statistik die Möglichkeit gegeben war, die relative Größe und soziale Lage ganz spezifischer Bevölkerungsgruppen relativ präzise zu bestimmen ohne dabei auf unterschiedliche Stichproben zu unterschiedlichen Erhebungszeitpunkten mit unterschiedlichen Klassifikationen zurückgreifen zu müssen und den sich daraus ergebenden Problemen willkürlicher Zuordnungen ausgeliefert zu sein.

Eine zentrale Aufgabe einer Sozialstrukturanalyse besteht einerseits auf der Ebene der Binnenorganisation der Gesellschaft in der Verknüpfung getrennt erfaßter Strukturen, wie etwa dem Bildungs- und Beschäftigungssystem oder der sozio-ökonomischen Struktur und dem politischen System, andererseits auf der individuellen Ebene in der Untersuchung der Zusammenhänge zwischen sozio-ökonomischer Lage und spezifischen Verhaltensweisen bzw. Einstellungen. Systematisch sind solche Verknüpfungen in Müllers Beitrag für die Zusammenhänge zwischen Bildungssystem und Beschäftigungssystem durchgeführt. Für solche Zwecke sind jedoch die Möglichkeiten klassifikatorischer Aufgliederungen eng begrenzt. Die Forschung kommt hier nicht ohne die Konstruktion spezifischer Skalen aus. Dieser instrumentellen Aufgabe, die unter den oben beschriebenen Ansätzen Scheuch und Kleining/Moore zu lösen versuchten, dient der zweite Beitrag.

Handl geht dabei von zwei für die empirische Sozialforschung gravierenden Problemen aus. Zum einen stehen in den meisten empirischen Erhebungen für ein Konstrukt wie 'sozio-ökonomischer Status' mehrere partielle Indikatoren zur Verfügung, deren Informationsgehalt auf empirisch begründete Weise in einer einzigen Skala zusammengefaßt werden muß. Zum anderen werden die meisten relevanten Variablen gewöhnlich auf einem nominalen Meßniveau erfaßt. Was gemessen werden soll, ist jedoch der theoretischen Intention nach ein zumindest ordinaler Tatbestand. Darüberhinaus erfordern zum Teil theoretische Überlegungen, vor allem aber die Annahmen, die einem Großteil der gebräuchlichen statistischen Methoden zugrundeliegen, Skalen auf Intervallniveau. Daher wird für die zentrale Variable des sozialen Status eine Intervallskala entwickelt und auf ihre Generationsinvarianz überprüft. Eine kausale Analyse des Statuszuweisungsprozesses, die damit zum ersten Mal repräsentativ für die Bundesrepublik vorliegt, demonstriert einen wichtigen Anwendungsbereich.

In dem dritten Beitrag wird auf der Grundlage einer Analyse von Heiratsbeziehungen in der Bundesrepublik untersucht, ob und in welcher Form diese Art der Verknüpfung zwischen Familien zu größeren Einheiten führt, die eine Statushierarchie bilden. Von Interesse ist hierbei nicht allein die kontroverse Frage, ob empirisch begründet von einzelnen sozialen Schichten und Schichtgrenzen gesprochen werden kann, sondern ob Statushierarchie oder Prestigedifferenzierung überhaupt einen von sozio-ökonomischen Verteilungsstrukturen empirisch unterscheidbaren Tatbestand bilden. Auch in dieser Arbeit werden zur Konstruktion einer Skala des 'sozialen Status' keine vorgängigen Annahmen über den relativen Rang von Kategorien gemacht. Die ermittelte Hierachie ergibt sich aus den beobachtbaren Beziehungsmustern. In zweierlei Hinsicht ist der Beitrag von Mayer eine Ergänzung zu den ersten beiden Untersuchungen.

Sowohl Müller als auch Handl gehen von Variablen aus, die Klassenlagen 'als gemeinsame ursächliche Komponenten von Lebenschancen' bestimmen, wie Besitz, Stellung im Beschäftigungssystem, Qualifikation, und ein Produkt unterschiedlicher Klassenlagen, nämlich das Einkommen, erfassen. Würde sich die Analyse der Struktur sozialer Ungleichheiten darauf beschränken, müßten zwei Einwände erhoben werden. Zum einen werden dabei im wesentlichen Merkmale herangezogen, die als 'Investitionen' für berufliche Tätigkeiten oder als sich daraus ergebende 'Entschädigungen' ökonomischen und distributiven Charakter haben. (Vgl. Slomczynsky 197o). Klassenlagen und soziale Ranglagen werden also vornehmlich als unterschiedliche Handlungspotentiale aufgefaßt, die sich aus Unterschieden der ökonomischen Ressourcenausstattung ergeben. Unberücksichtigt blieben damit Dimensionen sozialer Ungleichheit, die sich auf die Organisation politischer Herrschaft und den Gebrauch symbolischer Ressourcen beziehen, also das, was gemeinhin als Machtstruktur und Prestigedifferenzierung bezeichnet wird.

Daraus folgt der zweite Einwand, daß mit den auf Verteilungen beruhenden Ansätzen zwar Merkmalsklassen gebildet werden können, vielleicht sogar genuine 'Dispositions'-klassen (vgl. Hempel 1965), und die abgeleiteten Kollektive oder Ränge wohl verhaltensrelevant sein mögen, jedoch nicht aufgrund von Verhaltenskriterien konstituiert werden. Es ist daher wiederholt die Forderung aufgestellt worden, Strukturen sozialer Ungleichheit aus dem Muster sozialer Beziehungen unmittelbar abzuleiten.

Nun ist offensichtlich, daß im Gegensatz zu Gemeindestudien (Laumann/Pappi 1973, 1976) bei einem gesamtgesellschaftlichen Bezugsrahmen Einfluß- und Herrschaftsverhältnisse nicht ohne Bezug auf Organisationen als Beziehungen zwischen Individuen abgebildet werden können. Daher kommt auf der Basis repräsentativer Individualdaten unter dem Desiderat nicht primär ökonomischer, relationaler Merkmale vornehmlich die Untersuchung von Statusgruppen auf der Basis von Nachbarschafts-, Freundschafts- oder - wie hier - Heiratsbeziehungen in Betracht.

Alle drei Arbeiten stützen sich auf die Daten der 1971 vom Statistischen Bundesamt durchgeführten Mikrozensus-Zusatzerhebung 'Berufliche und soziale Umschichtung der Bevölkerung'. Es kann wohl davon ausgegangen werden, daß dieses Material die reichhaltigste Datenquelle darstellt, die bislang je zur Sozialstruktur der deutschen Bevölkerung erstellt wurde. Da die Daten im Rahmen eines Mikrozensus erhoben wurden, sind sie unmittelbar vergleichbar mit den Ergebnissen der - mit Ausnahme der Volkszählungen - wichtigsten Quelle der Bevölkerungsstatistik, also der jährlichen Folge der Mikrozensen.

Begrenzungen dieser Erhebung liegen sicher darin, daß sie keinerlei Informationen über Einstellungen, Mentalitäten, Lebensstil und politische oder andere Interessengruppenbildungen enthält, und daß außerdem Personen mit nicht-deutscher Staatsangehörigkeit nicht erfaßt sind. Der Mangel an detaillierten Daten über die Arbeitssituation, das Fehlen von Angaben über Besitz und Vermögen (Hausbesitz ausgenommen) und eine nur sehr grobe Einkommensklassifikation markieren ebenfalls Einschränkungen, die mit diesem Datensatz in Kauf genommen werden müssen. Die folgenden Beiträge stützen sich dennoch ausschließlich auf dieses Material, nicht zuletzt deshalb, weil es eine der wenigen Datenquellen der amtlichen Statistik darstellt, die in der Form von Individualdaten für eigene Sekundäranalysen zur Verfügung stehen. Der Versuch, die inhaltliche Beschränkung dieses Datensatzes durch die Verknüpfung mit Ergebnissen aus anderen amtlichen Datenquellen zu überwinden, hätte gerade den Vorzug eines Individualdatensatzes - nämlich Aufgliederungen nach eigenen theoretischen Gesichtspunkten vornehmen zu können - in unverhältnismäßig starker Weise wiederum eingeschränkt. Die Verknüpfung mit nur in Aggregatform vorliegenden veröffentlichten Daten hätte nämlich impliziert, daß sich auch die Individualanalysen an traditionelle Kategorien und Aufgliederungen der amtlichen Veröffentlichungen hätten anpassen müssen.

Schon wegen der Beschränkungen der Datenbasis verstehen wir diesen Band nicht als ein 'Endprodukt', sondern bestenfalls als einen Zwischenschritt, der vor allem eine extensive Analyse und Interpretation nicht leisten kann. Dieser begrenzte und zum Teil instrumentelle Charakter der Arbeiten ergibt sich auch aus ihrer Funktion im Rahmen unserer eigenen Forschungsvorhaben, in dem sie als vorbereitende Studien zur Untersuchung von Intergenerationenmobilität, des Statuszuweisungsprozesses und der Struktur beruflicher Karrieren dienen.

WALTER MÜLLER

# KLASSENLAGEN UND SOZIALE LAGEN IN DER BUNDESREPUBLIK

Das Bedürfnis, Komplexität zu reduzieren, hat inzwischen zur verbreiteten Praxis geführt, Arbeiten zur sozialstrukturellen Gliederung der Bevölkerung nach einem sehr einfachen Schema zu klassifizieren. Sie werden entweder der bürgerlichen Schichtungsforschung oder der Marxschen Klassenanalyse zugerechnet, wobei die Grundposition dieser beiden Ansätze etwa folgendermaßen auf einprägsame Kurzformeln gebracht werden: Hier der Versuch, soziale Differenzierung in eine Hierarchie übereinandergelagerter, z.T. willkürlich voneinander abgegrenzter Schichten zu zwingen, dort die These, die Sozialstruktur kapitalistischer Gesellschaften sei nur vom Gegensatz von Kapital und Lohnarbeit her zu verstehen, und diese beiden Begriffe müßten deshalb auch die fundamentalen Kategorien einer Sozialstrukturanalyse bilden[1].

Sicher wird eine solche Typisierung der Unterschiedlichkeit der konkreten Forschungsarbeiten , die diesen Ansätzen zugerechnet werden, nicht gerecht. Hält man sie jedoch aufrecht, so unterscheidet sich die Absicht dieses Beitrags sowohl vom Schichtungsmodell wie vom Klassenmodell.

Der konzeptuelle Rahmen, der dieser Arbeit zugrundeliegt, orientiert sich an der Weberschen Vorstellung, die typischen Lebenschancen einer Mehrzahl von Menschen, exakter die spezifisch ursächlichen Komponenten dieser Lebenschancen hätten als Kriterium für die Abgrenzung von Klassen oder Ständen zu gelten. Damit ist für Weber die Marxsche Unterscheidung

1) Siehe z.B. Tjaden-Steinhauer/Tjaden (1973), Autorenkollektiv (1974), Jäggi (1976), Projekt Klassenanalyse (1974). Auf eine differenziertere Darstellung vorliegender Arbeiten kann an dieser Stelle verzichtet werden. Der Leser sei hierzu auf die Einleitung zu diesem Band verwiesen.

von Besitz und Nicht-Besitz an Produktionsmitteln nur einer unter verschiedenen Ausschließungsmechanismen in einer auf dem Marktprinzip basierenden Wirtschaftsordnung. "Erworbene" Fähigkeiten z.B. können sich nach Weber ebenfalls als Instrumente der Monopolisierung von Lebenschancen erweisen und damit zu einem wesentlichen Faktor der Klassenbildung werden.

Neben die rein ökonomisch bestimmte Differenzierung nach 'Klassenlagen', die sich - mit etwas zu starker Vereinfachung gesagt - "nach den Beziehungen zur Produktion und zum Erwerb von Gütern" (Weber 1964: 688) gliedern, hat Weber die soziale Differenzierung nach 'Ständen' gestellt. Diese gliedern sich "nach den Prinzipien ihres Güter<u>konsums</u> in Gestalt spezifischer Arten von 'Lebensführung' (Weber 1964: 688). Ständische Vorzüge oder Nachteile leiten sich ab aus solchen typischen Komponenten des Lebensschicksals von Menschen, welche durch eine spezifische, positive oder negative soziale Einschätzung der 'Ehre' bedingt (sind) (Weber 1964: 688). Der Übergang zu einer eindeutigen <u>Hierarchie</u> von Schichten, wie sie etwa in den Ansätzen von Janowitz, Kleining oder Scheuch impliziert ist, folgt daraus nicht notwendigerweise.

Weber hat zwar darauf hingewisen, daß mannigfaltigste Verbindungen zwischen Unterschieden nach Klassen und ständischen Unterschieden bestehen. Er hat jedoch auch betont, daß Gesellschaften vorwiegend nach einem der beiden Prinzipien geordnet sein können. Und nach seinen Gesichtspunkten haben wir es in der Industriegesellschaft vorwiegend mit klassenmäßigen Strukturierungen zu tun. Damit ist nicht impliziert, daß für die Analyse sozialer Strukturen in diesen Gesellschaften die Selektivität von Sozialbeziehungen unter "Statusgleichen" bzw. Familien oder Personen, die sich als statusgleich betrachten, bedeutungslos geworden wäre. Dieser Aspekt wird hier jedoch nicht weiter verfolgt[1].

An den beiden Stellen von "Wirtschaft und Gesellschaft", an denen Weber explizit "Stände und Klassen" (Weber 1964: 223-227) bzw. "Klassen, Stände und Parteien" (Weber 1964: 678-689) behandelt, gibt Weber zwei sich ergänzende Definitionen von "Klassen" bzw. "Klassenlage". An der ersten Stelle schreibt er: "'Klassenlage' soll die typische Chance 1.

---

1) Er ist zentraler Gegenstand der Untersuchung von Karl Ulrich Mayer im 3. Beitrag dieses Bandes.

der Güterversorgung, 2. der äußeren Lebensstellung, 3. der inneren Lebensschicksale heißen, welche aus Maß und Art der Verfügungsgewalt (oder des Fehlens solcher) über Güter und Leistungsqualifikation und aus der gegebenen Art ihrer Verwertbarkeit für die Erzielung von Einkommen oder Einkünften innerhalb einer gegebenen Wirtschaftsordnung folgt. 'Klasse' soll jede in einer gleichen Klassenlage befindliche Gruppe von Menschen heißen". (Weber 1964: 222).

Nach dieser ersten Definition wäre also das Phänomen 'Klasse' nicht an eine spezifische Wirtschaftsordnung gebunden, sondern schon mit der Arbeitsteilung gegeben, soweit unterschiedliche Arbeitsmöglichkeiten mit ungleichen Einkommens- und Lebenschancen verknüpft sind.

An der zweiten Stelle macht Weber deutlich, daß er von Klassen nur dann sprechen will, wenn Unterschiede in den Lebenschancen von Menschen aufgrund ihrer spezifischen Lage auf dem Markt, und zwar auf dem Gütermarkt oder Arbeitsmarkt zustandekommen. "Wir wollen da von einer 'Klasse' reden, wo 1. einer Mehrzahl von Menschen eine spezifisch ursächliche Komponente ihrer Lebenschancen gemeinsam ist, soweit 2. diese Komponente lediglich durch ökonomische Bedingungen des (Güter- oder Arbeits-) Marktes dargestellt wird ('Klassenlage') ... Immer aber ist für den Klassenbegriff gemeinsam: daß die Art der Chance auf dem Markt diejenige Instanz ist, welche die gemeinsame Bedingung des Schicksals der Einzelnen darstellt. 'Klassenlage' ist in diesem Sinne letztlich 'Marktlage'". (Weber 1964: 679, 68o).

Diese beiden Festlegungen sind insofern widersprüchlich, als die zweite eine marktverfaßte Wirtschaftsordnung voraussetzt, während die erste eine solche einengende Bedingung nicht nennt. Ganz eindeutig jedoch bezieht sich Webers Klassenbegriff nicht nur auf die Unterscheidung zwischen den Produktionsmittel besitzenden Teilen der Bevölkerung und denen, die nur vom Verkauf ihrer Arbeitskraft leben, sondern ebenso klar auf Unterscheidungen innerhalb dieser beiden "Grundkategorien aller Klassenlagen" (Weber 1964: 679), und zwar "je nach der Art des zum Erwerb verwertbaren Besitzes einerseits, der auf dem Markt anzubietenden Leistungen andererseits". (Weber 1964: 679)[1].

---

1) Giddens (1973/ 78-8o) hat dieses Konzept Webers dahingehend kritisiert, daß damit letzlich die Anerkennung einer unendlichen Viel-

Als ein verschiedene ökonomische Klassenlagen übergreifendes Phänomen begreift Weber die 'Sozialen Klassen'. "Soziale Klasse soll die Gesamtheit derjenigen Klassenlagen heißen, zwischen denen ein Wechsel a. persönlich, b. in der Generationenfolge leicht möglich ist und typisch stattzufinden pflegt". (Weber 1964: 223). Soziale Klasse ist also für Weber eindeutig ein Begriff, der sich aus der Struktur von Mobilitätschancen ergibt, seien es Mobilitätschancen zwischen Generationen oder im Verlaufe individueller Lebensgeschichten.

Ein weiterer, ganz entscheidender Aspekt von Webers Klassentheorie bezieht sich auf das Verhältnis von Klassenlage und Klassenhandeln, oder in der Terminologie von Marx: auf das Verhältnis von Klasse an sich und Klasse für sich. Es sind zwar nach Weber "eindeutig ökonomische Interessen, und zwar an die Existenz des 'Markts' gebundene, welche die 'Klasse schaffen" (Weber 1964: 68o). Aber daraus folgt nicht, daß sich die von einer gleichen Klassenlage Betroffenen etwa auch notwendigerweise zu gemeinsamer Interessenartikulation und gemeinsamem Handeln finden. "Eine noch so starke Differenzierung der Lebenschancen an sich gebiert ein 'Klassenhandeln' (Gemeinschaftshandeln der Klassenzugehörigen) nach aller Erfahrung keineswegs". (Weber 1964: 681). Hierzu bedarf es ganz spezifischer Bedingungen, die nicht immer gegeben sind, und als eine der wichtigsten nennt Weber die "Durchsichtigkeit des Zusammenhangs zwischen den Gründen und den Folgen der 'Klassenlage'". (Weber 1964: 681).

Weber selbst hat weder eine systematisch nach den von ihm entwickelten Kategorien durchgeführte Analyse der Klassenstruktur der deutschen Gesellschaft seiner Zeit, noch etwa eine Prognose zukünftiger Entwicklungen vorgelegt. Die zahlreichen Beispiele von Besitz- und Erwerbsklassen, die er aufführt, beziehen sich auf verschiedene historische Epochen und unterschiedliche Gesellschaftstypen. Die zentralen Unterschei-

---

falt von Klassen verbunden sei. Man könne Webers Klassenbegriff insofern ad absurdum führen, als letztlich jedes Individuum eine leicht unterschiedliche Kombination von Besitz oder Fähigkeiten auf den Markt bringe und es damit so viele 'Klassen' gäbe, als Individuen in Marktbeziehungen eintreten würden. Daß dieser Einwand nicht trifft, zeigen die zitierten Stellen klar. Und auch die historischen Beispiele von Klassen, die Weber anführt, belegen, daß es Weber primär um agglomerierte Bevölkerungsteile geht, die in Bezug auf ihre Chancen auf dem Markt in einer relativ "gleichen" Lage sind, denen eine "spezifisch ursächliche Komponente von Lebenschancen gemeinsam ist".

dungskriterien, die Weber für die Differenzierung von Klassenlagen nennt, geben jedoch ein deutliches Bild seiner Vorstellung für eine Analyse der Klassenstruktur. Bei den unabhängig Erwerbstätigen sind es "die Art des zum Erwerb verwertbaren Besitzes", bei den abhängig Erwerbstätigen "die auf dem Markt anzubietenden Leistungen". (Weber 1964: 678). Mit den "Leistungen" oder "Leistungsqualifikationen" (Weber 1964: 223) meint Weber die - im Ausbildungssystem, Beschäftigungssystem oder sonstwie - erworbenen Qualifikationen und Fähigkeiten, mit denen Individuen ihre Arbeitskraft auf dem Markte anbieten, um damit Lohneinkommen zu erzielen.

Mit dem Ausgangspunkt für die Untersuchung der Struktur von Klassenlagen, den Weber im Produktionssystem setzt, trifft er für eine nach dem Marktprinzip verfaßte Wirtschaftsordnung sicher einen zentralen Ort der Genese von Ungleichheiten der Lebenschancen. Es ist jedoch unverkennbar, daß in Gesellschaften wie der Bundesrepublik die marktintervenierenden Aktivitäten des Staates ein Niveau erreicht haben, das die soziale Lage der Bürger in einem beträchtlichen Maße beeinflußt. Es ist hier nicht nur an die Bereitstellung von öffentlichen Gütern zu denken, sondern auch an Maßnahmen der Umverteilung oder das System der sozialen Sicherung, das große Teile der Bevölkerung in direkte Abhängigkeit von ebendiesen staatlich organisierten Transfers von Einkommen und Lebenschancen setzt. Diese Entwicklungen machen es unabdingbar, das Konzept der marktvermittelten Ungleichheit zu ergänzen.

Die folgende Untersuchung hat keinesfalls etwa das gesamte von Weber skizzierte Programm einer umfassenden Klassenanalyse zum Gegenstand. Der Bereich organisierter Macht sowie Prozesse der Statusgruppenbildung sind völlig ausgeblendet. Auch das Problem des Klassenhandelns ist nicht ein zentraler Gegenstand der Arbeit. Prozesse der sozialen Mobilität, die an der Basis der Bildung sozialer Klassen stehen, bilden zwar einen wichtigen Gesichtspunkt in der Analyse, werden aber nicht systematisch abgehandelt.

Das Ziel der Arbeit besteht darin, ein quantitatives Bild der Verteilung der Bevölkerung der Bundesrepublik auf eine Struktur von sozialen Lagen zu zeichnen, die aus typischen und spezifischen Konstellationen von Lebenschancen abgrenzbarer Bevölkerungsteile gebildet sind. Eine Leitidee bei der Abgrenzung solcher sozialer Lagen ist dabei Webers Konzept der Klassenlage. In Anlehnung an dieses Konzept werden zunächst eine

Reihe von Kriterien entwickelt, nach denen Klassenlagen abgegrenzt werden können, denen "spezifisch ursächliche Komponente(n) ihrer Lebenschancen" (Weber 1964: 679) gemeinsam sind (1). Danach werden die nach diesen Kriterien gebildeten Klassenlagen hauptsächlich auf der Basis von Einkommensunterschieden zu differenzierteren sozialen Lagen aufgegliedert (2). In (3) wird die Bevölkerung nach diesem Raster von sozialen Lagen aufgeteilt, und es werden die wesentlichen Strukturmerkmale der Verteilung typischer Konstellationen von Lebenschancen in der Bundesrepublik dargestellt. Dabei wird im Gegensatz sowohl zur Klassenanalyse wie zur Schichtungsforschung ein Analysemodell verfolgt, in dem die Bevölkerung gerade nicht eindimensional aufzugliedern ist, sondern nach einer Mehrzahl von Lebenschancen bestimmenden Faktoren. Die Verteilung der Bevölkerung auf soziale Lagen wird in einer Weise gesehen, in der einerseits typische Muster der Kumulation von Vorteilen oder Nachteilen in den verschiedenen Dimensionen, andererseits typische Muster der Diskrepanz von besonderem Interesse sind. In dieser Analyse werden auch die auf Ausgleich, Reproduktion oder Verstärkung von Ungleichheiten wirkenden Konsequenzen staatlicher Interventionen wenigstens insofern in Rechnung gestellt, als der Analyse der sozialen Lage der Rentnerbevölkerung und ihrer Zuordnung auf frühere Erwerbsklassen eine besondere Aufmerksamkeit gilt. Schon in der Festlegung von sozialen Lagen ist im übrigen darauf Rücksicht genommen, daß diese auch die unterschiedlichen Entwicklungspotentiale in Erscheinung treten lassen, die verschiedene Komponenten von Lebenschancen für das Lebensschicksal von Individuen und Familien haben. Dieser Entwicklungsaspekt wird in (4) durch eine Analyse der Altersschichtung und in (5) durch eine Untersuchung von Ausmaß und Mechanismen der intergenerationalen Transmission von Ungleichheiten weiter vertieft. Über die rein statische Verteilung hinaus können damit zumindest einige der dynamischen Prozesse sichtbar gemacht werden, in denen sich die gegebene Ungleichheitsstruktur ständig reproduziert, und die ein ganz entscheidendes Moment dieser Struktur sind.

## 1. Klassenlagen in der Bundesrepublik

Für die Entwicklung eines Modells von Klassenlagen ist ein erstes zentrales Gliederungskriterium die Trennung von Bevölkerungsteilen, deren Lebenssituation und Lebenschancen primär durch aktive Beteiligung am Güter- und Arbeitsmarkt geprägt sind und Bevölkerungsteilen, deren Lebenssituation nicht oder jedenfalls nicht unmittelbar auf diese Weise determiniert ist. Ich will mich zunächst mit den Prozessen der Klassenbildung am Markt befassen und erst danach auf die Lage von Bevölkerungsteilen eingehen, deren Lebenssituation nicht unmittelbar von Marktprozessen abhängt.

Was die Prozesse der Klassenbildung am Markt betrifft, so gibt es keinen Zweifel daran, daß die Unterscheidung zwischen selbständiger Erwerbstätigkeit, die in der Regel Besitz an Betriebskapital voraussetzt, und Erwerbstätigkeit in abhängiger Position weiterhin die fundamentale Trennung verschiedener Klassenlagen darstellt. Innerhalb dieser beiden Hauptklassen gibt es zahlreiche Differenzierungen, auf die ich nun im einzelnen eingehen will; zunächst die selbständig Erwerbstätigen, dann die abhängig Erwerbstätigen.

### Selbständig Erwerbstätige

Zur Hauptklasse der selbständig Erwerbstätigen gehören Personen in ökonomisch und sozial sehr verschiedenen Situationen. Sie umfaßt - um nur einige Beispiele zu nennen - die Landwirte mit ihren je nach Größe und Nutzungsmöglichkeit einen höchst unterschiedlichen Ertrag bringenden Betrieben, die traditionellen Handwerker mit in der Regel relativ kleinen Betriebseinheiten, die Inhaber von modernen Servicewerkstätten verschiedenster Branchen und verschiedenster Größenordnung, den kleinen Warenhändler bis hin zum Großhandelskaufmann, die kleinen und großen Bauunternehmer, Selbständige in den verschiedenen Sparten des Dienstleistungssektors und mit Betrieben unterschiedlicher Größe, die selbständig Erwerbstätigen in den verschiedenen freien Berufen, Fabrikanten mit Groß- und Kleinbetrieben in schrumpfenden oder expandierenden Wirtschaftszweigen, Besitzer von Privatkonzernen und Kapitalimperien und andere mehr.

Allen diesen ist zwar gemeinsam, daß sie in eigener Verantwortung und auf eigene Rechnung Produkte erstellen oder Dienstleistungen erbringen und auf dem Markt verkaufen bzw. diese Aktivitäten durch bezahlte Arbeitskräfte ausführen lassen. Eine Vielzahl von Faktoren bestimmen jedoch ihre konkrete Klassenlage, wobei die Ausstattung mit Kapital, die Unternehmensgröße (Beschäftigungszahl, Umsatz), die Marktlage und Konkurrenzsituation sowie konjunktur- und strukturbedingte Entwicklungen der Nachfrage wohl die wichtigsten sind. Auf der Basis von Umfragedaten über repräsentative Bevölkerungsquerschnitte ist es daher praktisch unmöglich, eine nach diesen Kriterien sinnvolle Klassifikation der Selbständigen vorzunehmen. Tjaden-Steinhauer und Tjaden (1973) haben in ihrer Analyse der "Klassenverhältnisse im Spätkapitalismus" eine Unterscheidung vorgenommen zwischen "Eigentümerkapitalisten" einerseits und den "sozialökonomischen Sondergruppen und -schichten der nichtkapitalistischen oder halbkapitalistischen Warenproduktion, Warenzirkulation und privaten Dienstleistungstätigkeit" (Tjaden-Steinhauer/Tjaden 1973: 2oo) andererseits. Die "Eigentümerkapitalisten" grenzen diese Autoren - faute de mieux - ab als die Selbständigen außerhalb der Landwirtschaft mit 1o oder mehr Beschäftigten sowie die Landwirte mit Betrieben von 5o und mehr ha landwirtschaftlicher Betriebsfläche. Der Rest der Selbständigen sowie die mithelfenden Familienangehörigen bilden dagegen die zweite Kategorie der "Sondergruppen".

Eine solche Abgrenzung ist - wie die Autoren selber bemerken - sicherlich nicht unproblematisch. Unter den Bedingungen der Datenlage scheint jedoch auch mir die gewählte Grenze bei der Beschäftigungszahl (bis 9 vs 1o und mehr Beschäftigte) die bestmögliche Unterscheidung zwischen dem, was man weniger emphatisch Kleinbetriebe und (Mittel- und) Großbetriebe nennen könnte. Dabei ist klar, daß mit wachsender Beschäftigungszahl ein Unternehmen mehr und mehr dem Typus des kapitalistischen Unternehmens entspricht, bei dem der erwirtschaftete Unternehmergewinn zunehmend aus Leistungen der Arbeitnehmer besteht, sei dies nun in Form direkt geleisteter Arbeit oder in Form von in Vorperioden geleisteter und im Kapitalstock akkumulierter Arbeit.

Neben den Selbständigen mit Kleinbetrieben und den Selbständigen mit Großbetrieben will ich als weitere Klassen abgrenzen die Landwirte und die Selbständigen in akademischen freien Berufen[1]. Bei den freien Berufen macht die beanspruchte und auch anerkannte exklusive fachliche Kompetenz die Basis ihrer Erwerbschancen unvergleichbar mit der der übrigen Selbständigen, und es wäre deshalb sinnlos, auch diesen Personenkreis etwa nach der Anzahl ihrer Zuarbeiter in eine der beiden unterschiedenen Selbständigenklassen einzuordnen. Die Abgrenzung der Landwirte als besonderer Klasse bedarf ebenfalls keiner langen Begründung. Obwohl ihre Einkommenschancen sehr stark streuen, weist gerade dieser Berufskreis, zumindest unter den Gesichtspunkten des Standesbewußtseins sowie der Interessenartikulation und -vertretung, noch am deutlichsten die Merkmale einer Klasse für sich auf[2].

Abhängig Erwerbstätige

Wie im Bereich der selbständigen Erwerbstätigkeit, sind auch die Prozesse der Klassenbildung auf dem Arbeitsmarkt durch eine Vielzahl von Faktoren bestimmt. Da es sich um einen Markt handelt, sind die primären Faktoren in den Größen zu suchen, die das Angebot an Arbeitsplätzen einerseits und die Nachfrage nach diesen andererseits prägen. Weder beim Angebot noch bei der Nachfrage handelt es sich um homogene Größen. Das Angebot ist hauptsächlich abhängig von der Organisation der Produktion, der Art der Arbeitsteilung sowie den Rekrutierungspraktiken der Arbeitgeber. Die Nachfrage ist im wesentlichen strukturiert auf der Basis der entweder im Ausbildungs- oder Beschäftigungssystem erworbenen Qualifikationen der Arbeitssuchenden. Daneben spielen bei der Strukturierung und Vermittlung von Arbeitsnachfrage und Arbeitsangebot gesetzliche Regelungen oder Vereinbarungen der Tarifpartner eine entscheidende Rolle. Schließlich beeinflussen historisch zu erklärende Bedingungen diesen Prozeß ebenfalls.

---

1) Als Selbständige in "freien Berufen" betrachte ich im folgenden Selbständige, die einen Hochschulabschluß erworben haben und in den Wirtschaftszweigen Wissenschaft, Bildung, Kunst und Publizistik, Gesundheitswesen, Rechtsberatung, Ingenieurbüros, Grundstückswesen, fotografisches Gewerbe u.ä. Dienstleistungen tätig sind.

2) Aus diesen Gründen wurde auch nicht der Versuch unternommen, einen Teil der Landwirte zur Klasse der "Eigentümerkapitalisten" hinzuzuschlagen, obwohl dies unter anderen Gesichtspunkten durchaus berechtigt sein kann. Die Landwirte mit Betrieben von 5o und mehr ha, die Tjaden-Steinhauer und Tjaden (1973) zu dieser Klasse zählen, machen ca. 5% der landwirtschaftlichen Betriebe oder 1 Promille aller Haushalte aus. Unter den Eigentümerkapitalisten würden sie einen Anteil von ca. 15% bilden.

Es ist festzuhalten, daß die verschiedenen aufgezählten Faktoren in der Regel durchaus variabel und nicht etwa aufgrund technologischer oder sonstiger Zwänge in bestimmten Entwicklungsstufen der Produktionsverfahren völlig festgelegt sind. Es gibt durchaus Variationsmöglichkeiten, wie bei einem gegebenen Stand der Technologie Produktionsprozesse organisiert und Arbeitsplätze ausgestattet sein können. Zudem steht keineswegs völlig fest, welche Qualifikationen etwa vom Inhaber eines bestimmten Arbeitsplatzes gefordert werden. Die Arbeitgeber sind (in gewissen Grenzen) variabel darin, in welcher Weise sie in der Planung, der Erstellung und im Verkauf von Produkten sowie in der Verwaltung der Produktion die Arbeit aufteilen und wie sie unterschiedlich qualifizierten Arbeitskräften die aufgeteilten Arbeiten zuordnen[1]. Sie sind auch variabel darin, wie sie bei Veränderungen der Qualifikationsstruktur der Arbeitskräfte reagieren. Bei der Klassenbildung auf dem Arbeitsmarkt handelt es sich also durchaus nicht um Prozesse, die in einem bestimmten Stadium der technologischen Entwicklung unveränderlich sind. Die Klassenbildung ist ein Ergebnis von Prozessen, die auch gewollt und steuerbar sind.

Von der Vielzahl der relevanten Faktoren will ich im folgenden nur auf die Grundzüge der Arbeitsteilung einerseits und der Qualifikationsstruktur der arbeitsnachfragenden Bevölkerung andererseits näher eingehen. Dieses sind nicht nur die wohl entscheidenden Determinanten der Klassenbildung im Bereich abhängiger Arbeit, sondern beide sind auch relativ eng aufeinander bezogen. Eine der Hauptorientierungen des Ausbildungssystems ist die Vermittlung von Qualifikationen, die im Beschäftigungssystem nachgefragt werden. Und im Beschäftigungssystem sind Qualifikationen, die im Ausbildungssystem erworben wurden, entscheidende Selektionsgesichtspunkte für die Zuordnung zu unterschiedlichen Arbeitsplätzen.

Von der Arbeitsteilung im Beschäftigungssystem her ist eine der signifikanten Trennungslinien die Linie zwischen Arbeitern, die in manueller Tätigkeit im wesentlichen die materiellen Güter produzieren, und den Beschäftigten in vorwiegend nicht-manueller Tätigkeit, die u.a. mit der Organisation und Planung, dem Verkauf, Vertrieb und der Verwaltung der

---

1) Siehe dazu die Untersuchungen von Brossard und Maurice (1974) über die unterschiedliche Struktur der Arbeitskräfte deutscher und französischer Betriebe mit vergleichbarer Technologie und vergleichbarem Produktionsprogramm. Siehe auch Lutz (1976).

Produktion, mit der Erbringung privater und öffentlicher Dienstleistungen, mit der Aufrechterhaltung des Ausbildungswesens sowie der staatlichen Verwaltung befaßt sind. Die Gegenstände der Arbeit im manuellen Bereich sind hauptsächlich materielle Objekte, während es die Beschäftigten im nicht-manuellen Bereich vorwiegend mit symbolischen Objekten oder mit Personen zu tun haben. Diese Trennungslinie ist nicht nur eine Trennungslinie nach der Art der Tätigkeit, sondern in Unternehmungen, in denen beide Typen von Arbeitsplätzen vorhanden sind, besteht in der Regel auch eine rein physische Trennung zwischen beiden Hauptgruppen von Arbeitskräften, die einen in den Produktionsstätten, die andern im Verwaltungsgebäude.

Von der Art der Tätigkeit her gibt es Überschneidungen zwischen den hier als "manuell" und "nicht-manuell" abgetrennten Bereichen. Ein Faktor, der für die Klassenlage eine ebenso große Bedeutung wie die Art der Tätigkeit hat, ist jedoch die unterschiedliche sozialrechtliche Stellung, die auch heute noch weitgehend mit der Trennung in die beiden Bereiche zusammenfällt. Auf der einen Seite stehen die Arbeiter, auf der anderen die Beschäftigten mit Angestellten- oder Beamtenverträgen. Dieser sozialrechtliche Aspekt wird in den empirischen Analysen das wichtigste operationale Kriterium für die Trennung der beiden Bereiche bilden[1]. Neben den bereits genannten Unterschieden besteht zwischen beiden Bereichen, insbesondere in staatlichen Bürokratien und bürokratisch organisierten Großunternehmen, auch eine entscheidende Differenz bezüglich der Lokalisierung von Entscheidungsbefugnis. In der Regel sind die Entscheidungsfunktionen und damit die Ausübung von Macht im nicht-manuellen Bereich zentralisiert. Im wirtschaftlich-industriellen Bereich gilt dies nicht nur für die längerfristige Unternehmenspolitik, die Produktionsplanungen, Verkaufsstrategien und Personalentscheidungen, sondern z.T. auch für unmittelbar den Produktionsablauf betreffende Planungen und Entscheidungen. Im Produktionsbereich selber haben Aufsichtspositionen meist nur die Funktion der Arbeitszuweisung, der Kontrolle der Arbeitsleistung und der Erteilung von Anweisungen bei konkreten Problemen der Arbeitsausführung.

---

1) Wir werden allerdings auch Industriemeister im Angestelltenverhältnis zum manuellen Bereich rechnen.

Für den manuellen wie den nicht-manuellen Bereich bildet dennoch die institutionalisierte Assymmetrie von Positionen mit Entscheidungsbefugnis oder Anweisungsrecht an Untergebene und Positionen mit hauptsächlich ausführender Arbeit ein weiteres wichtiges Differenzierungsmoment. Operational kann man im manuellen Bereich nach diesem Kriterium eine Trennungslinie zwischen den Beschäftigten bis zum Niveau der Facharbeiter einerseits und den Vorarbeitern, Kolonnenführern und Meistern andererseits ziehen. Im nicht-manuellen Bereich würde ich zu den Positionen, die von hauptsächlich ausführenden Tätigkeiten deutlich abgehoben sind, die Positionen ab der Abteilungsleiterebene in Bürokratien der Privatwirtschaft und die Positionen des gehobenen und höheren Dienstes in staatlichen Bürokratien zählen. Im nicht-manuellen Bereich ist diese Unterscheidung insofern wichtig, als sie Arbeitskräfte, die - wie wenig auch immer - an privatwirtschaftlich oder staatlich-bürokratischen Leitungsfunktionen teilhaben, abteilt von Arbeitskräften, denen solche Befugnis nicht zukommt[1].

In die Kategorie der gehobenen und leitenden Angestellten und Beamten im nicht-manuellen Bereich fallen auch die in der amtlichen Statistik nie gesondert ausgewiesenen "abhängig erwerbstätigen" Personen in den obersten Leitungspositionen der großen Kapitalgesellschaften, der staatlichen Bürokratien, der Rechtssprechung und des Militärs. Ohne Zweifel muß in der empirischen Analyse der Versuch gemacht werden, diese Elite der Mächtigen als gesonderte Klasse auszugliedern, selbst wenn die vorliegende empirische Datenbasis eine genaue Abgrenzung dieses Personenkreises nicht ermöglicht.

Bereits unter den bislang diskutierten Gesichtspunkten, die im wesentlichen mit der in modernen, technologisch entwickelten Gesellschaften typischen Organisation der Produktion zusammenhängen - nämlich der Trennung zwischen im wesentlichen produzierenden Arbeitsplätzen einerseits und planenden und verwaltenden Arbeitsplätzen andererseits, der räumlichen Trennung und sozialrechtlichen Differenzierung sowie den Prin-

---

1) Allerdings hat Lockwood (1958) mit guten Argumenten darauf hingewiesen, daß im nicht-manuellen Bereich - da er als ausgesprochene Entscheidungs-, Delegations- und Kontrollhierarchie organisiert ist - auch die in den untersten Rängen Tätigen wenigstens symbolisch am Zentrum der Macht teilhaben, dies ganz im Unterschied zu den Beschäftigten im Produktionsbereich.

zipien der hierarchischen Organisation - treten Strukturelemente hervor, die mit der Zuteilung deutlich unterschiedlicher Lebenschancen verbunden sind und entscheidende Implikationen für die Klassenbildung haben.

Als weitere wichtige Differenzierungskomponente sind nun noch die Ausbildungsvoraussetzungen und beruflichen Qualifikationsanforderungen zu betrachten, die an Inhaber bestimmter Positionen gestellt werden. Die Aussonderung ausschließlich unqualifizierter oder leicht erlernbarer repetitiver Tätigkeiten zu einzelnen Arbeitsplätzen führt insbesondere im manuellen Bereich zu einer weiteren wichtigen Differenzierung zwischen unqualifizierten und qualifizierten Tätigkeiten. Aber auch im nicht-manuellen Bereich spielt der Gesichtspunkt eines relativ gleichen Qualifikationsniveaus eine wichtige Rolle in der Bündelung der Tätigkeiten zu verschiedenen Positionen. Allerdings besteht keineswegs eine völlige Korrelation zwischen der geforderten Ausbildungsqualifikation und den bislang diskutierten Differenzierungskriterien. Ausgesprochen hochqualifizierte Tätigkeiten sind häufig an Positionen mit nur geringer Entscheidungskompetenz und wenig Einflußmöglichkeiten gebunden. Das bekannte Beispiel sind hier hochqualifizierte Spezialisten in Forschungsabteilungen oder Personen in Lehrfunktionen.

Insgesamt aber hängen - wie schon betont - die von Arbeitgebern nachgefragten Qualifikationen eng mit der Organisation der Produktion zusammen, die aber ihrerseits wiederum nicht unabhängig ist von der Qualifikationsstruktur der Arbeitskräfte. Da mit diesen Wechselwirkungen eine enge Beziehung zwischen der vom Ausbildungssystem produzierten und vom Beschäftigungssystem nachgefragten Qualifikationsstruktur zustandekommt, stellen sich für Arbeit suchende Personen die Marktchancen höchst unterschiedlich dar, je nach der Ausbildung, über die sie verfügen. Während die Aussonderung von bestimmten Tätigkeiten zu Arbeitsplätzen die Arbeitskräftenachfrage strukturiert, stellen die unter gegebenen Bedingungen der Arbeitsteilung verwertbaren Qualifikationen des Arbeitssuchenden die Hauptdeterminanten seiner Beschäftigungschancen dar. Nun ist es keineswegs so, daß nur die in formalen Ausbildungsgängen erworbenen Qualifikationen für den Zugang zu beruflichen Stellungen von Bedeutung wären. Durch persönliche Weiterbildung oder bei der Arbeit selbst erworbene Qualifikationen, besondere individuelle Fähigkeiten oder Fertigkeiten sind ebenfalls Faktoren, die nicht ohne Einfluß auf die Marktchancen von Individuen sind.

Allerdings dürften die in formalen Ausbildungsgängen vermittelten Qualifikationen heute die weitaus dominierende Größe sein, zumindest was den Zugang zu den relativ breit definierten Sektionen der Arbeitsteilung angeht, die ich oben vorgenommen habe. Darüber hinaus sind die über formale Ausbildungsgänge vermittelten Qualifikationen auch insofern von grundlegender Bedeutung, als die Struktur der Ausbildungsabschlüsse und ihre Verteilung auf einzelne Bevölkerungsgruppen in die Verantwortung der die Ausbildung organisierenden politischen Instanzen fällt[1].

Weber hat an verschiedenen Stellen zwei Extremgruppen von Qualifikationsträgern besonders hervorgehoben: die völlig Unqualifizierten, die nichts als ihre Arbeitskraft zu verkaufen haben, und die Fachgeschultheit, die aufgrund ihres Monopolwissens die günstigsten Marktchancen hat.

Von diesen beiden Extremgruppen abgesehen, gibt es zahlreiche Wege mittlerer Ausbildung, die sich aus verschiedenen Kombinationen von schulischer Ausbildung und beruflichen Lehren zusammensetzen können. Aus der Vielfalt der unterschiedlichen Ausbildungsgänge sind besonders zwei Trennungslinien hervorzuheben: bei der schulischen Bildung der Unterschied zwischen Absolventen mit nur Volksschulbildung[2] und Absolventen, die wenigstens die mittlere Reife oder einen Fachschulabschluß erreicht haben; bei der beruflichen Bildung ist es die Trennung zwischen gewerblichen Lehren[3] und kaufmännischen oder Verwaltungslehren.

---

1) Hierin liegt ein entscheidender Unterschied zur Organisation der Arbeitsteilung, die im öffentlichen (z.T. verfassungsrechtlich fixierten) Verständnis bestenfalls in den Zuständigkeitsbereich der autonomen Tarifpartner, wenn nicht ausschließlich in die Kompetenz der Arbeitgeber fällt. In der Konsequenz dieser Verhältnisse galt deshalb in den reformpolitischen Bemühungen der letzten Jahre sehr einseitig die Schule als eines der zentralen gesellschaftspolitischen Steuerungsinstrumente. Zu den dabei entstehenden Problemen siehe Müller/Mayer (1976).

2) Hierunter sind auch Personen gefaßt, die den Volksschulabschluß nicht erreicht haben oder Personen, die zeitweilig eine Realschule oder ein Gymnasium besucht haben, aber ohne die mittlere Reife zu erreichen, diese Schulen verlassen haben.

3) Darunter sind in dieser Analyse auch die landwirtschaftlichen und hauswirtschaftlichen Lehren gefaßt, die zusammen jedoch nur etwa 3% der gewerblichen Lehren ausmachen.

Ohne an dieser Stelle eine differenzierte Analyse der Zuordnung zwischen Ausbildungsabschlüssen und beruflichen Stellungen vornehmen zu wollen, ist für unsere weiteren Überlegungen wenigstens ein grober Überblick über die quantitativen Verteilungen durchaus von Nutzen. Tabelle 1 gibt diese Größenordnungen an für die männlichen Erwerbstätigen in abhängigem Beschäftigungsverhältnis. Jedes Feld enthält in der Mitte die absoluten Zahlen in Tausend, wie sie auf der Basis eines 1%-Mikrozensus geschätzt werden können. In der rechten oberen Ecke jedes Feldes stehen die Zeilenprozente, aus denen die relativen beruflichen Chancen von Absolventen bestimmter Ausbildungsgänge entnommen werden können. In der linken unteren Ecke dagegen stehen die Spaltenprozente, aus denen sich ergibt, wie das Personal in den beruflichen Stellungen ausbildungsmässig zusammengesetzt ist. So bedeuten also die Eintragungen im ersten Feld der Tabelle, daß in der Bundesrepublik annähernd 1.9 Millionen Männer nur die minimale Grundausbildung haben und in un- oder angelernten Tätigkeiten beschäftigt sind. 81% aller "Nur-Volksschüler" haben zwar diese berufliche Zukunft, aber unter allen in un- und angelernten Tätigkeiten Beschäftigten stellen die "Nur-Volksschüler" lediglich einen Anteil von 59%.

In dieser Tabelle sind einzelne Felder besonders hervorgehoben. Diese Felder verdienen in der Regel allein schon aufgrund der quantitativen Besetzung besondere Aufmerksamkeit. Sie zeichnen sich zudem dadurch aus, daß sie entweder unter dem Rekrutierungsgesichtspunkt eine typische Besetzung von Positionen mit Personen bestimmter Ausbildung (hohe Spaltenprozentwerte) bedeuten, oder daß sie typische Berufschancen von Absolventen einzelner Ausbildungsgänge (hohe Zeilenprozentwerte) symbolisieren.

So ist z.B. für die quantitativ nicht so sehr ins Gewicht fallende Kategorie von Aufsichtspositionen im manuellen Bereich charakterisierend, daß ihre Inhaber zu über 6o% aus ehemaligen Absolventen einer Volksschule und gewerblichen Lehre rekrutiert sind. Im nicht-manuellen Bereich sind u.a. die Felder besonders hervorgehoben, in denen die typischen Berufschancen von Personen mit einer Volksschule und kaufmännischer Lehre oder Personen mit irgendeiner Art mittlerer Ausbildung lokalisiert sind. Wenn sich auch in hier nicht wiedergegebenen Detailanalysen zeigt, daß die verschiedenen, unter "mittlere Ausbildung" zu-

Tabelle 1: Männer in abhängiger Erwerbstätigkeit, 15 Jahre und älter, nach Ausbildung und beruflicher Stellung

| Ausbildung | Berufliche Stellungen: manueller Bereich: un- und angelernte Tätigkeit | manueller Bereich: Tätigkeit, die Fachqualifikationen benötigt | manueller Bereich: Tätigkeit mit Aufsichtsfunktion | nicht-manueller Bereich: vorwiegend ausführende oder Sachbearbeitertätigkeit | nicht-manueller Bereich: vorwiegend leitende, Lehr- oder hochqualif. Spez.Tätigk. | Insgesamt |
|---|---|---|---|---|---|---|
| Volksschule ohne Lehre | $_{59}$[c] 1.875[b] $^{81}$[a] | $_{4}143^{6}$ | $_{11}54^{2}$ | $_{7}225^{10}$ | $_{1}18^{1}$ | $_{19}2.315^{100}$ |
| Volksschule und gewerbliche Lehre | $_{36}1.160^{19}$ | $_{91}3.390^{55}$ | $_{67}340^{6}$ | $_{36}1.085^{18}$ | $_{8}150^{2}$ | $_{50}6.125^{100}$ |
| Volksschule und kaufmännische Lehre | $_{2}72^{7}$ | $_{1}51^{5}$ | $_{3}14^{1}$ | $_{22}685^{69}$ | $_{10}175^{18}$ | $_{8}0.996^{100}$ |
| mittlere Bildungsabschlüsse[d] | $_{3}83^{4}$ | $_{4}147^{8}$ | $_{19}96^{5}$ | $_{30}918^{49}$ | $_{34}634^{34}$ | $_{15}1.878^{100}$ |
| höhere Bildungsabschlüsse[e] | $_{0}7^{1}$ | $_{0}4^{0}$ | $_{1}5^{1}$ | $_{5}147^{14}$ | $_{47}870^{84}$ | $_{8}1.033^{100}$ |
| Insgesamt | $_{100}3.196^{26}$ | $_{100}3.735^{30}$ | $_{100}509^{4}$ | $_{100}3.061^{29}$ | $_{100}1.846^{15}$ | $_{100}1.235^{100}$ |

a) Zeilenprozente b) in Tausend c) Spaltenprozente d) Abschluß einer Mittel- oder Realschule, Techniker- oder sonstigen Berufsfach- oder Fachschule e) Abitur, Ingenieurschule oder Hochschule

Tableau typischer Klassenlagen von abhängig Erwerbstätigen in der Bundesrepublik Deutschland

| | Berufliche Stellungen | | | | |
|---|---|---|---|---|---|
| | manueller Bereich | | | nicht-manueller Bereich | |
| Ausbildung | un- und angelernte Tätigkeit | Tätigkeit, die Fachqualifikationen benötigt | Tätigkeit mit Aufsichtsfunktion | vorwiegend ausführende oder Sachbearbeitertätigkeit | vorwiegend leitende, Lehr- oder hochqualif. Spez.Tätigk. |
| Volksschule ohne Lehre | 1 | | | | |
| Volksschule und gewerbliche Lehre | 2 | 3 | 4 | 5 | |
| Volksschule und kaufmännische Lehre | | | | 6 | |
| mittlere Bildungsabschlüsse[a] | | | | 7 | 8 |
| höhere Bildungsabschlüsse[b] | | | | | 9 |

a) Abschluß einer Mittel- oder Realschule, Techniker- oder sonstigen Berufsfach- oder Fachschule
b) Abitur, Ingenieurschule oder Hochschule

sammengefaßten Ausbildungswege ihren Absolventen teilweise unterschiedliche spätere Berufschancen vermitteln, so sind diese Unterschiede relativ gering[1]. Außerdem zeigt sich in diesen Analysen, daß sich die Struktur der beruflichen Chancen von Absolventen mittlerer Ausbildungsgänge klar abhebt von den Chancen etwa der Volksschüler ohne oder mit gewerblicher Lehre, oder von der Berufsperspektive von Absolventen höherer Ausbildung. Nur die Volksschüler mit einer kaufmännischen Lehre kommen den Inhabern mittlerer Ausbildungsabschlüsse im Hinblick auf die berufliche Zukunft noch vergleichsweise nahe.

In den neun hervorgehobenen Feldern von Tabelle 1 sind annähernd 9o% aller abhängig erwerbstätigen Männer in der Bundesrepublik erfaßt. Das heißt: Die Organisation der Arbeitsteilung im Beschäftigungssystem und die Struktur der Ausbildungsgänge sind eng aufeinander bezogen. Es besteht ein klar erkennbares Muster der Chancen, mit denen Absolventen bestimmter Ausbildungsgänge Zugang zu den verschiedenen Positionen des Beschäftigungssystem bekommen. Diese Zuordnung zwischen Ausbildungssystem und Beschäftigungssystem ist im folgenden Tableau nochmals verdeutlicht. Die Felder, die mit Zahlen versehen sind, bezeichnen die wichtigsten Konstellationen von Ausbildungsqualifikationen und beruflicher Stellung. Die leeren Felder dagegen sollen anzeigen, daß die durch sie symbolisierten Konstellationen von vergleichsweise untergeordneter Bedeutung sind.

Wenn wir davon ausgehen, daß sich Klassenlagen konstituieren einerseits nach "den auf dem Markt anzubietenden Leistungen" (Weber 1964: 679) und der durch die Arbeitsteilung gegebenen Nachfrage andererseits, dann stellen die im Tableau hervorgehobenen Felder grob umrissene Klassenlagen der abhängig Erwerbstätigen in der Bundesrepublik dar. Es muß klar sein, daß dieses Tableau vor allem im Hinblick auf die empirischen Operationalisierungen nur eine sehr grob abgegrenzte und damit keineswegs in allen Einzelheiten befriedigende Struktur von Klassenlagen darstellen kann. Auf einige Probleme will ich kurz eingehen.

---

1) Eine differenziertere Aufgliederung der mit verschiedenen Ausbildungsgängen verknüpften beruflichen Chancen findet sich in Tabelle A1 des Anhangs. Daraus geht deutlich hervor, daß die hier vorgenommene Kondensierung für die Zwecke dieser Analyse tragbar ist.

Der entscheidende Mangel dieses an den Möglichkeiten der Daten orientierten Tableaus liegt im Umstand, daß unter den beruflichen Stellungen des nicht-manuellen Bereichs keine deutlichere Abgrenzung der Positionen mit obersten Leitungsfunktionen vorgenommen ist. In der Kategorie der Positionen mit vorwiegend leitender, Lehr- oder hochqualifizierter Spezialistentätigkeit ist ein Amtsleiter oder Abteilungsleiter ebenso enthalten wie der Manager eines Großkonzerns oder ein Vorstandsmitglied der Deutschen Bundesbank. Ohne Zweifel wird damit eine der zentralen Differenzierungen in unserer Gesellschaft übergangen, die Differenzierung zwischen den Inhabern der eigentlichen Macht- und Entscheidungspositionen und dem Rest der Bevölkerung. In der weiteren Analyse wird deshalb versucht werden müssen, diesen Personenkreis aus dem Kreis der übrigen abhängigen Erwerbstätigen auszugliedern. Von ihrer Funktion und Stellung in der Gesellschaft her steht dieser Personenkreis den Besitzern von großen Wirtschaftsunternehmen näher als irgendeiner Kategorie der abhängig Erwerbstätigen.

Auch die übrigen empirischen Abgrenzungen, die vorgenommen wurden, sind keineswegs problemlos und können z.T. nur als Näherungslösungen für die theoretisch gemeinten Kategorien gelten.

Dies trifft wohl vor allem für die Differenzierung im nicht-manuellen Bereich zu: Zu Positionen mit ausführender oder Sachbearbeitertätigkeit wurden Beamte im einfachen und mittleren Dienst sowie Angestellte zugeordnet, die ihre berufliche Stellung in einer Selbsteinordnungsskala in eine der beiden folgenden Kategorien einstuften:

> "Angestellte mit einfacher Tätigkeit (z.B. Verkäufer, Kontorist, Stenotypistin)"
>
> "Angestellte, die schwierige Aufgaben nach allgemeinen Anweisungen selbständig erledigen (z.B. Sachbearbeiter, Buchhalter, techn. Zeichner)".

Zu Positionen mit vorwiegend leitender, Lehr- oder hochqualifizierter Spezialistentätigkeit wurden Beamte im gehobenen und höheren Dienst sowie Angestellte mit einer der beiden folgenden Selbsteinordnungen gerechnet:

> "Angestellte, die selbständige Leistungen in verantwortungsvoller Tätigkeit erbringen oder begrenzte Ver-

antwortung für die Tätigkeit anderer tragen (z.B. wissenschaftliche Mitarbeiter, Prokuristen, Abteilungsleiter)"

"Angestellte mit umfassenden Führungsaufgaben und Entscheidungsbefugnissen (z.B. Direktor,Geschäftsführer, Vorstand größerer Betriebe und Verbände)"

Wenn auch dem Wortlaut nach diese Abgrenzungen den gemeinten Sachverhalt treffen, ist natürlich nicht sichergestellt, daß die Einordnungen immer zuverlässig vorgenommen wurden. Unschärfen, Überschneidungen und einige Falscheinordnungen müssen wahrscheinlich in Rechnung gestellt werden. Als problematisch erscheint die Einordnung der Beamten im gehobenen Dienst zu den Positionen mit vorwiegend leitender, Lehr- oder hochqualifizierter Spezialistentätigkeit. Aber ihre Zuordnung zu den einfachen oder ausführenden Tätigkeiten wäre sicherlich noch unbefriedigender.

Ein Aspekt, auf den ich bei der Konstruktion des Tableaus von Klassenlagen und der Abgrenzung der Kategorien besonders geachtet habe, betrifft die Zuordnung von Ausbildungsabschlüssen und beruflichen Positionen. Ich habe versucht, zwei Typen von Verknüpfung zwischen Ausbildungssystem und Beschäftigungssystem systematisch zu unterscheiden. Beim einen Typ ist die Verknüpfung unmittelbar, beim anderen kommt sie in der Regel erst über Mobilitätsprozesse im Verlaufe des Berufslebens zustande.

Sowohl die Aufsichtspositionen im manuellen Bereich wie leitende Positionen im nicht-manuellen Bereich sind für Personen ohne höhere Ausbildung in aller Regel nur über den Weg längerer Berufserfahrung und Qualifikation am Arbeitsplatz erreichbar. Auch für die meisten der ungefähr 1 Million Erwerbstätigen, die mit Volksschule und einer gewerblichen Lehre eine vorwiegend ausführende oder Sachbearbeitertätigkeit im nicht-manuellen Bereich ausüben (Feld 5), gibt es keinen unmittelbaren Anschluß zwischen ihrem Lehrabschluß und der beruflichen Stellung. Die Mobilitätsprozesse sind hier allerdings von vielfältiger Natur. Es kann sich um eine völlige Abkehr vom gelernten Beruf in eine mehr oder weniger qualifizierte Tätigkeit handeln oder um einen Aufstieg in Positionen der Arbeitsvorbereitung und Planung im zunächst gelernten

Beruf[1]. Nicht unbedeutende Mobilitätsprozesse haben auch Erwerbstätige erfahren, die zwar eine Fachqualifikation erworben haben, aber später dennoch unqualifizierte manuelle Arbeiten ausführen (Feld 2 des Tableaus). Diese Gruppe der Dequalifizierten stellt die zahlenmäßig stärkste Gruppe von Personen dar, die im Verlaufe ihres Berufslebens durch Qualifikationsverlust eine Art Abwärtsmobilität hinnehmen müssen, während sonst das allgemeine Karrierepattern eher auf den Erwerb zusätzlicher Fähigkeiten und Qualifikationen und aufwärts gerichtet ist[2]. Diese Gruppe als gesondert hervorzuheben, ist auch deshalb wichtig, weil argumentiert wird, ihr komme aufgrund von Tendenzen, die der technologischen Entwicklung inhärent sind, eine wachsende Bedeutung zu.

Im Gegensatz zu den eben beschriebenen Feldern zeichnen sich die übrigen Felder des Tableaus dadurch aus, daß der Zusammenhang zwischen erreichtem Ausbildungsabschluß und beruflicher Stellung unmittelbar ist. Es sind sozusagen die Basisverknüpfungen. Das schließt nicht aus, daß Personen, die sich im empirischen Fall in diesen Zellen befinden, nicht auch im Verlaufe ihres Berufslebens Mobilitätsprozesse erfahren haben können. Ich würde jedoch meinen, daß diese Fälle zahlenmäßig von untergeordneter Bedeutung sind.

Schließlich muß bei der Beurteilung des Tableaus von Klassenlagen auch die Verwendung des Marktbegriffs problematisiert werden. Die verschiedenen abgegrenzten Klassenlagen entsprechen nicht separierten Arbeitsmärkten im engen Sinne des Wortes. Mit Ausnahme von unqualifizierter Arbeit, bei der ein relativ beliebiger Austausch zwischen Arbeitsplätzen und Personal möglich ist, sind die Arbeitsplätze innerhalb der übrigen vier unterschiedenen großen Bereiche z.T. hochspezialisiert. Für ihre Besetzung kommt jeweils nur ein relativ kleiner Teil von Bewerbern mit spezifischen Fähigkeiten und Qualifikationen in Frage.

---

1) U.U. können in der Kategorie von Feld 5 vereinzelt auch als Facharbeiter tätige Personen, die jedoch im Angestelltenverhältnis stehen, ausgewiesen sein. Zum Einsatz von Facharbeitern in Angestelltenpositionen siehe Weltz/Schmidt/Sass (1974: 27-31).

2) In Feld 2 des Tableaus sind auch Personen enthalten, die - obwohl entsprechend ausgebildet - nie eine Facharbeiterposition innehatten und deshalb nicht im eigentlichen Sinne "abwärtsmobil" waren. Sie konnten nur ihre erworbene Qualifikation nie in Marktchancen umsetzen. Außerdem enthält dieses Feld eine geringe Zahl von Personen mit wenigstens mittlerer Schulbildung, die jedoch als un- oder angelernte Arbeiter beschäftigt sind.

Die Verwendung des Marktbegriffs knüpft hier dagegen an die Vorstellung an, daß auf einem gegebenen Niveau der Qualifikation über die verschiedenen Wirtschaftssektoren hinweg sich die Arbeitsbedingungen und Entlohnungen aus der Beschäftigung nicht grundlegend unterscheiden. In diesem Sinne befinden sich solche Personen in einer vergleichbaren Markt- und damit Klassenlage, die aufgrund ihrer Qualifikation auf dem Arbeitsmarkt vergleichbare Beschäftigungschancen haben. Und nur in diesem Sinne kann hier die Verwendung des Marktbegriffs gemeint sein[1].

Nicht-Erwerbstätige

Zusammen mit den schon oben besprochenen Klassen von Selbständigen ergeben die im Tableau für die abhängig Erwerbstätigen ausgewiesenen Klassen zwar bereits ein sehr differenziertes Raster von Klassenlagen. Es differenziert typische unabhängige und abhängige Erwerbschancen, wobei bei den letzteren sowohl die Organisation der Arbeitsteilung wie die Struktur der im Ausbildungssystem und teilweise im Beschäftigungssystem

---

1) Ein weiterer Einwand gegen die Verwendung des Marktbegriffs könnte von der Frage ausgehen, auf welche Teile der Erwerbsbevölkerung überhaupt die Aussage zutrifft, daß sie sich auf einem "Arbeitsmarkt" befinden. Große Teile der Erwerbstätigen haben jahrzehntelang die gleiche berufliche Stellung inne oder stehen in einer beruflichen Situation, die durch relativ fixierte Karrieremuster geprägt ist. Letzteres gilt nicht nur für die Beschäftigten im öffentlichen Dienst, sondern auch für die meisten Teile der Beschäftigten in großen Bürokratien der privaten Wirtschaft. Die Marktsituation scheint danach nur zu bestehen für neu ins Erwerbsleben Eintretende oder für Personen, die sich eine neue Beschäftigung suchen wollen oder müssen. Auch die Tatsache, daß die meisten abhängig Erwerbstätigen, wenn sie einmal in Lohn und Arbeit stehen, keinen Einfluß auf die Höhe ihrer Entlohnung haben, sondern diese durch die Interessenverbände von Arbeitnehmern und Arbeitgebern ausgehandelt wird, scheint den Vorstellungen, die man geläufig mit einem Markt verbindet, zu widersprechen.
Ist damit Webers Vorstellung, "'Klassenlage' ist ... letztlich 'Marktlage'",unter den Bedingungen bürokratisierter Karrieren und arbeitsrechtlicher Absicherungen obsolet geworden? An den vorgebrachten Argumenten ist zwar richtig, daß sich nicht jede Person ständig de facto auf dem Arbeitsmarkt befindet; aber ihre sozio-ökonomische Situation entspricht dennoch wohl ziemlich genau der potentiellen Stellung, die jemand beim Versuch, auf dem Markt eine Stellung zu bekommen, erreichen könnte. Und Kündigungsschutz oder Besitzstandswahrung stellen allenfalls begrenzte Absicherungen vor den Härten reiner Marktprinzipien dar. Des weiteren kann auch die Interessenorganisation der Marktpartner nicht darüber hinwegtäuschen, daß z.T. gerade durch Absprachen der Interessenverbände der Konnex zwischen den Marktchancen von Personen verschiedenen Qualifikationsniveaus und ihren Lebenschancen verfestigt wird.

erwerbbaren Qualifikationen der Arbeitskräfte berücksichtigt sind. Es muß jedoch klar sein, daß damit noch nicht einmal die Hälfte der Bevölkerung insgesamt erfaßt ist. Die größten, nicht im Erwerbsleben stehenden Bevölkerungsgruppen sind Kinder, Schüler und Studenten, Hausfrauen, Arbeitslose sowie Rentner. Kinder, Schüler, Studenten und Hausfrauen sind primär abhängig von der Stellung ihrer Angehörigen im Erwerbsleben, Rentner, Arbeitslose sowie z.T. auch Studenten dagegen vom sozialen Sicherungssystem. Für große Bevölkerungsteile tritt also der Staat als Organisator der Versorgung auf für die Zeit, in der sie entweder ihre Arbeitskraft für den Einsatz auf dem Markte vorbereiten, oder in der diese dort nicht gefragt oder bereits verbraucht ist. Für die Personengruppen, deren Lebenschancen primär von staatlicherseits organisierten Einkommenstransfers abhängen, gilt, daß in der Bundesrepublik in den letzten Jahrzehnten der Anteil der Einkommen, die an sie zugewiesen werden, in hohem Maße zugenommen hat. Die größte Personengruppe, für die auch der weitaus größte Teil des staatlichen Sozialbudgets aufgewandt wird, sind die Rentner[1].

Durch eine Untersuchung der sozialen Lage der Rentner kann also für einen ganz zentralen Bereich der wohlfahrtsstaatlichen Leistungen gezeigt werden, inwieweit diese Aktivitäten die auf Märkten zustandekommenden Ungleichheiten zu korrigieren vermögen oder ob diese Aktivitäten eher einer Reproduktion der Marktsituation gleichkommen. Eine solche Analyse muß versuchen, Rentner nach ihrer früheren Zugehörigkeit zu Klassenlagen der Erwerbstätigen zu identifizieren. Die Strukturen der Lebenschancen von Erwerbstätigen- und Rentnerpopulation können dann nach dem Grad ihrer Parallelität verglichen werden.

Der Versuch einer Identifikation der früheren Klassenlage der Rentner ist jedoch auch unter weiteren Analysegesichtspunkten von Interesse. Die Bedeutung der Klassenlage während des Erwerbslebens erschöpft sich für Rentner sicherlich nicht in einer Reproduktion von Einkommensun-

---

1) Nach dem Sozialbericht 1973 wurden 1972 für die "Funktionsgruppe Alter und Hinterbliebene", die im wesentlichen Altersrenten und Pensionen umfaßt, insgesamt 9% des Bruttosozialprodukts bzw. 43% des gesamten Sozialbudgets (das daneben u.a. den gesamten Bereich der Familienleistungen, Gesundheitskosten, Sozialhilfe, Wohnhilfe sowie Sparförderung umfaßt) ausgegeben. Sozialbericht 1973, S. 8o.

gleichheiten ins Rentenalter hinein. Die unterschiedlichen Belastungen des Arbeitslebens bleiben nicht ohne Einfluß auf die gesundheitliche Situation und die Lebenserwartung im Alter. Zentrale Aspekte unterschiedlicher Lebenschancen von Angehörigen verschiedener Klassenlagen zeigen sich damit erst im Alter. Und wenn schließlich die Klassenlage während des Erwerbslebens Identifikationen und Loyalitäten schafft, so werden diese mit der Pensionierung nicht aufgegeben. Zur Arbeiterklasse z.B. gehören in diesem Sinne also neben den aktiven Arbeitern auch die pensionierten. Wenn sich nun die Verteilung der Erwerbstätigen- und der Rentnerpopulation auf Klassenlagen unterscheidet, dann wird allein schon für die Schätzung der relativen Größe der Klassen eine Zuordnung von Rentnern zu früheren Erwerbsklassen dringend.

Im Vergleich zu den Rentnern war der Anteil der Arbeitslosen oder Arbeitssuchenden an der Bevölkerung in der Bundesrepublik in den sechziger Jahren und zu Beginn der siebziger Jahre vergleichsweise gering. Im ausgesprochenen Boomjahr 1971, auf das sich die empirischen Daten der folgenden Analysen beziehen werden, lag der Arbeitslosenanteil unter den Erwerbspersonen unter 1%. Es scheint deshalb kaum erfolgversprechend, im Zusammenhang dieser Analyse detaillierter auf die klassenmäßige Zusammensetzung und soziale Lage der Arbeitslosen einzugehen.

Ebenso außer Betracht bleiben muß hier eine differenziertere Analyse der Situation der Schüler, Lehrlinge und Studenten. Die Bedingungen, die ihre materielle Lebenslage bestimmen - die Einkommenssituation der Eltern, die staatlichen Beihilfen und eigene Erwerbstätigkeit -, können mit den hier verfügbaren Daten sicherlich nicht befriedigend untersucht werden. Um dagegen die Nicht-Erwerbstätigen zu berücksichtigen, deren soziale Lage vornehmlich durch die Stellung ihrer Angehörigen im Erwerbsleben bestimmt ist (Hausfrauen und Kinder), werde ich zumindest einen Teil der Analyse auf Haushaltsebene durchführen. Als Nicht-Erwerbstätigengruppe, die besonders zu behandeln sein wird, verbleiben damit nur die Rentner[1].

---

1) Unglücklicherweise enthalten die Daten der Mikrozensus-Zusatzerhebung, auf denen die empirischen Analysen basieren werden, unter der Kategorie Rentner/Pensionäre auch die "von Eigentum lebenden Personen", sodaß eine gesonderte Behandlung dieses Personenkreises nicht möglich ist. Obwohl angenommen werden kann, daß diese von Eigentum lebenden Personen nur einen verschwindend kleinen Anteil unter der Rentner-

## 2. Klassenlage vs soziale Lage und das Problem der empirischen Bezugsgröße

Wenn wir uns jetzt der Frage der konkreten Lebenschancen der Personen zuwenden, die unter den bislang diskutierten Kriterien verschiedenen Klassenlagen zuzurechnen sind, dann ist sicher, daß bereits diese Kriterien als solche nicht unbedeutende Ungleichheiten an Lebenschancen signalisieren: z.B. unterschiedliche Grade an persönlicher Autonomie im Arbeitsleben, unterschiedliche Belastungen durch rein physische Widrigkeiten der Arbeitsbedingungen, ungleiche Grade intrinsischer Arbeitsbelohnungen u.a. mehr. Die meisten dieser Faktoren haben auch Auswirkungen auf die Möglichkeiten der Lebensführung in der außerberuflichen Welt. Dies gilt insbesondere für Bildungsqualifikationen, die über ihre Verwertbarkeit auf dem Arbeitsmarkt hinaus in vielfältiger Weise Einfluß auf das Lebensniveau von Menschen haben.

Entscheidend jedoch sind die Möglichkeiten der Lebensführung bestimmt durch die finanziellen Ressourcen, über die Personen verfügen können, seien dies nun durch Arbeit erzielte Lohneinkommen, Erträge aus eigener unternehmerischer Tätigkeit, Transfereinkommen oder Einkünfte aus Besitz und Vermögen. Mit dem Konzept von Klassenlagen ist zwar auch die Vorstellung ähnlicher Einkommenschancen verbunden. Aber die Einkommensstreuung innerhalb gleicher Klassenlagen ist durchaus beachtlich. In Abhängigkeit vom Einkommen können also die konkreten Lebenschancen der Personen, die unter den bislang diskutierten Kriterien einer Klasse angehören, erheblich variieren. Die Lebenschancen eines ungelernten Arbeiters, der 1ooo DM für sich und seine Familie verdient, sind grundverschieden von denen eines ungelernten Arbeiters mit der doppelten Endsumme in der monatlichen Lohnabrechnung. Einkommensdifferenzen innerhalb gleicher und Einkommensüberlappungen zwischen verschiedenen Klassenlagen sollten deshalb nicht unbeachtet bleiben.

Wenn ich im folgenden zum Ausdruck bringen will, daß aufgrund von

---

bevölkerung ausmachen, ist die Vermischung von Personengruppen, die in derart unterschiedlichen Verhältnissen leben, natürlich sehr bedauerlich.

Einkommensdifferenzen[1] selbst für Angehörige gleicher Klassenlagen das Lebensniveau beträchtlich variieren kann, werde ich der Kürze halber auch von unterschiedlichen sozialen Lagen (innerhalb gleicher Klassenlagen) sprechen. Als Bevölkerungsgruppen in der gleichen sozialen Lage verstehe ich also solche, die sich gleichzeitig in gleicher Klassenlage und gleicher Einkommenslage befinden. Diese begriffliche Differenzierung zwingt sich auf, will man ein Bild der Verteilung der Bevölkerung nach ganz spezifischen Lebenschancen und Lebenssituationen gewinnen. Zudem lassen sich nur auf diese Weise einzelne Bevölkerungsgruppen, die in der soziologischen und sozialpolitischen Diskussion der letzten Jahre eine besondere Rolle gespielt haben, isolieren. Werden die Einkommensgrenzen an den entsprechenden Stellen gesetzt, kann so z.B. die quantitative Bedeutung des Phänomens "wohlhabender Arbeiter" abgeschätzt und untersucht werden, aus welchen Gruppierungen der Arbeiterklasse er sich insbesondere rekrutiert. Oder es läßt sich feststellten, welche quantitative Bedeutung den behaupteten einkommensmäßigen "Proletarisierungstendenzen" im nicht-manuellen Beschäftigungsbereich zukommt. Oder es läßt sich übersehen, in welchen Klassenlagen welche Bevölkerungsteile in einer Situation der Armut oder Nahezu-Armut leben.

Es ist nicht zu verkennen, daß die Konzepte von Klassenlage und sozialer Lage für die empirische Analyse teilweise auf unterschiedliche Bezugseinheiten hin orientiert sind. Die theoretischen Gesichtspunkte, aus denen die Gliederung von Klassenlagen abgeleitet wurde - den Fall der Selbständigen, die z.T. Familienbetriebe sind, ausgenommen -, gehen vom Individuum als Einheit der Analyse aus. Es sind Individuen, die eine Ausbildung erwerben, sich auf dem Arbeitsmarkt anbieten und für Arbeitsleistungen Lohneinkommen erzielen. Andererseits aber ist die Einheit, die von den erzielten Einkünften leben muß, in der Regel nicht ein Individuum, sondern eine Mehrzahl von Personen, die gemeinsam einen Haushalt bilden. Das Einkommen, das diesen Personen zusammen zur Verfügung

1) Es gibt ohne Zweifel noch weitere Faktoren, die die Lebenschancen von Angehörigen gleicher Klassenlagen erheblich zu differenzieren vermögen. Dies gilt z.B. ganz ausgesprochen für ererbten oder erworbenen Besitz an Haus- oder Grundeigentum. Ich muß jedoch aus Gründen der Darstellungsvereinfachung auf die Berücksichtigung solcher weiterer Faktoren verzichten.

steht, determiniert zu einem wesentlichen Teil ihre gemeinsame Lebenssituation. Unter dem Gesichtspunkt der Verteilung der Bevölkerung auf soziale Lagen bildet also der Haushalt die relevante Bezugsgröße. Eine allein unter dem Gesichtspunkt der Untersuchung von Klassenlagen geleitete Analyse hätte dem Individuenkonzept zu folgen, eine auch am Aspekt der sozialen Lagen oder spezifischen Lebenschancen interessierte Untersuchung dagegen muß den Haushalt als Einheit zugrundelegen. In reiner Form ist jedoch das Haushaltskonzept nicht durchzuführen. Wenn in einem Haushalt mehrere Personen erwerbstätig sind, so läßt sich zwar ihr gemeinsames Einkommen leicht addieren und etwa das verfügbare Haushaltseinkommen pro Kopf errechnen. Ein analoges Vorgehen für die übrigen Dimensionen würde jedoch das oben entwickelte Modell von Klassenlagen sprengen. Dieses Modell basiert auf der Marktlage einzelner Individuen, und es wäre gänzlich sinnlos, durch irgendein Gewichtungsverfahren etwa die mittlere Qualifikation oder berufliche Stellung eines Haushalts zu eruieren. Eine Verknüpfung der beiden Aspekte muß deshalb auf anderem Wege gesucht werden. Sie scheint mit am ehesten gewährleistet, wenn der Analyse Haushaltsvorstände als Einheiten zugrundegelegt werden.

Mit den Haushaltsvorständen werden in aller Regel die Personen erfaßt, die das Haupteinkommen erzielen und von deren Stellung im Erwerbsleben die übrigen Haushaltsmitglieder am stärksten betroffen sind. Wie die Tabellen 2 und 3 zeigen, stellen die Haushaltsvorstände bereits quantitativ das weitaus größte Kontingent an Personen dar, die entweder ein Erwerbseinkommen erzielen oder eine Rente bekommen. Unter den voll Erwerbstätigen und Rentnern sind rund drei Viertel Haushaltsvorstände. Allerdings finden sich unter den gut 45 Millionen jugendlichen und erwachsenen Menschen (alle über 14jährigen in der Bundesrepublik) ca. 5-6 Millionen Voll-Erwerbstätige, die in einer Statistik, die nur Haushaltsvorstände umfaßt, nicht berücksichtigt sind. Es handelt sich dabei um ca. 2 Millionen Ehefrauen des Haushaltsvorstands, ca. 3 Millionen Kinder des Haushaltsvorstands - zur Hauptsache Jugendliche vor Gründung eines eigenen Haushalts - und um einen kleinen Rest von sonstigen verwandten oder nicht-verwandten Haushaltsmitgliedern[1]. Die 5-6 Mil-

1) Insgesamt sind im Mikrozensus vom April 1971 außer mithelfenden Familienangehörigen, Personen in beruflicher Ausbildung und außer Wehrpflichtigen 7,621 Millionen erwerbstätige Nicht-Haushaltsvorstände

Tabelle 2: Bevölkerung der Bundesrepublik Deutschland, 15 Jahre und älter, nach Geschlecht, Stellung im Erwerbsleben und Stellung zum Haushaltsvorstand in Millionen

| | männlich | | | weiblich | | | |
|---|---|---|---|---|---|---|---|
| | Haushaltsvorstände | andere Haushaltsmitglieder | Zwischensumme | Haushaltsvorstände | andere Haushaltsmitglieder | Zwischensumme | Insgesamt |
| Erwerbstätige[1] | 12.5 | 3.3 | 15.8 | 1.7 | 7.2 | 8.9 | 24.7 |
| (darunter mithelfende Familienangehörige) | (o.1) | (o.2) | (o.2) | (-) | (1.3) | (1.3) | (1.5) |
| Rentner | 3.3 | o.3 | 3.6 | 3.6 | 1.5 | 5.o | 8.6 |
| sonstige Nicht-Erwerbstätige[2] | o.2 | 1.3 | 1.5 | o.6 | 1o.2 | 1o.8 | 12.3 |
| Insgesamt | 16.o | 4.9 | 2o.9 | 5.9 | 18.8 | 24.7 | 45.6 |
| Haushaltsvorstände insgesamt (= Anzahl Haushalte) | | | | | | | 21.9 |
| andere Haushaltsmitglieder insgesamt | | | | | | | 23.8 |

1) incl. Personen in beruflicher Ausbildung ("Lehre") und Wehrpflichtige
2) Schüler, Studierende, Arbeitslose, Arbeitsuchende, Hausfrauen

LEGENDE :

FRAUEN MÄNNER

ABHÄNGIGE ERWERBSTÄTIGE

1 UNQUALIFIZIERTE ARBEITER

2 DEQUALIFIZIERTE ARBEITER

3 QUALIFIZIERTE ARBEITER

4 VORARBEITER MEISTER

5 AUSFÜHRENDE ANGESTELLTE UND BEAMTE, VOLKSSCHULE OHNE LEHRE ODER MIT GEWERBLICHER LEHRE

6 AUSFÜHRENDE ANGESTELLTE UND BEAMTE, VOLKSSCHULE MIT KAUFMÄNNISCHER LEHRE

7 AUSFÜHRENDE ANGESTELLTE UND BEAMTE, MITTLERE BILDUNGSABSCHLÜSSE

8 LEITENDE ANGESTELLTE UND BEAMTE, HÖCHSTENS MITTLERE BILDUNGSABSCHLÜSSE

9 LEITENDE ANGESTELLTE UND BEAMTE, HÖHERE BILDUNGSABSCHLÜSSE

SELBSTÄNDIGE

10 SELBSTÄNDIGE (OHNE FREIE BERUFE UND LANDWIRTE)

11 FREIE BERUFE

12 LANDWIRTE

RENTNER (NACH LETZTER ERWERBSTÄTIGKEIT)

ARBEITER

AUSFÜHRENDE ANGESTELLTE UND BEAMTE

LEITENDE ANGESTELLTE UND BEAMTE

SELBSTÄNDIGE

LANDWIRTE

lionen nicht erfaßten Voll-Erwerbstätigen sind fast ausschließlich entweder Arbeiter oder in einer untergeordneten Position des nicht-manuellen Bereichs beschäftigt. Gegenüber einer Statistik aller Erwerbstätigen sind unter Haushaltsvorständen also insbesondere verheiratete erwerbstätige Frauen sowie Männer und Frauen, die am Beginn ihres Erwerbslebens stehen, unterrepräsentiert. Außerdem sind in einer Statistik von Haushaltsvorständen etwa 2 Millionen teilzeitbeschäftigte Frauen sowie ca. 1,4 Millionen mithelfende Familienangehörige nicht erfaßt. "Mithelfende Familienangehörige" sind hauptsächlich Ehefrauen von Selbständigen und zu einem kleineren Teil Kinder von Selbständigen. Den weitaus größten Anteil unter den Nicht-Haushaltsvorständen bilden aber Hausfrauen und sonstige nicht-erwerbstätige Personen (Schüler, Studierende, Wehrpflichtige und eine im Jahre 1971 sehr kleine Zahl von Arbeitslosen und Arbeitssuchenden).

Diese grobe Charakterisierung der Nicht-Haushaltsvorstände macht deutlich, daß dieser Personenkreis in aller Regel nicht den Hauptbeitrag zum Haushalt leistet. Der größte Teil ist überhaupt nicht erwerbstätig, ein großer Teil nur zeitweise oder mithelfend, und unter den Voll-Erwerbstätigen finden sich hauptsächlich Jugendliche. Über die Haushaltsvorstände ist also zwar nur knapp die Hälfte der Basisbevölkerung erfaßt, in den meisten Fällen jedoch prägt ihre Stellung am eindringlichsten die Lebenschancen des gesamten Haushalts. Wenn nun in verschiedenen Haushalten die finanzielle Lage durch weitere mitverdienende Personen verbessert wird oder verbessert werden muß, so vermag eine Analyse auf der Basis von Haushaltsvorständen gerade aufzuzeigen, wie unterschiedlich die Lebenslage von Familien allein aufgrund der Erwerbschancen des "Hauptverdieners" ist. Ein von vielen Autoren hervorgehobener Faktor der Benachteiligung etwa von Arbeiterkindern ist es ja, daß sie gerade wegen des niedrigen Familieneinkommens gezwungen sind, frühzeitig eine Erwerbstätigkeit aufzunehmen,und schon aus diesen Gründen der weitere Verbleib auf der Schule außerordentlich erschwert

---

ausgewiesen. Darunter finden sich etwa über 2 Millionen weibliche Teilzeitbeschäftigte, die zum größten Teil verheiratet sind (siehe Autorenkollektiv, 1974: II,2: 194.

ist. In gleicher Weise kann eine aus finanziellen Gründen erforderliche Erwerbstätigkeit von Müttern die Bildungschancen von Kindern beeinträchtigen, wenn in der Folge weniger Zeit für die schulische Förderung der Kinder verbleibt.

Der Bezug auf Haushaltsvorstände hat also nicht nur den Vorteil, daß mit Haushalten die primären Lebensgemeinschaften als Analyseeinheiten zugrundeliegen. Es kommt hinzu, daß damit für alle Haushalte die soziale Situation aufgrund der Erwerbschancen des "Hauptverdieners" standardisiert ist. Da fast alle Haushaltsvorstände entweder erwerbstätig oder Rentner sind, die früher erwerbstätig waren, kann zudem erwartet werden, daß über diese Personen die meisten Haushalte eindeutig einer der verschiedenen Klassenlagen unseres Modells zugeordnet werden können.

## 3. Die Verteilung der Bevölkerung auf Klassenlagen und soziale Lagen

Im folgenden soll nun versucht werden, in einem ersten Schritt die Bevölkerung der Bundesrepublik nach den entwickelten Vorstellungen aufzugliedern und die wesentlichen Züge der Struktur der Klassenlagen und sozialen Lagen zu beschreiben. In einem zweiten Schritt soll dann die Dynamik dieser Strukturen aufgezeigt werden, zunächst am Beispiel der Altersschichtung (in 4), dann am Beispiel der Intergenerationenschichtung (in 5). Während in diesem Abschnitt primär die relative Größe von Bevölkerungsgruppen von Interesse ist, die in spezifischen Lebenssituationen leben - Lebenssituationen, die geschaffen sind durch die Organisation der Arbeitsteilung, die Gestaltung des Ausbildungswesens und die auf Märkten organisierte Rekrutierung von Personen zu Arbeitsplätzen - ist insbesondere der letzte Teil ein Beitrag zu der Frage, wer auf welchem Wege in eine bestimmte soziale Lage gelangt.

Die Ergebnisse der Aufgliederung der über 14 Jahre alten Bevölkerung der Bundesrepublik auf die gebildeten Kategorien von sozialen Lagen sind in Schaubild 1 sowie in den Tabellen 3-7 des Anhangs enthalten. Es wurde versucht, in Schaubild 1 möglichst alle Daten, auf die die nachfolgende Darstellung Bezug nimmt, abzubilden oder einzutragen. Das Schaubild ist dadurch relativ kompliziert geworden, es hat jedoch den Vorzug, dem Betrachter eine Fülle von Informationen auf einen Blick darzubieten,wenn er die Mühe nicht scheut, sich mit den Darstellungsprinzipien in diesem Schaubild vertraut zu machen. Da ich im folgenden Text immer wieder darauf zurückkommen werde und zudem später nach den gleichen Regeln aufgebaute Grafiken präsentieren werde, möchte ich dem Leser doch vorschlagen, die folgenden Hinweise auf die Prinzipien der Darstellung nicht zu übergehen.

Klassenlagen des manuellen Bereichs sind durch karierte Muster gekennzeichnet, je gröber das Muster ist, umso höher ist die Qualifikation der Position, also von links nach rechts: un- und angelernte Arbeiter in entsprechender Tätigkeit, dequalifizierte Arbeiter, Facharbeiter, Arbeiter in Aufsichtspositionen des manuellen Bereichs.

Ausführende oder Sachbearbeitertätigkeiten im nicht-manuellen Bereich sind durch gerade Linien symbolisiert, bei nur Volksschulausbildung der Arbeitskräfte in enger Distanz, bei mittlerer Ausbildung in weiter Distanz. Bei Personen mit nur Volksschulbildung ist zudem noch unterschieden zwischen solchen ohne Lehre oder mit gewerblicher Lehre (unterbrochene enge Schraffur) und solchen mit kaufmännischer Lehre (durchgezogene enge Schraffur).

Personen in leitender, Lehr-oder hochqualifizierter Spezialistentätigkeit sind durch eine schräglinige Schraffur symbolisiert: in enger Distanz bei höchstens mittlerer Ausbildung, in weiter Distanz bei höherer Bildung.

Die Fläche, die sich auf freie Berufe bezieht, ist unschraffiert gelassen (ganz rechts oben in der Teilgrafik für Erwerbstätige), in die Flächen für Landwirte sind Kreuze eingetragen, und die Flächen für die übrigen Selbständigen sind schließlich durch Kreise gekennzeichnet.

Bei den Rentnern erwies sich eine derart differenzierte Analyse als unpraktikabel. Bei den früher abhängig Erwerbstätigen ist nur unterschieden zwischen Arbeitern (karierte Schraffur), Beamten oder Angestellten in ausführenden oder Sachbearbeitertätigkeiten (gerade Linien) und Beamten und Angestellten in höheren Positionen (schräglinige Schraffur).

Die zusätzlich zur Schraffierung mit Punkten besetzten Flächen symbolisieren Haushalte in der entsprechenden Klassenlage, denen eine Frau vorsteht.

In der vertikalen Dimension wiederspiegelt das Schaubild die Verteilung der Angehörigen verschiedener Klassenlagen nach ihrem Einkommen.

Die Größe der durch eine bestimmte Schraffur überdeckten Fläche entspricht der absoluten Zahl von Haushalten, die sich über den Haushaltsvorstand in einer bestimmten sozialen Lage befinden[1]. Um nicht ausschließlich auf optische Eindrücke angewiesen zu sein, sind in den einzelnen Feldern Zahlen eingetragen, die gerundet angeben, um wieviele

---

1) Eine Ausnahme bilden hier lediglich Rentnerinnenhaushalte,deren Zugehörigkeit zu Klassenlagen in der Mehrzahl auf der Basis der letzten erfaßten Erwerbstätigkeit des Ehemannes identifiziert wurde. Nur wenn diese Rentnerinnen eine Rente hauptsächlich wegen eigener früherer Erwerbstätigkeit bezogen, wurde diese als Zuordnungskriterium benutzt.

1oo.ooo Personen es sich jeweils handelt. Die Zahl 1o im Feld links unten der größten Figur bedeutet also, daß es in der Bundesrepublik 1971 rund 1 Million Haushaltungen gab, deren Haushaltsvorstand nur Volksschulbildung ohne eine Lehre hatte, als un- oder angelernter Arbeiter beschäftigt war und weniger als 8oo DM monatliches Nettoeinkommen erhielt.

Aus den in den einzelnen Feldern eingetragenen Zahlen lassen sich zudem leicht die Anteilswerte des durch ein Feld charakterisierten Bevölkerungsteils an allen Haushalten bzw. an allen Erwerbstätigenhaushalten in der Bundesrepublik errechnen. Teilt man die in den Feldern eingetragene Zahl durch 2, erhält man eine (nur geringfügig überhöhte) Schätzung des Anteil der entsprechenden Haushalte an allen Haushalten. Die Million Haushalte im Feld links unten macht einen Anteil von rund 5% aller knapp 21 Millionen Haushalte in der Bundesrepublik aus[1]. Rechnet man dagegen zwei Drittel der eingetragenen Zahl, ergibt sich der (leicht unterschätzte) Anteil der betrachteten Haushalte an allen Erwerbstätigenhaushalten[2]. Über diese Faustregeln ergeben sich zwar nur grobe Schätzwerte. Das Verfahren hat aber den Vorteil, daß der Leser selbst anhand der Grafik leicht die Größenordnungen für bestimmte Gruppen, für die er sich besonders interessiert, abschätzen kann.

Die genaue Abgrenzung der Personen, die einer durch eine bestimmte Schraffur gekennzeichneten Klassenlage zugeordnet wurden, läßt sich am besten mit Hilfe des oben abgedruckten Tableaus typischer Klassenlagen erklären. Die in diesem Tableau mit Ziffern versehenen Felder bezeichnen die Modaltypen der durch die Kombination von Ausbildung und beruflicher Stellung definierten Klassenlagen. Diese Ziffern sind in Schaubild 1 den entsprechenden Schraffuren zugeordnet. Alle Fälle in Feldern des Tableaus von Klassenlagen, die keine Ziffern enthalten, wurden systematisch dem in der vertikalen Richtung nächstliegenden bezifferten Feld zugeordnet. Feld 2, das primär die Arbeiter enthält, die eine gewerbliche Lehre gemacht haben, aber trotzdem eine un- oder angelernte Tätigkeit ausüben, wurden auch alle Personen mit kaufmännischer Lehre oder mittlerem oder höherem Bildungsabschluß zugeordnet, wenn sie eine un- oder angelernte Tätigkeit ausüben. Feld 3 im Tableau und in Schaubild 1 sind z.B. alle Personen zugeordnet, die sich als Facharbeiter bezeichnen, unabhängig von der Ausbildung, die sie haben. Feld 8 und Schraffur 8 sind alle Personen zugewiesen, die in einer Position mit vorwiegend leitender oder Lehr- oder hochqualifizierter Spezialistentätigkeit sind, wenn sie nicht mehr als einen mittleren Bildungsabschluß erworben haben usw. Die 1o% der abhängig Erwerbstätigen, die nicht einen typischen Fall der Zuordnung von Bildungsabschluß und beruflicher Stellung darstellen, wurden also primär nach der beruflichen Stellung eingeordnet.

---

1) Da es in der Bundesrepublik 21.9 Mio Haushalte gibt, müßten die aufgeführten Zahlen - von Rundungsfehlern abgesehen - auf 219 addieren (21.9 Mio = 219 x 1oo.ooo). Deshalb bekommt man eine leicht überhöhte Schätzung des Prozentanteils, wenn die eingetragenen Zahlen durch 2 dividiert werden. Dividiert man nämlich 219 durch 2, ergibt sich als Bezugsbasis eine Zahl, die leicht über 1oo liegt.

2) In der Bundesrepublik gibt es 14.2 Mio Erwerbstätigenhaushalte. Die Berechnung von zwei Dritteln der in den Feldern eingetragenen Zahlen ergibt deshalb einen leicht überhöhten Schätzwert des Anteils an den Erwerbstätigenhaushalten.

Beim ersten Blick auf Schaubild 1 fällt auf, daß in einzelnen Einkommensbereichen überhaupt keine Angehörigen einer bestimmten Klassenlage zu verzeichnen sind, z.B. keine unqualifizierten Arbeiter im Einkommensbereich über 1.8oo DM. In Wirklichkeit gibt es solche Personen. Sie wurden aber dann nicht in die Grafik eingezeichnet, wenn die Zahl solcher Personen nicht wenigstens ein Zwanzigstel eines Prozentes (o,o5%) aller Haushaltsvorstände erreichte.

Nach diesem Schaubild ist nun die Struktur sozialer Lagen in der Bundesrepublik durch eine Mehrzahl von übergreifenden Polarisierungen[1] gekennzeichnet. Die erste theoretisch zentrale Differenzierung ist der Bruch zwischen den Besitzern von Großunternehmen, den Managern großer Kapitalgesellschaften, den Personen in den obersten Leitungsfunktionen der Politik, der staatlichen Bürokratie, des Militärs und des kulturellen und wissenschaftlichen Bereichs auf der einen Seite und dem Rest der Bevölkerung auf der anderen Seite.

Auf der Basis des dieser Analyse zugrundeliegenden Datenmaterials ist es nicht möglich, die Klasse der Besitzenden und Inhaber gesellschaftlicher Machtpositionen exakt abzugrenzen. In Schaubild 1 ist die Größe dieser Klasse durch die Fläche über der Bruchstelle im höchsten Einkommensbereich der Felder 8-1o behilfsweise symbolisiert. Diese Fläche ist so abgegrenzt, daß sie folgende Bevölkerungsgruppen repräsentiert: alle Selbständigen außerhalb der Landwirtschaft mit 1o und mehr Mitarbeitern, ein Drittel der in freien Berufen tätigen Akademiker, ein Viertel aller Beamten im höheren Dienst sowie ca. 8o% aller Angestellten im privaten oder öffentlichen Sektor, die ihre Position umschreiben als: "Angestellte mit umfassenden Führungsaufgaben und Entscheidungsbefugnissen (z.B. Direktor, Geschäftsführer, Vorstand größerer Betriebe und Verbände)". Daraus ergibt sich eine Gesamtzahl von ca. 4oo.ooo Haushalten, die der Klasse der Besitzenden und Inhaber gesellschaftlicher Machtpositionen zugehören. Sie entspricht 1.8% der Erwerbstätigenhaushalte bzw. 2,8% aller Haushalte[2].

Zu der abgegrenzten Fläche für die Klasse der Besitzenden und Inhaber gesellschaftlicher Machtpositionen müßten hinzugerechnet werden

---

1) Zu einem Teil sind diese Polarisierungen natürlich bereits im theoretischen Modell, das der Aufgliederung zugrundeliegt, vorweggenommen. Dies gilt insbesondere für die erste und zweite der im folgenden ausgeführten Polarisierungen.

2) siehe folgende Seite

Haushalte, die vorwiegend von großen Vermögen und seinen Zinserträgen leben, ohne sich aktiv mit der Verwertung ihrer Kapitalien zu befassen. Diese Personengruppe gesondert auszuweisen, läßt keine der bislang vorliegenden Datenquellen einigermaßen zuverlässig zu[1]. Es wurde deshalb auf eine Schätzung verzichtet.

Schließlich könnte die Klasse der Besitzenden und Herrschenden noch um die Besitzer großer landwirtschaftlicher Güter vermehrt werden, die den kleinen Anteil von einem Zehntel Prozent aller Haushalte ausmachen, wenn man die Grenze bei 5o ha und mehr Landbesitz zieht. Dies wurde hier aus den weiter oben angeführten Gründen ebenfalls nicht getan.

Wie immer man die Daten- und Abgrenzungsprobleme zu lösen versucht, zur Besitz- und Herrschaftsklasse gehört in der Bundesrepublik nur ein äußerst kleiner Anteil der Bevölkerung, der sich aber - je nach Zugehörigkeit zu einer der diese Klasse bildenden Gruppen - durch das Ansehen, das er genießt, die Privilegien, die ihm zukommen, die Macht, die er ausübt, die ökonomischen Ressourcen, die er kontrolliert und den

---

2) Die gewählten Prozentsätze sind vor allem bei den Beamten, aber auch bei den Angestellten so, daß unter ihnen nicht nur die Inhaber von Spitzenpositionen enthalten sind, also eine relativ weiche Abgrenzung vorgenommen wurde. Andererseits ist wahrscheinlich, daß die Angehörigen von Spitzenpositionen in der Stichprobe unterrepräsentiert sind, so daß damit die weiche Definition tendenziell ausgeglichen wird. Auf der Basis anderer Statistiken und Berechnungen schätzen verschiedenen Studien zur Klassenstruktur der BRD als Mitglieder der Bourgeoisie oder Kapitalistenklasse für die Zeit um 197o Zahlen von etwas unter einer halben Million (Tjaden-Steinhauer/Tjaden 1973), über etwas unter 6oo.ooo (Autorenkollektiv 1974), bis knapp 9oo.ooo (Projekt Klassenanalyse 1974). Die hohe Schätzung des Projektes Klassenanalyse beruht im wesentlichen darauf, daß alle Selbständigen mit 5 Beschäftigten und mehr zur Kapitalistenklasse gerechnet wurden.

1) Vom Projekt Klassenanalyse (1974: 242) wird die Zahl der nicht-tätigen Kapitaleigentümer für 197o auf 15o.ooo Personen geschätzt. Diese Zahl würde nur um ca. 1o.ooo unter der Zahl der Selbständigen mit Großbetrieben (wenigstens 1o Mitarbeiter) liegen. Schon dieser Vergleich läßt vermuten, daß diese Schätzung überhöht ist. Die sicherlich auch nicht unproblematische Vermögenssteuerstatistik weist dagegen (für Erwerbstätige und Nicht-Erwerbstätige zusammen) für 1969 ca. 25.ooo Steuerpflichtige mit Vermögen zwischen 5oo.ooo DM und einer Million sowie circa 2o.ooo Steuerpflichtige mit Vermögen von einer Million und mehr aus. (Einkommens- und Vermögensverteilung in der Bundesrepublik 1976: 89.) Nimmt man die Zahl des Projektes Klassenanalyse als oberen und die Zahl der Vermögensmillionäre nach Einkommenssteuerstatistik als unteren Schätzwert, bewegt sich dieser zwischen o,1 und o,7% aller Haushalte.

Überfluß, in dem er lebt, abhebt von der übrigen Bevölkerung.

Eine zweite deutliche Differenzierung, die sich vor allem in der Einkommensdimension zeigt, bezieht sich auf die Trennung zwischen Erwerbstätigenhaushalten und Rentnerhaushalten. In den 6.9 Millionen Rentnerhaushalten, die insgesamt 31% aller Haushalte ausmachen, bezieht der Haushaltsvorstand zu über vier Fünfteln ein Einkommen, das unter der Grenze von 800 DM liegt. Dies trifft nur zu etwa einem Fünftel für die Erwerbstätigenhaushalte zu. Zudem trägt die Darstellung in Schaubild 1 dazu bei, daß die Einkommensdifferenzierung zwischen Erwerbstätigenhaushalten und Rentnerhaushalten unterschätzt wird. Die Grafik suggeriert für beide Bevölkerungsgruppen im untersten Einkommenssegment eine gleiche Verteilung der Einkommen. In Wirklichkeit liegen auch in diesem untersten Segment die Durchschnittseinkommen der Rentner entschieden unter denen der Erwerbstätigen. Würde eine exakte Abbildung der Einkommensschichtung versucht, nähme der Anteil der Rentnerhaushalte nach unten also ständig zu. Auf weitere Gesichtspunkte, nach denen sich die Rentnerhaushalte systematisch von den Erwerbstätigenhaushalten unterscheiden, werde ich an späterer Stelle zu sprechen kommen.

Der dritte übergreifende systematische Unterschied in der Struktur sozialer Lagen besteht zwischen Haushalten, denen ein Mann "vorsteht", und Haushalten, denen eine Frau "vorsteht". Die Art und der Grad der geschlechtsspezifischen Diskriminierung kann deutlich aus Tabelle 4 ersehen werden. Haushalte mit einem weiblichen Haushaltsvorstand finden sich stark überproportional in Lagen von un- oder wenig qualifizierter Tätigkeit. Noch verstärkt ist die Überrepräsentation von Haushalten mit weiblichen Haushaltsvorständen in jenen sozialen Lagen, die zusätzlich durch ein außerordentlich niedriges Einkommen gekennzeichnet sind. Über die Hälfte (53%) der weiblichen Haushaltsvorstände verdienen weniger als 800 DM monatlich. Bei den männlichen Haushaltsvorständen dagegen liegt nur bei jedem Sechsten (17%) das monatliche Nettoeinkommen unter dieser Grenze. Nimmt man alle Frauen in wenig qualifizierten, untergeordneten Tätigkeiten oder mit einem Minimaleinkommen von weniger als 800 DM zusammen, so sind bereits 80% aller Frauen versammelt, die selber einem Haushalt vorstehen und nicht gänzlich oder teilweise von den ökonomischen Aktivitäten eines Mannes abhängen.

Tabelle 4: Haushalte in benachteiligten sozialen Lagen nach Geschlecht des Haushaltsvorstandes

| Erwerbstätige | männlich | | weiblich | |
|---|---|---|---|---|
| | in Tausend | % Anteile | in Tausend | % Anteile |
| Haushalte insgesamt | 12.531 | 1oo | 1.737 | 1oo |
| ungelernte und dequalifizierte Arbeiter | 2.536 | 21 | 538 | 31 |
| in ausführender nichtmanueller Tätigkeit | 2.536 | 2o | 713 | 41 |
| insgesamt in hierarchisch niedrigsten Positionen | 5.111 | 41 | 1.251 | 72 |
| von diesen mit Einkommen unter 8oo DM | 1.214 | 1o | 784 | 45 |
| andere mit Einkommen unter 8oo DM | 9oo | 7 | 142 | 8 |
| insgesamt mit Einkommen unter 8oo DM | 2.114 | 17 | 926 | 53 |
| insgesamt in hierarchisch niedrigsten Positionen oder mit Einkommen unter 8oo DM | 6.o11 | 48 | 1.393 | 8o |
| **Rentner** | | | | |
| Haushalte insgesamt | 3.27o | 1oo | 3.557 | 1oo |
| Haushalte mit Einkommen unter 6oo DM | 1.147 | 35 | 2.352 | 66 |

Nach dieser kurzen Beschreibung der übergreifenden Strukturierungen von Lebenschancen, die (1) die 2-3% Elite trennen vom Rest der Bevölkerung, (2) das Drittel Rentnerhaushalte von den zwei Dritteln Erwerbstätigenhaushalten und (3) die 5,5 Millionen Haushalte, denen eine Frau vorsteht, von den 15,7 Millionen Haushalten, denen ein Mann vorsteht, will ich nun übergehen zu den Differenzierungen innerhalb der wichtigsten großen Bevölkerungsgruppierungen: zunächst die 6,6 Millionen Arbeiterhaushalte, dann die 5,5 Millionen Haushalte der Lohnabhängigen im nichtmanuellen Bereich, danach die 2,2 Millionen Selbständigenhaushalte und schließlich die fast 7,7 Millionen Haushalte der Nicht-Erwerbstätigen.

## Arbeiter

Was die innere Struktur der Arbeiterschaft und Entwicklungstendenzen ihrer Lebenssituation betrifft, sind in der soziologischen Diskussion u.a. zwei Thesen vertreten worden, zu denen - zumindest was die quantitative Seite der behaupteten Phänomene betrifft - unsere Aufgliederung einigen Aufschluß geben kann. Nach der These von der Verbürgerlichung des Arbeiters, die vor allem in Schelskys Vorstellung von der nivellierten Mittelstandsgesellschaft breiten Raum einnimmt, hat sich insbesondere die materielle Seite der Lebenssituation des Arbeiters in einer Weise verbessert, daß er sich zunehmend den Konsumstil der breiten Mittelschichten zu eigen macht.

Die zweite These bezieht sich vornehmlich auf die Arbeitssituation des Arbeiters und besagt, daß aufgrund technologischer Entwicklungen eine zunehmende Polarisierung in den von den Arbeitskräften geforderten Qualifikationen eintrete. Der Einsatz von Halb- und Vollautomaten erfordere einerseits hochqualifizierte Systemüberwacher und Instandsetzungsarbeiter, andererseits aber auch eine zunehmende Zahl von Maschinendienern mit repetitiven und stark zerlegten Tätigkeiten. Neben Prozessen der Qualifizierung Einzelner finden also gleichzeitig Prozesse der Dequalifizierung anderer Arbeitskräfte statt. Was die Konsequenzen dieser Prozesse für die Einkommensstruktur betrifft, haben Vertreter der ersten These darauf verwiesen, daß gerade z.B. stark zerlegte Akkordarbeit dem Arbeiter die Möglichkeit gebe, durch hohe Stückleistungen sein Einkommen unter Umständen beträchtlich zu erhöhen, und daß Fließbandarbeit ein Einkommen erbringe, das dem aus qualifizierter Arbeit durchaus vergleichbar sei.

Was unsere Daten belegen ist, daß in der Tat ein erheblicher Anteil von Arbeitern, die einen Lehrabschluß erworben haben, nun in Tätigkeiten beschäftigt sind, die sie selber als an- oder ungelernte Tätigkeiten bezeichnen. Die Quote der in dieser Weise dequalifizierten Arbeiter liegt bei den Haushaltsvorständen bei 31%[1]. Wenn also die Situation des dequalifizierten Arbeiters ein von vielen Menschen geteiltes Schicksal ist, so ist der wohlhabende Arbeiter unter den Arbeitern eher als Ausnahmefigur zu betrachten, zumindest wenn man für das Jahr 1971 als untere Einkommensgrenze für diesen Typ von Arbeiter ein Minimaleinkommen von DM 12oo als nicht zu viel gefordert hält, und wenn man zudem bedenkt, daß überdurchschnittliche hohe Arbeitereinkommen in der Regel nur durch Überstunden, Erschwerniszuschläge oder Auswärtstätigkeit erreicht werden, also durch besondere Belastungen, die außerordentliche Verdienstchancen nur für begrenzte Dauer ermöglichen. Geradezu im Gegensatz zu Vorstellungen vom wohlhabenden Arbeiter ist festzustellen, daß große Teile der Arbeiterschaft mit sehr niedrigem Einkommen zu leben haben. Im Jahre 1971 erhielt ein Drittel der Haushaltsvorstände in Arbeiterhaushalten ein Einkommen von unter DM 8oo,--. Wenn davon mehrere Personen eines Haushalts leben mußten, waren dies Lebensverhältnisse, die als arm zu bezeichnen sind, oder jedenfalls nicht weit von der Armutsgrenze entfernt liegen.

Was die Streuung der Einkommenschancen von Arbeitern zwischen verschiedenen Klassenlagen betrifft, so besteht sicherlich ein Zusammenhang zwischen Qualifikationsniveau und Einkommen. Wie Schaubild 1 zeigt, ist dieser jedoch gering und zudem überlagert durch die Geschlechtsdifferenzierung. Frauen finden sich überproportional in weniger qualifizierten Jobs und werden dafür zudem überproportional schlecht bezahlt. 4 von 5 Arbeiterinnen, die einem Haushalt vorstehen, sind als Un- oder Angelernte beschäftigt und verdienen weniger als DM 8oo,-- monatlich. Bei den Männern gilt dies nur für einen von 5 Arbeitern. Aber auch bei

---

1) Berechnet als Anteil der als un- oder angelernte Arbeiter beschäftigten Personen, die mehr als eine Volksschulbildung erworben haben, an allen als Facharbeiter oder als Arbeiter mit Aufsichtsfunktion beschäftigten Personen.

den Männern allein sind die Unterschiede der Einkommenschancen in den verschiedenen Klassenlagen nicht übermäßig. Die Anteile der männlichen Haushaltsvorstände mit einem Niedrigeinkommen von unter DM 8oo,-- monatlich nehmen zwar mit steigender Qualifikation kontinuierlich ab: von 42% bei den Un- und Angelernten, zu 33% bei den Dequalifizierten, zu 22% bei den Facharbeitern und schließlich zu 9% bei den Vorarbeitern und Meistern. Aber in absoluten Zahlen stellen dennoch die Facharbeiter das größte Kontingent von Beziehern eines solchen Niedrigsteinkommens.

Die große Masse der Arbeitereinkommen lag 1971 zwischen 8oo-12oo DM. Innerhalb dieser Grenzen fanden sich je über 5o% der Personen in jeder der hier unterschiedenen Klassenlagen. Die Einkommensgrenze von 12oo DM stellt eine Art Schallmauer dar, die nur wenige Arbeiter zu durchbrecehn in der Lage sind. In allen Arbeiterhaushalten zusammen erreichen nur wenig mehr Haushaltsvorstände ein monatliches Nettoeinkommen von über 12oo DM als von den, den Arbeitern noch am nächsten stehenden Beschäftigten im nicht-manuellen Bereich, d.h. den Angestellten und Beamten in ausführenden Positionen, die in der Schule höchstens den Volksschul- und nachher z.T. einen Lehrabschluß erworben haben. Unter allen Erwerbstätigenhaushalten stellt jedoch diese letzte Gruppe nur einen Anteil von 1o%, während die Arbeiterhaushalte 46% ausmachen. Selbst wenn man nur in etwa ausbildungsmäßig vergleichbare Gruppen einander gegenüberstellt, bleibt ein Einkommenssprung zwischen den Arbeitern und den untersten Rängen der Angestellten- und Beamtenhierarchie erhalten. Nur 1o% der männlichen Facharbeiter erreichen ein Einkommen von über 12oo DM, während es in der genannten untersten Angestellten- und Beamtengruppe annähernd 3o% sind. Nur gerade bei der zahlenmäßig kleinen Klasse der Arbeiter in Aufsichtsfunktionen (sie stellen nicht einmal 1o% der Arbeiterhaushalte) entspricht die Einkommensstruktur ungefähr jener in der untersten Qualifikationsklasse des nicht-manuellen Bereichs. Der bestverdienende Teil dieser Personen in Aufsichtsfunktionen des manuellen Bereichs steht zudem ohnehin in Angestelltenverträgen[1].

---

1) Die Industriemeister mit Angestelltenverträgen sind zusammengefaßt mit den Vorarbeitern, Polieren und Meistern im Arbeiterstatus.

Angestellte und Beamte

Wenn selbst zwischen den relativ am besten situierten Arbeiterhaushalten und den relativ am schlechtesten situierten Angestellten- und Beamtenhaushalten die beschriebene Einkommensdifferenzierung besteht, ist es eigentlich verwunderlich, daß in der Diskussion um die Klassenlage der Angestellten in den vergangenen Jahren vor allem die These große Verbreitung gefunden hat, zunehmende Teile der Angestellten würden unter Reproduktionsbedingungen leben, die denen der Arbeiter vergleichbar seien. Es ist sogar von einer starken "Proletarisierung des Angestelltenbereichs" (Autorenkollektiv 1975) die Rede. In der statistisch reich dokumentierten Studie über die Lage der Angestellten und ihrer Entwicklung seit den fünfziger Jahren, aus der dieses Zitat stammt, werden für diese These vor allem drei empirische Indikatoren angeführt: 1. Hinsichtlich des allgemeinen "Qualifikationsniveaus" wird konstatiert, "daß es bei 2/3 der Angestellten/Beamten generell nicht höher liegt als bei der Arbeiterschaft, daß also diese Reproduktionsbedingungen der Arbeitskraft auf diesem Gebiet weitgehend angenähert sind." (Autorenkollektiv 1975,II,1:318) 2. Durch die Einführung von Büromaschinen und insbesondere die EDV sei ein Prozeß in Gang gesetzt worden, der viele zuvor komplexe Tätigkeiten in repetitive Teilarbeiten zerlege und damit zu einer Dequalifizierung der Arbeit von Teilen der Angestellten geführt habe. "In wachsendem Umfang wird die <u>Arbeitssituation</u> größerer Angestelltengruppen durch Maschinen und Mechanisierung bestimmt und wird damit derjenigen der Industriearbeiter ähnlich." (Autorenkollektiv 1975: 344). 3. wird schließlich auch für die materielle Lage eine Annäherung zwischen großen Teilen der Angestellten und der Arbeiter festgestellt. Das Autorenkollektiv stellt für die Leistungsgruppen III-V (das waren 1966 71% aller männlichen und 94% aller weiblichen Angestellten) fest, daß "sich ihre typische Verdienstkurve tendenziell der der Arbeiter an(nähert)". (Autorenkollektiv 1975: 332).

In seiner Analyse der sozialen Situation der Angestellten zählt schließlich das Autorenkollektiv ohne Einschränkung 64,4% aller Angestellten zur Arbeiterklasse und rechnet zusätzlich 18,6% der Angestellten als "obere Randgruppe der Arbeiterklasse" hinzu. Insgesamt finden sich nach diesen Autoren also über 8o% der Angestellten in Reproduktionsbedingungen, die denen der Arbeiter zumindest in einer solchen Weise entsprechen, daß sie als Fraktion der Arbeiterklasse zu betrachten sind.

Nach den Daten, die der Analyse hier zugrundeliegen, besteht erheblicher Zweifel an den empirischen Behauptungen, die dieser These von der "Proletarisierung des Angestelltenbereichs" zugrundeliegen. Schon ein flüchtiger Blick auf die Gegenüberstellung von Ausbildung und beruflicher Position in Tabelle 1 zeigt, daß jedenfalls bei den Männern das durchschnittliche Ausbildungsniveau bei den Angestellten und Beamten entschieden höher liegt als bei den Arbeitern. Während unter allen Arbeitern immerhin 28% nicht mehr als eine Volksschule besucht haben, liegt diese Quote bei den Angestellten und Beamten lediglich bei 5%. Dagegen haben unter den Arbeitern nur 5% eine mittlere oder höhere Ausbildung abgeschlossen, bei den Angestellten und Beamten sind es 52%.

Was die Arbeitssituation betrifft, besteht kein Zweifel daran, daß durch die Einführung von Büromaschinen ein Prozeß der Arbeitszerlegung in Gang gekommen ist und im nicht-manuellen Bereich in diesem Prozeß zunehmend auch unqualifizierte, repetitive Arbeiten ausgegliedert wurden. Es ist jedoch auch hier eine Frage der Größenordnung. Von den befragten Angestellten des Mikrozensus ordneten sich in die niedrigste Angestelltenkategorie, die u.a. diese Arbeitsplätze enthält ("Angestellte mit einfacher Tätigkeit, z.B. Verkäufer, Kontorist, Stenotypistin"), 18% der Männer und 58% der Frauen ein. Wie groß darunter nun der Anteil der Personen ist, die rein repetitive, unqualifizierte Arbeiten ausführen, läßt sich aus diesen Daten nicht direkt entnehmen. Am Anteil der Befragten, die sich in die niedrigste Angestelltenkategorie einordneten, läßt sich jedoch die absolute Obergrenze des Anteils dieser unqualifizierten, repetitiven und durch Maschinen und Mechanisierung bestimmten Arbeitsplätze schätzen. Sicher liegt der tatsächliche Anteil der hier zur Frage stehenden Arbeitsplätze sowohl bei den Männern wie auch bei den Frauen unter diesen Zahlen. Es ist also auch hier fraglich, ob "in wachsendem Umfang ... die Arbeitssituation größerer Angestelltengruppen ... derjenigen der Industriearbeiter ähnlich" wird. Für die Männer trifft diese These sicher nicht zu, während sie für die Frauen eher Gültigkeit beanspruchen kann.

Hinsichtlich der Einkommenssituation besteht nach Schaubild 1 eine starke Überlappung der Einkommensverhältnisse der Angestelltenhaushalte mit den Arbeiterhaushalten nur für die unterste Qualifikationsstufe der Angestellten. Aber selbst für diesen Vergleich haben wir oben einen Einkommenssprung zugunsten der Angestellten festgestellt.

In ihrer Allgemeinheit ist die These von der "Proletarisierung des Angestelltenbereichs" also im Hinblick auf alle von den Autoren gewählten empirischen Bezüge fraglich. Eher als allgemeine Proletarisierungstendenzen scheinen mir nach den Ergebnissen in Schaubild 1 die folgenden drei Punkte charakteristisch für die Haushalte im Bereich nicht-manueller, lohnabhängiger Beschäftigung zu sein:

1.) Genau so ausgeprägt wie im manuellen Bereich ist im nicht-manuellen Bereich die unterprivilegierte Lage der Frauen. Bei gleicher Ausbildung sind sie in niedrigeren Positionen als die Männer und bei gleicher Ausbildung und gleicher Position verdienen sie weniger als Männer. Wenn es auch im nicht-manuellen Bereich ausgesprochen unvorteilhafte Lebenslagen gibt, so sind es vor allem die Frauen, die sich in ihnen befinden.

2.) Sowohl in bezug auf das Einkommen wie in bezug auf die übrigen hier untersuchten Dimensionen ist die Differenzierung im nicht-manuellen Bereich entschieden stärker als im manuellen. Die Ausbildung variiert hier vom Volksschulbesuch ohne weitere Qualifikation bis hin zu einer mehrjährigen Universitätsausbildung, die Tätigkeit von einfacher, ausführender Arbeit bis zu umfassenden Aufgaben der Unternehmensführung, die Einkünfte von den Niedrigstlöhnen bis zu sehr hohen Gehältern. Obgleich nun eine gewisse Korrelation zwischen den verschiedenen Dimensionen von Lebenschancen besteht, ist eine weitgehende Überschneidung von unterschiedlicher Ausbildungsqualifikation, beruflicher Stellung und Einkommenssituation festzustellen. Es gibt im nicht-manuellen Bereich fünf Bevölkerungssegmente zwischen o,7 und 1,3 Millionen Haushalten, die sich über ihren Haushaltsvorstand in höchst unterschiedlichen Klassenlagen befinden: o,9 Millionen mit Hochschulbildung in Lehr-, Spezialisten- oder leitender Tätigkeit, 1,o Millionen mit mittlerer Bildungsqualifikation in leitenden Positionen, 1,2 Millionen mit mittlerer Ausbildung in untergeordneten, ausführenden Tätigkeiten, o,7 Millionen in vergleichbaren ausführenden Positionen, aber mit höchstens Volksschulbildung und kaufmännischer Lehre sowie 1,3 Millionen in ebensolchen Positionen, jedoch mit Volks-

schulbildung ohne oder mit gewerblicher Lehre.
Mit Ausnahme der lohnabhängigen Intelligenz streuen nun in diesen verschiedenen Klassenlagen die Einkommen von ganz unten bis nach sehr weit oben. Es gibt zwar Einkommensschwerpunkte, die sich von Einkommen zwischen 8oo und 12oo DM bei den untergeordneten Angestellten und Beamten zu Einkommen über 18oo DM bei den angestellten Hochschulabsolventen verlagern. Aber in jeder Einkommenslage befinden sich Personengruppen, die sich in bezug auf ihre Qualifikation und berufliche Stellung z.T. erheblich unterscheiden. So teilen sich z.B. die Einkommenslage zwischen 12oo-18oo DM Personengruppen mit höchst unterschiedlicher Kombination von Ausbildungsqualifikation und beruflicher Stellung in nahezu gleichen absoluten Größenordnungen.

3.) Neben dieser Verwerfung in den verschiedenen Dimensionen von Lebenschancen, die den Bereich der abhängigen nicht-manuellen Erwerbstätigkeit durchweg kennzeichnet, kann aus der Aufstellung in Schaubild 1 die Bedeutung eines weiteren Hauptmerkmals der Struktur der Lebenschancen dieses Sektors grob abgeschätzt werden: Die Chancen von individueller Mobilität im Verlaufe einer beruflichen Karriere. Man kann wohl davon ausgehen - und wir werden dies später noch im einzelnen belegen - daß ein Volksschulabschluß und auch ein mittlerer Bildungsabschluß in aller Regel zunächst nur den Zugang zu höchstens einer Sachbearbeiterposition eröffnet. Die Einkommenschancen in diesen Berufsanfängerstellungen liegen - auf die Verhältnisse des Jahres 1971 bezogen - in der überwiegenden Mehrzahl der Fälle unter DM 12oo. Das bedeutet, daß - von den Hochschulabsolventen einmal abgesehen - alle diejenigen in nicht-manuellen Beschäftigungen, die entweder ein Einkommen über 12oo DM verdienen und/oder in einer leitenden Stellung sind, im Verlaufe ihres Berufslebens spürbare Verbesserungen in ihrer Lebenslage erfahren haben. Sie haben entweder überdurchschnittliche Einkommenszuwächse erzielt oder sind in eine hierarchisch höhere Position aufgestiegen, oder beides zugleich. Insgesamt haben eine solche spürbare Verbesserung im Verlauf ihres Berufslebens etwa 2 Millionen Angestellte und Beamte erfahren, oder - wiederum von den Hochschulabsolventen abgesehen - ungefähr die Hälfte aller im nicht-manuellen Bereich beschäftigten Haushaltsvorstände. Eine beträchtliche Zahl von Personen, die noch am Beginn ihrer beruflichen Laufbahn stehen, können zudem einen späteren Aufstieg durchaus realistisch antizipieren[1].

Auf der Basis dieser Ergebnisse können wir nun nochmals auf die These der "Proletarisierungstendenzen im Angestelltenbereich" zurückkommen. Ohne Zweifel hat sich im Zuge der Expansion nicht-manueller Beschäftigung auch die Zahl von Angestellten und Beamten in untergeordneten Positionen beträchtlich erhöht. Aber um die Frage der sozialen Konsequenzen dieser Prozesse zu klären, ist es angebracht, in differenzierter Weise zu untersuchen, welche Personengruppen sich in welchen sozialen Situationen aufgrund welcher Prozesse befinden.

Als potentiell proletarisierte Teile der Angestellten- und Beamtenschaft kommen Personen in ausführenden Positionen und mit niedrigem Einkommen - etwa unterhalb der Obergrenze von 12oo DM - in Betracht. In diesen sozialen Lagen befinden sich zwar ca. 4o% aller Angestellten- und Beamtenhaushalte. Die Personengruppen, die diesen sozialen Lagen zugehören, sind bezüglich ihrer sozialen Situation in sich jedoch keineswegs homogen.

Untersuchen wir zunächst die Fälle der Männer. Hier sind wenigstens zwei Gruppen voneinander zu trennen, die in sehr verschiedenen sozialen Situationen stehen. Erstens steht - wie schon oben hervorgehoben und wie sich an späterer Stelle noch deutlicher zeigen wird - ein erheblicher Teil der wenig verdienenden, mit vorwiegend ausführenden Tätigkeiten befaßten Angestellten und Beamten in beruflichen Anfangsstellungen. Nach den Berufsanfängerjahren erfährt diese Gruppe Positionsverbesserungen und überproportionale Einkommenszuwächse. Bei ihr wird man trotz der zeitweise niedrigen Einkommen kaum von Proletarisierungstendenzen sprechen wollen. Der zweite, zahlenmäßig größte Teil der Angestellten und Beamten in untergeordneten Positionen weist dagegen in spezifischer Hinsicht eine besondere Nähe zur Arbeiterschaft auf. Es sind die Angestellten und Beamten mit eigener Arbeitererfahrung. Als grobe Schätzung dieses Bevölkerungssegments können wir hier die Angestellten und Beamten in ausführenden oder Sachbearbeiterpositionen betrachten, die eine ge-

---

1) Es ist klar, daß in der hier angestellten statischen Betrachtungsweise niemals ein verläßliches Bild über das Ausmaß von Mobilitätsprozessen im Verlaufe beruflicher Lebensläufe gewonnen werden kann. Diese Überlegungen sind hier nicht mehr als ein grober Hinweis auf die Bedeutung eines Phänomens, das in anderem Zusammenhang differenzierter zu untersuchen ist.

werbliche Lehre absolviert haben. Sie waren während ihrer Lehrzeit und zu großen Teilen wenigstens zeitweise auch danach als Arbeiter beschäftigt. In Schaubild 1 sind die entsprechenden Haushalte durch die waagerechte, unterbrochene Schraffur abgebildet[1]. Diese Angestellten und Beamten mit Arbeitererfahrung, die nach der vorgenommenen Abgrenzung 13% aller abhängig beschäftigten Nicht-Arbeiter ausmachen, weisen hinsichtlich der Ausbildung per definitionem große Ähnlichkeiten mit den Arbeitern auf. Beide Gruppen sind sich auch in den Einkommen relativ ähnlich, wobei die Angestellten etwas besser dastehen als die Arbeiter. Die Prozesse des strukturellen Wandels haben in den letzten Jahrzehnten ohne Zweifel die Präsenz ehemaliger Arbeiter im nicht-manuellen Beschäftigungsbereich verstärkt.Ob es angemessen ist, in diesem Zusammenhang von Proletarisierungstendenzen bei den Angestellten und Beamten zu sprechen, ist zumindest fraglich. Jedenfalls auf der Ebene der betroffenen Individuen kann von Proletarisierungsphänomenen nicht die Rede sein. Ihre soziale Lage dürfte sich beim Übergang aus der Arbeiterschaft in die Angestelltenschaft eher verbessert als verschlechtert haben.

Eine dritte sehr wichtige Gruppe von niedrig entlohnten, untergeordneten Arbeitsplätzen im nicht-manuellen Bereich sind die typischen Arbeitsplätze der hier beschäftigten Frauen. Wahrscheinlich sind diese Arbeitsplätze stärker als die der Männer in negativer Weise von der Rationalisierung und Automatisierung betroffen. Wenn man an die Zentralisierung von Schreibarbeiten in Schreibsälen, das Berufsbild der Datentypistin oder die Tätigkeiten der Regale füllenden oder an der Kasse stehenden Verkäuferin denkt, liegt eine solche Vermutung nahe. Die traditionelle Benachteiligung der Frauen in Positions-, Karriere- und Einkommenschancen wurde damit noch verstärkt. Da jedoch die Frau in aller Regel nicht der Hauptverdiener der Familie ist und ihre soziale Rolle und gesellschaftliche Stellung nicht in so dominanter Weise wie beim Mann durch die eigene Berufsstellung definiert ist, mindert eine solche Verlagerung der negativen Konsequenzen der Rationalisierung auf das schwächere Geschlecht das Konfliktpotential, das ansonsten eine Ver-

---

1) In dieser Gruppe ist auch der kleine Anteil der Angestellten und Beamten, die außer Volksschulbildung keine weitere Ausbildung haben, enthalten. Auch diese Personengruppe dürfte zu einem großen Teil Arbeitererfahrung haben.

schlechterung der Arbeitssituation mitsichbringen könnte.

Selbständig Erwerbstätige

Im Konzentrationsprozeß der Wirtschaft sind in den letzten Jahrzehnten die Selbständigen zu einem kleinen Teil der Erwerbstätigen zusammengeschrumpft. Die Zahl der Selbständigenhaushalte betrug 1971 noch knapp 2,2 Millionen. Dies waren 15% aller Erwerbstätigenhaushalte oder 1o% aller Haushalte insgesamt. Unter ihnen waren 6oo.ooo landwirtschaftliche Haushalte (4% aller Erwerbstätigenhaushalte), 1,3 Millionen Haushalte von Selbständigen mit nicht mehr als 9 Mitarbeitern (8,7%), 163.ooo Selbständige mit größeren Betrieben (1,1%) sowie 11o.ooo Selbständige in freien Berufen (o,7%). Abgesehen von den Inhabern von Großbetrieben und den Personen in freien Berufen, die sich in den ökonomisch privilegiertesten Stellungen unserer Gesellschaft befinden und die sich auch fast alle in die höchsten Einkommenskategorien einordnen, ist die Beurteilung der sozialen Lage der Selbständigen schwierig. Sicher ist nur, daß unter den Landwirten und den Selbständigen mit Kleinbetrieben die Einkommensstreuung sehr groß ist. Exakte Daten über die Einkommenschancen dieser Gruppen gibt es nicht. Im Mikrozensus werden die Einkommen der Landwirte (als einziger sozialer Gruppe) nicht erhoben. Und bei den Angaben der übrigen Selbständigen liegt die Verweigerungsquote bei ungefähr dem Zehnfachen der übrigen Erwerbstätigen. Mit großer Sicherheit kann davon ausgegangen werden, daß im Vergleich zu den tatsächlichen Einkommen die Daten des Mikrozensus nach unten hin verzerrt sind. Schon die Einkommens- und Verbrauchsstichprobe - eine Erhebung mit im allgemeinen besseren Einkommensdaten als der Mikrozensus - weist für das Jahr 1969 im Durchschnitt erheblich höhere Selbständigeneinkommen aus als der Mikrozensus 1971. In Wirklichkeit sind also die Selbständigen stärker in den höheren Einkommensschichten vertreten, als dies in Schaubild 1 in Erscheinung tritt. Für die Einkommen der Landwirte weist die Einkommens- und Verbrauchsstichprobe eine Struktur aus, die in der Streuung der Struktur der übrigen Selbständigeneinkommen ähnlich sieht, jedoch mehr niedrige und weniger hohe Einkommen aufweist. Wer also in Schaubild 1 auch die Landwirte in der Einkommensdimension eingezeichnet sehen möchte, würde nicht allzu fehlgehen, wenn er sich neben dem Selbständigenbalken einen Balken vorstellt, der unten etwa halb so breit wie der Selbständigenbalken und oben etwas weniger als halb so breit ist.

Rentner

Die Untersuchung der sozialen Lage der Rentnerbevölkerung ist im Zusammenhang dieser Untersuchung nicht nur deshalb von zentralem Interesse, weil sie immerhin fast ein Drittel aller Haushalte ausmacht. Am Beispiel der Rentner läßt sich auch für den - gemessen am Sozialbudget - weitaus wichtigsten Teil des wohlfahrtsstaatlichen Sicherungssystems zeigen, in welcher Weise diese Aktivitäten die auf Märkten geschaffenen Verhältnisse sanktionieren oder revidieren. Ferner zeigen sich die Implikationen der Zugehörigkeit zu bestimmten Klassenlagen im Erwerbsleben für zentrale Dimensionen von Lebenschancen gerade erst im Alter. Ich denke hier an Gesundheitsbeeinträchtigungen und Lebenschancen an sich, und werde als Indikatoren dafür die Quote der Frührentenfälle und die Lebenserwartung im Alter beiziehen. Wenn wir schließlich die sozialen Bindungen und Orientierungen der Rentner nicht völlig losgelöst sehen von ihrer früheren beruflichen Existenz, ist die Gliederung der Rentnerbevölkerung nach ihrer Klassenlage im Erwerbsleben[1] auch von Bedeutung für die rein quantitative Schätzung der relativen Größe verschiedener Klassen.

Ein erster Überblick auf Schaubild 1 hat uns schon oben gezeigt, daß

---

1) Für die Identifikation der früheren Klassenlage der Rentner wurde folgendes Verfahren gewählt: Alle Männer, die sich in der Zusatzerhebung 1971 als Rentner bezeichneten, wurden nach ihrer beruflichen Stellung im Jahre 196o nach den gleichen Kriterien wie die Erwerbstätigen zu Erwerbsklassen zugeordnet, wenn sie in diesem Jahre erwerbstätig waren. Dabei konnten 32% der Männer nicht zugeordnet werden. Dazu ist zu sagen, daß im Jahre 196o bereits ca. 23% der Rentner des Jahres 1971 65 Jahre alt oder älter waren. Der weitaus größte Teil der Personen, die über das Jahr 196o nicht zugeordnet werden konnten, waren offensichtlich damals Rentner. Die nicht Zugeordneten wurden deshalb nach ihren Angaben zur beruflichen Stellung im Jahre 195o zugeordnet. Es blieben 11% nicht Zugeordnete übrig, bei denen die Zuordnung über die berufliche Stellung im Jahre 1939 versucht wurde. Es blieben dann noch 4% der Ausgangspopulation übrig, bei denen ein Zuordnungsversuch erfolglos blieb.
Bei den Frauen wurde zunächst das gleiche Verfahren versucht. Aber es blieben schon für 196o 8o% Personen zurück, die nicht zugeordnet werden konnten. Als erster Zuordnungsversuch wurde dann die berufliche Stellung ihres Ehemannes gewählt. Danach konnten 58% der Rentnerinnen zugeordnet werden. Der zweite und dritte Zuordnungsversuch bezog sich auf die eigene berufliche Stellung der Rentnerin im Jahre 196o und im Jahre 195o, womit insgesamt 9o% der Rentnerinnen zugeordnet werden konnten.

zwischen Erwerbstätigenbevölkerung und Rentnerbevölkerung selbst bei der Gegenüberstellung von Nettoeinkommen ein ganz massiver Einkommenssprung besteht. Während in den Erwerbstätigenhaushalten die größte Zahl der Einkommensbezieher ein monatliches Nettoeinkommen von 8oo-12oo DM bezieht, ist dies für Rentner bereits ein außerordentlich hohes Einkommen. Die Zahl von ungefähr 5 Millionen Rentnerhaushalten, deren Haushaltsvorstand ein Einkommen unter der Grenze von DM 8oo bekommt, hat für die Einkommensverteilung insgesamt ein solches Gewicht, daß für alle Haushalte zusammengenommen ein Einkommen unter 8oo DM die weitaus häufigste Einkommenskategorie wird. Es ist natürlich zu berücksichtigen, daß unter den Rentnern die Zahl der Haushaltsmitglieder im Durchschnitt kleiner ist als unter den Erwerbstätigen, vor allem durch die große Zahl alleinstehender Rentnerinnen. Aber auch eine Korrektur dieser Unterschiede würde das Ergebnis bestätigen, daß das soziale Sicherungssystem für das Alter nur einen Teil der früheren Erwerbseinkünfte abdeckt.

Es kann auch keine Rede davon sein, daß das soziale Sicherungssystem Differenzierungen von Einkommenschancen, die im Erwerbsleben bestehen, ausgleichen würde. Im Gegenteil, diese sind genauso ausgeprägt, wenn nicht noch deutlicher, als unter den Erwerbstätigen selbst. Von der unterschiedlichen Höhe der Einkünfte von weiblichen und männlichen Haushaltsvorständen einmal abgesehen, besteht vor allem bei den Männern eine besonders markante Differenz zwischen den Einkünften von ehemaligen Arbeitern und den Einkünften anderer abhängig Beschäftigter. Während die monatlichen Einkünfte bei über 8o% der ehemaligen Arbeiter unter DM 8oo liegen, gilt dies für weniger als 5o% der pensionierten ausführenden Angestellten und Beamten und für weniger als 2o% der Angestellten und Beamten, die eine leitende Funktion hatten. Bei vergleichbarer beruflicher Stellung haben Rentner, die eine höhere Ausbildung hatten, im Durchschnitt durchweg ein höheres Einkommen. So erzielte 1971 jeder vierte Rentner mit dem höchsten Ausbildungsabschluß Einkünfte von über 18oo DM, dagegen selbst nur jeder sechzehnte frühere Inhaber einer leitenden Position, wenn er keine höhere Ausbildung hatte.

Bedeutsame Differenzierungen der Lebenschancen verlaufen damit innerhalb der Rentnerbevölkerung entlang der gleichen Linien wie bei den Erwerbstätigen. Diese Parallelität ist weitgehend die direkte Konsequenz gesetzlicher Regelungen. Die Höhe der Renten richtet sich nach den durch

Beitragszahlungen erworbenen Ansprüchen, die bei den abhängig Beschäftigten ein unmittelbarer Reflex der Lohneinkommen sind. Durch diese gesetzlich festgeschriebene Prolongation von Ungleichheiten ins Rentenalter hinein, wird den gleichen Personen eine günstigere materielle Basis der Lebensführung zuteil, die bereits während des Erwerbslebens bessere Einkünfte für ihre Arbeitskraft erzielt haben. Dies gilt auch für die Einkommensdifferenz zwischen den Geschlechtern[1].

Ein Faktor, der nach den gesetzlichen Regelungen die Höhe der Rente maßgebend beeinflußt, ist die Anzahl der Versicherungsjahre, in denen ein Versicherter Beiträge bezahlt hat. Von besonderer Bedeutung ist diese Regelung für Personen, die aus gesundheitlichen Gründen oder wegen länger dauernder Arbeitslosigkeit im Alter vorzeitig in Rente gehen müssen. Je früher also die Arbeitskraft verbraucht ist oder vom Markt nicht mehr gefragt wird, umso niedriger ist nach den Regeln der Rentenberechnung die zu erwartende Rente.

Man kann darüberhinaus davon ausgehen, daß die Rentner, die aus gesundheitlichen Gründen vorzeitig aus dem Erwerbsleben ausscheiden, Lebensjahre vor sich haben, die neben einer niedrigen Rente auch überdurchschnittlich durch Krankheit oder Gebrechen gezeichnet sind. Die nach Klassenlagen aufgegliederte Quote der Frührentner ist in diesem Sinne nicht nur als Indikator unterschiedlicher Erwerbschancen, sondern auch als Indikator unterschiedlicher Lebenschancen im Sinne gesunden Lebens zu verstehen. Ein weiterer zentraler Aspekt der Lebenschancen von Personen, die - aus welchen Gründen auch immer - aus dem Erwerbsleben ausgeschieden sind, ist natürlich die ihnen noch verbleibende Lebenszeit überhaupt, also die Lebenschancen im wörtlichen Sinne dieses Begriffs.

Diese beiden Indikatoren, die Quote der Frührentner sowie die Lebenserwartung, trennen mit unterschiedlicher Deutlichkeit die ehemaligen Arbeiter von allen übrigen Erwerbstätigen (siehe Tabelle 5). 23%

---

1) Während ein erworbener Rentenanspruch des Ehemannes zwar auf seine Frau übergeht, wenn diese ihn überlebt, hat der Gesetzgeber die Einkommensdifferenz zwischen Mann und Frau insofern zementiert, als eine Witwe nur 60% der Rente ihres Mannes bekommt. Überlebt der Mann jedoch die Frau, hat er zwar keinen Anspruch auf Weiterzahlung einer - wenn überhaupt, dann in aller Regel geringen - Rente seiner Frau, erhält jedoch weiterhin seine volle Rente.

Tabelle 5: Indikatoren von Lebenschancen im Alter: Frührentner, Erwerbsbeteiligung und Lebenserwartung nach Klassenlagen für Männer

| | Männer der Geburtsjahrgänge 1877-19o6 (über 64-Jährige) in Tausend | Rentner in Tausend | Anteil der Frührentner[a] % | Anteil der Erwerbstätigen unter den über 64jähr. Männern % | Chance der 65jähr. Männer, noch zehn oder mehr Jahre zu leben[b] % |
|---|---|---|---|---|---|
| Landwirte | 251 | 192 | 9.8 | 31.1 | 34.1 |
| Selbständige mit weniger als 1o Mitarbeitern | 393 | 287 | 16.2 | 39.o | 3o.8 |
| Selbständige mit 1o und mehr Mitarbeitern | 4o | 23 | 18.1 | 52.5 | 28.8 |
| un- und angelernte Arbeiter | 855 | 993 | 23.o | 1o.6 | 24.2 |
| Facharbeiter und Meister | 741 | 889 | 23.2 | 7.6 | 25.1 |
| ausführende Angestellte und Beamte | 512 | 587 | 21.4 | 1o.o | 31.3 |
| leitende Angestellte und Beamte | 359 | 363 | 11.9 | 1o.8 | 29.8 |
| mithelfende Familienangehörige | 1o9 | 33 | 14.1 | 74.2 | 28.5 |
| Zuordnung nicht möglich | 15o | 2o6 | 34.1 | 9.6 | 51.5 |

a) Anteil der Rentner der entsprechenden Klassenlage, die weniger als 65 Jahre alt sind.
b) Anteil der über 74jährigen an den über 64jährigen Männer

aller Rentner, die ihren Rentenanspruch als Arbeiter erworben haben, sind Frührentner. Als einzige "Nicht-Arbeiter" kommen diesen die einfachen Angestellten und Beamten relativ nahe. Es ist jedoch zu vermuten, daß die Quote dieser Berufsgruppe deshalb relativ hoch ist, weil sie viele Personen umfaßt, die während einer Zeit ihres Erwerbslebens Arbeiter waren. In allen übrigen Berufsgruppen liegt die Quote der Frührentner z.T. weit unter 2o%.

Eine völlig eindeutige Differenzierung zwischen ehemaligen Arbeitern und allen übrigen ergibt sich jedoch bei der Lebenserwartung. Knapp 25% der ehemaligen Arbeiter haben noch eine Lebenschance von 1o oder mehr Jahren. Bei allen übrigen Berufsgruppen liegt diese Quote höher. Sie variiert um wenig unter oder wenig über 3o% bei den Angestellten, Beamten und Selbständigen außerhalb der Landwirtschaft. Die deutlich längste Lebenserwartung[1] im Alter haben die Landwirte, was zumindest z.T. ein Artefakt

---

1) Es ist offensichtlich, daß die Art und Weise, wie hier "Lebenserwartung im Alter" operationalisiert ist, eine nicht unproblematische Hilfskonstruktion darstellt. Es wird ausgegangen von der Altersverteilung der über 64jährigen Angehörigen der verschiedenen Klassenlagen. Je größer der Anteil der über 74 Jahre alten Personen an allen über 64-Jährigen in einer bestimmten Klassenlage ist, als umso höher wird die Lebenserwartung der Angehörigen dieser Klassenlage beurteilt. Daran ist nicht nur problematisch, daß unterschiedliche Sterblichkeitsraten bis zum 64. Lebensjahr in der Maßzahl keine Berücksichtigung finden. Ebenso gewichtige Verzerrungen können durch historische Veränderungen in der Beschäftigungsstruktur bedingt sein. Berufsgruppen, die im Zeitverlauf geschrumpft sind, haben ceteris paribus eine größere Wahrscheinlichkeit, unter den älteren Jahrgängen präsent zu sein, als Berufsgruppen, die mit der Zeit expandiert haben. Es ist unmöglich, die mit solchen Veränderungen der Berufsstruktur einhergehenden Verzerrungen exakt in Rechnung zu stellen. Aus den allgemeinen Tendenzen läßt sich jedoch angeben, in welche Richtung die Verzerrungen wahrscheinlich gehen, und was dies für unsere Ergebnisse bedeutet. Über die Stichjahre 1939, 195o, 196o, über die die frühere berufliche Stellung der älteren Personen hauptsächlich erfaßt wurde, sind folgende allgemeine Entwicklungen festzuhalten: Für die abhängig Beschäftigten gilt, daß der Anteil der Beamten und Angestellten stetig zugenommen hat, während der Anteil der Arbeiter abgenommen hat. Wenn somit bei den Angestellten und Beamten der Anteil der über 74-Jährigen an den über 64-Jährigen höher ist als bei den Arbeitern, bedeutet dies, daß die Diskrepanz der Lebenserwartung von ehemaligen Arbeitern und Angestellten und Beamten eher noch größer ist, als sie in den angeführten Zahlen zum Ausdruck kommt. Was nun die Selbständigen angeht, so hat ihr Anteil an den Erwerbstätigen in der Zeit von 1939 bis 196o vor allem bei den Landwirten, nur geringfügig jedoch bei den übrigen Selbständigen abgenommen. Die Schätzungen für ihre Lebenserwartung mögen deshalb leicht überhöht sein.

Tabelle 6: Die Verteilung von erwerbstätigen Männern und Rentnern nach gegenwärtiger oder letzter erfaßter beruflicher Stellung

| | Rentner | | Erwerbstätige | |
|---|---|---|---|---|
| | in Tausend | % | in Tausend | % |
| un- und angelernte Arbeiter | 993 | 27.8 | 3.3o3 | 2o.9 |
| Facharbeiter, Meister[a] | 889 | 24.9 | 4.25o | 26.9 |
| ausführende Angestellte und Beamte | 587 | 16.4 | 3.o86 | 19.5 |
| leitende Angestellte und Beamte | 363 | 1o.2 | 1.849 | 11.7 |
| Selbständige mit weniger als 1o Mitarbeitern | 287 | 8.o | 1.31o | 8.3 |
| Selbständige mit 1o und mehr Mitarbeitern | 23 | o.9 | 161 | 1.o |
| Landwirte | 192 | 5.4 | 585 | 3.7 |
| mithelfende Familienangehörige | 33 | o.6 | 218 | 1.4 |
| sonstige Erwerbstätige | 2o6 | 5.8 | 1.o51 | 6.6 |
| Insgesamt | 3.573 | 1oo | 15.813 | 1oo |

a) Diese Kategorie enthält auch Industrie- und Werkmeister im Angestelltenverhältnis.

des hier verwandten Maßverfahrens sein könnte. Sicher ein statistischer Artefakt ist die extrem hohe Lebenserwartung bei den Personen, bei denen eine Zuordnung zu einer spezifischen Klassenlage nicht möglich war. Die hohe Quote von 52% für diese Personengruppe bedeutet nichts anderes, als daß eine Zuordnung zu einer bestimmten früheren Erwerbstätigkeit - vor allem bei den sehr alten Personen - nicht gelungen ist[1].

Die unterschiedlichen Quoten von Frührentenfällen und die unterschiedliche Sterblichkeit spielen nun auch eine Rolle hinsichtlich der Verteilung der Rentnerbevölkerung auf verschiedene Klassenlagen. In einem Vergleich der Rentner mit den Erwerbstätigen (siehe dazu Tabelle 6) fällt unter den Rentnern insbesondere der überproportional hohe Anteil ehemaliger Arbeiter und ganz besonders von un- und angelernten Arbeitern auf. Anteilsmäßig weniger Rentnerhaushalte als Erwerbstätigenhaushalte finden wir dagegen durchgehend im nicht-manuellen Bereich. Einen Teil dieses Unterschieds erklären sicher die unterschiedlichen Quoten von Frührentnern. Immerhin sind 12% aller Rentner ehemalige Arbeiter, die frühzeitig in Rente gehen mußten[2]. Daneben sind die beobachteten Divergenzen auch auf Entwicklungstendenzen der Berufsstruktur zurückzuführen. So expandierte in den letzten Jahrzehnten der Sektor der nicht-manuellen Arbeit, der Arbeiteranteil an der Erwerbstätigenbevölkerung dagegen ging zurück. Bei einer solchen Entwicklung ist es plausibel, daß die Rentnerbevölkerung im Vergleich zur Erwerbstätigenbevölkerung Abweichungen in der beobachtbaren Richtung aufweist. Aufgrund des in den letzten Jahren starken Schrumpfens selbständiger Erwerbstätigkeit würde man unter den Rentnern im Vergleich zur aktiven Bevölkerung auch einen überproportional hohen Anteil früherer Selbständiger erwarten. Daß dies nicht zutrifft, erklärt sich in diesem Falle nun aus der stark überproportionalen Erwerbsbeteiligung der Selbständigen im "Rentenalter". Während unter allen männlichen Erwerbstätigen 1971 der Anteil der Selbständigen 13% ausmachte, waren unter denen, die nach ihrem 65. Geburtstag als Haupteinkunftsquelle eine Erwerbstätigkeit angaben, 44% Selbständige und 14%

---

1) Unter den Rentnern, die nicht einer früheren Erwerbstätigkeit zugeordnet werden konnten, findet sich - wie Spalte 3 von Tabelle 5 zeigt - offensichtlich auch ein hoher Anteil von Frührentnern.

2) Unter den 35.729 männlichen im Mikrozensus 1971 erfaßten Rentnern finden sich 4.345 Personen, die unter 65 Jahre alt und in der letzten erfaßten Erwerbstätigkeit Arbeiter waren.

mithelfende Familienangehörige[1].

Neben dem Nachweis der vielfältigen Abhängigkeit der Lebensverhältnisse im Rentenalter von der früheren Klassenlage, deren Bedeutung sich in zentralen Dimensionen von Lebenschancen gerade erst im Alter manifestiert, ist also eines der hervorragenden Ergebnisse dieses Abschnittes die unterschiedliche "klassenmäßige" Gliederung von Erwerbstätigen- und Rentnerpopulation. Dabei sticht unter den Rentnern vor allem der überproportionale Anteil ehemaliger Arbeiterhaushalte hervor. Unter den Rentnerhaushalten, bei denen aufgrund der früheren Erwerbstätigkeit eine Zuordnung zu einer bestimmten Klassenlage möglich ist, liegt der Arbeiteranteil bei 53%, unter den Erwerbstätigenhaushalten dagegen bei 48%. Rechnen wir also auch die pensionierten Arbeiter zur Arbeiterklasse, finden wir eine "Gesamtarbeiterklasse", die sicher größer ist, als die gewohnten Statistiken von Erwerbstätigen annehmen lassen, aber eine Arbeiterklasse, bei der diejenigen, die ihr auf der Basis der Lebenserfahrung zugerechnet werden können, bereits zu mehr als einem Drittel aus dem Erwerbsleben ausgeschieden sind und für ihren Lebensunterhalt von Einkünften aus dem sozialen Sicherungssystem abhängig sind.

Wenn wir an dieser Stelle ein Zwischenresümee der bisherigen Analysen versuchen, dann können wir auf eine Vielfalt von Differenzierungen verweisen, die die Gesellschaft in der Bundesrepublik durchziehen und die zumindest potentiell auch Spannungslinien in dieser Gesellschaft sind

---

1) Zu einem Teil sind sicher gesetzliche Regelungen für diese Sonderstellung der selbständig Erwerbstätigen im Alter verantwortlich. Für sie gibt es während des Erwerbslebens keine Beitragspflicht zur Sozialversicherung. Selbständige, die weder von der Möglichkeit freiwilliger Beiträge Gebrauch gemacht haben, noch sich durch die Bildung privater Vermögen eine private Alterssicherung aufgebaut haben, müssen deshalb auch im "Rentenalter" durch Fortsetzung der Erwerbstätigkeit für ihren Lebensunterhalt sorgen. Für welchen Prozentsatz der nach dem 65. Lebensjahr noch erwerbstätigen Selbständigen dies eine Zwangssituation ist, war hier nicht zu ermitteln. Man kann davon ausgehen, daß für viele die Möglichkeit, auch nach dem "gesetzlichen Pensionsalter" entweder in einem eigenen Unternehmen oder als mithelfender Familienangehöriger in einem an Kinder oder andere Verwandte übergebenen Unternehmen nach Maßgabe der noch verfügbaren Kräfte weiterzuarbeiten, eine Chance bedeutet, die abhängige Erwerbstätige nicht haben. Am kontrastierenden Beispiel der Selbständigen wird damit ein Strukturmerkmal für arbeitsteilig organisierte Industriegesellschaften deutlich. Erst in diesen Gesellschaften hat sich eine zunehmend rigide Trennung zwischen der erwerbstätigen und der nicht im Produktionsprozeß stehenden Bevölkerung durchgesetzt.

und damit einer Solidarisierung etwa entlang einer einzigen Trennungslinie entgegenstehen. Gewiß stehen einer kleinen Klasse von Besitzenden und Inhabern gesellschaftlicher Machtpositionen die große Mehrheit der übrigen Bevölkerung gegenüber. Und im Vergleich zu den herausragenden Privilegien dieser Klasse mögen die Lebenschancen der Mehrheit als verhältnismäßig einheitlich erscheinen. Sieht man einmal von den inzwischen zu nur noch kleinen Bevölkerungsanteilen geschrumpften traditionellen Mittelklassen der nicht-kapitalistischen Selbständigen und der Landwirte ab, gibt es aber auch unter den Lohnabhängigen Differenzierungen, die nicht zu verkennen sind. Eine der markantesten Trennungslinien in der Struktur von Lebenschancen verläuft trotz aller Überschneidungen zwischen den - verkürzt gesagt - in der materiellen Produktion und den in der Verwaltung Beschäftigten. Dies gilt nicht nur für die materielle Seite der Arbeiterexistenz mit einem deutlich erkennbaren - und nur in Ausnahmen überschreitbaren - oberen Plafond. Dies gilt ebenso für die nicht-monetären Dimensionen von Lebenschancen: Qualifikation, Arbeitssituation, Arbeitskontext und sozialrechtliche Stellung. Schließlich erscheinen die Arbeiter in bezug auf die verschiedenen Dimensionen von Lebenschancen als ein Block mit vergleichsweise geringer Binnendifferenzierung. Man kann zudem sagen, daß sich in diesem Block die negativen Komponenten in den einzelnen Dimensionen tendenziell kumulieren. Im Gegenteil dazu finden wir im nicht-manuellen Bereich eine starke Binnendifferenzierung hinsichtlich jeder einzelnen der zentralen Dimensionen von Lebenschancen. Qualifikationsniveaus, hierarchische Stellung und finanzielle Entschädigung weisen breite Streuungen auf. Und trotz aller Tendenzen, daß kongruente Kombinationen von Lebenschancenniveaus in der Regel die Modaltypen bilden, befindet sich die Mehrzahl der Personen in sozialen Lagen, die eher durch eine Niveaudiskrepanz in den verschiedenen Dimensionen gekennzeichnet sind.

Wenn damit das Trennende zwischen sozialen Lagen im manuellen und nicht-manuellen Bereich genannt ist, wird damit nicht etwa einer Polarisierung der Gesellschaft entlang dieser Linie das Wort geredet. Es gibt einen Übergangsbereich, der zwar durch höchst unterschiedliche Gruppen zusammengesetzt ist, von denen aber zumindest einige nicht nur durch ihre Zwischenstellung im Einkommensniveau verbindend wirken. In diesem Übergangsbereich findet sich zunächst das Aufsichtspersonal über die Arbeiter, das sich jedoch überwiegend selbst aus der Arbeiterschaft rekrutiert. Ähnlich wie die Vorarbeiter und Meister hat zweitens ein sehr großer Anteil der Angestellten und Beamten in diesem Übergangsbereich ebenfalls eigene Arbeitererfahrung. Unter den noch verbleibenden Angestellten- und Beamtengruppen, die vor allem bezüglich der Einkommenssituation in einer den Arbeitern nicht unähnlichen Lage sind, wird vor allem die Differenzierung nach Geschlechtern deutlich: Männer finden sich hier nur zu kleinen Anteilen, Frauen dagegen in der Mehrzahl der Fälle.

Wir haben schließlich zahlreiche Anhaltspunkte dafür gefunden, daß die in der Erwerbsbevölkerung bestehenden Differenzierungen durch das soziale Sicherungssystem - zum großen Teil explizit gewollt - auch im Rentenalter reproduziert werden. Zusätzlich kommt hier vor allem im Einkommenssprung zwischen Erwerbstätigen- und Rentenbevölkerung ein Aspekt des Phänomens Altersschichtung zum Vorschein, das im folgenden näher zu untersuchen ist.

## 4. Altersschichtung

Obwohl bereits in der empirischen Bestimmung von Klassenlagen versucht wurde, nicht nur die gegenwärtige Situation, sondern auch Elemente der Lebensgeschichte der betroffenen Individuen einzubeziehen - etwa im Beispiel der dequalifizierten Arbeiter, der "Arbeiter-Aufsteiger" oder der white-collar-Karrieren - entspricht das gewonnene Bild noch weitgehend einer rein statischen Momentaufnahme, die eine zu einem bestimmten Zeitpunkt bestehende Verteilung der Bevölkerung wiedergibt. Zwar reproduziert sich die Verteilung der Bevölkerung auf soziale Lagen zumindest kurzfristig in nahezu identischer Weise immer wieder neu, aber es gibt faktisch keine zwei Tage, an denen sich die verschiedenen sozialen Lagen durch den gleichen Bestand an Personen, Familien oder Haushalten zusammensetzen.

Eine Darstellung der sozialstrukturellen Differenzierungen muß deshalb auch ein Augenmerk auf die dynamischen Prozesse richten, in denen Individuen und Familien auf soziale Lagen verteilt werden und in denen sich die statischen Strukturen reproduzieren. Zwei fundamentale Prozesse, in denen dies geschieht, sind mit der Sukzession und dem Altern von Generationen verbunden. Diese beiden Prozesse laufen keineswegs wie Zufallsmaschinen ab, sondern weisen klar erkennbare Strukturen auf: Einerseits ist der Zugang zu bestimmten sozialen Lagen deutlich geprägt von der sozialen Lage in der Vorgeneration,und andererseits variiert mit dem Alter einer Generation die Verteilung der ihr zugehörigen Menschen auf soziale Lagen. Innerhalb der Gesamtstruktur der Bevölkerungsverteilung auf unterschiedlich vorteilhafte soziale Lagen bewirken diese Prozesse ausgesprochene Binnenschichtungen. Je nach dem Alter oder der Lage in der Vorgeneration ergeben sich höchst unterschiedliche alters- bzw. herkunftstypische Verteilungsmuster. Eine nähere Betrachtung solcher Elemente der Altersschichtung und Intergenerationenschichtung, die sich hinter der bislang dargestellten Gesamtstruktur verbergen, kann nun einen ersten, zugegebenerweise groben Einblick in die dynamischen Prozesse vermitteln, in der sich diese Gesamtstruktur immer wieder reproduziert[1].

---

1) Der Vergleich alters- bzw. herkunftsspezifischer Verteilungsmuster, bei dem in den folgenden Analysen aus der Ungleichheit verschiedener Verteilungen auf zugrundeliegende Prozesse geschlossen wird, kann natürlich die dynamische Analyse von Mobilitätsprozessen nicht ersetzen.

Ein an Deutlichkeit wohl kaum zu übertreffendes Beispiel für die Altersschichtung in unserer Gesellschaft hat uns bereits der Vergleich der Erwerbstätigenbevölkerung und der Rentnerbevölkerung gegeben. Im Beispiel des Pensionierungssprungs tritt jedoch dieses Strukturprinzip der gesellschaftlichen Ordnung nur besonders deutlich in Erscheinung. Aber der Pensionierungssprung ist keineswegs die einzige Stelle, an der die Altersschichtung zu beobachten ist. Selbst wenn wir vom Rentenalter und weiter von der Kind- und Jugendphase absehen, in der eine beinahe totale Abhängigkeit des jungen Menschen von Erwachsenen gegeben ist - eine Abhängigkeit, die in modernen Gesellschaften ungleich ausgeprägter ist und länger dauert als in Gesellschaften vorindustriellen Typs -, selbst wenn wir davon absehen und nur die erwachsene Bevölkerung betrachten, finden wir eine deutlich altersmäßig strukturierte Zuteilung von Personen zu den einzelnen Klassenlagen. Positionen, die ihren Inhabern Leitungs-, Kontroll- und Entscheidungsbefugnis geben und ihnen damit die Ausübung von Macht über Untergebene gestatten, sind in aller Regel erst nach einigen Jahren der Tätigkeit in Untergebenen-Positionen zugänglich. Unter den Bedingungen einer stark hierarchisch organisierten Arbeitsteilung setzen die einmal in vorteilhafteren Positionen Etablierten im eigenen Interesse alles daran, nicht von anderen aus diesen Positionen verdrängt zu werden, es sei denn, sie rücken selber in eine noch besser ausgestattete Position auf. Durch dieses Senioritätsmoment entsteht eine ausgesprochen altersmäßige Schichtung in der Besetzung der Positionen verschiedener hierarchischer Ebenen. Eine Altersschichtung, die damit z.T. korreliert, z.T. davon unabhängig ist, finden wir ebenfalls in der Zuteilung materieller Ressourcen vor. Im gesamten Bereich des öffentlichen Dienstes sind z.B. tarifliche Einkommenssteigerungen vereinbart, die weitgehend nur an das Alter des Beschäftigten gebunden sind (Dienstaltersstufen, Regelbeförderung). Vergleichbare Elemente finden sich ebenfalls in Tarifverträgen der privaten Wirtschaft. Zudem ist es in einem System privater Kapitalverfügung für den einzelnen Arbeitgeber ökonomisch durchaus rational, durch Lohnsteigerungen einen eingearbeiteten Arbeiter von einem Wechsel des Arbeitsplatzes abzuhalten, da die Einarbeitung von Personal mit Kosten und geringerer Produktivität verbunden ist. Auch solche Mechanismen tragen natürlich zur Altersschichtung in der Bevölkerung bei.

Die Möglichkeit finanzieller oder positionsmäßiger Mobilität sind je-

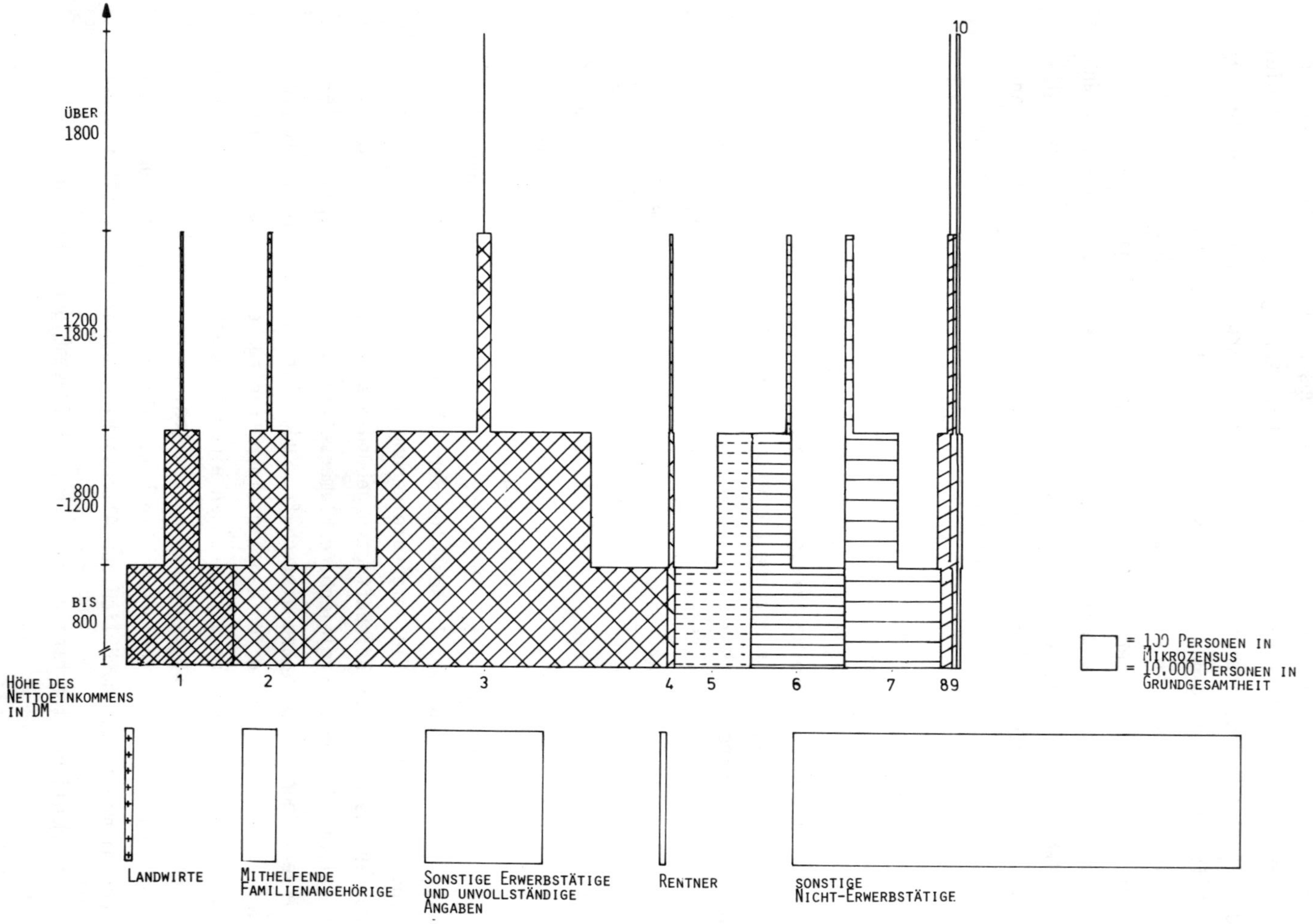


SCHAUBILD 2: SOZIALE LAGEN VON MÄNNERN DER GEBURTSJAHRGÄNGE 1946-1951

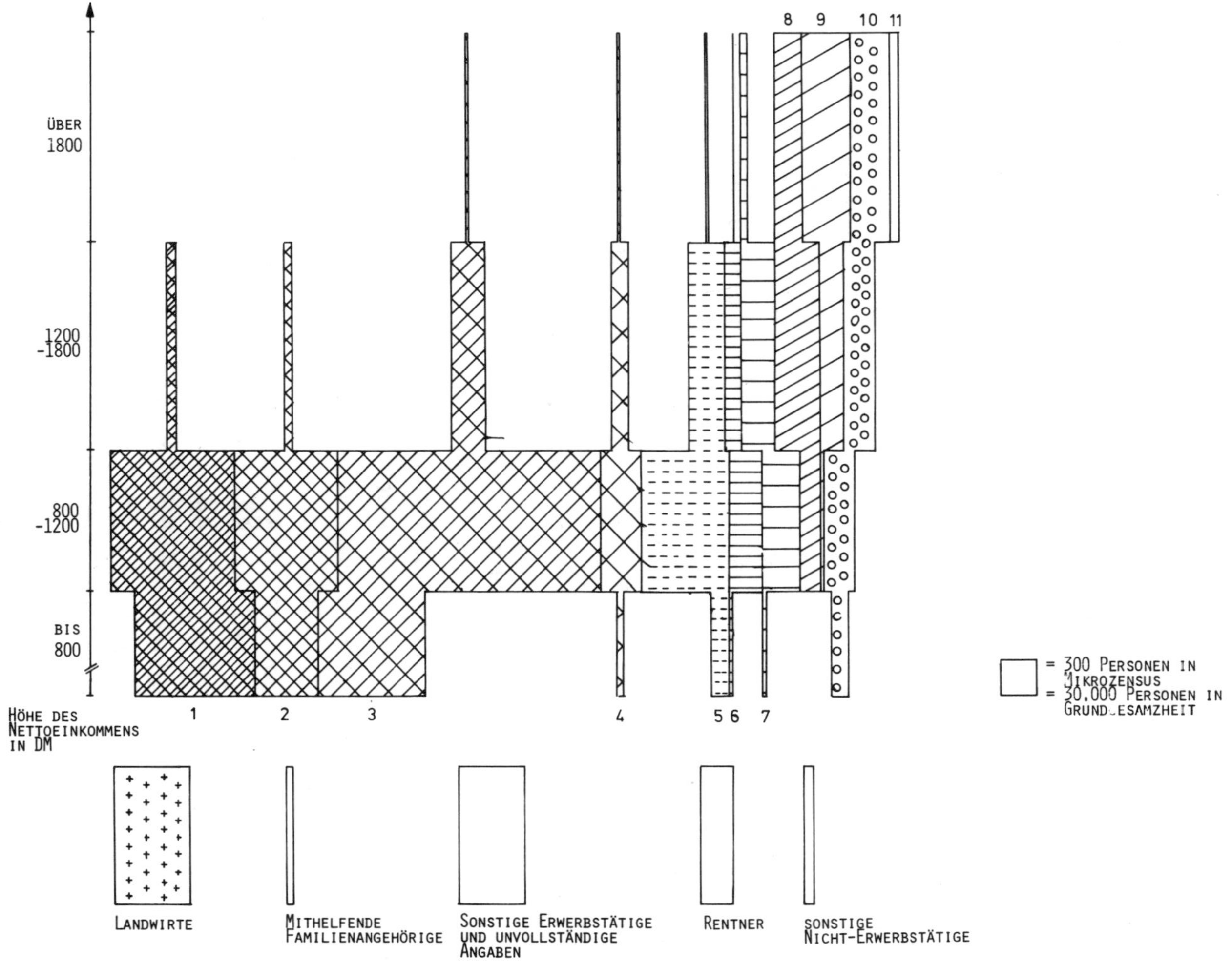


SCHAUBILD 3: SOZIALE LAGEN VON MÄNNERN DER GEBURTSJAHRGÄNGE 192o-1936

doch höchst unterschiedlich auf verschiedene Bereiche des Beschäftigungssystem verteilt. Im manuellen Bereich, in dem die hierarchische Differenzierung bedeutend weniger ausgeprägt ist als im nicht-manuellen Bereich, und in dem außerdem aufgrund der starken Zerlegung der Arbeit viele Arbeitskräfte ohne große Kosten ausgetauscht werden können, sind die Chancen dazu extrem niedrig. Die Lebenslage des Arbeiters ist geradezu geprägt durch die nur geringfügig und nur kollektiv veränderbare Situation. Der nicht-manuelle Bereich dagegen eröffnet aufgrund seiner Strukturierung für den dort Beschäftigten sowohl beträchtliche positionelle wie finanzielle Mobilitätschancen.

Einen Einblick in die in der Bundesrepublik bestehende Altersschichtung unter den Erwerbstätigen, die damit in Zusammenhang stehenden Prozesse individueller Mobilität und die Unterschiedlichkeit der Mobilitätschancen je nach Ausgangslage vermittelt uns der Vergleich der Schaubilder 2 und 3. In diesen Schaubildern sind zwei Geburtsjahrgangskohorten hinsichtlich der Verteilung ihrer Mitglieder auf soziale Lagen einander gegenübergestellt: die Geburtsjahrgänge 1946-1951, deren Mitglieder zum Zeitpunkt der Untersuchung 2o-25 Jahre alt waren, und die Geburtsjahrgangskohorte 192o-1936, deren Mitglieder zum Befragungszeitpunkt 35 bis 51 Jahre alt waren. Die Analysen beziehen sich auf alle Männer dieser Geburtsjahrgänge. Auf die Darstellung der Situation der Frauen wurde hier verzichtet. Sie wird in einem anderen Zusammenhang detailliert behandelt werden.

Die jüngere Kohorte ist zu einem Zeitpunkt erfaßt, zu dem ein Teil ihrer Mitglieder immer noch in Ausbildung stand, aber der weitaus überwiegende Teil das Erwerbsleben bereits begonnen hatte, in vielen Fällen schon vor mehreren Jahren. Zudem handelt es sich in keinem Falle mehr um die Generation der Jugendlichen, sondern der jungen Erwachsenen, von denen viele bereits verheiratet sind und eine Familie haben. Die ältere Kohorte dagegen repräsentiert die Altersgruppen, in denen der weitaus größte Teil ihrer Mitglieder das obere Limit ihrer beruflichen Karriere erreicht haben. Positionsmäßig werden sich nur noch wenige verbessern können, altersbedingte Einkommenszuwächse werden mit Sicherheit noch Beschäftigte im öffentlichen Dienst, aber auch Angestellte in der privaten Wirtschaft erwarten können, kaum jedoch Arbeiter.

Der enorme Unterschied, der in der Verteilung der beiden Kohorten auf soziale Lagen besteht, hängt natürlich zu einem Teil damit zusammen, daß in der jüngeren Kohorte ein großer Anteil der Personen, die später in den gehobenen und leitenden Positionen stehen werden, sich noch immer in der Ausbildungsphase befindet. Finanziell hängen diese jungen Erwachsenen von den Eltern oder einer bürokratischen Institution der Ausbildungsförderung ab und müssen sich mit einer Lebensführung zufriedengeben, die in den meisten Fällen unter den Möglichkeiten der arbeitenden Altersgenossen liegt. Ihre Situation als Schüler und Studenten ist durch Unterordnung und Abhängigkeit von Lehrenden geprägt. Zumindest unter diesen beiden Aspekten ist also für diesen Teil der Kohorte das Phänomen der Altersschichtung eine wenigstens ebenso reale Erfahrung wie für ihre im Erwerbsleben stehenden Altersgenossen.

Die Erwerbstätigen der jüngeren Kohorte sind fast ausschließlich in untergeordneten Positionen beschäftigt. Nur 4 von 1oo sind in einer leitenden abhängigen Stellung oder selbständig Erwerbende. In der älteren Kohorte befindet sich ein siebenmal größerer Anteil in einer solch vorteilhaften Lage. In der jüngeren Kohorte muß mehr als jeder Zweite mit einem Einkommen von weniger als 8oo DM auskommen, und nur jeder Sechzehnte hat mehr als 1.2oo DM im Monat. In der älteren Kohorte sind die Verhältnisse beinahe umgekehrt. Der Anteil der Wenig-Verdiener ist dreimal kleiner, der Anteil der Gut-Verdiener ist sechsmal größer. Im Vergleich zur älteren Kohorte zeichnet sich die jüngere Kohorte durch eine ausgesprochen große Ähnlichkeit der Lebensbedingungen aus. Fast alle sind in abhängigen, untergeordneten Positionen und mit vorwiegend ausführenden Tätigkeiten beschäftigt. Rechnet man Schüler und Studenten dazu, haben 95% der Angehörigen der jüngeren Kohorte ein Einkommen, das nicht über 1.2oo DM hinausgeht. Die Lebenslage dieser Altersgruppe ist vergleichsweise wenig differenziert[1].

Der Prozeß, der diese egalitäre Ausgangslage differenziert, vollzieht sich einerseits durch den Eintritt der Absolventen höherer Ausbildungs-

1) Es wäre eine interessante Frage zu untersuchen, in welchem Ausmaß die allgemein stärker egalitäre Orientierung und höhere Bereitschaft zu kollektivem Engagement unter der jüngeren Bevölkerung gerade mit der tatsächlichen Gleichheit ihrer Lebensverhältnisse zusammenhängt.

gänge in gehobene Positionen des Beschäftigungssystems, andererseits durch berufliche Aufstiegsprozesse. Von diesen beiden Prozessen ist fast ausschließlich der nicht-manuelle Sektor betroffen. Für die Arbeiter, die in ihrem Bereich verbleiben, ergeben sich zwar in beschränktem Rahmen Einkommenssteigerungen sowie für einige wenige die Möglichkeit des Übergangs in eine Aufsichtsposition. Aber eher noch als daß sie ihre Lage verbessern könnten, muß ein Teil der qualifizierten Arbeiter damit rechnen, später eine unqualifizierte Arbeit zu übernehmen.

Ein anteilsmäßig zwar kleiner Teil der Arbeiter, aber eine in absoluten Zahlen nicht unbeträchtliche Anzahl von ehemaligen Arbeitern findet sich in der älteren Kohorte in nicht-manuellen Beschäftigungen. Obwohl wir uns hier nicht auf differenzierte Karriereanalysen beziehen können, ist festzustellen, daß die Mehrzahl der Übergänge in ausführende und untergeordnete Tätigkeiten führt. Der Aufstieg in leitende oder Spezialistenpositionen ist im Vergleich dazu viel niedriger und in der Regel nur über den Erwerb zusätzlicher Ausbildungsqualifikationen, wie den Besuch von Fach- oder Ingenieurschulen möglich.

Viel ausgeprägter als die Mobilitätschancen der Arbeiter sind dagegen die Entwicklungsmöglichkeiten von Beschäftigten im nicht-manuellen Bereich. Auch ohne die Hochschulabsolventen, die in der jüngeren Kohorte noch nicht erwerbstätig sind, verschiebt sich der Einkommensschwerpunkt eindeutig über die Grenze von 1.2oo DM. Selbst die unteren Angestellten und Beamten, die nur Volksschule und kaufmännische Lehre haben, überschreiten diese Grenze zu 44%, im Gegensatz zu nur 35% der ehemaligen gewerblichen Lehrlinge in vergleichbaren Positionen, oder zu 38% bei den Vorarbeitern und Meistern. In den übrigen nicht-manuellen Beschäftigungsgruppen variiert der Anteil von Einkommensbeziehern über 1.2oo DM zwischen 6o und 96%. Zur Illustration der Bedeutung des positionsmäßigen Aufstiegs seien nur zwei Zahlen angeführt: Bezeichnen sich in der jüngeren Kohorte nur 2 von 1o Absolventen eines mittleren Ausbildungsgangs als Inhaber einer gehobenen oder leitenden Position, so sind es in der älteren Kohorte fast 6 von 1o.

In der Interpretation von Mobilitätschancen einzelner Individuen, die wir aus dem Vergleich der beiden Schaubilder herausgelesen haben, ist äußerste Vorsicht am Platz. Denn die jüngere Kohorte spiegelt weder im Detail genau die Situation der älteren Kohorte vor 1o-2o Jahren wieder, noch zeichnet die ältere Kohorte in genauen Umrissen die Zukunft der jüngeren. Zudem geben die hier vorgenommenen Analysen lediglich Bruttoveränderungen in der Verteilung einzelner Individuen auf die verschiedenen sozialen Lagen wieder und nicht etwa individuelle Karrierechancen. Der Vergleich zeigt also ausschließlich die tatsächlich bestehende Altersschichtung zu einem historischen Zeitpunkt. In ihm kommt zunächst nur die Erkenntnis zur Geltung, daß die Sozialstruktur eine dynamische Größe ist und Kohorten in dem Prozeß, in dem sie diese Struktur durchlaufen, ihr Gesicht völlig verändern. Wenn die Altersgruppe ein subjektiver Bezugspunkt für die soziale Verortung des Individuums darstellt, dann ist diese Erkenntnis von fundamentaler Bedeutung. Ein Individuum, das im Prozeß des Alterns einer Kohorte seine soziale Lage nicht verbessert, befindet sich relativ zu den Gleichaltrigen in einer zunehmend schlechten Lage. Es kann seinen relativen Status nur halten, wenn es seinen Status absolut verbessert.

In dem Prozeß des Alterns einer Kohorte verschiebt sich jedoch nicht nur der relative Status einzelner Individuen, sondern ebenso die relative Stellung verschiedener Klassen der arbeitenden Bevölkerung. Wenn auch absolut bis zu dem hier untersuchten Alter die Einkommen der einzelnen Arbeiter steigen, sinkt vergleichsweise ihre soziale Lage ab, weil den Beschäftigten in allen übrigen Bereichen die besseren Entwicklungsmöglichkeiten offenstehen.

## 5. Intergenerationenschichtung

Die unterschiedlichen beruflichen Entwicklungsmöglichkeiten von Arbeitern und Nicht-Arbeitern sind ein erster Hinweis auf eine bedeutsame Mobilitätsbarriere zwischen dem manuellen und nicht-manuellen Beschäftigungsbereich. Diese unterschiedliche Entwicklungsperspektive gilt jedoch nicht nur für Angehörige einer Generation, die zu Beginn des Erwerbslebens mit unterschiedlicher Ausbildung in unterschiedliche Positionen des Beschäftigungssystems eintreten. Sie gilt in noch ausgeprägterer Weise in der Generationenfolge. Wie sich in verschiedenen Analysen wiederholt gezeigt hat[1], ist neben der übergreifenden Differenzierung

1) siehe Müller (1975), Müller und Mayer (1976)

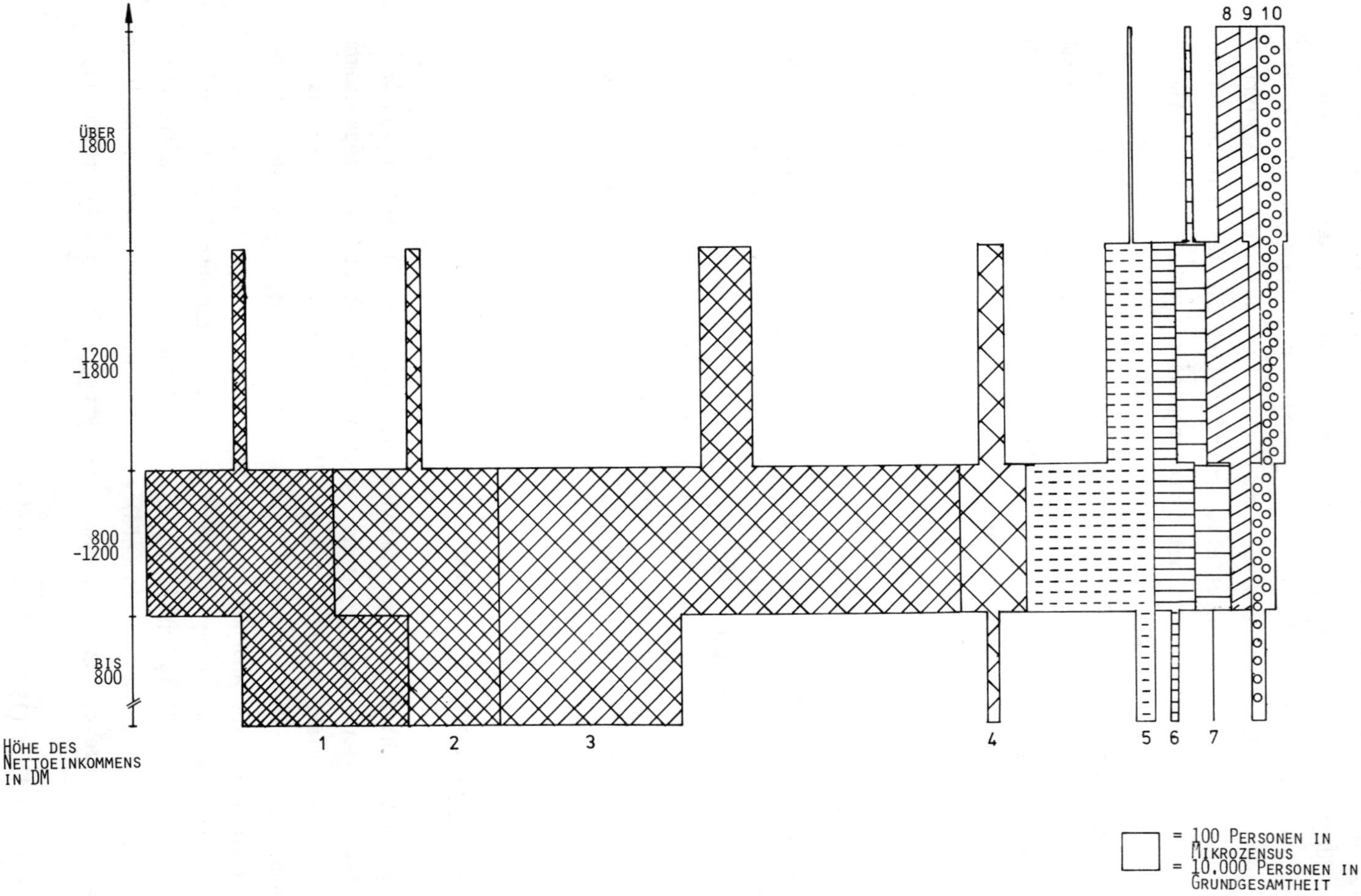


<u>Schaubild 4A:</u> Soziale Lagen von Arbeitersöhnen der Geburtsjahrgänge 192o-1936

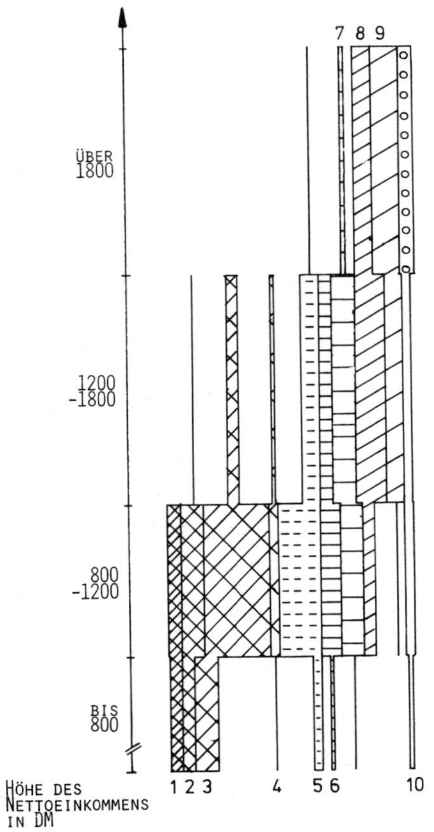


SCHAUBILD 4B: SOZIALE LAGEN VON SÖHNEN AUSFÜHRENDER ANGESTELLTER UND BEAMTER DER GEBURTSJAHRGÄNGE 1920-1936

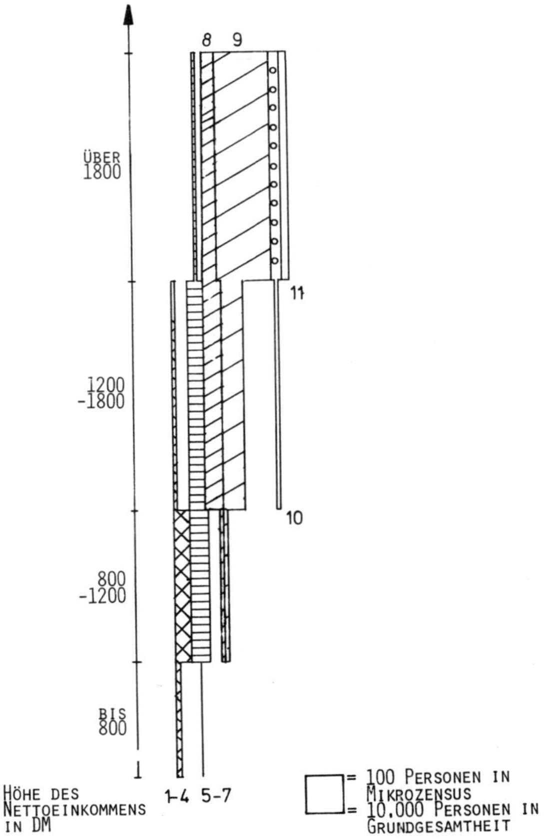


SCHAUBILD 4C: SOZIALE LAGEN VON SÖHNEN LEITENDER ANGESTELLTER UND BEAMTER DER GEBURTSJAHRGÄNGE 1920-1936

nach selbständiger und abhängiger Erwerbstätigkeit die Trennung nach Herkunft aus einer Arbeiterfamilie und Herkunft aus einer Nicht-Arbeiterfamilie das wichtigste Merkmal, nach dem die Lebenschancen über Generationen hinweg geschichtet sind.

Ich will an dieser Stelle nicht eine ins Einzelne gehende Analyse der Intergenerationenschichtung vornehmen, sondern ausschließlich am Beispiel der abhängig Erwerbstätigen den kumulativen Charakter von Ungleichheiten der Lebenschancen auch über Generationen hinweg exemplarisch vorführen[1]. Daß daneben - durch die Rechtsordnung sanktioniert - durch Erbe oder Schenkung von Kapital und Besitz noch weit massivere Ungleichheiten von Generation zu Generation übertragen werden, ist ohnehin offensichtlich.

In dieser Analyse begnüge ich mich mit einer Differenzierung der sozialen Lage der Herkunftsfamilie, in der nur danach unterschieden wird, ob der Vater Arbeiter war, ob er in einer ausführenden oder in einer leitenden nicht-manuellen Tätigkeit beschäftigt war. Eine dermaßen grobe Charakterisierung der sozialen Lage der Herkunftsfamilie bedeutet, daß in der Analyse durchaus heterogene Herkunftssituationen zusammengefaßt werden,und impliziert, daß der Grad der Abhängigkeit der Lebenschancen der Kinder von der sozialen Lage der Eltern unterschätzt wird. Bei einer differenzierteren Berücksichtigung verschiedener Herkunftssituationen würde die Unterschiedlichkeit der Lebenschancen der Kinder viel pointierter zur Geltung kommen.

Aber bereits nach dieser sehr groben Kategorisierung kann es - wie die Schaubilder 4a, 4b und 4c zeigen[2] - keinen Zweifel daran geben, daß

1) Die nachfolgende empirische Analyse bezieht sich auf die eng umgrenzte Teilpopulation der 35-5ojährigen männlichen Erwerbstätigen, deren Vater als abhängig Erwerbstätiger beschäftigt war. Die altersmäßige Eingrenzung folgt aus der Notwendigkeit, Effekte der Altersschichtung in der Betrachtung hier möglichst auszuschalten.

2) Es sei darauf hingewiesen, daß sich diese Schaubilder nur auf die Befragten beziehen, für die Informationen über die Ausbildung und die berufliche Stellung des Vaters vorliegen. Diese Angaben wurden von einem erheblichen Teil der Befragten verweigert. Die Quote der Antwortverweigerer ist zudem bei verschiedenen Bevölkerungsgruppen unterschiedlich hoch. Sie liegt zwischen 15 und 17% bei den verschiedenen Kategorien von Angestellten und Beamten, die wenigstens eine kaufmännische Lehre haben. Dagegen liegt sie zwischen 19 und 22% bei den verschiedenen Kategorien von Arbeitern und bei den ausführenden

die späteren Lebenschancen von Menschen in hohem Maße bereits durch die soziale Lage ihrer Herkunftsfamilie präformiert sind. Innerhalb der Gesamtstruktur von sozialen Lagen, wie sie etwa in Schaubild 1 zutage kommt, verbirgt sich also eine ausgeprägte Binnenstruktur der Übertragung von sozialen Vorteilen und Nachteilen von einer Generation zur folgenden.

Je vorteilhafter die soziale Lage der Eltern ist, umso günstiger stellen sich die Lebenschancen der Kinder dar. Während die überwiegende Mehrzahl der Arbeitersöhne später ebenfalls Arbeiter sind und mit einem niedrigen Einkommen vorlieb nehmen müssen, gilt beides entschieden seltener für Söhne von Vätern im nicht-manuellen Beschäftigungsbereich. Umgekehrt erreichen Arbeitersöhne nur ausnahmsweise eine leitende nicht-manuelle Position. Zudem sind die Aufstiegschancen innerhalb der Arbeiterschaft - was aus den Schaubildern nicht hervorgeht - ungleich verteilt. Ein Viertel aller Aufsteiger aus Arbeiterfamilien hat einen Vater, der der Arbeiterelite der Meister und Vorarbeiter zugehört, obwohl diese Herkunftsgruppe nur 1o% der Arbeiterschaft insgesamt ausmacht.

Der Vergleich der drei Schaubilder zeigt auch sehr plastisch, in welch hohem Maße sich die Arbeiterschaft über Generationen hinweg aus sich selbst rekrutiert. Berücksichtigt man einmal nur, wie hier,die Personen, deren Vater bereits lohnabhängig war, dann rekrutieren sich die heutigen Arbeiter nur zu ungefähr 15% aus einer Nicht-Arbeiterfamilie. Zu den in den Schaubildern 4a-4c aufgeführten Arbeiteranteilen sind jedoch die Arbeiter hinzuzurechnen, deren Vater selbständig erwerbstätig war. Die Zahl der Arbeiter, die aus einer Landwirtsfamilie stammen, entspricht etwa der Zahl der unqualifizierten Arbeiter in Feld 1 von Schaubild 4a, während die Arbeiter aus einer sonstigen Selbständigenfamilie ungefähr der Zahl der Vorarbeiter und Meister in Schaubild 4a gleichkommt. Stellt man diese Arbeiteranteile ebenfalls in Rechnung,

Angestellten und Beamten, die ohne Lehre oder mit einer gewerblichen Lehre ins Erwerbsleben eingetreten sind. Aus diesen Gründen entsprechen die Flächen in diesen Schaubildern nicht mehr wie in den vorhergehenden Schaubildern der absoluten Größe bestimmter Bevölkerungsgruppen. Über Verzerrungen, die aufgrund der Antwortverweigerungen zustande kommen, läßt sich mit Sicherheit nur soviel sagen, daß Schaubild 4a und 4b noch größer würden, d.h. daß der Effekt der Eingeschlossenheit ins Arbeiterdasein hier eher unterschätzt als überschätzt wird.

verringert sich zwar die Arbeiterselbstrekrutierung (von 85 auf 68%), aber es wird deutlicher als zuvor, daß in der gegenwärtigen Generation fast ausschließlich Personen Arbeiter sind, deren Väter bereits - sei es in der Landwirtschaft, im Handwerk oder in der Industrie, sei es als Selbständiger oder Lohnarbeiter - in unmittelbar produktiver Tätigkeit standen.

Ein höchst interessantes Ergebnis kann aus dem Vergleich des Feldes 5 in den Schaubildern 4a und 4b herausgelesen werden. Dieses Feld enthält - wie oben erklärt - Angestellte und Beamte in ausführenden Positionen, die aber zumindest durch eine gewerbliche Lehre eine mehr oder weniger lange Zeitdauer im Bereich manueller Arbeit beschäftigt waren. Sie hatten für ihre berufliche Karriere einen den Facharbeitern und dequalifizierten Arbeitern vergleichbaren Ausgangspunkt und können mit diesen Arbeiterkategorien, die in den Feldern 2 und 3 abgebildet sind, verglichen werden. Wenn nun der Vater Arbeiter war (Schaubild 4a), haben 19% der Söhne, die das Berufsleben mit einer gewerblichen Lehre begannen, später den Übergang in eine Angestellten- oder Beamtenposition vollzogen. War der Vater aber bereits in einer solchen Stellung, verdoppelt sich diese Quote des nachträglichen Übergangs in Beamten- oder Angestelltenpositionen. Girod (1971) hat dieses Phänomen contre-mobilité genannt, um anzudeuten, daß berufliche "Aufstiege" aus der Arbeiterschaft im Verlaufe beruflicher Karrieren häufiger zustandekommen, wenn dieser Prozeß eine Art Rückkehr zum Niveau der Herkunft bedeutet, als wenn es sich um eine Lösung aus dem Niveau der Herkunft handelt.

Was nun den Zugang zu den vorteilhaftesten beruflichen Positionen in abhängiger Erwerbstätigkeit betrifft, den Zugang zu Positionen mit Leitungsfunktion oder hochqualifizierter Spezialistentätigkeit, finden wir in den drei Schaubildern die schon in anderem Zusammenhang (Müller/Mayer 1976) festgestellte Tatsache bestätigt, daß trotz großer Ungleichheit der Chancen, aus allen Herkunftsgruppen eine fast gleich große absolute Zahl von Personen sich schließlich in einer solchen Position befindet. Allein durch die größenmäßige Diskrepanz in der Rekrutierungsbasis ergibt sich unter den Inhabern gehobener Positionen annähernd eine Gleichverteilung nach den verschiedenen Herkunftssituationen. Diese Gleichverteilung sollte jedoch nicht darüber hinwegtäuschen, daß je nach Herkunft zum einen der Weg in leitende Positionen, zum andern die erzielten Einkünfte höchst verschieden sind. Wenn wir in den Schaubildern 4a bis 4c einmal die Verteilung der Angestellten und Beamten in gehobenen und leitenden Funktionen auf ihre Bildungsqualifikationen hin näher betrachten (Feld 8: höchstens mittlere Ausbildung, Feld 9: höhere Ausbildung), so zeigt sich für die Arbeitersöhne ganz deutlich, daß der Zugang zu diesen Positionen nur zu einem minimalen Teil über eine höhere Ausbildung erfolgte. Viel wichtiger waren für sie berufliche Karrieren, die ihren Ausgangspunkt von höchstens einer mittleren Ausbildung nahmen. Auch für die Söhne aus Familien des unteren Angestellten- und Beamtenbereichs überwiegt ebenfalls dieser Weg nach oben leicht den Weg über eine höhere Ausbildung. Der direkte Weg über die höhere Schule und Hochschule erweist sich dagegen eindeutig als Mittel der Statuserhaltung für die Söhne aus Familien, die sich bereits in einer gehobenen Position befinden.

In differenzierterer Weise als in Schaubild 4 geht die Unterschiedlichkeit des Weges in höhere Positionen, wie er für Kinder aus jeder der oben unterschiedenen Klassenlagen typisch ist, aus Schaubild 5 hervor. Hier weist die durchgezogene Linie für alle Inhaber gehobener oder leitender Stellungen den Anteil der Personen aus, die diese Stellung über eine höhere Ausbildung erreicht haben. Spiegelbildlich dazu würde die Linie für die Befragten verlaufen, die über den Weg "mittlere Ausbildung - beruflicher Aufstieg" in leitende Positionen gekommen sind. Der Verlauf dieser Linie verdeutlicht, wie zusätzlich zur beruflichen Stellung des Vaters auch das Bildungsniveau im Elternhaus ein ganz ausschlaggebender karriereweisender Faktor für die Kinder ist. Je höher der Bildungsgrad des Vaters, umso größer ist der Anteil der Söhne, die eine leitende Position über eine höhere Ausbildung erreichen. Fast alle Söhne aus einer Akademikerfamilie gelangen ebenfalls wieder über eine entsprechende Ausbildung in eine leitende Position. Wenn Arbeiterkindern hingegen der Aufstieg gelingt, dann in aller Regel über den Weg beruflicher Bewährung und nicht über Schulbänke und Hörsäle. Zumindest noch für die hier untersuchte Generation - die Generation, die in den vierziger bis in die frühen fünfziger Jahre hinein die höheren Schulen und Universitäten besuchte - spielten diese Institutionen als Aufstiegskanal also eine ausgesprochen untergeordnete Rolle.

Herkunftseinflüsse machen sich jedoch nicht nur in der Art des Zugangs

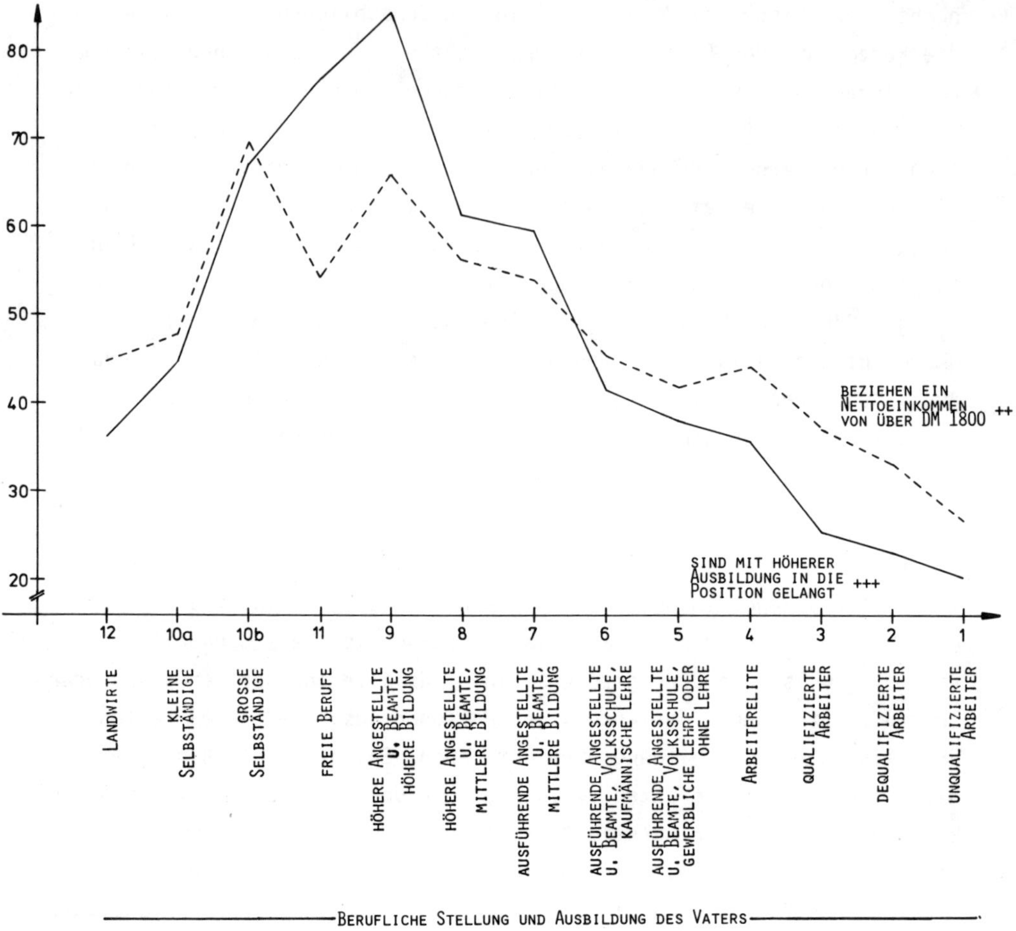


+ ABITUR, INGENIEURSCHULE, HOCHSCHULE

++ BERECHNUNG: SUMME DER SPALTEN 1 UND 2 IN V.H. DER INSGESAMTSPALTE IN TABELLE A 13 DES ANHANGS.

+++ BERECHNUNG: SUMME DER SPALTEN 1 UND 3 IN V.H. DER INSGESAMTSPALTE IN TABELLE A 13 DES ANHANGS.

SCHAUBILD 5: ANTEILE DER ANGESTELLTEN UND BEAMTEN IN LEITENDEN POSITIONEN, DIE MIT HÖHERER AUSBILDUNG IN DIE POSITION GELANGT SIND BZW. EIN EINKOMMEN VON ÜBER 1800 DM BEZIEHEN, NACH DER BERUFLICHEN STELLUNG DES VATERS:
MÄNNER DER GEBURTSJAHRGÄNGE 1920-1936

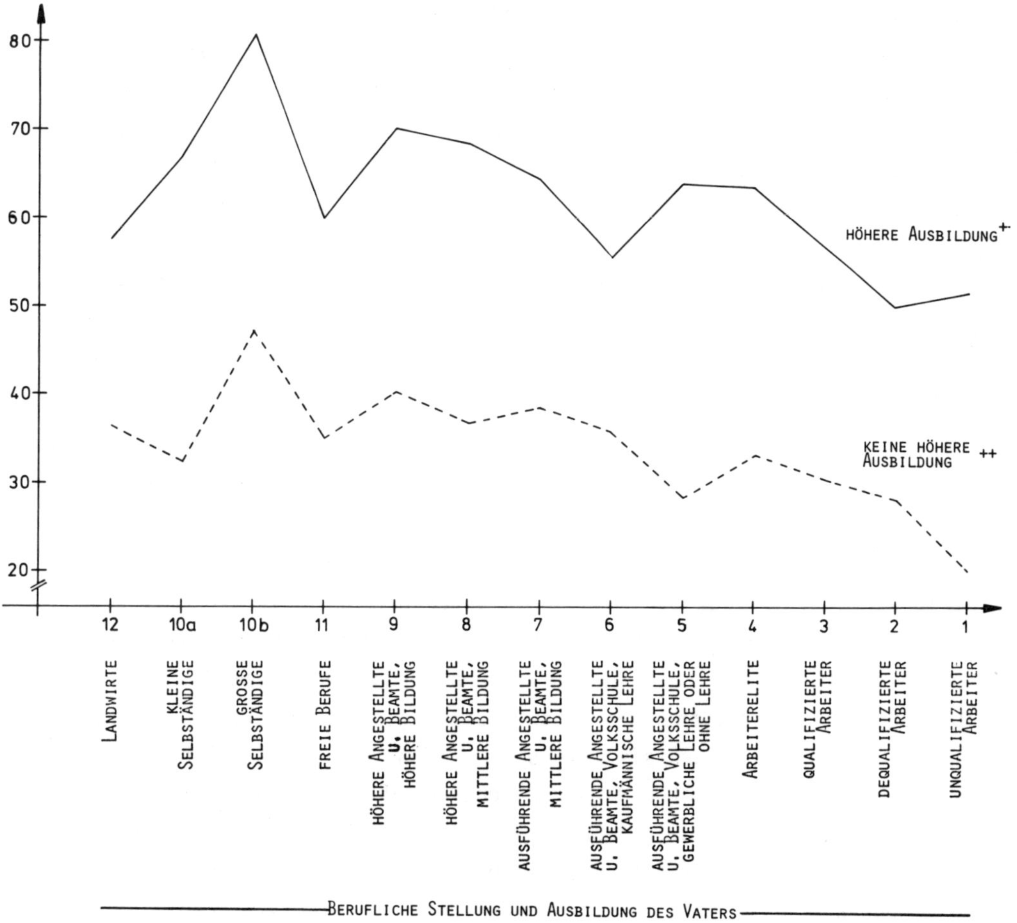


+ Berechnung: %-Anteil von Spalte 1 an der Summe von Spalte 1 und 2 in Tabelle A 13 des Anhangs.

++ Berechnung: %-Anteil von Spalte 3 an der Summe von Spalte 3 und 4 in Tabelle A 13 des Anhangs.

Schaubild 6: Anteile der Angestellten und Beamten in leitenden Positionen, die ein Einkommen von über 18oo DM beziehen, nach erreichter Ausbildung und nach der beruflichen Stellung des Vaters: Männer der Geburtsjahrgänge 192o-1936

zu leitenden Positionen spürbar, sondern auch in den Einkünften, die Inhaber solcher Positionen erzielen. Etwa zwei Drittel der Personen, die aus der Bildungsschicht stammen und sich in leitenden Positionen befinden, fallen in die höchste Einkommenskategorie, aber nur ein Drittel der Personen in vergleichbaren Positionen, die einen Arbeiter als Vater hatten. Diese Einkommensdiskrepanz hängt nun zwar weitgehend mit den Ausbildungsunterschieden zusammen, ist jedoch nicht ausschließlich darauf zurückzuführen. Herkunftsspezifische Einkommensunterschiede bleiben, wenn auch in reduziertem Maße, bestehen, wenn nur Personengruppen mit vergleichbarer Ausbildung und beruflicher Stellung verglichen werden (siehe Schaubild 6).

In diesen Ergebnissen kommt eine Schichtung der Lebenschancen zum Ausdruck, die ein entscheidendes Strukturmerkmal unserer Gesellschaft ist. Diese Schichtung über Generationen hinweg ergibt sich nicht nur aus der Übertragung von Kapital und Besitz durch Erbe oder Übergabe eines Betriebes vom Vater auf den Sohn. Auch unter den abhängig Erwerbstätigen erfolgt die Verteilung auf unterschiedlich vorteilhafte soziale Lagen geschichtet nach der Lage in der Vorgeneration. In diesem Prozeß hatten bislang die Institutionen der höheren Bildung offensichtlich eine wichtige Funktion, insofern sie insbesondere den in absoluten Zahlen relativ kleinen Bildungsschichten dazu dienten, dem überwiegenden Teil ihres Nachwuchses den Zugang in gesellschaftlich privilegierte Stellungen zu erhalten. Diese Institutionen spielten damit eher eine privilegientradierende als eine mobilitätsfördernde oder chancenausgleichende Rolle. Den Anspruch der Mobilitätsförderung und des Chancenausgleichs zwischen den Generationen haben dagegen eher mittlere Bildungsgänge erfüllt. Sie vermittelten die minimalen schulischen Voraussetzungen für einen schrittweise erfolgenden Aufstieg im Beruf.

## Schlußbemerkung

Es kann hier nicht die Absicht sein, eine ohnehin knapp gehaltene Darstellung von Ergebnissen nochmals zu resümieren. Vielmehr möchte ich zunächst auf die Konsequenzen einiger Entscheidungen hinweisen, die in den vorgehenden Analysen getroffen wurden und die natürlich nicht ohne Folgen für die erzielten Ergebnisse geblieben sind. Danach will ich noch eine kurze Bemerkung über die Bedeutung dieser Ergebnisse im Hinblick auf andere Ansätze der Sozialstrukturanalyse anschließen.

Eine Studie wie die vorstehende, die den Versuch macht, auf möglichst engem Raum eine dennoch differenzierte Analyse der sozialstrukturellen Gliederung der Bevölkerung vorzulegen, kann keine durchgehende Systematik im Detail verfolgen, sondern muß ausschnittweise einige Schwerpunkte hervorheben. In dieser Arbeit wirkte sich dies u.a. schon in der Wahl der Einheiten der Analyse aus, die nicht durchgehend identisch sind. Im Hauptteil der Untersuchung sind dies in der Regel Haushalte bzw. Haushaltsvorstände. In den Abschnitten zur Altersschichtung und zur Intergenerationenschichtung dagegen Erwerbstätige, und konkreter, nur männliche Erwerbstätige.

Was bedeuten diese unterschiedlichen Stichprobenkonzepte, und was implizieren sie? Wir können dies am besten veranschaulichen, wenn wir nochmals Schaubild 1 vor Augen halten. Im Vergleich zu dieser Abbildung der sozialen Lage von Haushaltsvorständen unterscheidet sich die Verteilung der männlichen Erwerbstätigen auf die definierten sozialen Lagen kaum. Einzig der Anteil von Facharbeitern im untersten Einkommensbereich sowie von Angestellten in ausführenden Positionen ist leicht höher. Dies rührt im wesentlichen daher, daß im Vergleich zu Haushaltsvorständen bei den männlichen Erwerbstätigen vor allem jüngere Personen hinzukommen, die am Beginn ihres Erwerbslebens stehen und (noch) nicht Haushaltsvorstände sind.

Beim Versuch jedoch, alle Erwerbstätigen abzubilden, also zusätzlich auch die weiblichen Nicht-Haushaltsvorstände, verändert sich Schaubild 1 gründlich. Nicht nur werden die im untersten Einkommensbereich vorhandenen leeren Flächen ausgefüllt, die "Basis" erweitert sich durch die vielen, in unqualifizierten Arbeitertätigkeiten und in ausführenden Angestelltenpositionen beschäftigten Frauen noch beträchtlich.

Da der Hauptaspekt dieser Arbeit nicht eine Untersuchung der Erwerbstätigkeit ist, sondern der Verteilung der Bevölkerung auf soziale Lagen, sind - wie bereits in Abschnitt 2 argumentiert wurde - Haushalte, und als Proxy dafür Haushaltsvorstände, die angemessene Bezugsgröße. Für die Untersuchung der Altersschichtung und der Intergenerationenschichtung dagegen wurden nur männliche Erwerbstätige einbezogen; zum einen, weil für Männer und Frauen diese Prozesse nach sehr verschiedenen Gesetzmäßigkeiten ablaufen; zum anderen, weil in Gesellschaften wie der Bundesrepublik davon ausgegangen werden muß, daß für die Entwicklung der sozialen Lage von Haushalten oder Familien - sowohl im Lebenszyklus einer Generation, wie über Generationen hinweg - den Chancenstrukturen für die Männer noch immer eine dominierende Rolle zukommt[1]. Da eine befriedigende Analyse für die spezifischen Karrierebedingungen der Frauen ohnehin nicht hätte geleistet werden können, wurde einer Beschränkung auf Männer der Vorzug gegeben vor einer noch unbefriedigenderen "Gleichbehandlung" der Frauen.

Die im vorletzten Absatz angeführten Ergebnisse einer Gegenüberstellung von Haushaltsvorständen und weiblichen Erwerbstätigen, die nicht einem Haushalt vorstehen, stimmen durchaus mit einem der Hauptbefunde unserer Haushaltsanalyse überein, nämlich, daß sich die Lebenschancen in Haushalten, denen ein Mann vorsteht, massiv unterscheiden von den Lebenschancen in Haushalten, denen eine Frau vorsteht[2]. Zugleich wird in diesem Vergleich besonders deutlich, wie die soziale Rolle der Frau definiert und dafür ausgenutzt werden kann, den Hauptteil der unqualifiziertesten und am schlechtesten bezahlten Positionen mit Personal zu besetzen, das sich von seinen übrigen gesellschaftlichen Funktionen her noch am ehesten ohne legitimitätsbedrohenden Protest damit abfindet. Die Erwerbstätigkeit der Frauen kann sozial als Zweitfunktion und öko-

---

1) Daß erwerbstätige Männer auch eine unter statistischen Gesichtspunkten noch akzeptable Näherungslösung für Haushaltsvorstände bilden, zeigt sich z.B. darin, daß unter den Erwerbstätigenhaushalten 9o% der Haushaltsvorstände Männer sind, die wohl in der überwiegenden Mehrzahl der Fälle auch die Hauptverdiener des Haushalts sind.

2) Allerdings ist dieser Vergleich von erwerbstätigen Haushaltsvorständen und weiblichen Erwerbstätigen, die nicht Haushaltsvorstände sind, insofern problematisch, als in der zweiten Gruppe ein hoher Anteil nicht vollzeit-, sondern nur teilzeitbeschäftigt ist.

nomisch als - vielfach auch zeitlich begrenzter - "Zuerwerb" verstanden werden, für die nicht die gleichen Regeln gelten wie für die primär ökonomisch definierte Rolle des Mannes.

All diese Hinweise können und wollen natürlich nicht darüber hinwegtäuschen, daß der hier vorliegende Versuch eine große Zahl von Lücken und Einschränkungen aufweist, die in weiterführenden Arbeiten sukzessive geschlossen und beseitigt werden müssen. Neben detaillierten Untersuchungen der spezifischen Rolle der Frau im Beschäftigungs- und Familiensystem werden diese Arbeiten vor allem auch darauf ausgerichtet sein müssen, einerseits alle in einem Haushalt erwerbstätigen Personen, andererseits alle von diesen abhängigen Personen in ein Gesamtbild der sozialen Lagen der Bevölkerung einzubeziehen.

Dennoch scheinen mir die Ergebnisse jetzt schon einen deutlichen Unterschied sowohl zu den Gesellschaftsbildern zu markieren, die von den bekannten Untersuchungen zur sozialen Schichtung, wie von den neomarxistischen Klassenanalysen gezeichnet werden. Die Vorstellung einer Hierarchie übereinandergelagerter sozialer Schichten verwischt völlig die Vielfalt der Konstellationen verschiedener Komponenten von Lebenschancen, die Klassenlagen und soziale Lagen konstituieren. Dagegen ist hier der Versuch gemacht, solche Komponenten, wie Stellung zu den Produktionsmitteln, individuelle Qualifikation, Typ der Arbeit und Arbeitskontext, Stellung in einem Organisationsgefüge und Einkommenssituation, zumindest in einer begrenzten Zahl typischer Konstellationen zu erfassen und ihre quantitative Bedeutung zu ermessen. Damit erst kann die Kumulation oder Diskrepanz von positiven oder negativen Komponenten von Lebenschancen, wie sie für die verschiedenen sozialen Lagen kennzeichnend sind, sichtbar gemacht werden. Die traditionellen Schichtkonstruktionen tendieren außerdem dahin, auf der Basis von Querschnittsverteilungen eines oder mehrerer Schichtindikatoren soziale Kollektive unterschiedslos oder unkontrolliert bestimmten Schichten zuzuordnen, die aufgrund der Lebensgeschichte oder Karriereposition der ihr zugehörigen Individuen in hohem Grade heterogen sind. Der Einbezug solcher Aspekte hat dagegen in dieser Arbeit eine hohe Variabilität der konkreten Lebenssituation von Personen oder Familien, die im Hinblick auf einzelne Statusdimensionen durchaus vergleichbar sind, zum Vorschein gebracht.

Auf der anderen Seite reicht die Verschiedenartigkeit in den Dimensionen von Lebenschancen und die auch unter Lohnabhängigen breite Streuung in der Teilhabe daran den Vertretern eines neomarxistischen Klassenansatzes nicht aus, soziale Differenzierungen anzuerkennen, die sich nicht auf den Gegensatz von Kapital und Lohnarbeit reduzieren lassen. Es wird auch in dieser Arbeit nicht bestritten, daß dieser Gegensatz eine fundamentale Struktureigenschaft kapitalistischer Gesellschaften ist. Zahlreiche Manifestationen von Ungleichheit hängen damit zusammen, und insbesondere sind der politischen Veränderbarkeit von Ungleichheiten durch die Kapitalverwertungsinteressen enge Grenzen gesetzt. Aber die Vorstellung einer völligen Reduzierbarkeit bestehender Ungleichheiten auf diesen Grundwiderspruch von Kapital und Arbeit wird hier nicht geteilt. Noch deutlicher als in der zu jedem Zeitpunkt bestehenden Verteilungsungleichheit kommen Ungleichheitsstrukturen, die sich wohl kaum auf diesen Grundwiderspruch reduzieren lassen, in den Prozessen zur Geltung, in denen sich Verteilungsungleichheiten ständig reproduzieren. Die Persistenz, mit der auch unter Lohnabhängigen die Vorteilhaftigkeit einer Ausgangsposition in ständig neue Vorteile umgesetzt wird, lassen Mechanismen und Strategien der Aneignung von Vorteilen vermuten, die längst nicht auf den Fall der Ausbeutung von Mehrarbeit durch das Kapital begrenzt sind bzw. sich davon ableiten lassen.

JOHANN HANDL

# SOZIO-ÖKONOMISCHER STATUS UND DER PROZESS DER STATUSZUWEISUNG - ENTWICKLUNG UND ANWENDUNG EINER SKALA

## 1. Problemstellung und theoretisches Konzept

Beschränkt man sich auf die Analyse von Mobilitätstabellen, in denen die berufliche Position von Söhnen mit der ihrer Väter verglichen wird, dann reicht es vollständig, wenn diesem Vergleich eine nominale oder ordinale Berufsklassifikation zugrunde liegt. Plant man jedoch eine Analyse des Statuszuweisungsprozesses, die seit der Pionierarbeit von Blau und Duncan (Blau/Duncan 1967) üblicherweise mit Hilfe der Pfadanalyse durchgeführt wird, dann sollen alle im Pfadmodell enthaltenen Variablen - also auch der berufliche Status - möglichst[1] auf Intervallskalenniveau gemessen werden.

Ist der Forscher auch an der Planung der Datenerhebung beteiligt, so liegt in den Anforderungen bestimmter Methoden an das Meßniveau der mit ihrer Hilfe zu analysierenden Variablen kein prinzipielles Problem[2]. Er

1) Darüber, ob in bestimmten Situationen nicht auch ein ordinales Meßniveau ausreichend ist, sind die Meinungen kontrovers. Siehe dazu etwa: Wilson 1971; Boyle 1971.

2) Wir wollen dabei die Schwierigkeiten, welche die Konstruktion eines gültigen und verläßlichen Meßinstruments verursachen kann, außer Betracht lassen.

weiß ja, was er untersuchen will und kann somit die benötigten Variablen auf jenem Meßniveau erheben, welches den Anforderungen der anspruchsvollsten Analysemethode, die er verwenden will, genügt. Anders ist jedoch die Sachlage bei der Sekundäranalyse von Daten, bei der in vielen Fällen die für eine bestimmte Fragestellung relevanten Variablen nicht auf dem gewünschten Meßniveau erhoben worden sind. Der Forscher steht in diesem Fall vor der Alternative, seine Analysemethoden und damit oft auch die Problemstellung dem zur Verfügung stehenden Datenmaterial anzupassen, oder aber zu versuchen, die benötigten Variablen unter Zuhilfenahme aller im Datenmaterial enthaltenen Informationen durch geeignete Verfahren auf das jeweils erforderliche Meßniveau zu transformieren.

Im Falle der Mikrozensus-Zusatzerhebung 1971 (MZU71) sind die in der Mobilitätsforschung zentralen Variablen, wie etwa Beruf und Bildung von Vater und Sohn, auf einem nominalen Meßniveau erfaßt. Wollen wir aufgrund dieser Datenlage nicht auf die Verwendung der Korrelationsrechnung und damit auch auf die Pfadanalyse - das in der neueren Forschung gängigste Verfahren - verzichten, dann müssen diese Variablen auf Intervallskalenniveau transformiert werden. Eine solche Transformation des Meßniveaus, die sich in jedem Fall dem Vorwurf einer mehr oder weniger artifiziellen Manipulation der Daten aussetzt, ist nun nicht allein durch den Verweis auf die meßtheoretischen Anforderungen der Pfadanalyse zu rechtfertigen. Auch dann nicht, wenn sie seit Blau und Duncan zu einem neuen Paradigma der Mobilitätsforschung geworden ist. (Mayer 1975: 153). Ihre Verwendung muß vielmehr durch theoretisch-inhaltliche Argumente begründet werden.

Bei Anwendung der bis Blau und Duncan in der Mobilitätsforschung hauptsächlich gebrauchten Tabellenanalyse werden - auch wenn die Stichprobe relativ groß ist - die Besetzungszahlen in den einzelnen Tabellenfeldern schnell sehr klein und damit infolge des Stichprobenfehlers für inhaltliche Aussagen zu ungenau[1]. In dieser Hinsicht bietet die Kor-

---

1) Angaben über den Stichprobenplan der MZU71 und die damit verknüpften Hochrechnungsprobleme finden sich in: Statistisches Bundesamt 1964: 8ff. und in Handl 1975.

relationsrechnung - also auch die Pfadanalyse - einen echten Vorteil, insofern sie auch in kleinen Stichproben erlaubt, den Zusammenhang zwischen zwei Merkmalen zu untersuchen. Für die Benutzung derselben spricht außerdem, daß bei Verwendung einer nominalen bzw. ordinalen Berufsklassifikation klare Vorstellungen darüber vorhanden sein müssen, welche Einzelberufe zu einer Berufskategorie zusammengefaßt werden sollen und welche nicht. Ändert man die Zuordnung der Berufe zu den einzelnen Kategorien, dann ändern sich mit großer Wahrscheinlichkeit auch alle Parameter, die in der Tabellenanalyse gewonnen werden können. Das heißt also, daß eine mit Hilfe der Tabellenanalyse vorgenommene Untersuchung sozialer Mobilität Informationen über die sinnvolle Zusammenfassung von Berufen schon voraussetzt. Diese Informationen sollen in vielen Fällen durch die Analyse aber eigentlich erst gewonnen werden. Einen Ausweg aus diesem Dilemma bietet wiederum die Pfadanalyse, da sie es prinzipiell erlaubt, ohne vorgängige Zusammenfassung von Einzelberufen zu Berufsgruppen zu arbeiten.

Allerdings werden diese Vorteile mit bestimmten methodischen Annahmen erkauft. Die Pfadanalyse setzt nicht nur voraus, daß die Messung der Variablen auf Intervallskalenniveau erfolgt ist, sondern auch, daß die Zusammenhänge zwischen den Variablen linear und additiv sind[1]. Beides Forderungen, die in der empirischen Forschung in vielen Fällen nur mehr oder weniger vollständig erfüllt sind. Man tauscht somit bei Verwendung der Pfad- anstelle der Tabellenanalyse das theoretische Problem der Abgrenzung von sinnvollen Berufsgruppen mit dem methodischen Problem der adäquaten Messung von Variablen und der Rechtfertigung der Annahmen über Linearität und Additivität der Variablenzusammenhänge ein.

Da beide Verfahren - Tabellen- wie Pfadanalyse - Vorteile und Mängel aufweisen, ist es sinnvoll, von Fall zu Fall aufgrund des jeweiligen Forschungsinteresses zu entscheiden, welche Methode man verwenden will. Hat man klare Vorstellungen über die Zuordnung der Berufe zu bestimmten Berufsgruppen und beschränkt man sich auf die Darstellung der empirisch aufzeigbaren Übergangsraten zwischen den einzelnen Kategorien, so ist die traditionelle Tabellenanalyse sicher ein sehr gut brauchbares Werk-

---

1) Das sind nur die grundlegendsten Annahmen. Genauere Darstellungen der methodischen Voraussetzungen finden sich z.B. in Müller 1972.

zeug. Will man dagegen das Gewicht der verschiedenen Variablen im Statuszuweisungsprozeß bestimmen, dann ist die Pfadanalyse - trotz aller Annahmen, die sie machen muß - zur Zeit wohl noch das beste Verfahren.

Das Ziel, welches wir uns mit dieser Arbeit gestellt haben, besteht nun nicht darin, unter Verwendung der in der MZU71 gegebenen Datenbasis und mit Hilfe der Pfadanalyse eine detaillierte Analyse des Statuszuweisungsprozesses durchzuführen; dies ist erst für spätere Arbeiten geplant. Da uns alle benötigten Variablen nur auf Nominalniveau vorliegen, haben wir vor allem die Aufgabe zu lösen, diese so zu transformieren, daß sie in einem Pfadmodell Verwendung finden können.

Dafür stehen dem Forscher je nach theoretischer Position und methodischer Vorliebe verschiedene Vorgehensweisen zur Verfügung. Betrachtet er im Gegensatz zu uns sozialen Status nicht als kontinuierliche, sondern als diskrete Variable, dann kann es durchaus sinnvoll sein, die Berufsvariable zu dichotomisieren, etwa in manuelle und nicht-manuelle Berufe. Eine weitere Möglichkeit besteht darin, jede Kategorie einer ordinalen Berufsklassifikation als 'dummy' Variable zu betrachten. Im Gegensatz zu anderen Autoren ist Boyle (1971) der Ansicht, daß die Bearbeitung von Klassifikationen mit Hilfe der Korrelationsrechnung dann sehr gut möglich ist, wenn die Kategorien in eindeutiger Weise in eine bestimmte Abfolge gebracht werden können (also eine Ordinalskala bilden) und ihre Anzahl nicht allzu groß ist. Letztere Einschränkung deshalb, da bei der 'Dummysierung' einer großen Zahl von Kategorien der Überblick über die Modellstruktur sehr leicht verlorengeht und die gewonnenen Ergebnisse in diesem Fall kaum mehr sinnvoll interpretiert werden können. Nun ist unter diesem Gesichtspunkt einmal schon die Kategorienanzahl der in der MZU71 verwendeten Gliederung nach der beruflichen Stellung sehr groß, entscheidend ist jedoch, daß es nicht möglich ist, über den gesamten Bereich der Klassifikation eine eindeutige Abfolge der Kategorien festzulegen. So besteht zwar in bestimmten Bereichen eine klare Rangordnung, wie etwa zwischen den verschiedenen Gruppen der Beamten, und wir würden auch kein Verfahren akzeptieren, das in diesem Bereich eine Intervallskalierung liefert, die dieser Ordnung widerspricht. An anderer Stelle ist die Rangfolge jedoch alles andere als offensichtlich und je nach theoretischem Standpunkt durchaus arbiträr. Es ist uns deswegen auch unmöglich, a priori einem in der Literatur häufig anzutreffenden Verfahren zu folgen, bei dem den einzelnen Berufskategorien Scores vergeben werden, die dem jeweiligen theoretischen Vorverständnis des Forschers entsprechen (etwa Müller 1975: 38).

Zur Skalierung unserer Variablen kommt deswegen nur ein Verfahren in Frage, das keine Anforderungen an die Ordnung der Klassifikation stellt. Dies ist bei der Methode der "Multivariate Analysis of Contingencies" (MAC1) der Fall, einem Verfahren, das von P. Duncan-Jones mit guten Ergebnissen an englischen Daten (Duncan-Jones 1973:189) angewendet worden ist, sodaß wir hoffen können, daß sich diese Methode auch in unserem Fall bewähren wird.

Das Wesen dieses Verfahrens kann darin gesehen werden, daß jede einzelne Kategorie all jener Variablen, die bei einem bestimmten Skalierungslauf berücksichtigt werden, so gewichtet wird, daß die Korrelation zwischen den gewichteten Variablen maximiert wird[1]. Gleichzeitig bedeutet das auch, daß alle Variablenkategorien aufgrund ihrer Ladung in einer vorerst nur mathematisch bestimmten gemeinsamen Dimension gewichtet werden. In dieser Beziehung kann MAC1 als "Faktorenanalyse für Daten auf Nominalniveau" betrachtet werden. Da die Ergebnisse der Gewichtung jedoch jeweils davon abhängig sind, welcher Variablensatz berücksichtigt wird, muß aufgrund von vorgängigen theoretischen Überlegungen entschieden werden, welche Variablen als Indikatoren für das gleiche Konstrukt anzusehen sind.

Wir gehen bei dieser Entscheidung von der Vorstellung aus, daß sich soziale Ungleichheit innerhalb verschiedener sozialer Subsysteme, wie Berufssystem, politisches System usw.,und innerhalb dieser sozialen Strukturen wiederum in unterschiedlichen Dimensionen, wie z.B. Einkommen, Prestige, Macht,manifestiert. Zumindest einige dieser Dimensionen, wie etwa Prestige, werden als Kontinuum angesehen, in welchem die jeweils interessierenden Elemente des Ungleichheitssystems, z.B. Individuen oder Familien, kontinuierlich angeordnet werden können. Wir verfügen nun nicht über die Datenbasis, um die Stellung unserer Untersuchungseinheiten innerhalb aller oder doch zumindest mehrerer Dimensio-

1) Eingehende Darstellungen dieser Methode finden sich in Guttman 1941 und Duncan-Jones 1973.

nen eines so konzipierten Ungleichheitssystems untersuchen zu können; ein solcher Anspruch wäre in der Praxis auch nur unter erheblichen Schwierigkeiten einlösbar (Müller 1975: 35). Wir beschränken uns deswegen explizit darauf, einzig den sozialen Status im Berufssystem, also den beruflichen Status zu erfassen. Dies nun nicht nur wegen der gegebenen Datenlage, sondern auch deswegen, weil in modernen Gesellschaften der berufliche Status als bester einzelner Indikator für den sozialen Status betrachtet werden kann (Blau/Duncan 1967: 6).

Im deutschen Sprachraum ist der berufliche Status in vielen Fällen als Prestigestatus von bestimmten Berufsgruppen operationalisiert worden (z.B. Kleining/Moore 1968). Wir sind nun nicht in der Lage, eine von diesen Prestigeskalen zu übernehmen, da die in der MZU71 hauptsächlich aufgrund von arbeitsrechtlichen Kriterien vorgenommene Zuordnung von Berufen zu einzelnen Berufsgruppen nicht durchgehend mit der Zuordnung, die bei diesen Skalen Verwendung gefunden hat, in Deckung zu bringen ist. Das vorhandene Datenmaterial ermöglicht es uns jedoch, den beruflichen Status als sozio-ökonomischen Status zu operationalisieren. Dieses Vorgehen ist besonders in der amerikanischen Literatur üblich (Duncan 1961, Blau und Duncan 1967) und geht von der Vorstellung aus, daß das Prestige von Berufen sehr stark einerseits mit der vorausgesetzten Qualifikation und andererseits mit den über die Berufsposition vermittelten Ressourcen (z.B. Einkommen) korreliert, weswegen man den sozio-ökonomischen Status von Berufsgruppen als gute Näherung für ihren Prestigestatus betrachten kann. Die neuere Forschung hat jedoch zum einen fraglich erscheinen lassen, ob die Prestigeskalen eigentlich messen, was sie zu messen vorgeben (Goldthorpe/Hope 1973: 27ff, Goldthorpe/Hope 1974), zum anderen wurde argumentiert, daß die hierarchische Ordnung von Berufsgruppen im wesentlichen durch sozio-ökonomische Faktoren determiniert werde, weswegen ein sozio-ökonomischer Index beruflichen Status zumindest bei Analysen des Statuszuweisungsprozesses angemessener sei als ein auf einer Prestigeskala basierender (Featherman/Jones/Hauser 1974, Feathermann/Hauser 1975).

Wir werden deswegen bei unseren Bemühungen, die im Pfadmodell des Statuszuweisungsprozesses benötigten Variablen auf Intervallskalenniveau zu transformieren, die berufliche Stellung, die Qualifikation und das Einkommen eines Individuums als Indikatoren für seinen beruflichen

Status betrachten und die Gewichte, die MAC1 in den verschiedenen Skalierungsläufen den Variablenkategorien zuweist, inhaltlich als Meßwerte für den mit der jeweiligen Kategorie verbundenen beruflichen Status interpretieren.

## 2. Die Datenbasis

Alle unsere Bemühungen, die im Pfadmodell des Statuszuweisungsprozesses benötigten Variablen auf Intervallskalenniveau zu transformieren, werden von äußeren Randbedingungen, die sich unserer Einflußnahme entziehen bzw. entzogen haben, mitbestimmt.

Die wohl wichtigste Einschränkung besteht darin, daß wir uns mit der Anzahl der erhobenen Variablen und ihrer Vercodung abzufinden haben. Wir könnten zwar viele Beispiele anführen, in denen die Art der Fragestellung und die Vercodung der vorhandenen Informationen nicht zu unserer Zufriedenheit erfolgt ist, doch wäre dies ein müßiges Unterfangen, da wir damit die uns zur Verfügung stehende Datenbasis nicht verändern können. Wir können nur versuchen, durch die Berücksichtigung sämtlicher im Datenmaterial vorhandenen Informationen bestimmte Variablen so umzucodieren, daß sie unseren Bedürfnissen eher als in der Originalvercodung entsprechen. So werden wir z.B. versuchen, die Klassifizierung nach der beruflichen Stellung aufgrund der Informationen, die mit dem Wirtschaftszweig gegeben sind, zu verbessern.

Eine andere, vielfach übersehene Grenze des Machbaren ist durch die Art der Stichprobenziehung bedingt. Es ist vom theoretischen Standpunkt aus natürlich wünschenswert, die Berufsgruppen in möglichst differenzierter Form in der Analyse zu berücksichtigen. Dagegen spricht jedoch, daß mit zunehmender Aufgliederung des Datenmaterials die Besetzungszahlen in den einzelnen Kategorien sehr schnell sinken, bis sie schließlich so klein sind, daß sie infolge des Stichprobenfehlers kaum mehr aussagekräftig sind. Teilweise zu vermeiden wäre dieses Übel einzig dadurch, daß man die Stichprobe schon in Hinblick auf die geplante Analyse anlegt. Da wir aber nur eine Sekundäranalyse der MZU71 durchführen und sich die Zielsetzung der amtlichen Statistik doch relativ stark von unseren Forschungsinteressen unterscheidet, haben wir durch die Anlage der Stichprobe keine Unterstützung zu erwarten. Wir werden deswegen in vielen Fällen, in denen eine weitere Aufgliederung bestimmter Berufsgruppen durchaus von theoretischem Interesse wäre - etwa eine Trennung der höheren Angestellten in der Privatwirtschaft von denen im öffentlichen Dienst - darauf verzichten müssen.

Zum Schluß wollen wir noch eine Einschränkung erwähnen, die der hauptsächlich an den theoretischen Schlußfolgerungen unserer Analyse interessierte Leser wohl nur in den seltensten Fällen in Rechnung stellen wird. Eine Untersuchung, wie wir sie anstellen wollen, ist durch die Kapazität der vorhandenen Datenverarbeitungsanlage und durch die Leistungsfähigkeit der jeweils zur Verfügung stehenden Software vorstrukturiert. In unserem Fall etwa erlaubt das für MAC1 zur Verfügung stehende Programm[1] die Berücksichtigung von max. 3o Kategorien pro Variable. Im Zeitraum, den wir für die hier präsentierten Analysen zur Verfügung hatten, sahen wir uns nicht in der Lage, diese Programmbeschränkung - was technisch ohne weiteres möglich wäre - zu überwinden.

## 2.1 Konstruktion der Berufsvariablen

Wenn die Bestimmung des sozio-ökonomischen Status von bestimmten Berufsgruppen zu sinnvollen Ergebnissen führen soll, dann müssen diese so abgegrenzt sein, daß sie in bezug auf Ausbildung und Einkommen in sich relativ homogen, untereinander aber möglichst unterschiedlich sind. Dies ist bei der Gliederung nach der Stellung im Beruf nur sehr begrenzt der Fall.

Das Statistische Bundesamt unterscheidet bei den Erwerbstätigen[2], die allein uns an dieser Stelle interessieren, aufgrund von arbeitsrechtlichen Kriterien zwischen

Selbständigen, Beamten, Angestellten und Arbeitern.

Die Selbständigen werden noch in Selbständige außerhalb der Landwirtschaft und Selbständige innerhalb der Landwirtschaft (= Landwirte) un-

---

1) Dieses Programm wurde uns ursprünglich von Duncan-Jones freundlicherweise zur Verfügung gestellt. Die Berechnungen selbst erfolgten mit einer vom Zentrum für Umfragen, Methoden und Analysen (ZUMA) an OSIRIS angepaßten Version.

2) Nicht berücksichtigt werden in unserer Analyse mithelfende Familienangehörige, Wehrpflichtige und Personen in Berufsausbildung.

terteilt. Die Landwirte werden nach der Größe der bearbeiteten landwirtschaftlichen Fläche in 6 Gruppen, die Selbständigen außerhalb der Landwirtschaft nach der Anzahl der Untergebenen in 5 Gruppen untergliedert.

Die Beamten werden nach Dienstgraden bzw. Laufbahn in Beamte im einfachen, mittleren, gehobenen und höheren Dienst gruppiert.

Die Angestellten werden, mit Ausnahme der Industrie- und Werkmeister im Angestelltenverhältnis, nach dem Umfang der getragenen Verantwortung und dem Schwierigkeitsgrad ihrer Tätigkeit untergliedert . Wir verwenden für diese Gruppen folgende Bezeichnungen: Industrie-Werkmeister, einfache Angestellte (z.B. Verkäufer), mittlere Angestellte (z.B. Sachbearbeiter), gehobene Angestellte (z.B. Abteilungsleiter) und höhere Angestellte (z.B. Geschäftsführer).

Die Arbeiter werden nach der jeweils vorhandenen Qualifikation in ungelernte und angelernte Arbeiter, Facharbeiter, Vorarbeiter und Meister unterteilt.

Den gröbsten Mangel an dieser Klassifikation stellt für unser Problem die Gruppe der freien Berufe dar. Diese ist in der Kategorie der Selbständigen enthalten, unterscheidet sich von den übrigen Selbständigen jedoch wesentlich sowohl hinsichtlich der Qualifikation als auch hinsichtlich des Einkommens (Tabelle 1). Aufgrund der Information, über die wir in der Bildungsvariablen wie im Wirtschaftszweig verfügen, haben wir versucht, die freien Berufe - wenn auch nur annähernd - abzugrenzen.

Wir definieren dazu die freien Berufe als Selbständige außerhalb der Landwirtschaft, die in den Wirtschaftszweigen Wissenschaft-Bildung-Publizistik-Kunst, Gesundheitswesen und Rechtsberatung-Ingenieurbüros-Grundstückswesen-fotografisches Gewerbe u.ä. Dienstleistungen beschäftigt sind und über einen Universitäts- bzw. Hochschulabschluß verfügen. Nach der Anzahl der Mitarbeiter wird diese Gruppe dann noch in freie Berufe mit bis zu 1 Mitarbeiter und freie Berufe mit mehr als 1 Mitarbeiter unterteilt.

Die übrigen Selbständigen fassen wir, um ein zu starkes Ausdünnen der Besetzungszahlen zu vermeiden, in folgende Gruppen zusammen:

Selbständige mit bis zu 1 Mitarbeiter
Selbständige mit 2 bis zu 9 Mitarbeitern
Selbständige mit 1o und mehr Mitarbeitern.

Tabelle 1: Nettoeinkommen der Selbständigen in den Wirtschaftszweigen 89, 9o und 91 nach Schulbildung und Anzahl der Mitarbeiter für zwischen 192o bis 194o geborenen Söhne

| | | Nettoeinkommen keine Angabe | bis 8oo DM | 8oo - 1.2oo DM | 1.2oo - 1.8oo DM | über 1.8oo DM | Insgesamt |
|---|---|---|---|---|---|---|---|
| Selbständige <u>mit</u> akademischer Ausbildung | bis 1 Mitarb. | $29^{1o.2}$ | $5^{1.8}$ | $17^{6.o}$ | $53^{18.7}$ | $179^{63.3}$ | 283 |
| | 2-9 Mitarb. | $17^{5.7}$ | $2^{o.7}$ | - | $16^{5.4}$ | $262^{88.2}$ | 297 |
| | 1o+ Mitarb. | - | - | - | $1^{3.8}$ | $25^{96.2}$ | 26 |
| Selbständige <u>ohne</u> akademische Ausbildung | bis 1 Mitarb. | $38^{9.8}$ | $34^{8.8}$ | $54^{14.o}$ | $9o^{23.3}$ | $171^{44.2}$ | 387 |
| | 2-9 Mitarb. | $15^{1o.o}$ | $2^{1.3}$ | $5^{3.3}$ | $23^{15.3}$ | $1o5^{7o.o}$ | 15o |
| | 1o+ Mitarb. | $1^{4.o}$ | - | - | $3^{12.o}$ | $21^{84.o}$ | 25 |
| | Insgesamt | $1oo^{8.6}$ | $43^{3.7}$ | $76^{6.5}$ | $186^{15.9}$ | $763^{65.3}$ | 1168 |

Tabelle 2: Verteilung der Berufsvariablen für zwischen 192o bis 194o geborene Söhne

| | N | % |
|---|---|---|
| nicht berufstätig[1] | 2681 | 3.3 |
| Landwirte bis 9 ha | 698 | o.9 |
| Landwirte 1o-19 ha | 1288 | 1.6 |
| Landwirte 2o-49 ha | 974 | 1.2 |
| Landwirte 5o+ ha | 15o | o.2 |
| Selbst. bis 1 Mitarb. | 3857 | 4.8 |
| Selbst. 2-9 Mitarb. | 2411 | 3.o |
| Selbst. 1o+ Mitarb. | 867 | 1.1 |
| Fr. Berufe -1 Mitarb. | 283 | o.4 |
| Fr. Berufe 2+ Mitarb. | 323 | o.4 |
| einfache Beamte | 1o58 | 1.3 |
| mittlere Beamte | 2681 | 3.3 |
| gehobene Beamte | 2185 | 2.7 |
| höhere Beamte | 1297 | 1.6 |
| Werkmeister | 1183 | 1.5 |
| einf. Ang., öff.D. | 383 | o.5 |
| einf. Ang., Privatw. | 2249 | 2.8 |
| mittl. Ang., öff.D. | 1o43 | 1.3 |
| mittl. Ang., Privatw. | 7939 | 9.9 |
| geh. Ang., öff.D. | 418 | o.5 |
| geh. Ang., Privatw. | 6229 | 7.8 |
| höhere Ang., öff.D. | 4o | o.o5 |
| höhere Ang., Privatw. | 1175 | 1.5 |
| Ungelernte Landw. | 294 | o.4 |
| Ungelernte Gewerbe | 3599 | 4.5 |
| Ungelernte Bau | 129o | 1.6 |
| Ungelernte Dienstl. | 1493 | 1.9 |
| Ungelernte öff.D. | 487 | o.6 |
| Angelernte Landw. | 215 | o.3 |
| Angelernte Gewerbe | 6815 | 8.5 |
| Angelernte Bau | 1465 | 1.8 |
| Angelernte Dienstl. | 1942 | 2.4 |
| Angelernte öff.D. | 525 | o.7 |
| Facharb. Landw. | 228 | o.3 |
| Facharb. Gewerbe | 12124 | 15.1 |
| Facharb. Bau | 3739 | 4.7 |
| Facharb. Dienstl. | 2o51 | 2.6 |
| Facharb. öff.D. | 575 | o.7 |
| Vorarbeiter | 1391 | 1.7 |
| Meister | 687 | o.9 |
| insgesamt | 8o332 | 1oo% |

1) enthält Nicht-Erwerbstätige, mithelfende Familienangehörige, Wehrpflichtige, Personen in Ausbildung

Die Angestellten unterteilen wir mit Hilfe des Wirtschaftszweiges noch zusätzlich in Angestellte im öffentlichen Dienst (Wirtschaftszweig 94) und Angestellte außerhalb des öffentlichen Dienstes. Diese Trennung wird für die höheren Angestellten im folgenden nicht durchgehalten, da - wie aus Tabelle 2 zu ersehen ist - die Besetzungszahl in dieser Gruppe keine sinnvollen Aussagen ermöglicht.

Die Arbeiter werden zusätzlich zur Gliederung nach ihrer Qualifikation in folgende Untergruppen unterteilt:

Arbeiter in der Landwirtschaft (Wirtschaftszweig 8o)
Arbeiter im verarbeitenden Gewerbe (Wirtschaftszweig 81 und 82)
Arbeiter im Baugewerbe (Wirtschaftszweig 83)
Arbeiter im Dienstleistungssektor (Wirtschaftszweig 84-94).

Für die Gruppe der Landwirte ist in der MZU71 keine Einkommensangabe verfügbar. Wir werden sie deshalb nicht in allen Analysen berücksichtigen, wenn aber doch, dann in folgender Gruppierung:

Landwirte mit bis zu 9 ha landw. genutzter Fläche
Landwirte mit 1o bis 19 ha landw. genutzter Fläche
Landwirte mit 2o bis 49 ha landw. genutzter Fläche
Landwirte mit 5o ha und mehr.

## 2.2 Konstruktion der Bildungsvariablen

Die MZU71 hat im Bildungsbereich zwei Informationen erhoben. Zum einen wurde der jeweils höchste Schulabschluß erfragt, zum andern wurde erfaßt, ob eine Lehre bzw. eine Anlernzeit von mindestens zwei Jahren abgeschlossen wurde. Da vorläufige Analysen zeigten, daß die Ergebnisse der Skalierung sich verbesserten, wenn beide Variablen nicht getrennt, sondern miteinander kombiniert berücksichtigt wurden, formten wir die beiden Variablen folgendermaßen zu einer neuen Bildungsvariablen um:

Die landwirtschaftliche Lehre wird mit der gewerblichen zusammengefaßt, da die Bauern in vielen Analysen nicht berücksichtigt werden und die Anzahl der Absolventen einer landwirtschaftlichen Lehre zudem recht gering ist.

Bis auf die höchsten Bildungsabschlüsse wird durchgehend zwischen keiner Lehre, kaufmännischer und landwirtschaftlicher bzw. gewerblicher Lehre unterschieden. Eine Ausnahme wird nur bei den Absolventen von Technikerschulen

Tabelle 3: Abschluß einer Lehre (bzw. mindestens 2jährigen Anlernzeit) in Abhängigkeit vom höchsten erreichten Schulabschluß für zwischen 192o bis 194o geborene Söhne

| höchster Schulabschluß | Lehrabschluß keine Lehre | kaufm. Lehre | gewerbl. Lehre | landw. Lehre | Insgesamt |
|---|---|---|---|---|---|
| keine Angabe | 1481$^{92.8}$ | 24$^{1.5}$ | 89$^{5.6}$ | 2$^{o.1}$ | 1596 |
| ohne Volksschule | 649$^{65.2}$ | 45$^{4.5}$ | 288$^{28.9}$ | 14$^{1.4}$ | 996 |
| Volksschule | 11647$^{44.8}$ | 1758$^{6.7}$ | 12o18$^{46.2}$ | 6o2$^{2.3}$ | 26o2o |
| Berufsschule | 3621$^{11.4}$ | 36o3$^{11.4}$ | 23813$^{75.1}$ | 661$^{2.1}$ | 31698 |
| mittlere Reife | 812$^{13.6}$ | 32o6$^{53.8}$ | 1814$^{3o.4}$ | 129$^{2.2}$ | 5961 |
| Abitur | 774$^{46.6}$ | 667$^{4o.1}$ | 199$^{12.o}$ | 22$^{1.3}$ | 1662 |
| Technikerschule | 95$^{8.4}$ | 53$^{4.7}$ | 978$^{86.5}$ | 4$^{o.4}$ | 113o |
| Berufsfachschule | 921$^{16.9}$ | 1139$^{2o.9}$ | 3o42$^{55.8}$ | 352$^{6.5}$ | 5454 |
| Ingenieurschule | 339$^{18.8}$ | 1o4$^{4.9}$ | 16oo$^{75.2}$ | 25$^{1.2}$ | 2128 |
| Universität | 3126$^{84.8}$ | 238$^{6.5}$ | 283$^{7.7}$ | 4o$^{1.1}$ | 3687 |
| Insgesamt | 23525$^{29.3}$ | 1o832$^{13.5}$ | 44124$^{54.9}$ | 1851$^{2.3}$ | 8o332 |

gemacht, da es kaum Personen gibt, die diese Schule absolviert und keine gewerbliche Lehre abgelegt haben (Tabelle 3).

Bei den Abiturienten wird nur mehr danach unterschieden, ob sie eine Lehre abgeschlossen haben oder nicht.

Die Personen ohne Volksschulabschluß werden den Personen mit Volksschulabschluß gleichgesetzt.

Mit dieser Umformung kommen wir zu der in Tabelle 4 dargestellten Bildungsvariablen.

## 2.3 Konstruktion der Einkommensvariablen

Das Einkommen ist von allen Variablen, mit denen wir bei der Konstruktion des beruflichen Status arbeiten werden, am undifferenziertesten erhoben worden. Zum einen ist die Spannweite der vorgegebenen Kategorien relativ groß, und die Variable differenziert aus diesem Grund zwischen einem großen Teil der uns interessierenden Berufsgruppen überhaupt nicht. (So liegen fast 5o% der uns interessierenden Population in der Kategorie zwischen 8oo und 12oo DM Einkommen.) Zum andern sind vor allem im unteren Bereich der Einkommensskala die Besetzungszahlen sehr ausgedünnt, während die höchste vorgegebene Kategorie eine nach oben offene Klasse bildet und relativ viele Personen umfaßt.

Wir haben leider keine Möglichkeit, diese Defekte der Einkommensvariablen zu eliminieren. Wir werden nur - wie die Tabelle 5 zeigt - die untersten, kaum besetzten Einkommenskategorien zusammenfassen und in manchen Analysen als zusätzliche Variable, die die vorhandenen materiellen Ressourcen mißt, den Besitz eines eigenen Hauses mitberücksichtigen.

## 2.4 Die Altersabgrenzung

Unsere Bildungsvariable erfaßt immer nur den jeweils höchsten erreichten Abschluß, unabhängig davon, ob dieser schon als Sprungbrett zum Eintritt in das Berufsleben gedient hat oder erst im Verlauf des Berufslebens erworben wurde. Wir kennen also von jeder Person nur den höchsten Bildungsabschluß und sollten diesen nun auch mit der höchsten erreichten beruflichen Position in Verbindung setzen. Wir wollen deswegen annehmen, daß trotz unterschiedlichen Alters beim Eintritt ins Berufsleben, im Alter zwischen 3o und 5o Jahren, im allgemeinen die jeweils

Tabelle 4: Verteilung der Bildungsvariablen für zwischen 192o bis 194o geborene Söhne

| | N | % |
|---|---|---|
| keine Angaben | 1596 | 1.9 |
| Volkssch., ohne L. | 12296 | 15.3 |
| Volkssch., gewerbl. L. | 12922 | 16.1 |
| Volkssch., kaufm. L. | 1798 | 2.2 |
| Berufssch., ohne L. | 3621 | 4.5 |
| Berufssch., gewerbl. L. | 24474 | 3o.4 |
| Berufssch., kaufm. L. | 36o3 | 4.5 |
| M. Reife, ohne L. | 812 | 1.o |
| M. Reife, gewerbl. L. | 1943 | 2.4 |
| M. Reife, kaufm. L. | 32o6 | 3.9 |
| Berufsfsch., ohne L. | 921 | 1.1 |
| Berufsfsch., gewerbl. L. | 3394 | 4.2 |
| Berufsfsch., kaufm. L. | 1139 | 1.4 |
| Technikerschule | 113o | 1.4 |
| Abitur, ohne L. | 774 | o.9 |
| Abitur, mit L. | 888 | 1.1 |
| Ingenieurschule | 2128 | 2.6 |
| Hochsch., Universität | 3687 | 4.6 |
| insgesamt | 8o332 | 1oo% |

Tabelle 5: Verteilung der Einkommensvariablen für zwischen 192o bis 194o geborene Söhne

| | N | % |
|---|---|---|
| keine Angabe | 2816 | 3.5 |
| unter 8oo DM | 13oo4 | 16.2 |
| 8oo bis unter 12oo DM | 34957 | 43.5 |
| 12oo bis unter 18oo DM | 1771o | 22.o |
| 18oo DM und mehr | 8735 | 1o.9 |
| Landwirte | 311o | 3.9 |
| insgesamt | 8o332 | 1oo% |

höchste Position in der beruflichen Karriere erreicht ist[1]. Es mag hier zwar einige Ausnahmen nach oben und unten geben. In Ermangelung von besseren Daten dürfte man sich mit diesem Schätzwert jedoch anfreunden können.

Um zu prüfen, ob die mit dieser Abgrenzung gewonnene Statusskala relativ frei von Alterseffekten ist, werden wir bestimmte Analysen für die Alterskohorte der 192o-29 und der zwischen 193o-4o Geborenen getrennt durchführen.

Die Angehörigen der ersten Alterskohorte waren zum Zeitpunkt der Erhebung 41-5o Jahre alt. Ein Alter, in dem auch die akademisch Gebildeten schon einigermaßen lange im Berufsleben stehen und mit wenigen Ausnahmen wohl schon den Gipfel ihrer Berufskarriere erreicht haben. Die Arbeiter dagegen dürften den Höhepunkt ihrer körperlichen Leistungsfähigkeit und damit auch den Höhepunkt ihres Einkommens schon eher überschritten haben.

Im Gegensatz dazu sind in der Alterskohorte der zwischen 193o-4o Geborenen die Akademiker noch am Anfang ihrer Berufskarriere, die in manuellen Berufen Tätigen dagegen in vielen Fällen am Höhepunkt derselben.

## 3. Skalierung der Berufsvariablen

### 3.1 Skalierung für die Berufsgruppen der Söhne (ohne Landwirte)

Unter Verwendung der in Abschnitt 2 definierten Variablen Beruf, Bildung und Einkommen wurde zunächst für alle zwischen 192o-4o geborenen Söhne eine Analyse mit Hilfe der "Multivariate Analysis of Contingencies" durchgeführt[2]. Die Ergebnisse dieser Skalierung finden sich in der Skala 1.(Siehe Anhang B)

An der Spitze der Statushierarchie liegen die freien Berufe mit mehr

---

1) Wie in der Mobilitätsforschung lange Zeit gute Gewohnheit, werden wir uns in dieser Arbeit auf die männliche Bevölkerung der BRD beschränken, hoffen aber, in absehbarer Zeit ähnliche Analysen für die Frauen vorlegen zu können.

2) Bei diesem und allen folgenden Läufen werden jeweils nur jene Personen berücksichtigt, die in allen benötigten Variablen einen gültigen Code aufweisen. Dadurch ergibt sich gegenüber der Linearauszählung eine Verringerung der Personenzahl.

als 1 Mitarbeiter, gefolgt von den Beamten im höheren Dienst und den freien Berufen mit bis zu 1 Mitarbeiter. Die höheren Angestellten und die Selbständigen mit 1o und mehr Mitarbeitern liegen etwas unterhalb dieser Spitzengruppe, was sich durch die Tatsache erklärt, daß die Einkommensvariable nach oben hin nicht sehr gut differenziert und die Selbständigen zudem eher über eine niedrigere Bildung verfügen. Im oberen Bereich der Skala - relativ nahe zusammen - liegen dann noch die Beamten im gehobenen Dienst sowie die höheren Angestellten in der Privatwirtschaft wie im öffentlichen Dienst und die Selbständigen mit 2 bis 9 Mitarbeitern.

In der Mitte der Skala liegen die mittleren und einfachen Angestellten und Beamten, die Selbständigen mit höchstens 1 Mitarbeiter und als besonders qualifizierte Gruppe aus der Arbeiterpopulation die Werkmeister, Meister und Vorarbeiter.

Im unteren Bereich der Statusskala liegen die verschiedenen Gruppen der Arbeiter. Dabei fällt auf, daß die Skala zwar klare Unterschiede zwischen Facharbeitern, angelernten und ungelernten Arbeitern aufzeigt, die Differenzierung innerhalb dieser Gruppen nach Produktionsbereichen jedoch kaum Unterschiede erbringt. Einzig die Arbeiter in der Landwirtschaft setzen sich jeweils deutlich ab.

Insgesamt gesehen, stimmt dieses Ergebnis mit den theoretischen Erwartungen überein, wenn es auch etwas verwundert, daß die Skala innerhalb der Arbeiterschaft so wenig differenziert. Dies erklärt sich jedoch durch die Tatsache, daß die Schulbildung innerhalb dieser Gruppe relativ homogen ist (Volks-, Berufsschule und gewerbliche Lehre) und die Einkommensvariable die relativ geringfügigen Einkommensunterschiede ebenfalls nicht ausweist.

Wir haben nun versucht, diesen Defekt der Einkommensvariable durch die Berücksichtigung weiterer Variablen, welche ebenfalls mit dem Beruf verknüpfte materielle Ressourcen erfassen sollten, so weit als möglich auszugleichen. Die einzige Angabe in unserem Datenmaterial, die dafür auch nur annähernd infrage kommt, ist der Besitz eines eigenen Hauses.

Die Ergebnisse der Skalierung, in der zusätzlich zum Einkommen auch noch der Hausbesitz berücksichtigt wurde, finden sich in der Skala 2. Im Vergleich zur Skala 1 ergeben sich zwar keine großen, aber doch zwei recht interessante Differenzen. So schieben sich im mittleren Skalenbereich die Selbständigen mit höchstens 1 Mitarbeiter über die mittleren Angestellten und die Industriemeister über die mittleren Beamten. Im unteren Bereich der Skala schieben sich die Facharbeiter im Baugewerbe an die Spitze der Facharbeiter, der Rangplatz der an- und ungelernten Bauarbeiter bleibt jedoch unverändert.

Betrachtet man die Korrelationen zwischen den mit den jeweiligen MAC1-Scores gewichteten Variablen Beruf, Bildung, Einkommen und Hausbesitz (Tabelle 6), so sieht man, daß sowohl bei Skalierung 1 als auch bei Skalierung 2 die Korrelation zwischen den Scores der Berufs- und der Bildungsvariablen am höchsten ist. Die Korrelation mit den Scores der Einkommensvariablen ist ebenfalls noch relativ hoch, während die Korrelation mit den Scores der Variable Hausbesitz fast null ist. Dies ist ein Indiz dafür, daß diese Variable bei der Skalierung 2 kaum eine Rolle spielt. Wir werden sie im folgenden aber trotzdem weiterhin berücksichtigen, da wir keine Chancen, die Berufsgruppen aufgrund der ihnen zur Verfügung stehenden materiellen Ressourcen besser zu ordnen als es einfach aufgrund der Einkommensvariablen möglich ist, vergeben wollen.

Die Ordnung der Berufsgruppen ergibt sich in erster Linie aufgrund der mit ihnen jeweils schwergewichtsmäßig verknüpften Bildung. Um abschätzen zu können, in welchem Ausmaß durch die Berücksichtigung der Einkommensdimension in Skala 2 an dieser Rangordnung noch Änderungen auftreten, haben wir auch noch eine Skalierung einzig unter Berücksichtigung der Bildungsvariablen vorgenommen (Skala 3). Die Rangordnung der einzelnen Berufsgruppen stimmt in weiten Bereichen mit der in Skala 2 überein, Unterschiede ergeben sich vor allem dort, wo Statusinkonsistenzen relativ oft auftreten, wie etwa im Fall der Selbständigen, der Beamten und der Arbeiterelite (Werkmeister und Meister). Die Selbständigen haben in Anbetracht ihres hohen Einkommens eine vergleichsweise geringe Bildung; dies gilt auch für die Arbeiterelite. Bei den Beamten ist das Verhältnis von Einkommen und Bildung dagegen umgekehrt. Solche geringfügigen Inkongruenzen, wie wir sie zwischen den Skalen 1, 2 und 3 finden, müssen aber zwangsweise auftreten, solange Bildung und Einkommen nicht vollkommen miteinander korrelieren.

Um zu überprüfen, inwieweit in den vorhin präsentierten Ergebnissen auch Alterseffekte wirksam wurden, haben wir die Skalierung der Berufs-

Tabelle 6: Korrelationen zwischen den mit den jeweiligen MAC1-Scores gewichteten Variablen Beruf, Schulbildung und Einkommen

Korrelationsmatrix bei Berücksichtigung von Beruf, Schulbildung und Einkommen

| | 1 | 2 | 3 |
|---|---|---|---|
| 1 Beruf | . | | |
| 2 Schulbildung | .76 | . | |
| 3 Nettoeinkommen | .69 | .6o | . |

Korrelationsmatrix bei Berücksichtigung von Beruf, Schulbildung, Einkommen und Hausbesitz

| | 1 | 2 | 3 | 4 |
|---|---|---|---|---|
| 1 Beruf | . | | | |
| 2 Schulbildung | .76 | . | | |
| 3 Nettoeinkommen | .69 | .6o | . | |
| 4 Hausbesitz | .o9 | .o4 | .o9 | . |

Tabelle 7: Hausbesitz 1971 nach Berufsgruppen (innerhalb der Alterskohorte der zwischen 193o bis 194o geborenen Söhne)

| Berufsgruppen | Hausbesitz 1971 Nein | Ja | Insgesamt |
|---|---|---|---|
| Fr. Berufe 2+ Mitarb. | $49^{43.o}$ | $65^{57.o}$ | 114 |
| höhere Beamte | $522^{72.5}$ | $198^{27.5}$ | 72o |
| Fr. Berufe -1 Mitarb. | $55^{47.o}$ | $62^{53.o}$ | 117 |
| höhere Ang. | $379^{62.1}$ | $231^{37.9}$ | 61o |
| Selbst. 1o+ Mitarb. | $128^{33.6}$ | $253^{66.4}$ | 381 |
| gehobene Beamte | $733^{65.2}$ | $392^{34.8}$ | 1125 |
| geh. Ang., Privatw. | $2483^{67.7}$ | $1185^{32.3}$ | 3668 |
| geh. Ang., öff.D. | $119^{64.7}$ | $65^{35.3}$ | 184 |
| Selbst. 2-9 Mitarb. | $44o^{41.1}$ | $63o^{58.9}$ | 1o7o |
| mittlere Ang., Privatw. | $3271^{7o.1}$ | $1392^{29.9}$ | 4663 |
| Selbst. bis 1 Mitarb. | $927^{54.7}$ | $769^{45.3}$ | 1696 |
| mittl. Ang., öff. D. | $285^{68.8}$ | $129^{31.2}$ | 414 |
| mittlere Beamte | $1o81^{73.8}$ | $384^{26.2}$ | 1465 |
| Werkmeister | $36o^{6o.9}$ | $231^{39.1}$ | 591 |
| einf. Ang., Privatw. | $958^{74.o}$ | $337^{26.o}$ | 1295 |
| Meister | $278^{63.3}$ | $161^{36.7}$ | 439 |
| einf. Ang., öff.D. | $119^{71.7}$ | $47^{28.3}$ | 166 |
| einfache Beamte | $384^{74.4}$ | $132^{25.6}$ | 516 |
| Vorarbeiter | $499^{66.1}$ | $256^{33.9}$ | 755 |
| Facharb. Gewerbe | $5199^{7o.9}$ | $2137^{29.1}$ | 7336 |
| Facharb. Dienstl. | $1125^{71.4}$ | $451^{28.6}$ | 1576 |
| Facharb. Bau | $1668^{64.1}$ | $936^{35.9}$ | 26o4 |
| Facharb. Landw. | $82^{59.4}$ | $56^{4o.6}$ | 138 |
| Angelernte Dienstl. | $1119^{75.2}$ | $369^{24.8}$ | 1488 |
| Angelernte Bau | $659^{68.6}$ | $3o1^{31.4}$ | 96o |
| Angelernte Gewerbe | $2628^{71.1}$ | $1o7o^{28.9}$ | 3698 |
| Ungelernte Dienstl. | $749^{74.9}$ | $251^{25.1}$ | 1ooo |
| Ungelernte Gewerbe | $1247^{68.6}$ | $57o^{31.4}$ | 1817 |
| Ungelernte Bau | $517^{7o.8}$ | $213^{29.2}$ | 73o |
| Ungelernte Landw. | $186^{67.6}$ | $89^{32.4}$ | 275 |
| Insgesamt | $28249^{67.9}$ | $13362^{32.1}$ | 41611 |

Tabelle 8: Hausbesitz 1971 nach Berufsgruppen (innerhalb der Alterskohorte der zwischen 192o bis 1929 geborenen Söhne)

| Berufsgruppen | Hausbesitz 1971 Nein | Hausbesitz 1971 Ja | Insgesamt |
|---|---|---|---|
| Fr. Berufe 2+ Mitarb. | $23^{12.o}$ | $169^{88.o}$ | 192 |
| höhere Beamte | $26o^{46.2}$ | $3o3^{53.8}$ | 563 |
| Fr. Berufe -1 Mitarb. | $4o^{29.2}$ | $97^{7o.8}$ | 137 |
| höhere Ang. | $268^{47.1}$ | $3o1^{52.9}$ | 569 |
| Selbst. 1o+ Mitarb. | $67^{17.4}$ | $318^{82.6}$ | 385 |
| gehobene Beamte | $5o8^{49.1}$ | $527^{5o.9}$ | 1o35 |
| geh. Ang., Privatw. | $1299^{53.o}$ | $1151^{47.o}$ | 245o |
| geh. Ang., öff.D. | $126^{54.5}$ | $1o5^{45.5}$ | 231 |
| Selbst. 2-9 Mitarb. | $246^{24.9}$ | $74o^{75.1}$ | 986 |
| mittlere Ang., Privatw. | $1885^{6o.1}$ | $1251^{39.9}$ | 3137 |
| Selbst. bis 1 Mitarb. | $586^{39.3}$ | $9o6^{6o.7}$ | 1492 |
| mittlere Ang., öff.D. | $367^{59.1}$ | $254^{4o.9}$ | 621 |
| mittlere Beamte | $742^{62.1}$ | $453^{37.9}$ | 1195 |
| Werkmeister | $286^{49.1}$ | $296^{5o.9}$ | 582 |
| einfache Ange., Privatw. | $567^{62.o}$ | $347^{38.o}$ | 914 |
| Meister | $128^{52.5}$ | $116^{47.5}$ | 244 |
| einf. Ang., öff.D. | $124^{59.o}$ | $86^{41.o}$ | 21o |
| einfache Beamte | $231^{5o.1}$ | $23o^{49.9}$ | 461 |
| Vorarbeiter | $358^{57.2}$ | $268^{42.8}$ | 626 |
| Facharb. Gewerbe | $2737^{58.7}$ | $1922^{41.3}$ | 4659 |
| Facharb. Dienstl. | $637^{62.o}$ | $391^{38.o}$ | 1o28 |
| Facharb. Bau | $522^{48.1}$ | $563^{51.9}$ | 1o85 |
| Facharb. Landw. | $44^{5o.6}$ | $43^{49.4}$ | 87 |
| Angelernte Dienstl. | $584^{62.1}$ | $357^{37.9}$ | 941 |
| Angelernte Bau | $249^{51.3}$ | $236^{48.7}$ | 485 |
| Angelernte Gewerbe | $1798^{58.9}$ | $1255^{41.1}$ | 3o53 |
| Ungelernte Dienstl. | $437^{6o.1}$ | $29o^{39.9}$ | 727 |
| Ungelernte Gewerbe | $794^{53.4}$ | $693^{46.6}$ | 1487 |
| Ungelernte Bau | $249^{52.5}$ | $225^{47.5}$ | 474 |
| Ungelernte Landw. | $115^{58.4}$ | $82^{41.6}$ | 197 |
| Insgesamt | $16277^{53.8}$ | $13976^{46.2}$ | 3o253 |

gruppen auch noch für die in Abschnitt 2 definierten Alterskohorten durchgeführt (Skala 4 und 5).

Skaliert man die Berufsgruppen unter Berücksichtigung der Variablen Einkommen, Hausbesitz und Bildung, dann ergibt sich innerhalb der Kohorte der zwischen 192o-29 geborenen Söhne dieselbe Rangfolge der Berufe wie in Skala 2. Eine Ausnahme bilden einzig die mittleren Beamten und die mittleren Angestellten in der Privatwirtschaft. Die mittleren Angestellten in der Privatwirtschaft rangieren in dieser Skala knapp unterhalb, statt über den mittleren Angestellten im öffentlichen Dienst, während die mittleren Beamten sich um einen Rangplatz verbessern und nun über den Werkmeistern liegen. Dieses Ergebnis ist aber durchaus plausibel, denn es ist sehr leicht vorstellbar, daß die mittleren Beamten und Angestellten im öffentlichen Dienst erst relativ spät in ihrer Karriere über eine im Vergleich zu anderen Berufsgruppen günstige finanzielle Basis verfügen. Dieses Argument trifft natürlich auch auf andere Berufsgruppen wie z.B. die Meister zu, und die Skala 4 weist deswegen im Vergleich mit Skala 2 auch unterschiedliche Abstände zwischen den Berufsgruppen auf. Diese Differenzen reichen jedoch nicht aus, um weitere Änderungen in der Rangfolge herbeizuführen.

Auch in der Alterskohorte der zwischen 193o-4o geborenen Söhne stimmt die Rangordnung der Berufsgruppen auf den ersten Blick weitgehend mit den bisherigen Skalen überein. Die einzigen Unterschiede bestehen darin, daß die freien Berufe mit bis zu 1 Mitarbeiter und die mittleren Angestellten in der Privatwirtschaft sich jeweils um einen Rangplatz verbessern, die Facharbeiter und die angelernten Arbeiter im Baugewerbe dagegen um einen Rangplatz abfallen. Überraschend ist jedoch, daß die verwendete Skalierungsmethode in dieser Alterskohorte den Besitz eines eigenen Hauses nicht als statuserhöhend, sondern im Gegenteil als statusvermindernd bewertet. Das Entstehen dieser unliebsamen Überraschung klärt sich jedoch schnell auf, wenn man betrachtet, in welchem Umfang die einzelnen Berufsgruppen im Alter zwischen 3o-4o Jahren über ein eigenes Haus verfügen (Tabelle 7).

Die Berufsgruppen mit einer überdurchschnittlich hohen Bildung - wie z.B. mittlere und höhere Beamte, leitende Angestellte - verfügen in diesem Alter nur zu etwa 3o-4o% über ein eigenes Haus, können sich in dieser Beziehung jedoch in den nächsten 1o Lebensjahren ganz entscheidend verbessern. (So steigt der Anteil der Hausbesitzer bei den höheren Beamten von 28% in der Alterskohorte der zwischen 193o-4o Geborenen auf 54% in der Kohorte der zwischen 192o-29 Geborenen.) Umgekehrt verfügen die Arbeiter in der Landwirtschaft schon in jungen Jahren in einem überraschend hohen Prozentsatz über ein eigenes Haus; der Prozentsatz der Hausbesitzer ist bei dieser Berufsgruppe in der Alterskohorte der zwischen 192o-29 Geborenen jedoch weit geringer als bei den Beamten und Angestellten. Dies wird man einfach durch die Tatsache erklären können, daß die Arbeiter in der Landwirtschaft in einem höheren Ausmaß als die übrigen Berufsgruppen ihr Haus von den Vätern, die im Falle der Arbeiter in der Landwirtschaft selbst sehr oft noch Landwirte waren, erben.

Die angewandte Skalierungsmethode gewichtet nun alle Kategorien aufgrund ihrer Lage in einer Dimension, die allen Variablen gemeinsam ist. Und das bedeutet, daß - da die Berufsgruppen mit hohem Status über eine relativ hohe Bildung verfügen und nur in einem relativ geringen Prozentsatz auch über ein eigenes Haus, die Arbeiter in der Landwirtschaft jedoch über eine vergleichsweise niedrige Bildung und in einem sehr hohen Ausmaß über eigenen Hausbesitz - der Hausbesitz in dieser Skalierung negativ zu Buche schlägt. Wir können also zu den Warnungen, die bezüglich der Verwendung von MAC1 schon Duncan-Jones (1973: 2o7) ausgesprochen hat, noch eine weitere hinzufügen. Es kann passieren, daß - auch wenn MAC1 jede Variablenkategorie nur in dem Maße gewichtet, in dem sie in einer bestimmten Dimension lädt- eine Variable in einer ihrem theoretisch-inhaltlichen Sinne nach konträren Weise in die Analyse einbezogen wird.

Rechnet man die Korrelation zwischen den in Skala 1 bis 5 für die Berufsgruppen vergebenen Statusscores, so ergibt sich folgendes Bild:

| | | 1 | 2 | 3 | 4 | 5 |
|---|---|---|---|---|---|---|
| 1 | Skala 1 | . | | | | |
| 2 | Skala 2 | 1.oo | . | | | |
| 3 | Skala 3 | o.98 | o.97 | . | | |
| 4 | Skala 4 | 1.oo | 1.oo | o.97 | . | |
| 5 | Skala 5 | -1.oo | -1.oo | -o.97 | -o.99 | |

Da einerseits die Rangordnung der Berufsgruppen in allen Skalen weitgehend übereinstimmt und auch die Produkt-Moment-Korrelation zwischen den jeweiligen Scores sehr hoch ist, glauben wir, mit gutem Grund behaupten zu können, daß die Berufshierarchie, wie sie in Skala 2 dargestellt ist, relativ konstant und von Alterseffekten im wesentlichen unabhängig ist.

## 3.2 Skalierung für die Berufsgruppen der Söhne unter Einschluß der Landwirte

In den bisher durchgeführten Analysen haben wir die Landwirte, bei denen wir leider über keine Einkommensangaben verfügen, nicht berücksichtigt. Wenn wir nun diese Berufsgruppe bei unseren geplanten inhaltlichen Untersuchungen nicht immer extra behandeln bzw. ausschließen wollen, so müssen wir versuchen, sie in die uns bereits vorliegende Statushierarchie - wenn auch nur näherungsweise - einzupassen.

Wir gehen dazu von folgender Überlegung aus. Aus den vorhergehenden Analysen wissen wir, daß die Statusscores, die aufgrund der vorhandenen Schulbildung vergeben werden, sehr hoch mit den Scores korrelieren, bei denen zusätzlich zu Schulbildung auch noch das Einkommen bzw. Einkommen und Hausbesitz berücksichtigt wird. Da wir bei den Landwirten nur Angaben zur Schulbildung und zum Hausbesitz haben, werden alle Berufsgruppen - diesmal unter Einschluß der Landwirte - einer "Multivariate Analysis of Contingencies" bei Berücksichtigung dieser Variablen unterworfen. Die sich dabei für die Landwirte ergebenden Scores werden dann in die in der Skala 2 dargestellte Statushierarchie übernommen.

Zuvor sind jedoch noch einige Schwierigkeiten zu überwinden. Wir müssen einmal berücksichtigen, daß der Nullpunkt unserer verschiedenen Skalen jeweils unterschiedlich und auch die Differenzen zwischen benachbarten Berufsgruppen nicht gleich sind. Dieses Problem lösen wir, indem wir durch eine Umrechnung der Scores der Landwirte diese in der Skala 2 dort einpassen, wo sie relativ in bezug auf die benachbarten Berufsgruppen in der noch zu berechnenden Skala liegen[1]. Zum zweiten könnten wir -

---

1) Die Umrechnung der Statusscores selbst erfolgt nach folgender Formel:

$$Y_b = Y_{b-1} + (Y_{b+1} - Y_{b-1}) \frac{(X_b - X_{b-1})}{(X_{b+1} - X_{b-1})}$$

$Y_b$ bzw. $X_b$ ist der Score der Landwirte in der neuen bzw. in der Basisskala.

wie schon im Abschnitt 2 erwähnt - mit dem uns zur Verfügung stehenden Programm in jeder Variablen max. 3o Kategorien berücksichtigen. Dieses Maximum haben wir bei den bisherigen Analysen schon voll ausgeschöpft. Um auch die Landwirte in unserer Berufsvariablen unterbringen zu können, sind wir infolgedessen gezwungen, bestimmte Berufskategorien zusammenzufassen. Wir nehmen dazu jene, die sich in den bisherigen Analysen als relativ ähnlich erwiesen haben. Und zwar fassen wir die gehobenen Angestellten im öffentlichen Dienst und in der Privatwirtschaft zusammen, und innerhalb der ungelernten und angelernten Arbeiter sowie der Facharbeiter jeweils die in den Produktionsbereichen Bauwirtschaft und verarbeitendes Gewerbe Beschäftigten. Wird nun eine solche zusammengefaßte Gruppe benötigt, um die Landwirte in die Berufsskala einzupassen, so wird statt ihrer die in der Berufshierarchie nächstliegende Gruppe genommen, welche in ihrem Umfang in allen Läufen gleich definiert ist. Ein analoges Vorgehen wählen wir auch in jenen Fällen, in denen das Einpassungsintervall durch eine Berufsgruppe bestimmt ist, die in den einzelnen Analysen ihren Rangordnungsplatz relativ oft gewechselt hat. Auch in diesem Fall nehmen wir als Vergleichsbasis eine Berufsgruppe, deren Status - bestimmt nach den unterschiedlichen Variablen - relativ gleich ist.

Als Einpassungsintervall für die Landwirte mit bis zu 9 ha landwirtschaftlicher Fläche verwenden wir die ungelernten und die angelernten Arbeiter im Dienstleistungsbereich. Die Landwirte mit 1o-19 ha werden im Intervall zwischen angelernten Arbeitern im Dienstleistungssektor und den Vorarbeitern eingepaßt, die Landwirte mit 2o-49 ha im Intervall zwischen den Vorarbeitern und den einfachen Beamten und die Landwirte mit mehr als 5o ha schließlich im Intervall zwischen den einfachen Angestellten und den mittleren Beamten.

Wir sind uns bewußt, daß diese Einpassung der Landwirte wegen der fehlenden Einkommensangaben relativ ungenau ist, glauben aber doch, daß

---

$Y_{b+1}$ bzw. $X_{b+1}$ ist der Score jener Berufsgruppe, die in der Statushierarchie jeweils über den Landwirten liegt.

$Y_{b-1}$ bzw. $X_{b-1}$ ist der Score jener Berufsgruppe, die unterhalb der Landwirte liegt.

Unter Anwendung dieser Umrechnungsformel für die Scores der Skala 6 kommen wir zu unserer endgültigen Statusskala.

Statusscores für die Berufsgruppen der MZU71

| | | MAC1 Scores[1] | transf Scores[2] |
|---|---|---|---|
| 1 | Fr. Berufe 2+ Mitarb. | -2.5481 | 371 |
| 2 | Fr. Berufe -1 Mitarb. | -2.2777 | 344 |
| 3 | höhere Beamte | -2.2723 | 344 |
| 4 | höhere Ang. | -1.9396 | 31o |
| 5 | Selbst. 1o+ Mitarb. | -1.67o9 | 284 |
| 6 | gehobene Beamte | -1.6215 | 279 |
| 7 | geh. Ang., Privatw. | -1.541o | 271 |
| 8 | geh. Ang., öff.D. | -1.3894 | 255 |
| 9 | Selbst. 2-9 Mitarb. | -o.9973 | 216 |
| 1o | Selbst. bis 1 Mitarb. | -o.4o29 | 157 |
| 11 | mittl. Ang., Privatw. | -o.3697 | 153 |
| 12 | mittl. Ang., öff.D. | -o.294o | 146 |
| 13 | Werkmeister | -o.o773 | 124 |
| 14 | mittlere Beamte | -o.o551 | 122 |
| 15 | Landwirte 5o+ ha | o.1112 | 1o5 |
| 16 | Meister | o.1763 | 99 |
| 17 | einf. Ang., Privatw. | o.2428 | 92 |
| 18 | einf. Ang., öff.D. | o.3991 | 77 |
| 19 | einfache Beamte | o.4377 | 73 |
| 2o | Landwirte 2o-49 ha | o.4475 | 72 |
| 21 | Vorarbeiter | o.4642 | 7o |
| 22 | Facharb. Bau | o.6o42 | 56 |
| 23 | Facharb. Gewerbe | o.6o8o | 56 |
| 24 | Facharb. Dienstl. | o.6166 | 55 |
| 25 | Facharb. Landw. | o.7o47 | 46 |
| 26 | Landwirte 1o-19 ha | o.7281 | 44 |
| 27 | Angelernte Dienstl. | o.7737 | 39 |
| 28 | Landwirte bis 9 ha | o.7946 | 37 |
| 29 | Angelernte Bau | o.8145 | 35 |
| 3o | Angelernte Gewerbe | o.8213 | 34 |
| 31 | Ungelernte Dienstl. | o.8864 | 28 |
| 32 | Ungelernte Gewerbe | o.9397 | 23 |
| 33 | Ungelernte Bau | o.9784 | 19 |
| 34 | Ungelernte Landw. | 1.o647 | 1o |

1) Die MAC1-Scores der Landwirte stammen aus Skala 6, die der übrigen Berufsgruppen aus Skala 2.

2) Transf. Score = 116.47 + (-1oo x MAC1-Score).

sie exakt genug ist, um zumindest in manchen Auswertungen Verwendung finden zu können.

### 3.3 Skalierung für die Berufsgruppe der Väter

In vielen unserer geplanten Analysen benötigen wir nicht nur den beruflichen Status des Sohnes, sondern auch den beruflichen Status für den Vater. Die einfachste Möglichkeit, auch für die Vätergeneration Statusscores zu erhalten, besteht darin anzunehmen, daß die berufliche Hierarchie über die Zeit relativ konstant ist und man aus diesem Grund die an den Söhnen entwickelte Skala für die Väter übernehmen kann. Diese Annahme machen z.B. auch Blau und Duncan (1967: 121). Will man diese Annahme aus bestimmten Gründen nicht treffen, dann sollte man korrekterweise für die Väter dieselben Analysen wie für die Söhne rechnen, die Ergebnisse vergleichen und aufgrund dieses Vergleichs dann entscheiden, ob es gerechtfertigt ist, die für die Söhne entwickelte Statusskala auch für die Väter zu übernehmen.

An und für sich hätten wir diesen Weg sehr gerne eingeschlagen, wiederum ist aber unsere Datenbasis dafür nicht ganz ausreichend. Wir verfügen zwar bei den Vätern über Angaben zum Beruf, zur Bildung und zum Hausbesitz, nicht jedoch über Informationen, die das Einkommen betreffen. Die Statushierarchie der Väterberufe, die wir bei Berücksichtigung von Schulbildung und Hausbesitz erhalten, taugt aber nur in sehr begrenztem Umfang zum Vergleich mit der für die Berufe der Söhne gewonnenen Ordnung. Zudem zeigt sich an dieser Stelle nochmals das schon in der Alterskohorte der zwischen 193o-4o geborenen Söhne aufgetretene Phänomen, daß der Hausbesitz als statusvermindernd bewertet wird. Dies bewirkt, daß die Bauern in der Skala 8 unterhalb der ungelernten Arbeiter, ja sogar unterhalb der Landarbeiter liegen, während sie bei einer Skalierung, die nur die Variable Bildung berücksichtigt, sich an einer Stelle in der Statushierarchie befinden, an der wir sie eher erwarten würden (Skala 9). Da diese Scores außerdem sehr hoch mit den Werten, die wir in Skala 7 für die Söhne bekommen haben, korrelieren, haben wir guten Grund zu der Annahme, daß sich auch jene Skala für den beruflichen Status der Väter, die wir bei zusätzlicher Berücksichtigung der Einkommensdimension bekommen würden, nicht allzu stark von der Skala für die Söhne unterscheiden würde; wir werden deswegen die für die

Söhne entwickelte Statusskala auch für die Väter verwenden.

| | | 1 | 2 | 3 | 4 |
|---|---|---|---|---|---|
| 1 | Skala 6 | . | | | |
| 2 | Skala 7 | 1.oo | . | | |
| 3 | Skala 8 | o.94 | o.95 | . | |
| 4 | Skala 9 | o.99 | o.99 | o.96 | |

## 3.4 Gemeinsame Skalierung der Berufsvariablen für Väter und Söhne

Als Alternative zu unserem Verfahren, den beruflichen Status für Söhne und Väter getrennt zu bestimmen, ist von Duncan-Jones (1973) vorgeschlagen worden, beide Variablen in einem einzigen Lauf zu skalieren. Wir sind der Meinung, daß dies ein gangbarer Weg ist, glauben jedoch, daß die in einer solchen Analyse vergebenen Scores von einer etwas anderen Qualität sind als die Scores, die wir bislang interpretiert haben. Wird nämlich in einem MAC1-Lauf sowohl die Berufsvariable der Väter wie auch die für die Söhne berücksichtigt, so wird bei der Vergabe der Scores an die Berufsgruppen der Väter bzw. der Söhne nicht nur die mit der jeweiligen Berufsgruppe verbundene Bildung und eventuell noch das Einkommen berücksichtigt, sondern auch die in der Vergangenheit zwischen der Väter- und Sohngeneration stattgefundene berufliche Mobilität. Berufsgruppen der Väter, aus denen relativ viele Söhne in Berufe mit niedrigerem Status absteigen, müßten niedriger bewertet werden, als es nur aufgrund von Bildung und Einkommen der Fall wäre. Umgekehrt würden Berufsgruppen der Väter mit relativ niedrigem Status, aus denen sehr viele Söhne in Berufe mit höherem Status aufsteigen, höher bewertet werden.

Ob man eine Skala, die solche Phänomene berücksichtigt, akzeptieren will, ist ein offenes Problem. Geht man davon aus, daß die Übergangsraten zwischen den Berufsgruppen in der Zeit relativ stabil sind - was wir mit unseren Daten nicht beweisen können - so ist es vernünftig anzunehmen, daß Berufsgruppen, aus denen traditionell viele Aufsteiger kommen, schon in der Vätergeneration höher bewertet werden. Hat der Aufstieg aus einer bestimmten Berufsgruppe jedoch keine Tradition, so ist nicht einzusehen, wieso ein erst zukünftig stattfindender Aufstieg des Sohnes sich auf die Bewertung des Status des Vaters auswirken sollte.

Im Gegensatz zu unserer These korreliert die nach dem Vorschlag von Duncan-Jones gewonnene Statusskala für die Berufsgruppen der Väter und Söhne sehr hoch mit Skalen, die nur die Variable Bildung berücksichtigen.

| | | 1 | 2 | 3 | 4 |
|---|---|---|---|---|---|
| 1 | Skala 7 | . | | | |
| 2 | Skala 9 | o.99 | . | | |
| 3 | Skala 1o | o.99 | o.99 | | |
| 4 | Skala 11 | o.98 | o.98 | o.98 | . |

Eine Erklärung für dieses - unsere These scheinbar widerlegende - Phänomen ergibt sich jedoch, wenn wir das auf Seite 138 dargestellte Regressionsdiagramm, welches den Zusammenhang zwischen dem beruflichen Status des Vaters und des Sohnes darstellt, näher betrachten.

Es sind zwar die Söhne der Väter aus verschiedenen Berufsgruppen in unterschiedlichem Ausmaß auf- oder abwärts mobil. So schaffen etwa die Söhne der einfachen und mittleren Angestellten und Beamten sowie der Werkmeister und Meister in überproportionalem Ausmaß sozialen Aufstieg, während die Söhne der Selbständigen und der Landwirte überdurchschnittlich sozialen Abstieg erleben. In keinem Fall nimmt aber die berufliche Mobilität solche Größenordnungen an, daß der Mittelwert des beruflichen Status der Söhne von Vätern einer bestimmten Berufsgruppe nicht in der Nähe der Regressionsgeraden liegen würde. So liegt die Schlußfolgerung nahe, daß der von Duncan-Jones eingeschlagene Weg der Skalierung im wesentlichen immer dann sehr ähnliche Ergebnisse wie unser Vorgehen bringen wird, wenn "Statusvererbung" das dominante Muster der Mobilität bildet.

## 4. Skalierung der Bildungsvariablen

Wir haben uns bislang darauf konzentriert, den beruflichen Status der Berufsgruppen von Vätern und Söhnen zu bestimmen. Da MAC1 allen Variablenkategorien, die an einer bestimmten Skalierung beteiligt sind, ein Gewicht für ihre Lage in ein und derselben Dimension zuweist, bekommen wir nicht nur eine Ordnung der Berufsgruppen unter dem Aspekt ihrer Ladung in der Statusdimension, sondern gleichzeitig auch eine Ordnung der Bildungsabschlüsse.

Betrachten wir zuerst die Ordnung der Bildungsabschlüsse, wie sie die MAC1-Läufe unter Verwendung der Variablen Beruf und Einkommen (Skala 12) bzw. Beruf, Einkommen und Hausbesitz (Skala 13) produzieren.

Erwartungsgemäß vermitteln Volks- und Berufsschule ohne Lehre den geringsten beruflichen Status. Eine Lehre dagegen erhöht den Wert eines solchen Schulabschlusses ganz erheblich, und zwar am meisten die kaufmännische Lehre. Dies deshalb, da man zeigen kann, daß die Absolventen einer kaufmännischen Lehre in weit höherem Maße als die Absolventen einer gewerblichen Lehre die Angestelltenlaufbahn einschlagen. Diese ist aber im allgemeinen wieder mit einem höheren Einkommen als in den Arbeiterberufen verbunden.

Bei den Schulabschlüssen mittlere Reife, Technikerschule und Berufsfachschule ist ein etwas anderes Muster erkennbar. Am wenigsten in bezug auf beruflichen Status bringt ein solcher Abschluß, wenn er mit einer gewerblichen Lehre gekoppelt ist, am meisten mit einer kaufmännischen Lehre.

Hat man die Schwelle des Abiturs erreicht, so spielt die Lehre kaum noch eine Rolle. Die Abiturienten strömen größtenteils in Berufe, in denen der Abschluß einer Lehre keinen zusätzlichen Statusgewinn bedeutet.

Wir haben überprüft, ob dieses Muster auch innerhalb unserer zwei Alterskohorten nachgewiesen werden kann (Skala 14 und 15).
Innerhalb der Kohorte der 193o-4o Geborenen ist, mit Ausnahme der Abschlüsse mittlere Reife mit bzw. ohne gewerbliche Lehre, dieselbe Rangordnung der Bildungsabschlüsse feststellbar. Am Anfang der Berufskarriere scheint die mittlere Reife, wenn sie mit einer gewerblichen Lehre kombiniert ist, etwas bessere Chancen einzuräumen. Diese gehen jedoch offensichtlich im Laufe der Zeit wieder verloren bzw. machen sich dann nicht mehr bemerkbar. Im Gegensatz dazu zeigen sich innerhalb der Kohorte der zwischen 192o-29 Geborenen größere Unterschiede. Die mittlere Reife mit kaufmännischer Lehre sowie die Technikerschule verlieren an Gewicht, während die Berufsfachschule mit kaufmännischer Lehre an Bedeutung gewinnt.

Skaliert man die Bildungsabschlüsse einzig unter Berücksichtigung der Variable Beruf, so ergibt sich in weiten Bereichen wiederum dieselbe Rangordnung wie in Skala 12 und 13; es gibt aber doch auch einige Abweichungen. So kehrt sich die Rangordnung der Abschlüsse Abitur und Abitur mit Lehre um; die mittlere Reife und die Berufsfachschule ohne Lehre verbessern ihren Rangplatz. Trotz dieser Umordnung skaliert die so gewonnene Skala 16 noch sehr hoch mit den übrigen Skalen, wie die folgende Korrelationsmatrix zeigt:

| | | 1 | 2 | 3 | 4 | 5 | 6 |
|---|---|---|---|---|---|---|---|
| 1 | Skala 12 | . | | | | | |
| 2 | Skala 13 | 1.oo | . | | | | |
| 3 | Skala 14 | 1.oo | 1.oo | . | | | |
| 4 | Skala 15 | -1.oo | -1.oo | o.99 | . | | |
| 5 | Skala 16 | o.99 | o.99 | o.99 | -o.99 | . | |
| 6 | Skala 17 | o.99 | o.99 | o.99 | -o.99 | o.99 | . |

Berücksichtigt man bei der Skalierung der Bildungsabschlüsse (Skala 17) auch die Landwirte, so ändert sich das Bild dramatisch. Zwar gibt es an der Basis und an der Spitze der Bildungshierarchie keine Veränderungen, wohl jedoch im mittleren Bereich. Die mittlere Reife und die Berufsfachschule mit kaufmännischer Lehre liegen unterhalb der Volks- bzw. Berufsschule mit kaufmännischer Lehre. Diese Tatsache stellt - obwohl die Skala hoch mit den übrigen korreliert - eine so offensichtliche Verschlechterung der Ergebnisse dar, daß wir diese Skala verwerfen und auch in der Vätergeneration die Bildungsabschlüsse einmal mit und einmal ohne Berücksichtigung der Landwirte skalieren wollen (Skala 18/19).

| | | 1 | 2 | 3 | 4 | 5 | 6 | 7 |
|---|---|---|---|---|---|---|---|---|
| 1 | Skala 12 | . | | | | | | |
| 2 | Skala 16 | o.99 | . | | | | | |
| 3 | Skala 17 | o.99 | o.99 | . | | | | |
| 4 | Skala 18 | o.95 | o.97 | o.96 | . | | | |
| 5 | Skala 19 | o.97 | o.99 | o.98 | o.99 | . | | |
| 6 | Skala 2o | -o.98 | -o.98 | -o.98 | -o.94 | o.96 | . | |
| 7 | Skala 21 | -o.98 | -o.98 | -o.97 | -o.97 | -o.98 | o.95 | . |

Statusscores für die Bildungsabschlüsse der Söhne

| | | MAC1 Scores[1] | transf Scores[2] |
|---|---|---|---|
| 1 | Universität und Hochschule | -2.19oo | 32o |
| 2 | Ingenieurschulen | -1.8234 | 283 |
| 3 | Abitur mit Lehre | -1.68o3 | 269 |
| 4 | Abitur | -1.64o3 | 265 |
| 5 | Berufsfachsch. m. kaufm.L. | -1.3216 | 233 |
| 6 | mittlere Reife m. kaufm.L. | -1.1775 | 219 |
| 7 | Technikerschule (mit und ohne L.) | -1.o754 | 2o9 |
| 8 | Berufsfachschule | -1.o452 | 2o6 |
| 9 | Berufsfachsch. m. gew.L. | -o.7o13 | 171 |
| 1o | mittlere Reife | -o.6496 | 166 |
| 11 | mittlere Reife m. gew.L. | -o.62o7 | 163 |
| 12 | Berufsschule m. kaufm.L. | -o.5599 | 157 |
| 13 | Volksschule m. kaufm.L. | -o.3441 | 136 |
| 14 | Berufsschule m. gew.L. | o.4294 | 58 |
| 15 | Volksschule m. gew.L. | o.4754 | 54 |
| 16 | Berufsschule ohne L. | o.8256 | 19 |
| 17 | Volksschule ohne L. | o.9114 | 1o |

---

1) Die MAC1-Scores stammen aus Skala 12.

2) Transf. Score = 1o1.14 + (-1oo x MAC1-Score).

Statusscores für die Bildungsabschlüsse der Väter

| | | MAC1 Scores[1] | transf Scores[2] |
|---|---|---|---|
| 1 | Universität und Hochschule | -3.6o5o | 441 |
| 2 | Abitur | -2.58o9 | 339 |
| 3 | Ingenieurschulen | -2.2437 | 3o5 |
| 4 | Berufsfachschule | -2.1262 | 293 |
| 5 | Abitur mit Lehre | -1.8999 | 27o |
| 6 | Berufsfachsch. m. kaufm.L. | -1.7995 | 26o |
| 7 | mittlere Reife | -1.7315 | 272 |
| 8 | mittlere Reife m. kaufm.L. | -1.5482 | 235 |
| 9 | Technikerschule (mit und ohne L.) | -1.3768 | 218 |
| 1o | Berufsschule m. kaufm.L. | -o.769o | 157 |
| 11 | mittlere Reife m. gew.L. | -o.7214 | 153 |
| 12 | Volksschule m. kaufm.L. | -o.6o87 | 141 |
| 13 | Berufsfachschule m. gew.L. | -o.5358 | 134 |
| 14 | Berufsschule m. gew.L. | o.2265 | 58 |
| 15 | Volksschule m. gew.L. | o.2669 | 54 |
| 16 | Berufsschule ohne L. | o.5o54 | 3o |
| 17 | Volksschule ohne L. | o.7o43 | 1o |

1) Die MAC1-Scores stammen aus Skala 18.

2) Transf. Score = 8o.43 + (-1oo x MAC1-Score).

Wie erwartet, korrelieren die Scores der Bildungsabschlüsse der Väter hoch mit den Scores für die Bildungsabschlüsse der Söhne; allerdings geringer als die Skalen der Sohngeneration untereinander. Dies spiegelt aber nur die Tatsache wider, daß bestimmte Bildungsabschlüsse, z.B. Abitur, in der Vätergeneration einen anderen Stellenwert im Zugang zu bestimmten Berufspositionen hatten als in der Sohngeneration. Daß dies der Fall ist, zeigt sich auch sehr deutlich an der Gewichtung der Bildungsabschlüsse in einem MAC1-Lauf, in dem Beruf und Bildung von Vätern und Söhnen gleichzeitig berücksichtigt werden (Skala 2o/21).

## 5. Überprüfung der Linearitäts- und Additivitätsannahme im Pfadmodell des Statuszuweisungsprozesses

In unserer Arbeit sind wir soweit gekommen, daß wir Beruf und Bildung von Vater und Sohn auf Intervallskalenniveau darstellen können. Um die so gemessenen Variablen in einem Pfadmodell miteinander in Beziehung setzen zu dürfen, müssen wir noch zeigen, daß sich der Zusammenhang zwischen diesen Variablen in einem linearen und additiven Modell adäquat darstellen läßt. Daß dies tatsächlich möglich ist, wollen wir in einer Art und Weise zeigen, in der wir neben dem gewünschten methodischen Beweis auch noch inhaltlich interessante Ergebnisse darstellen können.

Ein mögliches Vorgehen, die Zusammenhänge zwischen Variablen daraufhin zu überprüfen, ob sie sich mittels einer linearen Funktion darstellen lassen, besteht darin, zwischen je zwei Variablen das Quadrat des Korrelationseffizienten ($r^2$) mit dem Quadrat des Korrelationsquotienten ($\eta^2$) zu vergleichen (Neurath 1974:156). Der letztere setzt keine lineare Beziehung zwischen den Variablen voraus und ist somit in allen Fällen größer als das Quadrat des Korrelationskoeffizienten. Ist die Differenz zwischen den beiden Maßzahlen klein, dann können auch evtl. vorhandene Abweichungen von der Linearität nur sehr gering sein.

Wie die folgende Matrix zeigt, ist bei den Daten der MZU71 die Differenz in keinem Fall so groß, daß man deswegen von der Verwendung eines lineare Variablenzusammenhänge voraussetzenden Modells Abstand nehmen müßte.

Vergleich von $\eta^2$ und $r^2$ zwischen folgenden Variablen[1]:

| | | 1 | 2 | 3 | 4 |
|---|---|---|---|---|---|
| 1 | Beruf des Vaters | . | | | |
| 2 | Bildung des Vaters | .48<br>.46 | . | | |
| 3 | Bildung des Sohnes | .32<br>.28 | .31<br>.29 | . | |
| 4 | Beruf des Sohnes | .3o<br>.28 | .23<br>.22 | .58<br>.56 | . |

Dies ist zumindest in bezug auf den Zusammenhang zwischen Bildung und Beruf des Sohnes nicht überraschend, da die Gewichte für diese beiden Variablen aus einem gemeinsamen MAC1-Lauf stammen und dieses Verfahren die Linearität garantiert. Aber auch in bezug auf den Zusammenhang zwischen Beruf bzw. Bildung des Vaters und Bildung bzw. Beruf des Sohnes ergeben sich - obwohl in diesen Fällen die Linearität durch kein Gewichtungsverfahren garantiert wird - keine großen Differenzen.

Um dem Leser zumindest von einem Teil dieser Variablenzusammenhänge auch ein anschauliches Bild zu liefern, haben wir die Beziehung zwischen Beruf des Vaters-Bildung des Sohnes-Beruf des Sohnes zusätzlich noch in Form von Regressionsdiagrammen dargestellt.

Betrachten wir zuerst die Abhängigkeit der Bildung des Sohnes vom Beruf des Vaters (Diagramm 1). Trotz des auf den ersten Blick etwas unübersichtlichen Bildes kann man feststellen, daß Abweichungen von der Regressionsgeraden vor allem im mittleren Bereich der Berufshierarchie vorkommen. Hier gibt es die größten Abweichungen des geschätzten mittleren Bildungsniveaus vom tatsächlich vorhandenen und auch die größte Streuung der Einzelwerte in einer bestimmten Berufsgruppe um ihr jeweiliges arithmetisches Mittel; offensichtlich ist somit die Homoskedastizität der Varianzen nicht gegeben.

Das größte Bildungsdefizit im Vergleich zur beruflichen Position ih-

1) Beim oberen Wert in jeder Zeile handelt es sich um $\eta^2$, beim unteren um $r^2$.

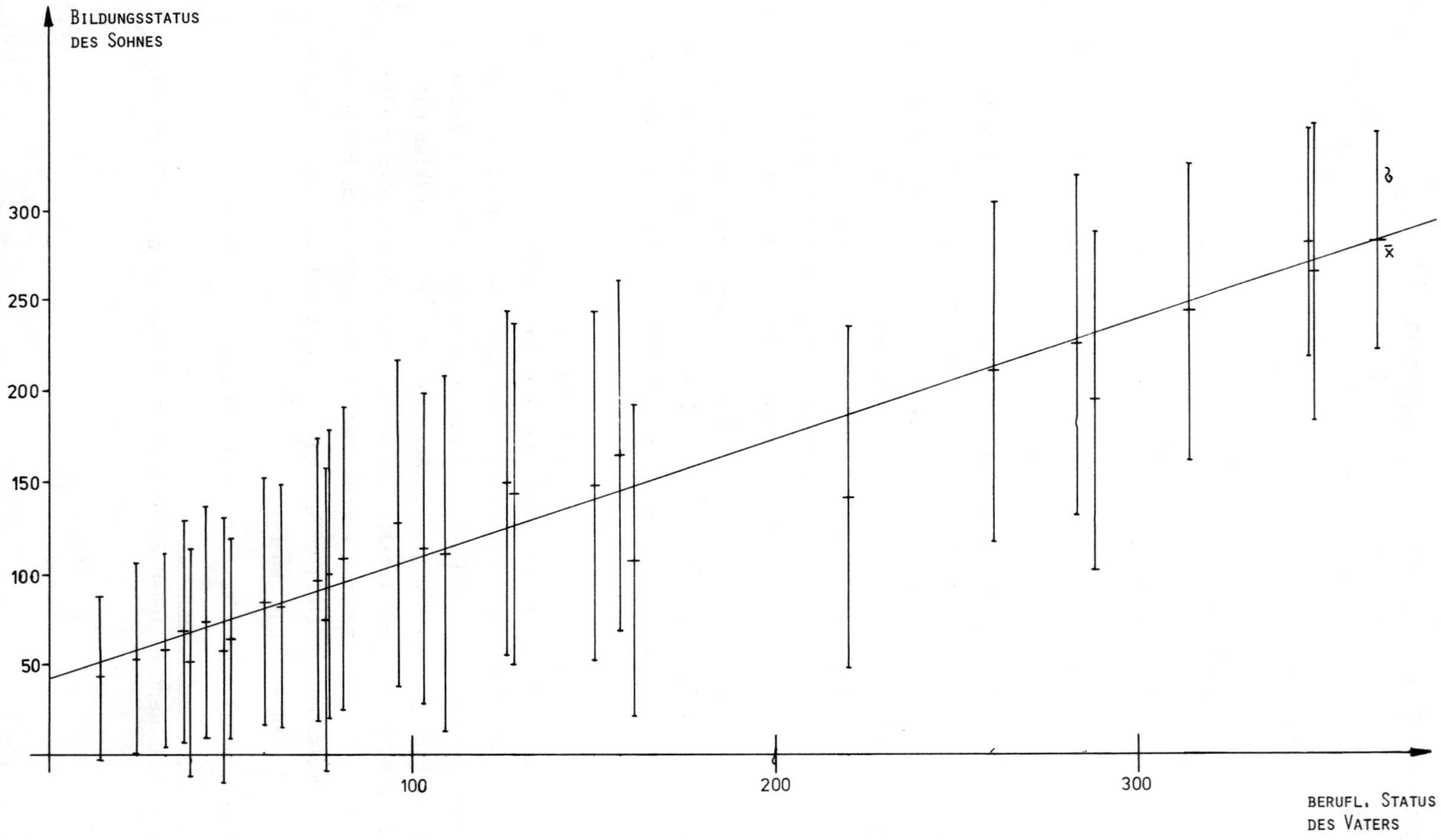


DIAGRAMM 1: BILDUNGSSTATUS DES SOHNES IN ABHÄNGIGKEIT VOM BERUFLICHEN STATUS DES VATERS

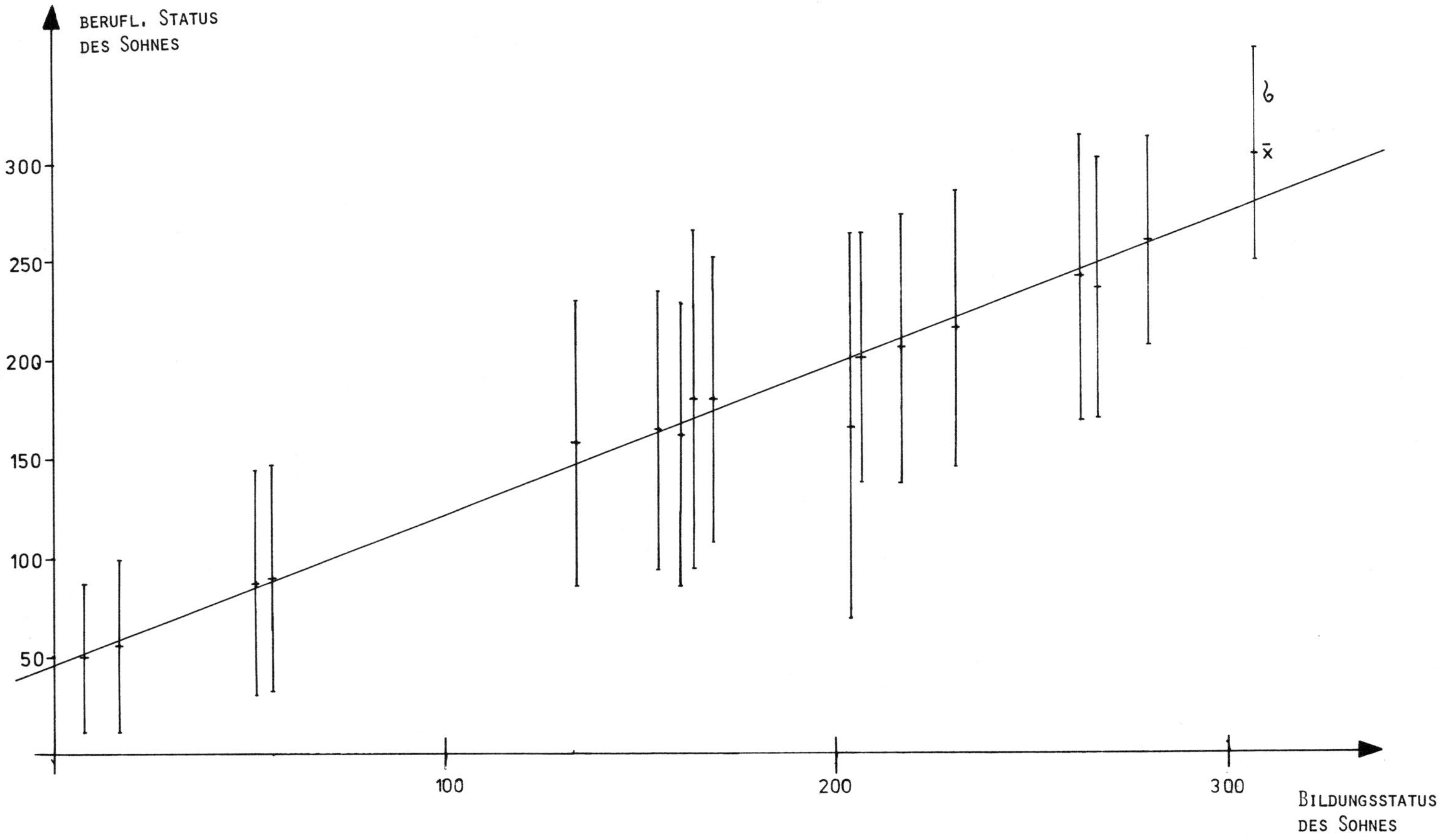


DIAGRAMM 2: BERUFLICHER STATUS DES SOHNES IN ABHÄNGIGKEIT VON SEINEM BILDUNGSSTATUS

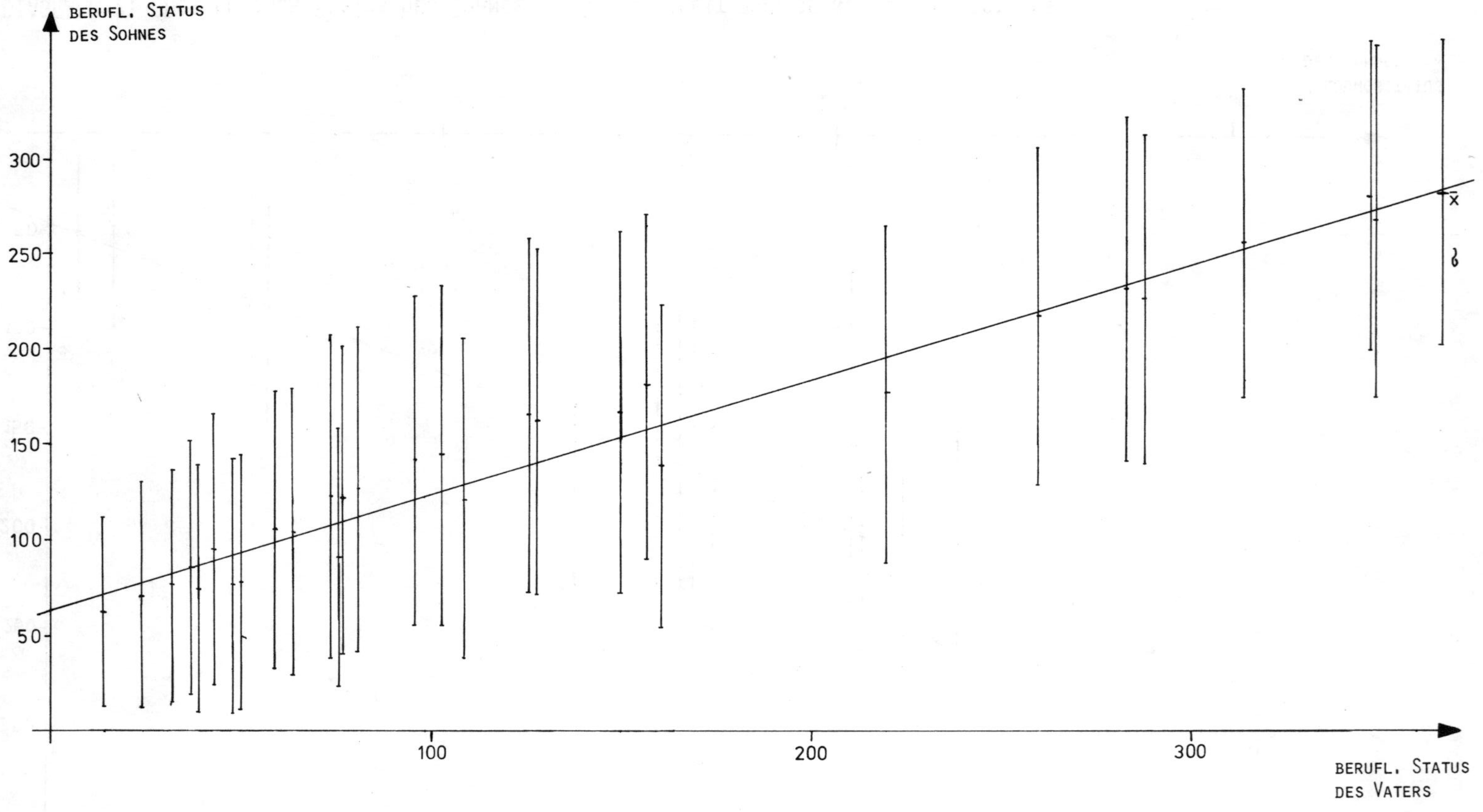


DIAGRAMM 3: BERUFLICHER STATUS DES SOHNES IN ABHÄNGIGKEIT VOM BERUFLICHEN STATUS DES VATERS

rer Väter haben die Söhne der Selbständigen und der Landwirte. Dies haben wir auch schon in Abschnitt 3 bei Entwicklung der Statusskala festgestellt. Der hohe berufliche Statusscore für diese Berufsgruppen ergibt sich nicht aufgrund ihrer Bildung, sondern wegen des Verfügens über materielle Ressourcen (hohes Einkommen bei den Selbständigen, Hausbesitz bei den Landwirten). Eine im Vergleich zum beruflichen Status der Väter überdurchschnittlich hohe Bildung weisen die Söhne der einfachen und mittleren Angestellten in der Privatwirtschaft sowie der mittleren und höheren Beamten und der Werkmeister auf.

Im Diagramm 2 haben wir den beruflichen Status der Söhne in Abhängigkeit von ihrem durch Schulbildung vermittelten Status dargestellt. Analog zum Diagramm 1 gilt auch hier, daß sehr hohe und sehr niedrige Bildungsabschlüsse den beruflichen Status am stärksten determinieren. Die größte Variationsbreite in bezug darauf, welchen Berufsstatus man mit einer bestimmten Qualifikation erreicht, ist in der Mitte der Bildungsskala gegeben.

Als interessante Nebeninformation liefert dieses Diagramm auch einen Hinweis darauf, wie man gegebenenfalls die Bildungsvariable kategorisieren könnte. Volks- und Berufsschulabschluß ohne Lehre führen im Durchschnitt zu ungefähr gleich hohem beruflichem Status, ebenfalls dann, wenn dieser Schulabschluß mit dem Abschluß einer gewerblichen Lehre verbunden ist. Die Abschlüsse Volks- und Berufsschule mit kaufmännischer Lehre, Berufsfachschule, mittlere Reife und mittlere Reife mit gewerblicher Lehre liegen ebenfalls sehr nahe zusammen, wenngleich auch die bei jedem Bildungsabschluß gegebene Varianz unterschiedlich groß ist; am größten ist sie beim Abschluß einer Berufsfachschule und bei der mit einer gewerblichen Lehre verknüpften mittleren Reife. Technikerschule, mittlere Reife mit kaufmännischer Lehre und Berufsfachschule mit kaufmännischer Lehre bilden eine weitere Gruppe von sehr ähnlichen Bildungsabschlüssen, ebenfalls auch Abitur mit und ohne Lehre und die Ingenieurschulen.

Im Diagramm 3 ist die Abhängigkeit des beruflichen Status des Sohnes vom beruflichen Status des Vaters dargestellt. In allen Berufsgruppen liegt der Mittelwert des beruflichen Status des Sohnes in der Nähe der Regressionsgeraden, was bedeutet, daß es keine Berufsgruppe gibt, die sich im Ausmaß der "Statusvererbung" außergewöhnlich stark von den übrigen unterscheidet. Wie schon in Abschnitt 3 erwähnt, schaffen jedoch die mittleren Beamten, die mittleren Angestellten und die Arbeiterelite einen etwas überdurchschnittlichen statusmäßigen Aufstieg für ihre Kinder, während die Söhne der Selbständigen und der Landwirte in vielen Fällen einen Statusverlust zu beklagen haben. Dies aufgrund der Tatsache, daß die Söhne der Selbständigen und Landwirte im Durchschnitt eine dem Status des Vaters nicht voll entsprechende Schulbildung erhalten. Wenn sie nun aus irgendwelchen Gründen nicht die Berufsposition des Vaters einnehmen können, so müssen sie Berufe übernehmen, die aufgrund ihrer mitgebrachten Qualifikation in vielen Fällen statusmäßig niedriger rangieren.

Nachdem wir uns davon überzeugt haben, daß die Zusammenhänge zwischen den im Pfadmodell des Statuszuweisungsprozesses benötigten Variablen annähernd linear sind, wollen wir auch die Additivität ihrer Effekte prüfen. Dabei werden wir uns wiederum darauf beschränken, das Zusammenwirken von Beruf des Vaters und Bildung des Sohnes auf den Beruf des Sohnes zu untersuchen.

Müller (1974) hat in einer Untersuchung desselben Variablenzusammenhangs mit Hilfe von Matrizenmodellen gezeigt, daß die Wirkungsweise dieser Variablen keine vollständig additive ist. Uns interessiert nun, ob die Abweichungen von der Additivität sich in einem Rahmen bewegen, in dem man sie für bestimmte globale Analysen vernachlässigen kann, oder ob man das additive Modell überhaupt fallen lassen muß.

Eine Methode, die keine Ansprüche an die Form des Variablenzusammenhangs stellt und nur recht geringe an das Meßniveau der Variablen (nominales Meßniveau für die unabh. Variable, Intervallniveau für die abh. Variable), ist die "Multiple Classification Analysis" (MCA)[1]. Dieses Verfahren erlaubt es, den Einfluß von zwei nominalen unabh. Variablen auf eine intervallskalierte abh. Variable zu untersuchen. Die einzige Ausnahme, die dabei getroffen werden muß, ist Additivität der Variablenwirkung. Unterstellt man nun, daß die zwei unabh. Variablen nicht additiv wirken, sondern Interaktionseffekte wirksam werden, so kann man dies

1) Eine eingehende Darstellung dieser Methode findet sich in Andrews/Morgan/Sanquist/Klem 1967.

überprüfen, indem man aus den unabh. Variablen unter völliger Ausschöpfung der Kombinationsmöglichkeiten ihrer Kategorien eine neue, synthetische Variable bildet und mit dieser neugebildeten Variable eine MCA-Analyse rechnet.Kann diese Kombinationsvariable weit mehr Varianz der abh. Variable erklären als die zwei unabh. Variablen zusammen, dann ist Interaktion vorhanden und das additive Modell nicht angemessen. Ist der Unterschied in der erklärten Varianz jedoch nicht sehr groß, dann kann man die Abweichungen von der Additivität mit Zufallseffekten[1] begründen und das additive Modell zur weiteren Analyse verwenden.

Im Falle unserer Datenbasis erklärt nun ein MCA-Lauf, in welchem eine Kombinationsvariable aus Beruf des Vaters und Bildung des Sohnes Verwendung findet, 62% der Varianz des beruflichen Status des Sohnes; berücksichtigt man die beiden unabh. Variablen getrennt, so kann man 6o% der Varianz erklären. Der Unterschied zwischen diesen beiden Größen ist so gering, daß wir ohne besondere Bedenken ein additives Modell der Variablenwirkung unterstellen dürfen.

Dies bedeutet nun aber nicht, daß die von Müller (1974) behauptete variierende Stärke des Effekts des Berufes des Vaters auf den Beruf des Sohnes nicht vorhanden ist. Wie wir zeigen werden, sind die Schwankungen jedoch so gering, daß sie es möglich machen, im Pfadmodell additiven Variablenzusammenhang vorauszusetzen.

Im Diagramm 4 haben wir den durchschnittlichen beruflichen Status, den Söhne mit einem bestimmten Bildungsabschluß in Abhängigkeit von ihrer sozialen Herkunft erreichen können, dargestellt. Setzt man voraus, daß der direkte Effekt des Berufes des Vaters auf jeder Ebene der beruflichen Qualifikation des Sohnes gleich groß ist (also additiv wirkt), dann müßten die in Diagramm 4 eingezeichneten Profile völlig parallel verlaufen. Es ist offensichtlich, daß dies nicht der Fall ist. Ebenso offensichtlich ist jedoch, daß die Interaktionseffekte im Vergleich zu den additiven Effekten relativ gering sind, da kein einziger Fall auftritt, in dem sich zwei Statusprofile über längere Strecken überschneiden. D.h. nun aber, daß man bei Annahme eines additiven Modells zwar Informationen über

---

1) Ob man wirklich Zufallseffekte annehmen will, liegt in der Entscheidungsfreiheit des Forschers. Es steht ihm frei, die Abweichungen inhaltlich zu interpretieren.

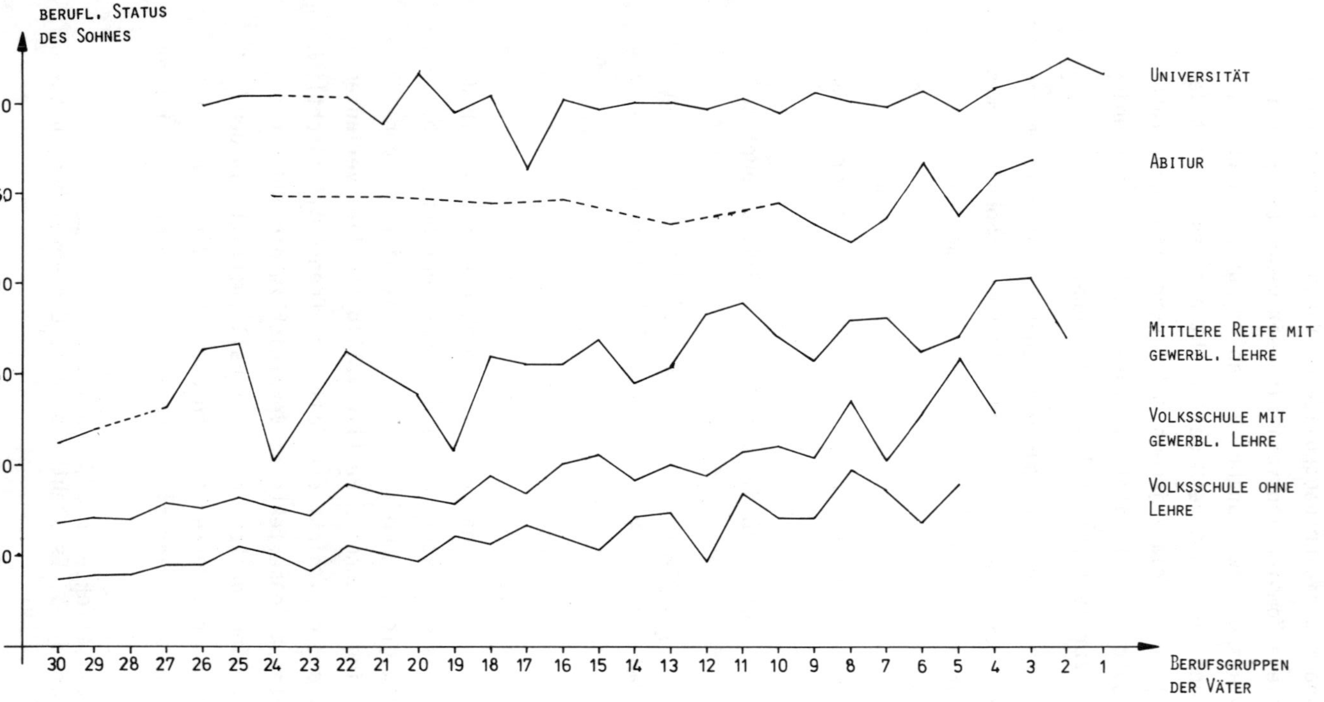


30 UNGELERNTE LANDW.
29 UNGELERNTE BAU/GEW.
28 UNGELERNTE DIENSTL.
27 ANGELERNTE BAU/GEW.
26 LANDWIRTE BIS 10 HA
25 ANGELERNTE DIENSTL.
24 LANDWIRTE 10-19 HA
23 FACHARBEITER LANDW.
22 FACHARBEITER DIENSTL.
21 FACHARBEITER BAU/GEW.

20 VORARBEITER
19 LANDWIRTE 20-49 HA
18 EINFACHE BEAMTE
17 EINF. ANG. ÖFF. D.
16 EINFACHE ANGESTELLTE
15 MEISTER
14 LANDWIRTE 50+ HA
13 MITTLERE BEAMTE
12 INDUSTRIEMEISTER
11 MITTL. ANG. ÖFF. D.

10 MITTLERE ANGESTELLTE
9 SELBSTÄNDIGE BIS 1 MITARB.
8 SELBSTÄNDIGE 2 - 9 MITARB.
7 GEHOBENE ANGESTELLTE
6 GEHOBENE BEAMTE
5 SELBSTÄNDIGE 10+ MITARB.
4 HÖHERE ANGESTELLTE
3 HÖHERE BEAMTE
2 FREIE BERUFE BIS 1 MITARB.
1 FREIE BERUFE 1+ MITARB.

DIAGRAMM 4: DURCHSCHNITTLICHER BERUFLICHER STATUS DER SÖHNE MIT AUSGEWÄHLTEN BILDUNGSABSCHLÜSSEN IN ABHÄNGIGKEIT VON IHRER SOZIALEN HERKUNFT

den genauen Verlauf dieser Profile nicht benutzt, die Grundtendenz des Verlaufs jedoch richtig wiedergegeben wird. Auf das Pfadmodell des Statuszuweisungsprozesses übertragen bedeutet das nun, daß die Effektparameter für die direkte Wirkung des Berufes des Vaters und der Bildung des Sohnes Durchschnittswerte sind, die zwischen Söhnen mit unterschiedlicher sozialer Herkunft variieren können. Nichtsdestotrotz sind sie jedoch geeignet, einen ersten globalen Eindruck von der Größenordnung des Einflusses der einzelnen Variablen zu vermitteln.

Das vorhin schon zum Nachweis der Additivität der Variablenwirkung herangezogene Verfahren der MCA kann auch dazu verwendet werden, einen ersten Eindruck von der Stärke der Wirkungen der einzelnen unabh. Variablen zu gewinnen, ohne jedoch die vielen Annahmen, die mit der Pfadanalyse verbunden sind, zu treffen.

| | Brutto-Effekt | Netto-Effekt | Beta-Koeff. |
|---|---|---|---|
| Beruf des Vaters | 29,9% | 2,2% | o,177 |
| Bildung des Sohnes | 58,2% | 3o,5% | o,672 |

Schon bei Betrachtung der Brutto-Effekte - das ist der Anteil der Varianz der abh. Variablen, der durch die Berücksichtigung einer bestimmten unabh. Variablen erklärt werden kann - zeigt sich, daß die Stärke des Einflusses der beiden unabh. Variablen durchaus unterschiedlich ist. Die Bildung des Sohnes erklärt 58% des späteren beruflichen Status des Sohnes, der Beruf des Vaters nur 3o%. Nun ist die Summe der Wirkungen dieser beiden unabh. Variablen nicht einfach die Summe der beiden Brutto-Effekte, also ca. 9o% erklärte Varianz, sondern - da die beiden Variablen miteinander korreliert sind - weit weniger, nur 6o,4%. Nur in jenen Fällen, in denen die unabh. Variablen völlig unkorreliert sind, addieren sich die Brutto-Effekte zum Gesamteffekt, bei positiver oder negativer Überlappung der Unabhängigen ist der Gesamteffekt kleiner oder größer als die Summe der Einzeleffekte.

Auskunft darüber, wieviel eine unabh. Variable noch an Varianz erklären kann, wenn die jeweils andere Variable ihre Wirkung schon voll entfaltet hat, gibt der Netto-Effekt. Läßt man die Bildung des Sohnes ihre volle Wirkung auf den Beruf des Sohnes entfalten, so bringt eine zusätzliche Berücksichtigung des Berufes des Vaters nur noch eine Steigerung der erklärten Varianz von 2,2%. Umgekehrt bringt jedoch eine Berücksichtigung der Bildung des Sohnes zusätzlich zum Beruf des Vaters eine Steigerung von 3o,5%. Der berufliche Status des Sohnes ist somit in viel stärkerem Ausmaß von der erhaltenen Ausbildung als vom Beruf des Vaters abhängig.

Diese Größenordnung der Wirkungseffekte der beiden unabh. Variablen wird auch durch die Beta-Koeffizienten - sie sind ein Maß für die Stärke des Effekts einer bestimmten unabh. Variable bei Ausschaltung der Wirkung aller anderen Variablen - bestätigt. Man kann die Beta-Koeffizienten nun nicht direkt mit den im Pfadmodell des Statuszuweisungsprozesses gewonnenen Pfadkoeffizienten vergleichen, da im Pfadmodell mehr Variablen berücksichtigt werden als in der MCA-Analyse. Vergleichbar ist jedoch auf alle Fälle die Größenordnung der Effekte. Auch das Pfadmodell kann nur ergeben, daß der direkte Einfluß der Bildung des Sohnes auf den späteren beruflichen Status weit stärker ist als der direkte Effekt des Berufes des Vaters.

## 6. Ein globales Pfadmodell des Statuszuweisungsprozesses für die BRD

Wir haben uns am Beginn dieser Arbeit mit der Skalierung der Berufs- und Bildungsvariablen für Vater und Sohn auseinandergesetzt; im letzten Abschnitt konnten wir dann zeigen, daß die Beziehung zwischen diesen Variablen mit Hilfe eines linearen und additiven Modells adäquat abgebildet werden kann. Als Krönung dieser mehr notwendigen denn interessanten Vorarbeiten wollen wir nun mit Hilfe der Pfadanalyse die Abhängigkeit des beruflichen Status des Sohnes von der eigenen Qualifikation sowie von Beruf und Bildung des Vaters untersuchen.

Die in der Literatur vorhandenen Beispiele von Analysen des Statuszuweisungsprozesses gehen von der theoretischen Vorstellung aus, daß die Ausbildung des Sohnes in starkem Ausmaß von Beruf und Bildung des Vaters abhängig ist, ihrerseits aber wiederum eine wesentliche Determinante für den späteren Berufsverlauf darstellt (etwa Blau und Duncan 1967: 179; Müller 1975: 112).

Die soziale Herkunft des Sohnes (operationalisiert durch Beruf und Bildung des Vaters) spielt beim Zugang zum ersten Beruf keine direkte Rolle, wirkt aber indirekt über ihren Einfluß auf die Schulbildung. Dies ändert sich im weiteren Verlauf der Berufskarriere. Diese wird durch Herkunftsfaktoren sowohl direkt als auch indirekt über die Schulbildung mitbestimmt (Müller 1975: 111).

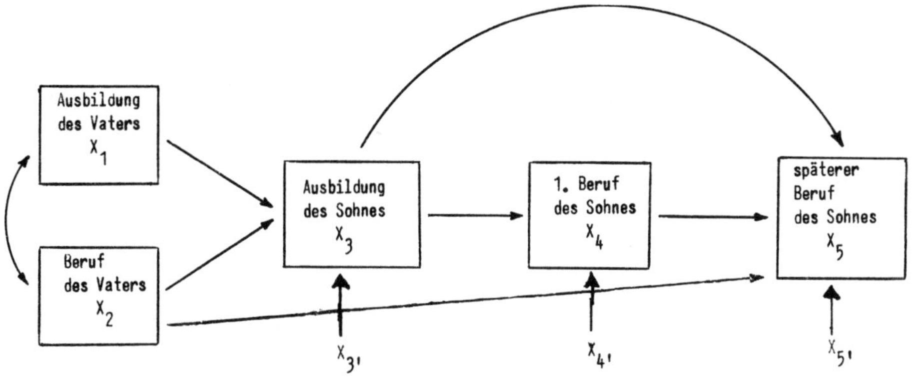


In der hier dargestellten Form kann das Modell mit den Daten der MZU71 nicht eingelöst werden, da wir über keine Angaben zum ersten Beruf verfügen. Wir können das theoretische Modell jedoch vereinfachen, indem wir die gesamte Bildung des Sohnes (= schulische und berufliche Bildung) als von Beruf und Bildung des Vaters abhängig setzen und dann untersuchen, wie sie die im Verlauf der Berufskarriere jeweils höchste erreichte Berufsposition beeinflußt.

Dieser Ansatz hat eine offensichtliche Schwäche, aber auch einige Vorteile. Seine Schwäche besteht darin, daß der Prozeß der Statuszuweisung um einen wesentlichen Schritt verkürzt dargestellt wird. Das ganze Modell wird dadurch viel globaler und verliert viel von seiner dynamischen Betrachtungsweise, bei der der in einer bestimmten Stufe der Berufskarriere erreichte Status vom Status in früheren Positionen als abhängig gesehen wird. Sein Vorteil liegt aber u.a. darin, daß er davor bewahrt, die Bildungsvariable möglicherweise inadäquat zu operationalisieren.

Blau und Duncan (1967: 17o) haben in ihrer Version des Pfadmodells für den Statuszuweisungsprozeß in der Bildungsvariable die gesamte erhaltene Ausbildung berücksichtigt. Müller (1975: 112) konnte anhand seiner Daten zeigen, daß eine solche Operationalisierung zu teilweise unrichtigen Ergebnissen führt, da sie auch Bildungsabschlüsse, die zeitlich erst nach dem Eintritt in den ersten Beruf erworben wurden, zur Erklärung für den Eintritt in den ersten Beruf heranzieht, weswegen er in seinem Modell eine klare Trennung zwischen Ausbildung vor Eintritt ins Berufsleben und Ausbildung während der beruflichen Karriere macht.

Eine Möglichkeit, mit dem Operationalisierungsvorschlag von Blau und Duncan zu arbeiten, ohne jedoch den damit verknüpften methodischen Fehler zu begehen, besteht darin, entsprechend dem vorhin gemachten Vorschlag den Status des ersten Berufes im Modell nicht zu berücksichtigen und den Berufsstatus am Höhepunkt der Berufskarriere als von der Gesamtbildung abhängig zu sehen. Bevor wir ein solches Modell auf die Daten der MZU71 anwenden, wollen wir jedoch noch untersuchen, wie sich unsere theoretischen Konzeption an den von Müller analysierten Konstanzer Daten auswirkt. Dieses Vorgehen soll es uns ermöglichen, die Konsequenzen unserer Modellsimplifikation auch bei der Interpretation der Daten der MZU71 zu berücksichtigen.

Modell 1:

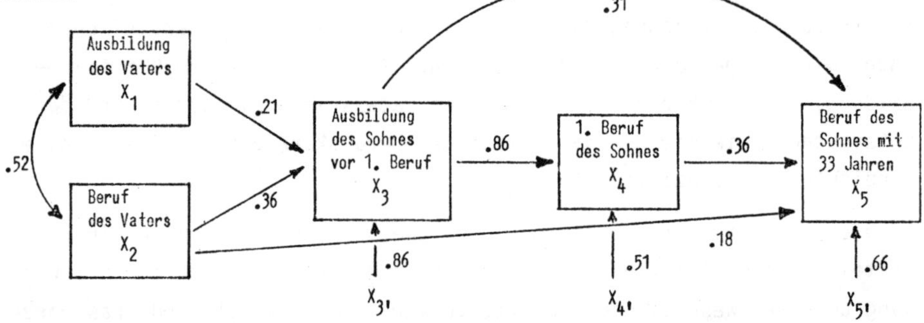


Im oben dargestellten Modell 1 untersuchte Müller (1975: 112f) den Einfluß der Schulbildung auf den Eintritt ins Berufsleben und auf den Verlauf der weiteren Berufskarriere. Als in unserem Zusammenhang wichtigstes Ergebnis können wir festhalten, daß die Schulbildung den Eintritt ins Berufsleben sehr stark festlegt, doch nur in einem weit geringeren Ausmaß die spätere Berufskarriere. Müller (1975: 112) stellt dazu fest:

> "Diese (die Ausbildung, d.Verf.) beeinflußt den beruflichen Status des Sohnes mit 33 Jahren einmal dadurch, daß sie enge Grenzen für den Status des ersten Berufes setzt und dieser dann den beruflichen Status mit 33 Jahren teilweise vorausbestimmt.

Bei gleichem Status des ersten Berufes sichert aber die Ausbildung einen umso günstigeren Verlauf der beruflichen Karriere, je länger sie gedauert hat. Dieser unmittelbare Einfluß der Ausbildung ($p_{53}$=.31) ist genau gleich groß wie der über den ersten Beruf vermittelte Einfluß (=.86 x .36=.31)."

Wird nun die Schulbildung nach dem Beispiel von Blau und Duncan operationalisiert, so ändert sich das Abhängigkeitsmuster der Variablen in seinen großen Zügen nicht (Modell 2). Der Einfluß der Schulbildung auf den ersten Beruf wird jedoch geringer, und umgekehrt wird der Beruf im Alter von 33 Jahren in stärkerem Ausmaß durch die berufliche Qualifikation bestimmbar (Müller 1975: 115).

Modell 2:

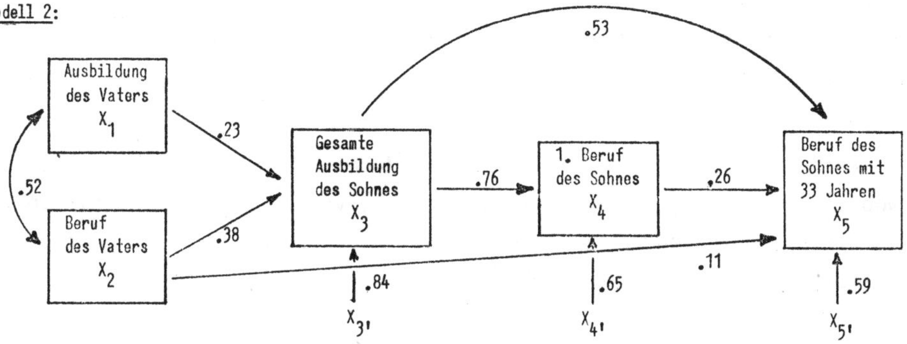


Dieser schon von Müller festgehaltene Effekt ist auch in unserem Modell 3, in welchem wir zudem den ersten Beruf nicht mehr berücksichtigen, zu erwarten. Zusätzlich können wir auch nicht mehr zwischen dem direkten Effekt der Bildungsvariablen und ihrer indirekten Wirkung un-

Modell 3:

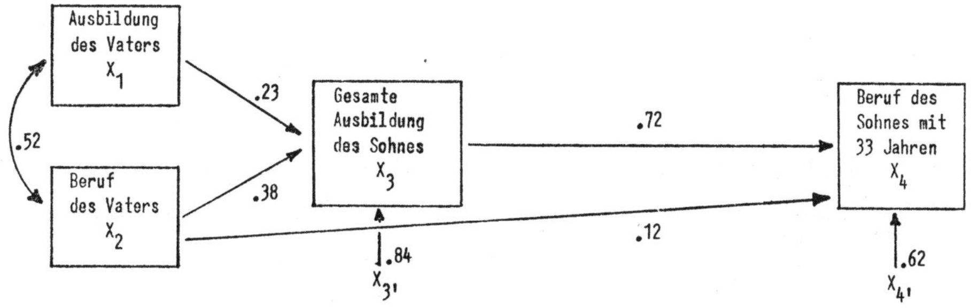

terscheiden. Der im Modell 2 von Müller getrennt ausgewiesene indirekte Effekt der Bildungsvariablen (= die über den ersten Beruf vermittelte Wirkung) ist im Modell 3 im direkten Effekt enthalten (o,72=o,53+o.76xo.26).

Das bedeutet, daß wir mit den Daten der MZU71 für die direkte Wirkung der Bildungsvariablen einen Wert bekommen werden, der insofern zu hoch ist, als er durch die Einführung von intervenierenden Variablen jeweils noch um die über diese Variablen vermittelten indirekten Effekte verkleinert werden kann. Solange wir nicht daran interessiert sind, die Stärke des Einflusses der Bildungsvariablen über die einzelnen Phasen der Berufskarriere zu verfolgen, sondern vielmehr wissen wollen, wie stark die vorhandene Qualifikation insgesamt (d.h. unabhängig vom Wirkungsmechanismus) die höchste erreichte berufliche Position determiniert, ist dies nicht von Bedeutung. Der direkte Effekt der Bildung in unserem Modell 3 ist nämlich gleich dem Totaleffekt dieser Variablen, wie er auch aus anderen Modellen, die zusätzliche, zwischen Bildung und Berufsposition intervenierende Variablen berücksichtigen, berechnet werden kann[1].

Rechnet man das eben dargestellte Modell für die Daten der MZU71, wobei für die Bildungs- und Berufsvariable von Vater und Sohn die vorhin entwickelten Skalen Verwendung finden, so ergeben sich für die Pfadkoeffizienten die folgenden Werte[2]:

Modell 4:

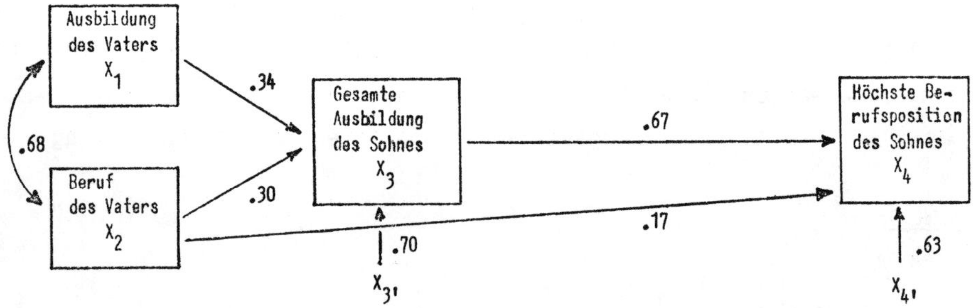


1) Zur Zerlegung von Pfadkoeffizienten siehe Alwin/Hauser 1975.

2) Dem Pfadmodell liegt die in Tabelle 9 dargestellte Korrelationsmatrix zugrunde .

Als erstes fällt auf, daß unser Modell im Falle der MZU71 weit mehr Varianz der Bildung des Sohnes erklärt als bei den Konstanzer Daten (51% gegenüber 29%). Unterschiedlich ist auch die Wirkung von Beruf und Bildung des Vaters auf die Bildung des Sohnes. Ist die direkte Wirkung des Berufes des Vaters im Konstanzer Datensatz mit .38 und die seiner Bildung mit .23 gegeben, so ist die Größenordnung der Effekte in der MZU71 gerade umgekehrt (.3o für den Beruf des Vaters, .34 für die Bildung des Vaters). Dies mag aber an der unterschiedlichen Operationalisierung liegen. Im Konstanzer Datensatz wurden die Bildungsabschlüsse mit Scores gewichtet, die die Anzahl der Ausbildungsjahre berücksichtigen. In unserem Datensatz wurden - wie vorhin ausführlich beschrieben - die Bildungsabschlüsse aufgrund ihres Beitrages zum beruflichen Status der einzelnen Berufsgruppen gewichtet, wodurch sich wohl auch die etwas höhere Korrelation zwischen Beruf und Bildung des Vaters in der MZU71 erklärt.

Trotz dieser Unterschiede im inneren Segment des Pfadmodells sind die Ergebnisse, was die Erklärung des späteren Berufes des Sohnes betrifft, relativ konsistent. In beiden Datensätzen wird annähernd gleich viel Varianz dieser Variablen erklärt (62% im Konstanzer Datensatz, 6o% in der MZU71). In der Größenordnung etwa vergleichbar ist auch die direkte Wirkung der Bildung des Sohnes und des Berufes des Vaters auf den Beruf des Sohnes. Ebenfalls etwa gleich stark ist auch die indirekte Wirkung der Bildung des Vaters - (.23 x .72 = .17 im Konstanzer Datensatz, .34 x .67 = .23 in der MZU71) - und des Berufes des Vaters (.38 x .72 = .27 im Konstanzer Datensatz, .3o x .67 = .2o in der MZU71). Die geringen Differenzen verlieren zusätzlich an Gewicht, wenn man den Totaleffekt des Berufes des Vaters betrachtet. Dieser ist in beiden Datensätzen fast gleich groß (.39 und .37).

Eine mögliche Erklärung für diese relativ geringfügigen Differenzen zwischen den beiden Datensätzen könnte darin liegen, daß wir in der MZU71 alle Personen zwischen 3o und 5o Jahren berücksichtigt haben, also einen Personenkreis, der in seiner Mehrzahl den Höhepunkt der Berufskarriere schon erreicht bzw. vielleicht auch schon überschritten hat. Dagegen wurden im Konstanzer Sample nur 33jährige Männer berücksichtigt, die in vielen Fällen noch einen beruflichen Aufstieg vor sich haben. Wie aber schon Müller festgestellt hat, wird der Beruf des Vaters in der Berufskarriere des Sohnes mit zunehmendem Abstand vom ersten Beruf immer wichtiger, was die unterschiedliche Stärke des direkten Effektes des Berufes des Vaters erklären würde.

Wir wollten nun noch überprüfen, inwieweit die vorhin beschriebenen Abweichungen der MZU71 auch bei Verwendung des von Duncan-Jones vorgeschlagenen Verfahrens der Variablenskalierung auftreten[1].

Modell 5:

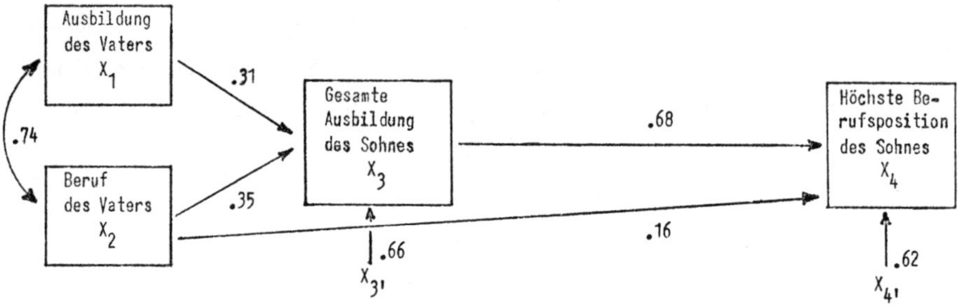


Die Pfadkoeffizienten im Modell 5 sind alle in derselben Größenordnung wie im Modell 4, was ja auch nicht anders zu erwarten ist, da wir in Abschnitt 3 schon festgestellt haben, daß im Falle unseres Datensatzes die von uns angewandte und die von Duncan-Jones vorgeschlagene Skalierungsmethode zu fast identischen Ergebnissen führen.

Die Unterschiede in der Skalierung machen sich jedoch an kleinen Differenzen bemerkbar. MAC1 vergibt die Scores ja bekanntlich in einer solchen Art und Weise, daß die Korrelation zwischen den gewichteten Variablen maximiert wird. Dies hat, da die Berufs- und Bildungsvariable von Vater und Sohn in einem gemeinsamen Lauf skaliert wurde, zur Folge, daß Beruf und Bildung des Vaters im Modell 5 noch höher korrelieren als im Modell 4; zum andern kann dadurch Modell 5 einen etwas größeren Prozentsatz der Varianz der Bildung des Sohnes erklären (56% gegenüber 51%).

Der wesentlichste Unterschied zwischen der MZU71 und der Untersuchung von Müller bleibt jedoch erhalten. Zwar kehrt sich die Rangordnung der direkten Effekte von Bildung und Beruf des Vaters auf die Ausbildung des Sohnes um, die Parameter haben jedoch wie im Modell 4 und im Gegensatz

1) Dem Pfadmodell liegt die Korrelationsmatrix aus Tabelle 9 zugrunde.

Tabelle 9: Korrelationen zwischen den im Modell 4 und 5 benötigten Statusvariablen

Korrelationsmatrix zu Modell 4

| | | 1 | 2 | 3 | 4 |
|---|---|---|---|---|---|
| 1 | Beruf des Vaters | . | | | |
| 2 | Bildung des Vaters | .68 | . | | |
| 3 | Bildung des Sohnes | .53 | .55 | . | |
| 4 | Beruf des Sohnes | .53 | .47 | .76 | . |

Korrelationsmatrix zu Modell 5

| | | 1 | 2 | 3 | 4 |
|---|---|---|---|---|---|
| 1 | Beruf des Vaters | . | | | |
| 2 | Bildung des Vaters | .74 | . | | |
| 3 | Bildung des Sohnes | .58 | .57 | . | |
| 4 | Beruf des Sohnes | .55 | .49 | .78 | . |

zum Konstanzer Datensatz dieselbe Größenordnung.

In bezug auf die Fragestellung, die uns hier interessiert, stimmen die aus der MZU71 und dem Konstanzer Datensatz gewonnenen Ergebnisse völlig überein. Wir wollten ja nicht untersuchen, in welchem Ausmaß der schulische Erfolg des Sohnes von Beruf und Bildung des Vaters abhängig ist, sondern feststellen, in welchem Ausmaß die Zuweisung von Berufspositionen durch beruflich-schulische Qualifikationen und Faktoren der sozialen Herkunft beeinflußt wird. Unter diesem Gesichtspunkt bleibt festzuhalten, daß die schon von Müller festgestellte - von der jeweils erreichten Qualifikation unabhängige - positive Wirkung von Herkunftsfaktoren bislang eher unter- als überschätzt worden ist.

## 7. Schlußbemerkung

Wir hatten uns in dieser Arbeit zum Ziel gesetzt, die auf Nominalniveau erhobenen Informationen über Schulbildung und berufliche Stellung von Vätern und Söhnen so zu gewichten, daß die vergebenen Scores als Maß für den mit der jeweiligen Variablenkategorie verbundenen beruflichen Status interpretiert werden können. Dies wird uns in Zukunft ermöglichen, eine ganze Reihe von interessanten Fragestellungen, die ansonst einer Analyse nicht zugänglich gewesen wären, zu bearbeiten. Insofern ist die hier geleistete Arbeit vor allem als projektinterne Vorarbeit gekennzeichnet. Wir hoffen jedoch, daß sie auch darüberhinaus von Nutzen ist.

Aus den im Laufe der Analyse an die einzelnen Variablen und ihren Kategorien vergebenen Scores läßt sich eine Statusskala für die unterschiedlichsten Ansprüche konstruieren. So kann man etwa die auf Seite 126 vorgestellte Statusskala für die Berufsgruppen unverändert übernehmen, bei Bedarf kann man aber auch, wenn man mit einem etwas weniger differenzierten Instrument arbeiten will, bestimmte Kategorien zusammenfassen. In einem solchen Fall würden wir vorschlagen, jeder neu gebildeten Kategorie das gewichtete arithmetische Mittel aus den Statusscores der ihr zugrundeliegenden ursprünglichen Kategorien zuzuordnen[1].

---

1) Die Besetzungszahlen für die einzelnen Berufsgruppen können dabei aus dem Tabellenanhang entnommen werden.

Unabhängig davon, in welcher Form die hier vorgestellte Statusskala Verwendung finden mag, hat sie zwei wesentliche vorteilhafte Eigenschaften. Sie ist sehr einfach anzuwenden, und sie erlaubt - sofern sich die Erhebung auf die deutsche Wohnbevölkerung erstreckt - die Einordnung der befragten Stichprobe in einen für die BRD repräsentativen Rahmen.

KARL ULRICH MAYER

# STATUSHIERARCHIE UND HEIRATSMARKT - EMPIRISCHE ANALYSEN ZUR STRUKTUR DES SCHICHTUNGSSYSTEMS IN DER BUNDESREPUBLIK UND ZUR ABLEITUNG EINER SKALA DES SOZIALEN STATUS

In empirischen Arbeiten über Strukturen sozialer Ungleichheit nehmen Beobachtungen über die Stellung im Beschäftigungssystem, über schulische und berufliche Abschlüsse und das Einkommen nicht nur deshalb einen so großen Raum ein, weil sie durch Informationen über Erwerbstätige relativ leicht erfaßbar sind, sondern auch, weil unterstellt wird, es würden damit die entscheidenden Determinanten der 'Produktion' von Ungleichheit wenigstens näherungsweise abgebildet: der Besitz an Produktionsmitteln, die Verfügung über schulische und berufliche Qualifikationen und die Zugehörigkeit zu tariffähigen Erwerbskategorien.

Dabei bleibt jedoch schon für die Ungleichheiten auf dem Arbeits- und Gütermarkt außer Betracht, daß durch staatliche Eingriffe in die Einkommensverteilung und in die Güterversorgung Ungleichheiten zusätzlich z.T. abgebaut, z.T. garantiert und verschärft werden[1]. Zum zweiten sind die Elemente jedes Systems gesellschaftlicher Ungleichheit zumeist nicht einzelne Erwerbstätige, sondern Familien. Erst über Familienverbände wird ein Großteil der Bevölkerung in das System sozialer Ungleichheit einbezogen, und erst über diese Vermittlungsinstanzen bedingt u.a. die Ungleichheit etwa der Nettoeinkommen der Erwerbstätigen und Rentner die faktische Ungleichheit der Lebenschancen. Zum dritten aber besteht die soziologische Substanz sozialer Ungleichheiten nicht in erster Linie in statistischen Verteilungen, sondern in sozialen Beziehungen der Ausschließung und Zugehörigkeit, der Über- und Unterordnung, die durch unterschiedliche Machtressourcen ökonomischer, physisch-rechtlicher und

---

1) Zu diesem Argument vgl.Offe (1969)

symbolischer Art erzwungen werden.

Dies bedeutet, daß empirische Ungleichheitsuntersuchungen häufig ein dreifaches Defizit aufweisen: Sie blenden wichtige Ungleichheitsmechanismen aus, sie beschränken sich auf Ungleichheiten zwischen Positionen und vergessen Ungleichheiten zwischen Gruppen, und sie sind schließlich verzerrt in den Ungleichheitsdimensionen. In diesem Beitrag wird ein Versuch unternommen, diese Einseitigkeiten zumindest partiell zu mindern. Es soll geprüft werden, ob sich aus dem Muster der sozialen Beziehungen zwischen Familien eine hierarchische Struktur ergibt, und inwieweit sie die vorgängigen Positionsungleichheiten sozio-ökonomischer Art reproduzieren oder verändern. Dabei soll die gängige Annahme einer Priorität ökonomischer, marktvermittelter Ungleichheiten keineswegs durch die entgegengesetzte Prämisse der Priorität symbolischer, familienvermittelter Ungleichheiten ersetzt werden. Vielmehr wird es als eine nützliche Forschungsaufgabe verstanden herauszufinden, ob die analytische Trennung zwischen 'sozio-ökonomischer' Verteilung und 'sozialer' Schichtung auch empirisch unterscheidbare Tatbestände betrifft.

Die einzigen Daten der Mikrozensus-Zusatzerhebung 'Berufliche und soziale Umschichtung der Bevölkerung', die soziale Beziehungsmuster und zugleich eine nicht primär ökonomische Dimension von Ungleichheitsstrukturen erfassen, sind Informationen über Heiratsbeziehungen. Damit ist zumindest ein Zugang zur empirischen Konstruktion eines Schichtungssystems gegeben, das auf relationalen Merkmalen und auf Familien als Einheiten der Analyse beruht, und zudem keine a priori Annahmen über die hierarchische Anordnung vorgegebener Kategorien erfordert.

Die instrumentelle Absicht dieser Arbeit besteht in der Ableitung einer Skala des 'sozialen Status' aus Heiratsbeziehungen. Als zentrale Methode dient dabei die multidimensionale Skalierung, mit deren Hilfe 'Ähnlichkeiten' zwischen Objekten oder Kategorien als Distanzen räumlich abgebildet werden können. Kann eine Lösung in einem Raum mit einer geringen Anzahl von Dimensionen gefunden werden, so stellt sich für diese Zwecke im wesentlichen die Frage, ob die Hauptachse der räumlichen Konfiguration als Statusdimension interpretiert werden darf.

Grundlage dieser Analysen ist eine Diskussion der Struktur der Heiratsbeziehungen in der Bundesrepublik und ein erster Vergleich mit Daten der intergenerationalen Berufsmobilität von Männern. Im Anschluß an den Aufweis der hierarchischen Struktur von Statusbeziehungen auf der Basis von Heiratsbeziehungen wird schließlich untersucht, inwieweit die empirischen Befunde den verschiedenen Modellen eines Statuskontinuums, einer Statustrichotomie oder einer Schichtendifferenzierung entsprechen.

Damit ist ein dreifacher aktueller Forschungskontext gegeben. In den letzten Jahren dominierte in der Soziologie der Bundesrepublik eine Klassenanalyse, die zugleich polemisch die sogenannte bürgerliche Schichtungsforschung für irrelevant und überflüssig erklärte[1]. Pappi (1976) hat im Gegensatz dazu die These begründet, soziale Schichten seien weder als deskriptive Tatbestände, noch als Erklärungs- oder Prognosevariablen auf Klassen reduzierbar. Hier wird die von Laumann (1966, 1973) begonnene und von Pappi (1973) und Reuband (1975) fortgeführte Tradition der Erforschung der Schichtungsstruktur in Gemeinden in theoretisch ebenso wie methodisch modifizierter Weise für die Analyse gesamtgesellschaftlicher Strukturen aufgenommen.

Zum zweiten gibt es in der Mobilitätsforschung eine intensive Debatte darüber, ob Skalen des sozio-ökonomischen Status oder Prestigeskalen für die Analyse des Statuszuweisungsprozesses angemessener und wie die mit ihnen erzielten Ergebnisse zu interpretieren sind[2]. Im Anschluß an diese Debatte soll die im folgenden entwickelte Statusskala zum einen als ein besseres Maß eingeführt werden im Vergleich zu herkömmlichen, auf Einstufungen der Befragten beruhenden Berufsprestigeskalen. Zum anderen soll mit dieser Skala eine empirische Untersuchung mit alternativen Statusindikatoren erst ermöglicht werden. Schließlich hat der Einfluß der Frauenbewegung ohne Zweifel ein verstärktes Interesse an den spezifischen Formen der Statuszuweisung der Frauen bewirkt. In diesem Kontext soll mit dieser Arbeit ein erster Blick auf einen in Theorie und Forschung stark vernachlässigten Aspekt der Sozialstruktur und des Statuszuweisungsprozesses gelenkt werden, nämlich die Heiratsstruktur[3].

---

1) Vgl. dazu etwa Ritsert/Rolshausen (1973), Tjaden-Steinhauer/Tjaden (1973), Autorenkollektiv (1974), Projekt Klassenanalyse (1974).

2) Vgl. Goldthorpe/Hope (1973), Featherman/Jones/Hauser (1974), Featherman/Hauser (1975), Treiman/Terrell (1975)

3) Zu den wenigen Untersuchungen von Heiratsbeziehungen vgl. für die USA Hunt (194o), Centers (1949), Curtis (1963), Laumann (1966:77), Blau/Duncan (1967: 331-36o); für Großbritannien Oldmann/Illsey (1966),

Endogamiequoten, also Raten der Heiratsbeziehungen in der eigenen Gruppe, und Homogamiequoten als Raten der Heiratsbeziehungen zwischen Gruppen gelten zwar traditionell als empirische Indikatoren für Ungleichheiten nach sozialem Prestige (vgl. dazu Runciman 1974: 66). 'Assortative mating' nach sozialem Status, 'class homogamy' werden als nahezu selbstverständliches, unbestrittenes Faktum der Sozialstruktur angesehen. (Matras 1975: 37o; Eckland 1968; Ramsøy 1966).

Dennoch ist theoretisch alles andere als geklärt, in welcher Art von Beziehung Heiratsmuster, soziale Schichten und insbesondere Prestigegruppen stehen. Vor den empirischen Analysen sollen daher, ausgehend von einer klassischen Begriffsbestimmung, Beiträge zu einer Theorie der Statusgruppen diskutiert werden.

---

und die vorwiegend methodologische Studie von Hope (1972); für Frankreich Girard (1964); für Norwegen Ramsøy (1966) und die darauf aufbauende methodologische Studie von Feldman/El Houri (1975); für die Bundesrepublik Mayntz (1958).
Zu neueren Arbeiten zur Mobilität von Frauen über Heirat und Erwerbstätigkeit siehe Haller (1974), DeJong/Brower/Rotin (1971), Tyree/Treas (1974), Treiman/Terrell (1975).

## 1. Stände, soziale Schichten, Statusgruppen

Der begriffliche Gegensatz zwischen Klassen und Statusgruppen, zwischen 'Klasse' und 'Schicht' ist in besonders scharfer Form von Max Weber (1964:223ff.,678ff.) durchgeführt worden. 'Klasse' bezeichnet nach Weber "jede ... Gruppe von Menschen", die eine gleiche "typische Chance der Güterversorgung, der äußeren Lebensstellung, des inneren Lebensschicksals" haben, die "aus Maß und Art der Verfügungsgewalt (...) über Güter oder Leistungsqualifikationen und aus der gegebenen Art ihrer Verwertbarkeit für die Erzielung von Einkommen oder Einkünften innerhalb einer gegebenen Wirtschaftsordnung folgt." (Weber 1964: 221).

"Ständische Lage" hingegen "soll heißen, eine typisch wirksam in Anspruch genommene positive oder negative Privilegierung in der sozialen Schätzung", die sich auf "die Lebensführungsart", die "formale Erziehungsweise", das "Abstammungsprestige oder Berufsprestige" begründet. Praktisch drücke sich die ständische Lage vor allem aus im "connubium", evtl. der "Kommensalität" , oft in der "monopolistischen Appropriation von privilegierten Erwerbschancen oder der Perhorreszierung bestimmter Erwerbsarten" sowie "ständischen Konventionen ("Traditionen") anderer Art". (Weber 1964: 222).

In Webers knappen Explikationen kommen vor allem drei Gesichtspunkte zum Tragen. Zum einen wird die enge Wechselwirkung von Klassen und Ständen betont. Ständische Lagen können auf Klassenlagen beruhen, werden aber nicht allein durch sie bestimmt. Als Beispiel dient hier die gemeinsame ständische Lage von Offizieren, Beamten und Studenten, die trotz enormer Vermögensunterschiede eine über Bildung indizierte gemeinsame Lebensweise besäßen. Ein modernes Beispiel wäre vielleicht der höhere Beamte, der größere Unternehmer und der freischaffende Maler. Umgekehrt neige jede Ständebildung zur monopolistischen Appropriation von Erwerbschancen. Hier fällt es schon schwer, ein selbst ähnlich konstruiertes aktuelles Beispiel zu finden.

Zum andern wird der Unterschied zwischen klassenmäßiger und ständischer Gesellschaft als eine historische Differenz begriffen, die mit einer vorwiegend marktorientierten Wirtschaftsordnung bzw. mit einer "monopolistisch leiturgischen", "ständisch patrimonialen" oder "feudalen" Bedarfsdeckung zusammenfällt. Gerade im Gegensatz zur Marktwirtschaft schaffe die ständische Gesellschaft durch konventionell bestimmte Arten der Lebensführung ökonomisch irrationale Konsumbedingungen und verhindere durch Monopolisierungen und die Ausschaltung der freien Verfügung über die eigene Erwerbsfähigkeit die freie Marktbildung. Schließlich verweisen die von Weber genannten Kriterien der Ständebildung ("ständische Sonderschätzung", "ständische Sondermonopole") und Ständetypen ("Berufsstände", "Geburtsstände" und "politische oder hierokratische Stände") auf die Möglichkeit, daß in einer Gesellschaft spezifische Kollektive standesmäßig ausdifferenziert sein können, während der Großteil sozialer Lagen klassenmäßig gegliedert sein mag.

Sowohl die Typisierung spezifischer Stände als auch die Charakterisierung einer ständischen Gesellschaft läßt vermuten, daß die Abgrenzung von Ständen gegenüber Klassen im wesentlichen ein Ergebnis historisch-soziologischer Begriffsbildung war und für entwickelte, gegenwärtige Gesellschaften nurmehr klassenmäßige vertikale Differenzierungen von Belang sind. Eine solche Sichtweise würde zugleich implizieren, daß von den drei wichtigsten Einwänden Webers gegen die Marxsche Klassentheorie nur noch zwei stichhaltig sind. Waren die ersten beiden Einwände nämlich, gemeinsame Klassenlagen würden nicht nur durch die Stellung zu den Produktionsmitteln, sondern auch durch Qualifikationen bestimmt, und gemeinsame Klassenlagen führten nur unter relativ restriktiven Randbedingungen zu Klassenhandeln, so war der dritte, vertikale Differenzierung ergebe sich nicht nur "nach den Beziehungen zur Produktion und zum Erwerb der Güter" (1964:688), sondern auch aufgrund der Verteilung 'sozialer Ehre'.

Die Unterscheidung zwischen Ständen und Klassen kann jedoch auch als eine analytische und systematische Gegenüberstellung von unterschiedlichen Formen sozialer Ungleichheit und damit von verschiedenen Grundlagen der Verteilung von Macht verstanden werden. Sie würde begrifflich zu fassen versuchen, daß sich aus der 'Wirtschaftsordnung' einerseits und der 'sozialen Ordnung' andererseits unterschiedliche Institutionalisierungen der Ungleichheit ergeben können. Dieser analytische Charakter der Weberschen Unterscheidung kommt stärker in dem 8. Kapitel über politische Gemeinschaften in <u>Wirtschaft und Gesellschaft</u> zum Ausdruck und ist u.a. in einem neueren Aufsatz von Bendix (1974) aufgegriffen worden. Klassen entstehen aufgrund der gemeinsamen ökonomischen Lage und damit gemeinsamer ökonomischer Interessen , Statusgruppen hingegen bilden sich auf der Basis familiärer Beziehungen. "Before the individual reaches maturity (und damit eine Klassenlage, K.U.M.), he has participated in his family's claim to social prestige, its occupational subculture and educational level. Even in the absence of concerted action, families share a style of life and similar attitudes. Classes without organization achieve nothing. But families in the same status-situation need not communicate and organize in order to discriminate against people they consider inferior". (Bendix 1974: 153).

Im Gegensatz zu Klassen werden Statusgruppen durch unmittelbare Sozialbeziehungen konstituiert, sie sind "Gemeinschaften, wenn auch amorpher Art". (Weber 1964:683). Klassenlagen und Statusansprüche stützen sich nicht nur gegenseitig, sie stellen auch eine wechselseitige Bedrohung dar. Statusgruppen können sich nur bilden unter relativ stabilen Bedingungen der "Güterverteilung und des Gütererwerbs", ihre Struktur wird bedroht durch soziale Mobilität und ökonomischen Wandel.

Andererseits stellt die Ausbildung von Statusgruppen den ständigen Versuch dar, ökonomische Vorteile durch 'offene' und 'geschlossene' soziale Beziehungen, durch Öffnung oder soziale Abschließung über das Maß hinaus zu sichern und zu erweitern, das allein aufgrund der ökonomischen Ressourcen bei uneingeschränkter Konkurrenz möglich wäre.

Ganz im Kontrast zu einer historischen Interpretation der Weberschen Unterscheidung von Klassen und Statusgruppen als ein gerichtetes Entwicklungsschema, faßt sie Bendix als gleichzeitig präsente, in ihrer Prädominanz alternierende Tendenzen der sozialen Ungleichheit, die eine moderne Erscheinung in dem Sinne darstellen, daß erst mit der Trennung von Familie und Arbeitsplatz, von Beziehungen im Wohnquartier und Beziehungen am Arbeitsplatz beide Strukturprinzipien als getrennte Ordnungen auftreten.

Will man den Begriff der Statusgruppe auf seine empirische Fruchtbarkeit hin prüfen, ist es also notwendig, den Doppelcharakter der Weberschen Begriffsbildung, nämlich die Vermischung spezifisch historischer und universeller Elemente aufzulösen. Zunächst erscheint es für einen 'modernen' Begriff der Statusgruppe kaum haltbar, von einem schroffen empirischen Gegensatz zwischen Statusgruppen und Klassenlagen auszugehen. Die Diskrepanz zwischen ökonomischer Situation und Prestige, wie sie etwa den frühkapitalistischen Unternehmer in Vergleich zum Adeligen kennzeichnet, scheint vor allem ein Merkmal von Übergangsperioden zu sein. Für entwickelte Gesellschaften scheint dagegen zu gelten, daß zum einen mehr und mehr Tätigkeiten zum Beruf werden und damit fast jede Tätigkeit auch eine Klassenlage impliziert, zum andern, daß sich ökonomische Differenzierungen und Prestigedifferenzierungen zunehmend angleichen. Beispiele dafür wären etwa die Anhebung der Lehrer- und anderen Beamtengehälter, der Krankenschwestern etc.. Ähnlich historisch spezifisch ist das Merkmal 'elaborierter, konventionell geprägter Lebensstil', die Ausbildung einer spezifischen Standesehre und die Verbreitung spezifischer Standessitten in Kleidung und der Ausübung von Künsten. Auch die Fähigkeit, durch persönliche Auslese von Bewerbern oder Vorzugsrechte auf bestimmte Stellungen Zugangskriterien partikularistisch festzusetzen und somit Zugangschancen zu monopolisieren, dürfte Statusgruppen nur noch in stark eingeschränktem Maße kennzeichnen.

Zur Analyse von Statusgruppen für gegenwärtige entwickelte Gesellschaften verbleiben damit aus den Bruchstücken der Weberschen Begriffsbildung im wesentlichen drei Merkmale: die Prestigedifferenzierung, die Selektivität von Sozialbeziehungen und der Versuch der Monopolisierung materieller und ideeller Güter gegen Marktkräfte. Jedes dieser drei Merkmale ist in neueren Beiträgen als die entscheidende Determinante der Formation sozialer Kollektive herausgearbeitet worden.

Shils (1965, 1966, 1967, 1968, 1975) entwickelt einen Schichtungsbegriff, nach dem Klassenlagen zum bloßen Substrat von Prestigebeziehungen degenerieren. Prestigebeziehungen wiederum ergeben sich aus symbolischen Handlungen, in denen die Hochschätzung oder Geringschätzung anderer Interaktionspartner zum Ausdruck gebracht wird. Als Definition wird implizit die These aufgestellt, die Zuerkennung von hohem oder niedrigem Prestige stelle eine Bewertung von sich selbst und anderen in Bezug auf deren 'makrosoziale' Merkmale dar: "The act of symbolization of deference is an attribution of deference position or status in the total society". (Shils 1975: 277). Als Grundlagen unterschiedlichen Prestiges gelten Berufsrolle und -leistung, Vermögen, Einkommen, Lebensstil, Bildung, Macht und der Besitz 'objektiver' Prestigesymbole, wie etwa Titel.

Im Gegensatz zur direkten Auswirkung dieser und anderer Ungleichheitsformen auf 'Lebenschancen' bestimmen sie Prestige nur mittelbar, nämlich nur, insoweit sie 'charismatischen' Gehalt besitzen[1]. 'Charismatischer' Charakter wird darüberhinaus in einen engen Zusammenhang gebracht mit der Nähe zum gesellschaftlichen Zentrum, d.h. als Nähe zu solchen Positionen, in denen Herrschaft ausgeübt oder die Beziehung der Menschen zu geistigen Kräften, kosmischen Mächten, Werten und Normen vermittelt wird. (Shils 1975: 279). Shils räumt zwar ein, daß in modernen westlichen Gesellschaften 'deference' in stark abgeschwächter und wenig ritualisierter Form auftritt, hält es aber dennoch für das eigentliche synthetische und konstitutive Element der Schichtungsordnung: "Deference, because it is the result of a generalization, is the crucial link in the stratification system. Without the intervention of considerations of deference position, the various very differentiated inequalities in the distribution of any particular facility or reward could not be grouped into a relatively small number of vaguely bound strata ... The cognitive and evaluative map of a stratification system is a differential allocation of deference to a series of aggregates of persons ... in accordance with their proximity to the center and thus in accordance with the magnitude of their presumed charisma. ... Deference, ... is basically a response to charisma ... ". (Shils 1975: 3o1/3o3).

Für unseren Zusammenhang ist dreierlei an Shils' Position bemerkenswert. Zum einen definiert Shils Prestigegruppen, ohne auf Beschränkungen des sozialen Verkehrs oder Gütermonopolisierung, also die beiden anderen Weberschen Kriterien, zu rekurrieren. Zum andern kennzeichnet er Berufe als besonders wichtiges Prestigesubstrat, da sie in relativ kontinuierlicher und massiver Weise das Alltagsleben und damit mögliches 'deference'-Verhalten bestimmen. Schließlich wird Prestige als nahezu ausschließliche Determinante der Strukturierung sozialer Ungleichheiten verstanden.

Den Aspekt der Monopolisierung von materiellen und ideellen Gütern greift Parkin unter dem Titel 'Strategies of Social Closure in Class

---

1) "The charismatic quality of an individual as perceived by others, or himself, lies in what is thought to be his connection with ... some very central feature of man's existence and the cosmos in which he lives". (Shils 1975: 258).

Formation' (1974) auf. Parkin sucht einen Mittelweg zwischen dem herkömmlichen dichotomischen Klassenschema, nach dem Intraklassenkonflikt und -differenzierung als residual abgetan werden müssen, und bloß distributiv angelegten Schemata sozialer Differenzierung, nach denen Ausbeutungsprozesse und Machtkonflikte gänzlich außer Betracht geraten. Einen solchen Prozeß, der sowohl Intraklassenbeziehungen als auch Interklassenkonflikte bestimmt, sieht Parkin in Webers 'sozialer Schließung' begrifflich gefaßt. (Weber 1964:31f.). Danach bezeichnet soziale Schliessung einen Mechanismus,mit dessen Hilfe soziale Kollektive versuchen, ihre Güter zu maximieren, indem sie den Zugang zu Gütern und Chancen auf einen begrenzten Kreis Ausgewählter beschränken. Soziale und physische Merkmale dienen als Rechtfertigungsgründe für die Abschließung. Parkin räumt zwar ein, daß solche Monopolisierungstendenzen auf jeder Ebene des Schichtungssystems wirken und zu einer Vielzahl von Gruppenbildungen führen können. Mit der Unterscheidung von 'Ausschließung' (exclusion) und 'Solidarität' (solidarism) als den zwei wesentlichen Strategien geschlossener Sozialbeziehungen versucht er jedoch, das Klassenschema in neuer Form wieder einzuführen. Geschlossene Sozialbeziehungen, die auf Ausschließung zielen, dienten dazu, Privilegien durch die Schaffung untergeordneter Gruppen zu bewahren oder zu erweitern, während solidarische Abschließung die Usurpation vorenthaltener Güter zum Ziel habe. Die Klassenlinie verlaufe dort, wo die Prädominanz der einen Strategie in die Prädominanz der anderen Strategie umschlage. Ähnlich wie Bendix für den Unterschied von Klassen und Statusgruppen, konstatiert Parkin die Schwierigkeiten der Organisation für solidarische Gruppen und die vergleichsweise unkoordinierte, spontane Diskriminierung durch exklusive Gruppen.

Im Gegensatz zu Weber begreift Parkin also die Monopolisierung von Gütern durch Abschließung nicht als typisches Merkmal von Statusgruppen, sondern von Klassenbeziehungen, und als ihre Basis gelten nicht prestigebezogene Attribute, sondern letzten Endes dichotomisch angelegte Machtpositionen.

In jüngster Zeit hat Pappi (1976) in Anschluß an Laumann (1966, 1973) vorgeschlagen, soziale Schichten als Interaktionsgruppen zu definieren und gegen Klassen als eigenständige Form vertikaler Differenzierung abzugrenzen. Pappi (1976:224)faßt Schichten als "abgrenzbare, hierarchisch geordnete Bevölkerungsgruppen mit eindeutiger Mitgliedschaft, wobei der hierarchische Bezug über die vor allem im Berufsprestige zum Ausdruck kommende Bewertung und die Mitgliedschaft über informelle Interaktionen bzw. Primärkontakte ... erfaßbar sein soll". Später wird die Einschränkung hinzugefügt, daß die abgrenzbaren Gruppen "nur dann als Schichten angesprochen werden sollen, wenn sie auf der differentiellen Assoziation von Kategorien von Positionsträgern beruhen und damit in Zusammenhang mit der Positionsdifferenzierung in einer Gesellschaft gebracht werden". (Pappi 1976:229).

Diese Verknüpfung zur Positionsdifferenzierung wird dadurch hergestellt, daß als Ausgangsklassifikation für die Aufdeckung von Sozialbeziehungen Berufskategorien Verwendung finden: "Sobald man sich einmal für Positionen als Erhebungseinheiten festgelegt hat, ist es schwer, sich für Schichtuntersuchungen eine Alternative zu Berufspositionen vorzustellen". (Pappi 1976:229). Von den Weberschen Beispielen von Kriterien einer Prestigedifferenzierung ist damit nur noch das des Berufsprestiges übriggeblieben. Ist eine solche Festlegung sinnvoll, so bedeutet dies, daß im wesentlichen nur eine institutionelle Ordnung Basis vertikaler Differenzierung sowohl im Wirtschaftsbereich in Form von Klassenlagen, als auch im sozialen Bereich in Form von Statusgruppen wäre.

Pappi kann aufgrund einer multidimensionalen Skalierung der Ähnlichkeit von Berufsgruppen nach Freundschaftswahlen feststellen, daß zum einen die Hauptachse in einem zweidimensionalen Raum als Statusachse interpretiert werden kann und Einschnitte erkennbar sind, die die Arbeiterschicht, die Mittelschicht und eine obere Mittelschicht voneinander trennen. Pappi interpretiert die Statusachse als Prestigedimension, da Berufsprestige etwas höher mit den gefundenen Rängen korreliere als andere Statusindikatoren, aber auch, da Berufsprestige sich als wichtigste Determinante interpersonaler Präferenzen erwiesen habe.

Für die unzureichend geklärte Bedeutung von Heiratsbeziehungen im Prozeß der Statusformation ist die theoretische Begründung der durch Laumann wieder aufgenommenen Tradition einer empirischen Erforschung von Statusgruppen aufschlußreich. Laumann (1966: 2 ff.) geht von der Frage aus, zu welchem Ausmaß enge Sozialbeziehungen durch den beruflichen Status bestimmt werden. Dann wird als empirisch begründete Annahme eingeführt, Beruf sei die wichtigste Determinante des Schichtungssystems, da er objektiv mit unterschiedlichen Einkommenschancen, unterschiedlichen Fertigkeiten, Qualifikationen und Lebensstilen verknüpft sei. Aufgrund dieser Merkmale würde Berufen eine unterschiedliche Bewertung als Prestigezurechnung zuteil.

Im Anschluß definiert Laumann Sozialstruktur als stetiges System sozialer Beziehungen zwischen sozialen Positionen, soziale Schichtung als stetiges System der Bewertung sozialer Positionen und eine geschichtete Sozialstruktur als eine Struktur, in der Personen dazu tendieren, ihre engsten Sozialbeziehungen auf andere Personen mit gleichem oder ähnlichem Rang oder Status zu beschränken. Anknüpfend an die Warner-Tradition wird dann soziale Schicht (social class) definiert als die größte Gruppe von Personen, deren Mitglieder engen sozialen Zugang zueinander haben, über Sozialbeziehungen, wie Verwandtschaft, Freundschaft, informelle Gruppen und Nachbarschaft: "Two particulary important foci of this social interaction are the opportunity and inclination to marry within such a group and to find friends within this group" . (Laumann 1966: 3).

Theoretisch bleibt der Bezug zwischen dem Schichtungssystem und sozialen Interaktionsgruppen bei Laumann durchaus vage. Denn zum einen wird gefragt, zu welchem Ausmaß enge Sozialkontakte auf Personen mit "gleichem Status" oder "aus der gleichen Schicht" beschränkt sind, zum anderen werden Schichten oder Statusgruppen durch enge Sozialkontakte definiert, und ihre Existenz wird daraus abgeleitet. Daß Berufe hierarchische Aspekte aufweisen und Berufsprestigeskalen konstruiert werden können, die dann mit einer Hierarchie nach Sozialkontakten relativ homogener Berufsgruppen korrelierbar sind, sagt über den analytischen Zusammenhang zwischen Schicht als Interaktionsgruppe und prestigemäßig differenzierter Statusgruppe jedoch gar nichts aus.

Für das hier gestellte Problem, nämlich mit welcher Berechtigung aus Heiratsbeziehungen eine Rangordnung von Statusgruppen abgeleitet werden darf, ergeben die diskutierten Ansätze mithin kaum Hilfestellung. Denn für Shils sind Statusgruppen in erster Linie Ergebnis symbolischer Konstruktion, für Parkin ist die Formation von Statusgruppen vor allem ein Prozeßaspekt klassenmäßiger Beziehungen von Machtgruppen. Bei Laumann und Pappi schließlich wird der Rangaspekt von Statusgruppen als

Interaktionsgruppen mit dem deus ex machina des Berufsprestiges eingeführt und die Wahl von Freundschaftsbeziehungen im Gegensatz zu Heiratsbeziehungen als empirischer Indikator mit dem wenig überzeugenden Argument größerer Konzentration in den Diagonalzellen begründet.

Einen differenzierteren theoretischen Ansatz bietet Eisenstadt (1968, 1971), der die Beziehungen zwischen der sozialen Arbeitsteilung, der funktionalen sozialen Differenzierung und der damit verknüpften unterschiedlichen Bewertung von Rollen und Aufgaben auf der einen Seite und die Aufteilung der Gesellschaft in hierarchische Gruppen oder Schichten auf der anderen Seite untersucht. Eisenstadt unterscheidet vier Aspekte der Sozialstruktur, die für die Ausbildung von Schichtungssystemen zentral sind: das System miteinander verknüpfter Positionen oder Rollen, deren Inhaber unterschiedliche Funktionen wahrnehmen, die differentielle Zuweisung von Belohnungen zu solchen Positionen, die differentiellen Zugangschancen zu unterschiedlich belohnten Positionen und schließlich die Möglichkeit, daß die differentielle Belohnung und der differentielle Zugang eine Positionshierarchie zur Folge hat, die unter bestimmten Bedingungen zur Ausbildung größerer Gruppen oder Quasi-Gruppen mit einer gemeinsamen Identität und Kontinuität, also Schichten, führen können.

Die Typen von Positionen, die unterschiedlich belohnt werden, sind Einheiten der größeren institutionellen Bereiche Politik, Wirtschaft, Kultur, Religion, Bildung, 'Vertreter'-positionen für die zentralen Bereiche und Symbole der Gesellschaft, oder aber Mitgliedspositionen in askriptiven sozialen Kategorien oder Kollektiven, wie Alters-, ethnischen, rassischen oder nationalen Gruppen. Die Belohnungen, die differentiell zugewiesen werden, sind Dienstleistungen, Güter, generalisierte Tauschmittel oder allgemeine Fähigkeiten wie Bildung, mit deren Hilfe Güter und Dienstleistungen erlangt werden können, und Herrschaft als der Fähigkeit, Gehorsam zu erzwingen,sowie Prestige. Solche Belohnungen können auf unterschiedliche Weise benutzt werden: Sie können direkt konsumiert werden, um unmittelbar materielle, symbolische oder machtbezogene Gratifikationen zu erlangen. Sie können 'symbolisch' konsumiert werden, um günstige Bewertungen durch andere zu erzielen, und sie können als Tauschmittel zur Erlangung anderer Belohnungen dienen.

Zentral für die Analyse sozialer Schichtung ist nach Eisenstadt der Sachverhalt, daß solche Belohnungen und Ressourcen auch dazu verwandt werden können, um für sich oder andere - vor allem Kinder und Verwandte oder andere Personen, mit denen man eine ursprüngliche Identität teilt - Zugang zu höher bewerteten oder belohnten Positionen zu gewinnen. Die differentielle Allokation von Belohnungen zu Positionen, der symbolische Gebrauch solcher Belohnungen und ihre Verwendung für die Kontrolle des Zugangs zu höheren Positionen bilden den Ausgangspunkt für die Prozesse der Formation von Statusgruppen.

Prestige nun gilt nicht nur als wichtigste Ressource im 'symbolischen' Konsum - bei der Erlangung günstiger Bewertungen -, sondern Prestigeverteilungen und -beziehungen werden auch als die strukturelle Verknüpfung zwischen Positionshierarchie und differentiellem Zugang verstanden. Damit aber gewinnen die sozialen Grundlagen von Prestige entscheidende Bedeutung. Eine erste Basis von Prestige sei die Mitgliedschaft in einem Kollektiv, da die Zugehörigkeit zu und der Ausschluß von Gruppen oder Kollektiven symbolisch repräsentiert wird. Eine zweite Prestigequelle sei die Fähigkeit, ein Kollektiv zu kontrollieren, es zu vertreten, seine Ziele, Tätigkeiten und Symbole zu bestimmen: d.h. Teil seines Zentrums zu sein. Eine dritte gesellschaftliche Determinante von Prestige sei die Nähe oder Teilhabe in einer übergreifenderen soziokulturellen Ordnung, die für die Definition eines Kollektivs von hochrangiger Bedeutung ist.

Ähnlich wie Shils begreift Eisenstadt Prestige also nicht in erster Linie als Merkmal von Positionen oder persönlichen Fähigkeiten, sondern als "differentielle Teilhabe in einer der sozialen Ordnungen, die das institutionelle Zentrum der charismatischen Dimension menschlicher und sozialer Existenz bilden", als "differentiellen Beitrag zur Entwicklung, Bewahrung und Respräsentation solcher Ordnungen".(Eisenstadt 1968/69). Solche Teilhabe ist zugleich Basis von Prestige und macht seinen Belohnungscharakter aus. Einen wichtigen strukturellen Niederschlag finden Ansprüche auf exklusive Teilhabe in der Ausprägung unterschiedlicher Lebensstile,in dem Gebrauch von Prestige als Tauschmedium für andere Ressourcen und als Mittel der Restriktion des Zugangs zu Positionen und Ressourcen sowie der Chance, überhaupt an bestimmten Formen des sozialen Austauschs teilzunehmen.

Prestigedifferenzierungen wirken sich strukturell in askriptiven Beschränkungen dahingehend aus, daß der Zugang zu einer Position nicht allein davon abhängig gemacht wird, daß bestimmte Voraussetzungen in offenen Interaktionen und Austauschsituationen geprüft werden, sondern daß anstelle davon oder darüberhinaus die Bewerber zu einer bestimmten Gruppe oder Kollektiv gehören müssen.

Damit erscheint der Prozeß der Formation von Statusgruppen als eine Form der Institutionalisierung askriptiver Beschränkungen des sozialen und ökonomischen Austauschs durch die Ausbildung grundlegender individueller und kollektiver Identitäten, ihrer hierarchischen Ordnung, ihrer Verknüpfung mit normativ zugemuteten Verhaltensmustern und Lebensstilen und ihrer Folgen für den Zugang zu Positionen.

Grundlegend für die differentielle prestige-'geladene' Teilhabe an anderen sozio-kulturellen Ordnungen ist die Zugehörigkeit zu familiären, verwandtschaftlichen oder lokalen Gruppen. Nicht nur, aber vor allem über intergenerationale und intrafamiliäre Einheiten werden Ressourcen und Zugangschancen, wird das Recht des Gebrauchs von Ressourcen und der Zugang zu Positionen zwischen Personen vermittelt, werden die gemeinsamen Identitäten ausgebildet, auf deren Basis Ressourcen und Zugangschancen zwischen Personen übertragbar sind. Diese Einheiten erfüllen dabei mehrfache Funktionen. Sie dienen als die allgemeinsten und wichtigsten Sozialisationsinstanzen und prägen die persönlichen und kollektiven Identitäten, die Lebensstile und Orientierungen auf übergeordnete soziale Ordnungen. Sie fungieren als Agenturen, mit deren Hilfe der Zugang zu Positionen vermittelt wird, entweder direkt durch askriptive, erbliche Zugangsregelungen, oder aber durch die Bereitstellung von Ressourcen, die den Erwerb jener Fertigkeiten und Eigenschaften erleichtern, die für den Zugang zu Positionen notwendig sind. Schließlich werden durch Regeln der Exogamie, Endogamie und Hypergamie Heiratsbeziehungen limitiert. Die Bedeutung dieser Regelungen für das Schichtungssystem besteht darin, daß die Familie und interfamiliäre Beziehungen Basis der Ausbildung einer Schichtensolidarität sind, die sich um einen gemeinsamen Lebensstil kristallisiert und symbolisiert wird sowohl durch symbolischen Konsum,als auch durch die Teilhabe in verschiedenen Kollektiven, sozio-kulturellen Ordnungen und Zentren.

Statusgruppen bewerkstelligen also, daß der Besitz von und die Kontrolle über Ressourcen, die im wesentlichen mit Positionen in der 'Wirtschafts- oder politischen Ordnung' verknüpft sind, benutzt werden kann, um solche Ressourcen zwischen institutionellen Bereichen, zwischen verschiedenen Gruppen von Personen und zwischen mikro- und makrosozialen Bereichen konvertibel zu machen. Und dies geschieht in erster Linie über die askriptive Regelung des Zugangs zu den entsprechenden Positionen auf der Basis vorgängiger gemeinsamer Identitäten.

Diese allgemeinen theoretischen Überlegungen beschreiben jedoch nur die Möglichkeit der Ausprägung von Statusgruppen und die Möglichkeit, daß solche Statusgruppen spezifische 'Konversions-' und 'Verknüpfungsfunktionen' wahrnehmen. Der empirische Tatbestand und das empirische Ausmaß, zu dem dies gelingt, kann dadurch nicht von vornherein unterstellt werden. Die Plausibilität, daß Familien und Statusgruppen mit Sicherheit zu irgendeinem minimalen Ausmaß so verfahren, kann jedoch daraus abgeleitet werden, daß zum einen ständig Ressourcentransaktionen, -konversionen und Positionszuweisungen effektuiert werden müssen, und solche Kollektive, wie Bendix hervorgehoben hat, auf relativ spontane Weise ohne Organisationsschwierigkeiten exklusive Übertragungen und Zuweisungen vornehmen können.

Eisenstadts theoretische Analyse verknüpft also nicht nur die in den anderen Beiträgen einseitig betonten Aspekte der symbolischen Ressource Prestige, der Monopolisierung von Gütern und Ideen sowie der Exklusivität von Sozialbeziehungen. Sie erlaubt nunmehr auch auf relativ eindeutige Weise zu formulieren, welcher Aspekt der Formation von Statusgruppen mit empirischen Daten über Heiratsbeziehungen zwischen Berufskategorien abgebildet werden kann.

Differentielle Heiratsbeziehungen sind eine strukturelle Manifestation der Art und Weise, wie Prestige als symbolischer Ausdruck differentieller Teilhabe Positionen und Kollektive miteinander verknüpft. Sie verweisen damit auf Gemeinsamkeiten oder Ähnlichkeiten zwischen beruflichen Positionen in dem Prestige, das sie den Familien ihrer Inhaber vermitteln[1]. Aufgrund solcher Ähnlichkeiten oder Gemeinsamkeiten

---

1) Nach diesen theoretischen Erörterungen ist wohl offenkundig genug, daß der hier verwandte Prestigebegriff nichts gemeinsam hat mit der operationalen Definition von 'Berufsprestige' auf der Basis von

kommen vorzugsweise, aber nicht ausschließlich, innerhalb von familiären und verwandtschaftlichen Einheiten soziale Transaktionen, Ressourcenzuweisungen und Positionszuweisungen zu 'Preisen' zustande, die unter denen eines wirklichen oder nur hypothetisch konstruierbaren freien Marktes liegen.

Die mit Hilfe von Heiratsbeziehungen auffindbare Rangordnung oder Gruppierung von Berufskategorien ist nicht voll identisch mit der Struktur von Statusgruppen, weil mit Berufen nur eine, wenn auch wichtige, soziale Grundlage der Entstehung von Prestige erfaßt ist. Schon aus diesem Grunde kann umgekehrt auch nicht erwartet werden, daß berufliche Statusgruppen Heiratsmuster vollständig erklären. Aber selbst unter Verfügung eines umfassenderen empirischen Materials über sicherlich vielfältige und z.T. diskrepante Statusformationen würde kaum eine Kongruenz von Statusgruppen und Heiratsmustern aufzufinden sein. Denn zumindest für entwickelte, starkem sozialen Wandel unterworfene Gesellschaften kann nicht davon ausgegangen werden, daß kollektive, über Prestigebeziehungen geordnete Identitäten die für Eheschließungen bedeutsamen Gelegenheitsstrukturen und individuellen Präferenzen völlig bestimmen.

Beides - empirische Verteilungen und Relationen - sind daher nur Näherungswerte. Berufe, weil sie nur eine von vielfachen Grundlagen von Prestige sind. Heiratsbeziehungen, weil sie nur einen von mehreren Verknüpfungsmechanismen zwischen Positionen und Statusgruppen bilden und diese Funktion auch nur zum Teil erfüllen.

Trotz dieser Einschränkungen erscheint es als eine theoretisch begründbare Forschungsaufgabe zu untersuchen, auf welche Weise Berufskategorien durch Heiratsmuster zueinander geordnet werden, ob diese Ordnung eine eindeutig hierarchische Struktur erkennen läßt, und inwieweit die Existenz klarer Schichtgrenzen nachgewiesen werden kann.

---

Berufsprestigeskalen und sich auch nicht reduzieren läßt auf den Begriff der 'Prestigeorientierung' der amerikanischen Soziologie, der nahezu ausschließlich an solche Phänomene anknüpft wie 'conspicuous consumption' und 'invidious comparison'.

## 2. Daten und Variablen

Grundlage der Berechnungen sind Daten über 67.529 männliche Haushaltsvorstände und ihre Ehefrauen aus der Mikrozensuszusatzerhebung 'Berufliche und soziale Umschichtung der Bevölkerung' von 1971[1]. Gemessen wurde der Beruf der Männer 1971 und der Beruf des Vaters der Ehefrau (als diese 15 Jahre alt war). Dies bedeutet, daß nur jene männlichen Haushaltsvorstände in die Berechnung eingingen, deren Ehefrauen 192o und später geboren wurden, weil in der Befragung Angaben über die Eltern nur für diese Jahrgänge erhoben wurden.

Bei der Auswahl der Indikatoren wurde davon ausgegangen, daß Heiratsbeziehungen für die Zwecke unserer Analyse nicht in erster Linie eine Verknüpfung zwischen zwei Personen und ihren beruflichen Attributen herstellen, sondern zwischen den Familieneinheiten der Frauen und denen der Männer. Unter diesem Gesichtspunkt und wegen der nicht-repräsentativen Berufsverteilung der Frauen vor der Eheschließung schien es angemessen, für die Frau den Beruf ihres Vaters als Zuordnungsmerkmal ihrer Herkunftsfamilie zu wählen. Meßfehler treten hier in zweierlei Fällen auf: erstens, wenn sich die Berufsposition des Vaters der Ehefrau zwischen der Adoleszenz und dem Zeitpunkt der Eheschließung gravierend verändert hat, und zum zweiten, wenn die Ehefrau einen erheblich höheren beruflichen Status besitzt, der als Faktor der Heiratswahl die Einflüsse der Herkunft verdrängt. Der Beruf des Mannes 1971 als beruflicher Indikator für die Zielfamilie wird ebenfalls bei starker Karrieremobilität fehlerhaft sein. Dies gilt jedoch nur z.T., da bei der Wahl des Ehemannes nicht allein dessen gegenwärtige Stellung beurteilt werden dürfte, sondern auch die in seinem Beruf und seiner Person begründeten beruflichen Entwicklungschancen. Für die angestrebte Interpretation widersinnig müssen die Daten allerdings in jenen Fällen werden, in denen berufliche Entwicklungen seit der Heirat (wie etwa die Übernahme eines Hofes oder Betriebes) eben durch die Wahl der Ehefrau bedingt wurden.

Eine differenziertere inhaltliche Untersuchung der sozialen Mobilität von Frauen über Heirat und Beruf, in der die Auswirkungen alternativer

---

1) Zu diesem Datensatz vgl. den Anhang C.

Indikatoren und Annahmen überprüft werden kann, muß einer späteren Analyse vorbehalten bleiben.

In den folgenden Abschnitten werden also Austauschmatrizen zwischen den Berufen von Ehemännern (Haushaltsvorständen) und ihren Schwiegervätern analysiert. Wir werden von Heirats*chancen* dann sprechen, wenn die bedingten Verteilungen der Berufe der Ehemänner nach den Berufen der Schwiegerväter untersucht werden, also die relativen Übergangshäufigkeiten zwischen den Berufen der Schwiegerväter und den Berufen der Ehemänner, und von *Rekrutierung*, wenn die bedingten Verteilungen der Berufe der Schwiegerväter nach den Berufen der Ehemänner zur Diskussion stehen, d.h. wenn nach der unterschiedlichen Herkunft der Frauen von Männern bestimmter Berufsgruppen gefragt wird[1].

---

1) Diese terminologische Unterscheidung entspricht dem formalen Modell einer Übergangsmatrix zwischen einem Vektor von Herkunftspositionen und einem Vektor von Zielpositionen. 'Chancen' ergeben sich aus der Perspektive der Herkunftspositionen, 'Rekrutierung' folgt aus der Perspektive der Zielpositionen. Von der praktischen Nützlichkeit eines solch knappen, differenzierenden Wortgebrauchs einmal abgesehen, erscheinen diese Kennzeichnungen dann inhaltlich angemessen, wenn man von einer streng strukturellen Betrachtungsweise ausgeht. 'Chancen' und 'Rekrutierung' sind dann beides nicht-voluntaristisch zu interpretierende Tatbestände. Interpretiert man Heiratsbeziehungen jedoch personenbezogen, so sind beide Perspektiven austauschbar: Herkunftsspezifische Rekrutierung der Ehefrauen bedeutet nichts anderes als die differentiellen Chancen der Männer, und die Heiratschancen der Frauen sind nicht anderes als eine selektive Rekrutierung der Männer. Unter dem theoretischen Modell der 'Heiratswahl', das den folgenden Analysen *nicht* zugrundeliegt, wäre die mit den Termini 'Chancen' und 'Rekrutierung' verbundene Konnotation von Aktivität und Passivität gänzlich unangemessen.

## 3. Die Struktur der Heiratsbeziehungen in der Bundesrepublik Deutschland

Ein erster Eindruck über die Struktur von Heiratsbeziehungen läßt sich gewinnen, wenn man fragt, in welche Berufskreise Töchter mit einer bestimmten, durch den Beruf ihres Vaters indizierten sozialen Herkunft einheiraten. Tabelle 1 enthält die relativen Übergangshäufigkeiten für eine Klassifikation[1], die zur größeren Übersichtlichkeit von 25 auf 15 Kategorien reduziert wurde. Betrachtet man zunächst die Diagonalzellen, so ist als erste Beobachtung festzustellen, daß die unterschiedenen Kategorien nach dem Heiratskriterium keine in sich abgeschlossenen Verkehrskreise bilden. Sieht man von den zahlenmäßig sehr kleinen Berufsgruppen ab[2], ergeben sich Endogamiequoten zwischen etwa 1o und 15% für die Selbständigen, höheren Angestellten und gehobenen Beamten, und zwischen 2o und 35% für die übrigen Kategorien der Landwirte, Arbeiter, Beamten und Angestellten. Grob gesprochen verlassen um drei Viertel der Töchter das engere soziale Milieu ihrer Herkunftsfamilie. Relativ zu dieser Klassifikation erweisen sich Heiratsbeziehungen in der Bundesrepublik als 'offene' Sozialbeziehungen. Zugleich zeigen schon die Übergangswahrscheinlichkeiten die stark ausgeprägte hierarchische Strukturierung der Heiratsbeziehungen. So steigt etwa die Chance einer Arbeitertochter, einen mittleren Angestellten zu heiraten, konsistent mit dem Qualifikationsniveau ihres Vaters, umgekehrt sinkt die Chance einer Beamtentochter, einen Facharbeiter zu heiraten, Stufe für Stufe mit der Laufbahngruppe. Das gleiche gilt für die Kategorien der Angestellten.

Statusgruppen zeichnen sich jedoch nicht nur dadurch aus, daß der

1) Zur vollständigen Klassifikation vgl. Anhang. Die Bezeichnungen 'Berufskategorie', 'Berufsgruppe' u.ä. für diese Klassifikation, die im folgenden verwandt werden, sind nicht im engeren Sinne als Kategorien beruflicher Tätigkeit zu verstehen, sondern eher als Kürzel für den umständlichen Ausdruck 'sozio-ökonomische Kategorie'. Zum inhaltlichen und empirischen Verhältnis dieser Klassifikation zu einer Klassifikation beruflicher Tätigkeiten vgl. Mayer (1977).

2) Die Gruppe der Vorarbeiter, Meister und Werkmeister, die einfachen und mittleren Beamten sowie die einfachen Angestellten weisen mit 3-9% besonders geringe Endogamiequoten auf.

Tabelle 1: Verteilung von Heiratschancen, Berufe von Haushaltsvorständen nach den Berufen des Vaters der Ehefrau (Abstromquoten)

| | Beruf des Ehemannes 1971 | | | | | | | | | | | | | | | |
|---|---|---|---|---|---|---|---|---|---|---|---|---|---|---|---|---|
| Beruf des Vaters der Ehefrau | 1 | 2 | 3 | 4 | 5 | 6 | 7 | 8 | 9 | 1o | 11 | 12 | 13 | 14 | 15 | Anteile Väter |
| 1 Landwirte | 24.6 | 11.2 | 14.9 | 19.o | 3.3 | 1.4 | 2.5 | 2.5 | 6.o | 1.7 | 3.6 | o.6 | o.5 | 4.6 | 3.6 | 13.3 |
| 2 ungel. Arbeiter | 1.5 | 2o.4 | 19.8 | 29.6 | 4.1 | 1.7 | 3.7 | 2.9 | 7.6 | o.9 | 2.6 | o.1 | o.3 | 3.4 | 1.5 | 11.1 |
| 3 angel. Arbeiter | o.7 | 5.7 | 23.1 | 32.9 | 5.1 | 1.3 | 4.O | 3.5 | 1o.9 | 1.2 | 4.7 | o.2 | o.4 | 4.o | 2.1 | 12.2 |
| 4 Facharbeiter | o.7 | 5.5 | 13.6 | 34.3 | 4.6 | 1.5 | 4.2 | 4.2 | 13.3 | 1.9 | 6.9 | o.4 | o.8 | 4.6 | 3.4 | 23.2 |
| 5 Vorarbeiter, Meister[1] | o.7 | 4.3 | 9.8 | 23.7 | 6.8 | 1.2 | 3.2 | 4.8 | 16.4 | 3.7 | 12.o | 1.3 | 1.7 | 5.1 | 5.2 | 5.2 |
| 6 einfache Beamte | 1.1 | 6.3 | 12.3 | 26.4 | 5.2 | 3.8 | 5.o | 6.2 | 12.9 | 3.1 | 8.1 | o.7 | 1.3 | 4.5 | 3.2 | 2.6 |
| 7 einf. Angestellte | o.4 | 3.8 | 8.9 | 23.7 | 3.6 | 1.6 | 7.6 | 4.6 | 18.3 | 3.3 | 11.3 | o.7 | 1.7 | 5.8 | 4.8 | 3.5 |
| 8 mittlere Beamte | o.4 | 2.6 | 6.8 | 17.6 | 3.6 | 1.5 | 3.9 | 8.9 | 17.1 | 6.3 | 15.1 | 2.2 | 2.3 | 6.o | 5.7 | 4.1 |
| 9 mittl. Angestellte | o.5 | 1.9 | 4.9 | 17.o | 3.6 | 1.o | 3.4 | 5.2 | 2o.9 | 6.2 | 18.o | 2.7 | 2.6 | 5.7 | 6.4 | 5.2 |
| 1o gehobene Beamte | o.7 | 1.o | 2.5 | 7.9 | 2.o | o.6 | 2.1 | 4.o | 14.4 | 14.2 | 2o.2 | 9.3 | 5.4 | 6.6 | 9.1 | 2.4 |
| 11 geh. Angestellte | o.5 | 1.3 | 3.o | 1o.o | 2.7 | 1.1 | 2.8 | 3.4 | 17.4 | 6.8 | 24.3 | 6.7 | 5.6 | 6.1 | 8.3 | 2.9 |
| 12 höhere Beamte | o.5 | o.2 | o.2 | 2.4 | o.9 | o.3 | 2.1 | 2.3 | 9.4 | 7.6 | 22.o | 27.1 | 7.3 | 8.3 | 9.4 | o.9 |
| 13 höh. Angestellte | o.6 | o.4 | 2.1 | 5.6 | 1.3 | o.4 | 1.1 | 1.7 | 11.6 | 7.3 | 23.7 | 1o.1 | 14.4 | 7.5 | 12.5 | o.8 |
| 14 Selbst. -9 Mitarb. | 1.8 | 4.8 | 9.2 | 2o.1 | 4.2 | 1.4 | 4.1 | 4.o | 13.3 | 3.3 | 1o.8 | 2.2 | 2.2 | 11.o | 7.5 | 6.3 |
| 15 Selbst. 1o+ Mitarb. | 1.o | 2.8 | 4.9 | 15.1 | 2.9 | o.9 | 3.3 | 3.4 | 15.3 | 4.8 | 16.6 | 4.o | 4.o | 7.8 | 13.3 | 6.4 |
| Anteile Ehemänner | 4.o | 7.o | 12.9 | 24.9 | 4.1 | 1.4 | 3.7 | 4.o | 12.5 | 3.o | 9.o | 1.7 | 1.6 | 5.3 | 4.7 | N= 67569 |

1) Diese Kategorie schließt hier und in den folgenden Tabellen die Werk- und Industriemeister mit ein.

Tabelle 2: Soziale Herkunft der Ehefrauen nach den Berufen der Männer (Zustromquoten)

| | | Beruf des Vaters der Ehefrau | | | | | | | | | | | | | | | |
|---|---|---|---|---|---|---|---|---|---|---|---|---|---|---|---|---|---|
| Beruf des Ehemannes 1971 | | 1 | 2 | 3 | 4 | 5 | 6 | 7 | 8 | 9 | 1o | 11 | 12 | 13 | 14 | 15 | Anteile Ehemänner |
| 1 | Landwirte | 8o.9 | 4.2 | 2.2 | 4.2 | o.9 | o.7 | o.4 | o.4 | o.7 | o.4 | o.3 | o.1 | o.1 | 2.9 | 1.6 | 4.o |
| 2 | ungel. Arbeiter | 21.3 | 32.4 | 9.9 | 18.3 | 3.2 | 2.4 | 1.9 | 1.5 | 1.4 | o.3 | o.5 | o.o | o.o | 4.4 | 2.6 | 7.o |
| 3 | angel. Arbeiter | 15.3 | 17.1 | 21.8 | 24.6 | 4.o | 2.5 | 2.4 | 2.2 | 2.o | o.5 | o.7 | o.o | o.1 | 4.5 | 2.4 | 12.9 |
| 4 | Facharbeiter | 1o.1 | 13.2 | 16.1 | 32.o | 5.o | 2.8 | 3.3 | 2.9 | 3.5 | o.8 | 1.2 | o.1 | o.2 | 5.1 | 3.9 | 24.9 |
| 5 | Vorarbeiter, Meister | 1o.6 | 11.1 | 15.o | 26.o | 8.6 | 3.3 | 3.o | 3.5 | 4.5 | 1.1 | 1.9 | o.2 | o.3 | 6.4 | 4.5 | 4.1 |
| 6 | einfache Beamte | 13.2 | 13.1 | 11.5 | 25.1 | 4.6 | 7.1 | 4.o | 4.4 | 3.5 | o.9 | 2.2 | o.2 | o.2 | 6.2 | 3.8 | 1.4 |
| 7 | einf. Angestellte | 8.9 | 1o.9 | 13.3 | 26.2 | 4.5 | 3.5 | 7.1 | 4.2 | 4.7 | 1.4 | 2.2 | o.5 | o.2 | 6.9 | 5.6 | 3.7 |
| 8 | mittlere Beamte | 8.3 | 8.1 | 1o.8 | 24.7 | 6.4 | 4.1 | 4.o | 9.2 | 6.7 | 2.4 | 2.5 | o.5 | o.3 | 6.4 | 5.4 | 4.o |
| 9 | mittl. Angestellte | 6.3 | 6.8 | 1o.6 | 24.8 | 6.9 | 2.7 | 5.1 | 5.6 | 8.6 | 2.8 | 4.o | o.6 | o.7 | 6.7 | 7.8 | 12.5 |
| 1o | gehobene Beamte | 7.6 | 3.1 | 4.8 | 14.2 | 6.4 | 2.7 | 3.8 | 8.4 | 1o.6 | 11.2 | 6.5 | 2.1 | 1.9 | 6.8 | 1o.1 | 3.o |
| 11 | geh. Angestellte | 5.3 | 3.2 | 6.4 | 17.7 | 7.o | 2.4 | 4.3 | 6.8 | 1o.3 | 5.3 | 7.8 | 2.1 | 2.1 | 7.6 | 11.7 | 9.o |
| 12 | höhere Beamte | 4.9 | o.7 | 1.5 | 5.6 | 4.o | 1.1 | 1.4 | 5.4 | 8.5 | 13.3 | 11.7 | 13.8 | 4.8 | 8.3 | 15.1 | 1.7 |
| 13 | höh. Angestellte | 3.9 | 1.9 | 3.3 | 11.4 | 5.4 | 2.1 | 3.7 | 5.9 | 8.5 | 8.1 | 1o.1 | 3.9 | 7.1 | 8.7 | 16.o | 1.6 |
| 14 | Selbst. -9 Mitarb. | 11.4 | 7.2 | 9.2 | 2o.o | 5.1 | 2.2 | 3.8 | 4.6 | 5.5 | 2.9 | 3.3 | 1.3 | 1.1 | 13.o | 9.4 | 5.3 |
| 15 | Selbst. 1o+ Mitarb. | 1o.o | 3.5 | 5.5 | 16.7 | 5.8 | 1.8 | 3.5 | 4.9 | 6.9 | 4.6 | 5.1 | 1.7 | 2.1 | 9.9 | 17.9 | 4.7 |
| Anteile Väter | | 13.3 | 11.1 | 12.2 | 23.2 | 5.2 | 2.6 | 3.5 | 4.1 | 5.2 | 2.4 | 2.9 | o.9 | o.8 | 6.3 | 6.4 | N=67569 |

Kreis der möglichen Ehepartner begrenzt ist, sondern auch durch die selektive Auswahl der Ehefrauen (d.h. durch differentielle Heiratschancen der Männer). Es kann also unter diesem Gesichtspunkt gefragt werden, aus welchen sozialen Milieus die Frauen der Männer einer bestimmten Berufsgruppe kommen. Um die Homogamität einer Statusgruppe aufrechtzuerhalten, genügt es ja, die mögliche soziale Herkunft der Frauen einzuschränken, ungeachtet der Tatsache, daß andere Frauen ähnlicher Herkunft die Statusgruppe durch Heirat verlassen.

Tabelle 2 zeigt, daß auch unter einer solchen Betrachtungsweise die hier unterschiedenen Berufskategorien mit Statusgruppen nicht identisch sind; allerdings mit einer Ausnahme: Die Frauen von Landwirten sind zu über 8o% die Töchter von Landwirten. Hier kommen mehrere Faktoren zum Tragen. Zweifellos konstituiert die räumliche Segregation von Stadt und Land unterschiedliche Gelegenheitsstrukturen: 'Who does not meet, does not mate'. Das andere Ergebnis, daß nämlich drei Viertel der Töchter von Landwirten keinen Landwirt heiraten, erklärt sich jedoch nicht nur mit der drastisch schrumpfenden Chance , dies zu tun, sondern verweist zumindest zum Teil auch darauf, daß sich die Berufsstruktur der Landbewohner differenziert. Dies bedeutet zumindest langfristig auch eine zunehmende Heterogenität des sozialen Milieus der möglichen Ehepartner. Ein zweiter Faktor für die enge Rekrutierung ist sicher auch, daß von Landwirtfrauen spezifische Einstellungen und Fertigkeiten erwartet werden. Schließlich erklärt sich die hohe 'Selbstrekrutierungsquote' mit dem Mechanismus der Vererbung der Höfe über die Töchter[1].

Der Tatbestand der Hierarchisierung des Heiratsmarktes wird noch deutlicher, wenn man die Kategorien in geeigneter Weise zusammenfaßt. Tabelle 3 bildet die Heiratschancen ab, wobei die Zielgruppen nach Landwirten, Arbeitern, einfachen und mittleren, gehobenen und höheren Beamten und Angestellten und Selbständigen unterteilt sind, während die Herkunftsgruppen differenziert bleiben, um Grade von Heiratschancen erfassen zu können. Danach beschränken sich die Heiratsmöglichkeiten der Landwirtstöchter zu einem geringen Teil auf die eigene Gruppe, zum

---

1) Zur Bedeutung von Erbregeln im 'Mobilitäts'-verhalten von Kindern von Landwirten siehe Bertaux (1976).

Tabelle 3: Verteilung von Heiratschancen; Berufe von Haushaltsvorständen nach den Berufen des Vaters der Ehefrau (Abstromquoten für zusammengefaßte Zielgruppen)

| Beruf des Vaters der Ehefrau | | Beruf des Ehemannes 1971: Land-wirte | Arbeiter[1] | einfache mittlere Beamte und Angest. | gehob. höhere Beamte und Angest. | Selb-ständige |
|---|---|---|---|---|---|---|
| 1 | Landwirte | 24.6 | 48.5 | 12.4 | 6.4 | 8.1 |
| 2 | ungel. Arbeiter | 1.5 | 73.9 | 15.8 | 3.9 | 4.9 |
| 3 | angel. Arbeiter | o.7 | 66.7 | 19.8 | 6.6 | 6.2 |
| 4 | Facharbeiter | o.7 | 58.1 | 23.3 | 9.9 | 8.o |
| 5 | Vorarbeiter, Meister | o.7 | 44.6 | 25.6 | 18.7 | 1o.3 |
| 6 | einfache Beamte | 1.1 | 5o.1 | 27.9 | 13.2 | 7.7 |
| 7 | einf. Angestellte | o.4 | 39.9 | 32.1 | 17.o | 1o.6 |
| 8 | mittlere Beamte | o.4 | 3o.6 | 31.4 | 25.9 | 11.7 |
| 9 | mittl. Angestellte | o.5 | 27.4 | 3o.4 | 29.6 | 12.o |
| 1o | gehobene Beamte | o.7 | 13.4 | 21.1 | 49.1 | 15.6 |
| 11 | geh. Angestellte | o.5 | 16.9 | 24.7 | 43.5 | 14.4 |
| 12 | höhere Beamte | o.5 | 3.6 | 14.1 | 64.1 | 17.7 |
| 13 | höh. Angestellte | o.6 | 9.3 | 14.7 | 55.4 | 2o.o |
| 14 | Selbst. -9 Mitarb. | 1.8 | 38.3 | 22.8 | 18.5 | 18.5 |
| 15 | Selbst. 1o+ Mitarb. | 1.o | 25.7 | 22.8 | 29.4 | 21.1 |
| | N = 67569 | 4.o | 49.o | 21.6 | 15.4 | 1o.1 |

1) Die Arbeiterkategorie schließt die Vorarbeiter, Meister und Werkmeister ein.

größten Teil aber auch auf die Arbeiterschicht[1]. Die Arbeitertöchter verbleiben zwischen nahezu 6o% für die Facharbeiterkinder und nahezu 75% der Kinder ungelernter Arbeiter auch durch ihre Heirat im Arbeitermilieu. Die 'Eingeschlossenheit in das Arbeiterdasein', das sowohl mit Daten für die Intergenerationenmobilität als auch für die Intragenerationenmobilität belegt werden kann, gilt also auch für Heiratsbeziehungen. Cinderella, Aschenputtel und Eliza Doolittle sind, an massenstatistischen Regelmäßigkeiten gemessen, ebenso soziale Mythen wie die Aufstiege vom Arbeiterkind zum Großunternehmer oder Beamten der Besoldungsgruppe B. Die populäre Auffassung, Heiraten würden zwar auch von ökonomischen und sozialen Faktoren bestimmt, aber persönliche, körperliche und sexuelle Attraktivität würden soziale Barrieren häufig beiseite schieben, muß bei solchen Daten fragwürdig werden. Die Chance, daß eine Tochter eines höheren Beamten einen Arbeiter heiratet, liegt hier unter vier aus Hundert, während umgekehrt die Chancen einer Tochter aus Arbeitermilieu, über eine Heirat in die obere Hälfte der Mittelschicht zu gelangen, zwischen vier und zehn Prozent liegt. Der hohen Homogamie bei den Arbeitern in den unteren Rängen der sozialen Hierarchie entspricht die um 6o% liegende hohe Homogamiequote für die höheren Beamten und Angestellten, die sich auf ca. 8o% erhöht, wenn man die Heirat mit Selbständigen mit einschließt. Eine Mittelstellung zwischen Arbeitern und gehobener Mittelschicht nehmen die Heiratschancen der Töchter der einfachen und mittleren Angestellten und Beamten ein. In konsistenter, jeweiliger hierarchischer Abstufung nimmt ihr Zugang zur Arbeiterschicht ab, und der Zugang zur 'gehobenen Mittelschicht' nimmt zu - bei konstanter Homogamie von ca. 3o% - bis die Zugangschancen bei den mittleren Angestellten und Beamten zu den Arbeitern, zur eigenen Gruppe und zum gehobenen Mittelstand etwa ausgeglichen sind. Charakteristisch für die Chancen der Töchter von kleinen und großen Selbständigen ist ihre grosse Streuung, die der Heterogenität dieser Kategorien entspricht. Gemessen an den Zugängen zur Arbeiter'schicht' liegen die beiden Selbständigen-Gruppen nahe bei den einfachen und mittleren Angestellten; eine Zuordnung, die der ökonomischen Situation, also der Klassenlage dieser Gruppen, in keiner Weise entspricht.

---

1) Die 'Schicht'-bezeichnungen werden hier nur als Zusammenfassungsformeln ohne jede darüberhinausgehende Implikation gebraucht.

Tabelle 4: Soziale Herkunft der Ehefrauen nach den Berufen der Männer (Zustromquoten für zusammengefaßte Herkunftsgruppen)

| | Beruf des Ehemannes 1971 | Beruf des Vaters der Ehefrau | | | | |
|---|---|---|---|---|---|---|
| | | Land-wirte | Arbeiter[1] | einfache mittlere Beamte und Angest. | gehob. höhere Beamte und Angest. | Selb-ständige |
| 1 | Landwirte | 8o.9 | 11.5 | 2.2 | 1.o | 4.4 |
| 2 | ungel. Arbeiter | 21.3 | 63.7 | 7.1 | o.9 | 6.9 |
| 3 | angel. Arbeiter | 15.3 | 67.4 | 9.o | 1.3 | 6.9 |
| 4 | Facharbeiter | 1o.1 | 66.3 | 12.5 | 2.2 | 8.9 |
| 5 | Vorarbeiter, Meister | 1o.6 | 6o.7 | 14.4 | 3.5 | 1o.8 |
| 6 | einfache Beamte | 13.2 | 54.3 | 18.9 | 3.5 | 1o.1 |
| 7 | einf. Angestellte | 8.9 | 54.9 | 19.5 | 4.3 | 12.5 |
| 8 | mittlere Beamte | 8.3 | 5o.o | 24.1 | 5.8 | 11.9 |
| 9 | mittl. Angestellte | 6.3 | 49.o | 22.o | 8.2 | 14.5 |
| 1o | gehobene Beamte | 7.6 | 28.4 | 25.4 | 21.7 | 16.9 |
| 11 | geh. Angestellte | 5.3 | 34.4 | 23.8 | 17.3 | 19.2 |
| 12 | höhere Beamte | 4.9 | 11.7 | 16.3 | 43.6 | 23.4 |
| 13 | höh. Angestellte | 3.9 | 22.1 | 2o.1 | 29.2 | 24.7 |
| 14 | Selbst. -9 Mitarb. | 11.4 | 41.5 | 16.1 | 8.7 | 22.4 |
| 15 | Selbst. 1o+ Mitarb. | 1o.o | 31.5 | 17.2 | 13.5 | 27.9 |
| | N = 67569 | 13.3 | 51.8 | 15.3 | 6.9 | 12.7 |

1) Die Arbeiterkategorie schließt die Vorarbeiter, Meister und Werkmeister ein.

Haben wir oben gefragt, welche Männer werden von Frauen aus einer bestimmten Herkunftsgruppe gewählt, so können wir auch für die Grobgliederung fragen, aus welchen Herkunftsgruppen die Frauen verschiedener männlicher Berufskategorien kommen. Die entsprechenden Informationen enthält Tabelle 4. Hier zeigt sich - neben der schon diskutierten hohen Endogamie der Landwirte -, daß auch unter Rekrutierungsgesichtspunkten die Arbeiterschicht eine weithin in sich geschlossene Gruppe bildet: Töchter von Arbeitern heiraten also Arbeiter und umgekehrt. Der Terminus 'Wahl' würde hier zweifellos fehl am Platze sein, denn die sozialen Gesetzmäßigkeiten, die diesen Ergebnissen zugrundeliegen, lassen sich auf individuelle Präferenzen auch mit hohem Argumentationsaufwand nicht mehr reduzieren. Bemerkenswert ist jedoch, daß auch die Frauen der unteren Angestellten und Beamten zur Hälfte und mehr aus der Arbeiterschicht stammen, also einen - wenn auch geringfügigen - Aufstieg durch Heirat erreicht haben[1]. Geht man von diesen Anteilen aus, so kann von einer starken Statussegregation zwischen der unteren Mittelschicht und der Arbeiterschicht, zumindest in der Richtung von unten nach oben, kaum gesprochen werden. Obgleich der Anteil der Töchter von Arbeitern in der gehobenen Mittelschicht stark zurückgeht, scheint auch hier die Endogamiequote prima facie sehr gemäßigt ausgeprägt, mit Ausnahme allerdings der höheren Beamten, die die selektivsten Heiratsbeziehungen ausweisen.

Ähnlich wie Mobilitätsprozesse unterliegen auch Heiratsbeziehungen Restriktionen durch die quantitative Größe der Herkunfts- und Zielgruppen, d.h. durch den Umfang des 'Angebots' und der 'Nachfrage'. Im Gegensatz zur Mobilitätsanalyse ist die Verteilung auf die Zielgruppen jedoch für Frauen, die heiraten, gegeben, während sie durch Prozesse der Berufsmobilität partiell bedingt wird[2]. Sowohl die Heiratschancen der Töchter als auch die Zusammensetzung der Ehefrauen einer bestimm-

---

1) Diese Feststellung ist jedoch in zweierlei Hinsicht mit Vorbehalt zu lesen. Zum einen wird erst im späteren Teil dieses Beitrags belegt, was die relative Rangfolge zwischen Arbeiter- und einfachen Beamten- und Angestelltenkategorien faktisch ist. Zum andern ist in diesem Ergebnis z.T. zumindest auch gemeinsame Mobilität von Mann und Frau enthalten.

2) Der Umstand, daß bei Heiratsbeziehungen die 'Fluktuation die Schichtung' nicht beeinflussen kann (zumindest bei einer geschlossenen Population), könnte als Kriterium dafür heranbezogen werden, ob eine solche Annahme für Mobilitätsprozesse plausibel ist.

Tabelle 5: Heiratsbeziehungen zwischen 15 Berufskategorien; Verhältnis der beobachteten zu den bei statistischer Unabhängigkeit erwarteten Werten(Assoziationsindices)

| Beruf des Vaters der Ehefrau | | Beruf des Ehemannes 1971 | | | | | | | | | | | | | | |
|---|---|---|---|---|---|---|---|---|---|---|---|---|---|---|---|---|
| | | 1 | 2 | 3 | 4 | 5 | 6 | 7 | 8 | 9 | 1o | 11 | 12 | 13 | 14 | 15 |
| 1 | Landwirte | 6.o9 | 1.6o | 1.16 | o.76 | o.8o | o.99 | o.67 | o.63 | o.48 | o.57 | o.4o | o.37 | o.29 | o.86 | o.75 |
| 2 | ungel. Arbeiter | o.38 | 2.91 | 1.53 | 1.19 | 1.oo | 1.18 | o.98 | o.73 | o.61 | o.28 | o.29 | o.o6 | o.17 | o.65 | o.31 |
| 3 | angel. Arbeiter | o.18 | o.81 | 1.79 | 1.32 | 1.23 | o.95 | 1.o9 | o.89 | o.87 | o.39 | o.53 | o.12 | o.27 | o.75 | o.45 |
| 4 | Facharbeiter | o.18 | o.79 | 1.o6 | 1.38 | 1.12 | 1.o8 | 1.13 | 1.o6 | 1.o7 | o.61 | o.76 | o.24 | o.49 | o.86 | o.72 |
| 5 | Vorarbeiter, Meister | o.17 | o.61 | o.76 | o.95 | 1.65 | o.87 | o.86 | 1.22 | 1.31 | 1.22 | 1.33 | o.76 | 1.o4 | o.96 | 1.1o |
| 6 | einfache Beamte | o.28 | o.9o | o.95 | 1.o6 | 1.26 | 2.69 | 1.33 | 1.57 | 1.o3 | 1.o2 | o.9o | o.4o | o.81 | o.84 | o.68 |
| 7 | einf. Angestellte | o.11 | o.54 | o.69 | o.95 | o.87 | 1.14 | 2.o4 | 1.16 | 1.46 | 1.o8 | 1.25 | o.41 | 1.o6 | 1.o9 | 1.o1 |
| 8 | mittlere Beamte | o.1o | o.37 | o.53 | o.7o | o.86 | 1.o7 | 1.o4 | 2.26 | 1.37 | 2.o6 | 1.67 | 1.32 | 1.45 | 1.12 | 1.21 |
| 9 | mittl. Angestellte | o.13 | o.27 | o.38 | o.68 | o.88 | o.68 | o.91 | 1.3o | 1.67 | 2.o5 | 2.oo | 1.64 | 1.64 | 1.o6 | 1.34 |
| 1o | gehobene Beamte | o.18 | o.14 | o.2o | o.32 | o.48 | o.39 | o.57 | 1.o2 | 1.15 | 4.66 | 2.23 | 5.57 | 3.38 | 1.23 | 1.92 |
| 11 | geh. Angestellte | o.11 | o.18 | o.23 | o.4o | o.66 | o.75 | o.75 | o.87 | 1.39 | 2.25 | 2.69 | 4.o2 | 3.49 | 1.14 | 1.76 |
| 12 | höhere Beamte | o.13 | o.o2 | o.o1 | o.1o | o.21 | o.24 | o.56 | o.57 | o.75 | 2.51 | 2.44 | 16.17 | 4.53 | 1.56 | 1.98 |
| 13 | höh. Angestellte | o.14 | o.o5 | o.16 | o.22 | o.32 | o.26 | o.3o | o.42 | o.93 | 2.39 | 2.62 | 6.o1 | 8.93 | 1.4o | 2.64 |
| 14 | Selbst. -9 Mitarb. | o.45 | o.69 | o.71 | o.81 | 1.o1 | o.99 | 1.1o | 1.o2 | 1.o6 | 1.o8 | 1.2o | 1.32 | 1.39 | 2.o7 | 1.58 |
| 15 | Selbst. 1o+ Mitarb. | o.25 | o.4o | o.38 | o.6o | o.7o | o.6o | o.87 | o.85 | 1.22 | 1.58 | 1.83 | 2.37 | 2.51 | 1.47 | 2.81 |

ten Berufsgruppe nach ihrer sozialen Herkunft sind daher u.a. eine Funktion der Randverteilungen. Diese Einflüsse werden durch die Abstrom- und Zustromquoten jeweils nur partiell konstant gehalten. Ein Maß, das sowohl der Größe der Herkunftskategorien als auch der Größe der Zielkategorien Rechnung trägt, ist der sog. Assoziationsindex, der die Abweichung der beobachteten Zellenwerte von den bei statistischer Unabhängigkeit erwarteten mißt. Tabelle 5 gibt die Assoziationsindices für die 15x15 Matrix wieder. Werte über 1 (in den Tabellen unterstrichen) geben an, daß die Heiratsbeziehungen zwischen zwei Berufskategorien - gemessen an den Berufen der Schwiegerväter und Schwiegersöhne - enger sind, als eine zufällige Verteilung erwarten ließe; Werte unter 1, daß zwischen diesen Gruppen weniger familiäre Beziehungen bestehen als schon bei statistischer Unabhängigkeit vorkommen würden.

Die Matrix der Assoziationsindices in Tabelle 5 läßt die Struktur der Heiratsbeziehungen eindeutig erkennen. Mit zwei Ausnahmen ist die Endogamie, also die Einheirat in die eigene Gruppe, das wichtigste Strukturmerkmal. Die Ausnahme sind Heiraten von Töchtern gehobener Beamter und Angestellter mit Beamten im höheren Dienst; offenbar eine besonders gefragte Gruppe von Ehemännern. Am stärksten ist die Endogamie bei den gehobenen und höheren Beamten und Angestellten. Insgesamt zeigt sich ein Muster von Aufstiegsheiraten (rechts von der Diagonale), das vor allem für die Mittelschicht von den einfachen Angestellten an gilt.

Wie schon angedeutet, bedeutet dieses Muster, daß der Herkunftsstatus, je nach Höhe, vor allem davor bewahrt, in eine niedrigere Berufsgruppe einheiraten zu müssen, aber nicht in gleichem Maße verhindert, daß Töchter aus niedrigeren Berufsgruppen wenigstens zum Teil Zugang in höhere Kategorien finden.

Als relativ abgeschlossene Statusgruppen erweisen sich die Landwirte, die Arbeiter und die gehobenen und höheren Beamten und Angestellten, während sowohl der Zugang zu den Selbständigen als auch die Heirat aus der Gruppe der Selbständigen heraus relativ breit gestreut ist.

Noch plastischer kommen diese Statusgruppen zum Vorschein, wenn wir zur Berechnung der Assoziationskoeffizienten die Zugangsgruppen zusammenfassen (Tabelle 6). Zu den Arbeitern stoßen die Beamten im einfachen Dienst, während die Vorarbeiter und Meister eine enge Beziehung zu den einfachen Angestellten zeigen. Ebenso deutlich wird die hohe Endogamie

Tabelle 6: Heiratschancen; Berufe der Männer nach den Berufen des Vaters der Ehefrau (Assoziationsindices)

| | Beruf des Vaters der Ehefrau | Beruf des Ehemannes 1971 | | | | |
|---|---|---|---|---|---|---|
| | | Land-wirte | Arbeiter | einfache mittlere Beamte u. | gehob. höhere Angest. | Selb-ständige |
| 1 | Landwirte | 6.o9 | o.99 | o.57 | o.42 | o.81 |
| 2 | ungel. Arbeiter | o.38 | 1.51 | o.73 | o.25 | o.49 |
| 3 | angel. Arbeiter | o.18 | 1.36 | o.92 | o.43 | o.61 |
| 4 | Facharbeiter | o.18 | 1.19 | 1.o8 | o.65 | o.8o |
| 5 | Vorarbeiter, Meister | o.17 | o.91 | 1.19 | 1.22 | 1.o3 |
| 6 | einfache Beamte | o.28 | 1.o2 | 1.29 | o.86 | o.77 |
| 7 | einf. Angestellte | o.11 | o.82 | 1.48 | 1.11 | 1.o5 |
| 8 | mittlere Beamte | o.1o | o.62 | 1.46 | 1.69 | 1.17 |
| 9 | mittl. Angestellte | o.13 | o.56 | 1.41 | 1.93 | 1.2o |
| 1o | gehobene Beamte | o.18 | o.27 | o.98 | 3.2o | 1.56 |
| 11 | geh. Angestellte | o.11 | o.35 | 1.14 | 2.83 | 1.43 |
| 12 | höhere Beamte | o.13 | o.o7 | o.65 | 4.17 | 1.76 |
| 13 | höh. Angestellte | o.14 | o.19 | o.68 | 3.61 | 1.98 |
| 14 | Selbst. -9 Mitarb. | o.45 | o.78 | 1.o6 | 1.21 | 1.84 |
| 15 | Selbst. 1o+ Mitarb. | o.25 | o.52 | 1.o6 | 1.91 | 2.1o |

Tabelle 7: Soziale Herkunft der Ehefrauen (Assoziationsindices)

| | Beruf des Ehemannes 1971 | Beruf des Vaters der Ehefrau | | | | |
|---|---|---|---|---|---|---|
| | | Land-wirte | Arbeiter | einfache mittlere Beamte u. | gehob. höhere Angest. | Selb-ständige |
| 1 | Landwirte | 6.o9 | o.22 | o.14 | o.14 | o.35 |
| 2 | ungel. Arbeiter | 1.6o | 1.23 | o.46 | o.13 | o.55 |
| 3 | angel. Arbeiter | 1.16 | 1.3o | o.59 | o.19 | o.55 |
| 4 | Facharbeiter | o.76 | 1.28 | o.81 | o.31 | o.71 |
| 5 | Vorarbeiter, Meister | o.8o | 1.17 | o.94 | o.5o | o.85 |
| 6 | einfache Beamte | o.99 | 1.o5 | 1.23 | o.51 | o.8o |
| 7 | einf. Angestellte | o.67 | 1.o6 | 1.27 | o.61 | o.99 |
| 8 | mittlere Beamte | o.63 | o.97 | 1.57 | o.83 | o.94 |
| 9 | mittl. Angestellte | o.48 | o.95 | 1.43 | 1.18 | 1.14 |
| 1o | gehobene Beamte | o.57 | o.55 | 1.65 | 3.13 | 1.33 |
| 11 | geh. Angestellte | o.4o | o.66 | 1.55 | 2.49 | 1.52 |
| 12 | höhere Beamte | o.37 | o.23 | 1.o7 | 6.28 | 1.85 |
| 13 | höh. Angestellte | o.29 | o.43 | 1.31 | 4.2o | 1.95 |
| 14 | Selbst. -9 Mitarb. | o.86 | o.8o | 1.o5 | 1.25 | 1.77 |
| 15 | Selbst. 1o+ Mitarb. | o.75 | o.61 | 1.12 | 1.94 | 2.2o |

bei den gehobenen und höheren Beamten und Angestellten, aber auch ihre enge wechselseitige Beziehung auf dem Heiratsmarkt mit den Selbständigen. Ein ganz ähnliches Bild ergibt sich aus Tabelle 7, in der die Assoziationskoeffizienten nach Zusammenfassung der Herkunftsgruppen berechnet sind. Stärker tritt jedoch die enge Verknüpfung zwischen den ungelernten Arbeitern und den Landwirten zutage, die - wie Mobilitätstabellen zeigen - dadurch zustandekommt, daß viele Bauernsöhne ungelernte Arbeiter werden und Töchter aus ihren Herkunftsfamilien heiraten. Ferner kehrt sich das Verhältnis von Meistern und einfachen Beamten um, wenn der Rekrutierungsaspekt in den Vordergrund tritt.

## 4. Heiratschancen und Mobilitätschancen - ein erster Vergleich

Um einen ersten Vergleich zwischen der Struktur intergenerationaler Berufsmobilität und der Struktur von Heiratsbeziehungen zu ermöglichen, haben wir einen Datensatz erstellt, der es erlaubt, für verheiratete Männer Mobilitätsparameter zu errechnen[1].

Schon der Vergleich der voranstehenden Analyse mit früheren Beschreibungen der Intergenerationenmobilität nach den MZU-Daten (vgl. dazu Müller/Mayer 1976, S. 33 ff, Tab. 1 und 2) verweist auf eine tiefgreifende Homomorphie zwischen beiden Mechanismen der Statuszuweisung, die in der übereinstimmenden Grobstruktur zum Ausdruck kommt: Konzentration der Fälle in den Diagonalzellen, also relativ hohe Endogamie bzw. Berufs-'vererbung' und Konzentration der Bewegungen in benachbarte Kategorien. Genauere Aussagen erlauben die Vergleiche der Tabellen 1 und 1.1 sowie 3 und 3.1, die Heirats- und Mobilitätschancen in gleich aufgebauten Matrizen darstellen.

---

1) Die Datensätze für die Heirats- und Mobilitätsdaten sind nicht völlig identisch. Die für den Vergleich unwesentlichen Unterschiede liegen zum einen darin, daß in den Mobilitätsdaten verheiratete Männer und nicht verheiratete männliche Haushaltsvorstände enthalten sind, zum andern, daß die Altersrestriktion für Informationen über Eltern (nach 192o geboren) bei den Mobilitätsdaten für den Mann, bei den Heiratsdaten für die Frau gilt. Ziel dieser Abgrenzungen war es, für die beiden Stichproben möglichst viele Fälle zu gewinnen.

Tabelle 1.1: Intergenerationale Berufsmobilität; Beruf verheirateter Männer nach den Berufen des Vaters (Abstromquoten)

| | | Beruf des Sohnes 1971 | | | | | | | | | | | | | | | |
|---|---|---|---|---|---|---|---|---|---|---|---|---|---|---|---|---|---|
| | Beruf des Vaters | 1 | 2 | 3 | 4 | 5 | 6 | 7 | 8 | 9 | 1o | 11 | 12 | 13 | 14 | 15 | Anteile Väter |
| 1 | Landwirte | 28.7 | 13.2 | 16.6 | 16.2 | 3.4 | 1.1 | 2.4 | 1.8 | 5.3 | 1.5 | 3.o | o.5 | o.5 | 3.5 | 2.3 | 12.8 |
| 2 | ungel. Arbeiter | o.6 | 23.o | 21.2 | 3o.3 | 3.9 | 1.6 | 2.9 | 2.7 | 6.9 | o.7 | 2.1 | o.1 | o.3 | 2.5 | 1.2 | 1o.9 |
| 3 | angel. Arbeiter | o.4 | 5.6 | 24.o | 35.5 | 5.o | 1.4 | 3.7 | 3.4 | 1o.2 | 1.4 | 4.2 | o.2 | o.4 | 2.9 | 1.8 | 11.9 |
| 4 | Facharbeiter | o.3 | 4.7 | 12.1 | 39.4 | 5.1 | 1.4 | 3.9 | 4.o | 13.5 | 1.7 | 6.5 | o.3 | o.8 | 3.6 | 2.5 | 23.3 |
| 5 | Vorarbeiter, Meister | o.6 | 3.1 | 8.5 | 23.9 | 8.9 | 1.4 | 3.2 | 3.7 | 17.8 | 3.5 | 13.8 | 1.2 | 1.6 | 4.5 | 4.4 | 5.2 |
| 6 | einfache Beamte | o.4 | 5.3 | 9.9 | 25.o | 3.9 | 6.8 | 4.o | 1o.2 | 14.4 | 3.9 | 8.o | 1.o | 1.o | 4.o | 2.3 | 2.8 |
| 7 | einf. Angestellte | o.3 | 3.3 | 9.2 | 22.2 | 2.8 | 1.7 | 9.8 | 5.1 | 2o.6 | 3.9 | 11.3 | 1.1 | 1.9 | 4.2 | 2.7 | 3.1 |
| 8 | mittlere Beamte | o.2 | 1.5 | 4.9 | 16.3 | 3.o | 1.4 | 4.2 | 13.9 | 17.6 | 1o.2 | 14.2 | 2.7 | 2.o | 5.2 | 2.7 | 4.2 |
| 9 | mittl. Angestellte | o.3 | 1.4 | 4.3 | 14.1 | 2.3 | o.8 | 4.2 | 4.6 | 27.2 | 6.5 | 19.4 | 2.9 | 3.o | 5.o | 3.9 | 4.8 |
| 1o | gehobene Beamte | o.2 | 1.2 | 1.6 | 6.1 | 2.4 | o.5 | 2.4 | 4.6 | 14.6 | 17.9 | 22.3 | 1o.3 | 4.7 | 5.6 | 5.5 | 2.7 |
| 11 | geh. Angestellte | o.1 | o.5 | 3.1 | 8.6 | 2.o | 1.o | 3.1 | 3.2 | 17.7 | 5.7 | 33.4 | 5.1 | 5.9 | 5.o | 5.6 | 3.o |
| 12 | höhere Beamte | o.5 | o.8 | 1.1 | 1.6 | o.5 | o.5 | o.7 | 2.o | 9.7 | 7.4 | 25.o | 29.6 | 8.2 | 4.7 | 7.7 | 1.o |
| 13 | höh. Angestellte | o.o | o.3 | o.5 | 3.8 | 1.8 | o.3 | 1.3 | 1.7 | 11.7 | 6.o | 28.9 | 1o.5 | 18.9 | 7.2 | 6.9 | o.9 |
| 14 | Selbst. -9 Mitarb. | 1.3 | 5.2 | 9.o | 16.9 | 3.9 | 1.2 | 4.2 | 2.9 | 12.1 | 2.9 | 9.3 | 1.6 | 2.o | 19.7 | 8.o | 6.8 |
| 15 | Selbst. 1o+ Mitarb. | o.5 | 1.6 | 4.4 | 12.3 | 4.1 | o.4 | 3.1 | 1.9 | 13.o | 2.9 | 13.8 | 2.2 | 3.4 | 9.6 | 26.9 | 6.7 |
| | Anteile Söhne | 4.1 | 7.o | 12.6 | 25.2 | 4.2 | 1.4 | 3.6 | 3.9 | 12.6 | 3.1 | 9.1 | 1.6 | 1.6 | 5.2 | 4.7 | N=64675 |

Danach liegt die Berufsvererbung konsistent über alle Berufskategorien höher als die Endogamie. Wichtigster Tatbestand ist jedoch zweifellos die große Ähnlichkeit zwischen Mobilitäts- und Heiratschancen, sowohl was die konsistente Hierarchisierung des Zugangs zu konstanten Zielgruppen, als auch das Muster der Übergänge anbelangt. Arbeitersöhne verbleiben zwischen 78 und 61% in der Arbeiterschicht, Arbeitertöchter zwischen 74 und 58%. Die Zugangschancen zu den höheren Beamten und Angestellten sind für Arbeitersöhne und Arbeitertöchter nahezu identisch und schwanken zwischen 3 bzw. 4% für die Kinder Ungelernter und 9 bzw. 1o% für Facharbeiterkinder. Bei den einfachen und mittleren Beamten und Angestellten liegen die Aufstiegschancen bei den Söhnen geringfügig höher, die Abstiegschancen in die Arbeiterschicht etwas niedriger als bei den Töchtern. Die Abstiege fallen von 44% für die Söhne einfacher Beamter auf 22% für die Söhne mittlerer Angestellter, die entsprechenden Anteile in den Heiratsdaten sind 5o und 27%. Für die Statusbewahrungschancen der höheren Beamten und Angestellten gilt ein ähnliches Verhältnis. Die Chance, in dieser relativ privilegierten Position zu bleiben, haben zwischen 44 und 66 von hundert Töchtern, aber zwischen 5o und 7o vom Hundert der Söhne. Die Abstiegsrisiken der Töchter sind etwas höher als die der Söhne.

Aufschlußreich ist der Vergleich auch bei den Selbständigen; die Berufsvererbung für die Söhne ist sehr viel höher als die Endogamie für die Töchter, entsprechend ist die Einheirat in Selbständigenfamilien leichter für Töchter von Nicht-Selbständigen, als der Zugang zu einer selbständigen Existenz für deren Söhne. Hier wird besonders augenfällig, daß die Selbständigen zwar eine spezifische Klassenlage bilden, aber eben keine Statusgruppe[1].

Auf einen kurzen Nenner gebracht, könnte man also sagen: Arbeitertöchter und Arbeitersöhne unterscheiden sich in ihren Aufstiegschancen nicht, während für die Töchter der Beamten und Angestellten die Abstiegsrisiken größer, die Aufstiegs- bzw. Statusbewahrungschancen geringer sind

---

1) Die in den Tabellen 5/6 bzw. 5.1/6.1 wiedergegebenen Abweichungen von den Erwartungswerten generalisieren diese Resultate von dem (Zeilen-) Aspekt der Chancen auf das Muster der Beziehungen. Hervorragend bleibt der Tatbestand der Ähnlichkeit zwischen Mobilitäts- und Heiratsstruktur. Bestätigt werden auch die stärkeren Beharrungstendenzen bei der beruflichen Mobilität, die größere Offenheit der Selbständigen als Heiratszielgruppe.

Tabelle 5.1: Intergenerationale Berufsmobilität; Verhältnis der beobachteten zu den bei statistischer Unabhängigkeit erwarteten Werten (Assoziationsindices)

| | Beruf des Sohnes 1971 | | | | | | | | | | | | | | |
|---|---|---|---|---|---|---|---|---|---|---|---|---|---|---|---|
| Beruf des Vaters | 1 | 2 | 3 | 4 | 5 | 6 | 7 | 8 | 9 | 1o | 11 | 12 | 13 | 14 | 15 |
| 1 Landwirte | 7.o4 | 1.88 | 1.32 | o.64 | o.81 | o.78 | o.65 | o.46 | o.42 | o.48 | o.33 | o.33 | o.3o | o.67 | o.49 |
| 2 ungel. Arbeiter | o.15 | 3.27 | 1.68 | 1.2o | o.93 | 1.12 | o.81 | o.71 | o.55 | o.22 | o.23 | o.o8 | o.18 | o.47 | o.25 |
| 3 angel. Arbeiter | o.o9 | o.79 | 1.91 | 1.41 | 1.18 | 1.o3 | 1.o2 | o.88 | o.81 | o.44 | o.46 | o.13 | o.23 | o.55 | o.39 |
| 4 Facharbeiter | o.o7 | o.68 | o.96 | 1.56 | 1.21 | 1.o1 | 1.o9 | 1.o3 | 1.o7 | o.54 | o.72 | o.19 | o.47 | o.7o | o.54 |
| 5 Vorarbeiter, Meister | o.15 | o.44 | o.67 | o.95 | 2.11 | 1.o2 | o.88 | o.96 | 1.41 | 1.11 | 1.52 | o.73 | o.96 | o.86 | o.94 |
| 6 einfache Beamte | o.o9 | o.75 | o.79 | o.99 | o.91 | 4.93 | 1.1o | 2.62 | 1.14 | 1.25 | o.89 | o.61 | o.61 | o.77 | o.49 |
| 7 einf. Angestellte | o.o7 | o.47 | o.73 | o.88 | o.66 | 1.25 | 2.73 | 1.31 | 1.63 | 1.23 | 1.24 | o.67 | 1.16 | o.8o | o.58 |
| 8 mittlere Beamte | o.o5 | o.22 | o.39 | o.65 | o.7o | 1.o1 | 1.18 | 3.59 | 1.39 | 3.27 | 1.57 | 1.69 | 1.21 | o.99 | o.58 |
| 9 mittl. Angestellte | o.o7 | o.2o | o.34 | o.56 | o.56 | o.6o | 1.16 | 1.18 | 2.16 | 2.1o | 2.14 | 1.79 | 1.86 | o.96 | o.82 |
| 1o gehobene Beamte | o.o6 | o.17 | o.13 | o.24 | o.56 | o.38 | o.67 | 1.19 | 1.16 | 5.73 | 2.46 | 6.38 | 2.92 | 1.o7 | 1.17 |
| 11 geh. Angestellte | o.o1 | o.o7 | o.24 | o.34 | o.48 | o.69 | o.87 | o.82 | 1.41 | 1.82 | 3.68 | 3.16 | 3.67 | o.96 | 1.19 |
| 12 höhere Beamte | o.12 | o.12 | o.o9 | o.o6 | o.12 | o.36 | o.18 | o.51 | o.77 | 2.36 | 2.76 | 18.39 | 5.o5 | o.91 | 1.63 |
| 13 höh. Angestellte | o.oo | o.o5 | o.o4 | o.15 | o.44 | o.24 | o.37 | o.43 | o.93 | 1.93 | 3.19 | 6.54 | 11.67 | 1.37 | 1.46 |
| 14 Selbst. -9 Mitarb. | o.32 | o.74 | o.72 | o.67 | o.92 | o.87 | 1.16 | o.75 | o.96 | o.92 | 1.o2 | 1.o2 | 1.22 | 3.75 | 1.7o |
| 15 Selbst. 1o+ Mitarb. | o.12 | o.23 | o.35 | o.49 | o.97 | o.32 | o.86 | o.5o | 1.o3 | o.92 | 1.52 | 1.39 | 2.o8 | 1.83 | 5.71 |

Tabelle 3.1: Intergenerationenmobilität; Berufe verheirateter Männer nach den Berufen ihrer Väter (Abstromquoten für zusammengefaßte Zielgruppen)

| Beruf des Vaters | Beruf des Sohnes 1971: Landwirte | Arbeiter | einfache mittlere Beamte u. | gehob. höhere Angest. | Selbständige |
|---|---|---|---|---|---|
| 1 Landwirte | 28.7 | 49.4 | 1o.5 | 5.5 | 5.8 |
| 2 ungel. Arbeiter | o.6 | 78.4 | 14.1 | 3.2 | 3.7 |
| 3 angel. Arbeiter | o.4 | 7o.1 | 18.7 | 6.1 | 4.7 |
| 4 Facharbeiter | o.3 | 61.4 | 22.8 | 9.3 | 6.2 |
| 5 Vorarbeiter, Meister | o.6 | 44.3 | 26.1 | 2o.o | 8.9 |
| 6 einfache Beamte | o.4 | 44.o | 35.4 | 13.9 | 6.3 |
| 7 einf. Angestellte | o.3 | 37.5 | 37.2 | 18.1 | 6.9 |
| 8 mittlere Beamte | o.2 | 25.6 | 37.1 | 29.1 | 7.9 |
| 9 mittl. Angestellte | o.3 | 22.1 | 36.8 | 31.9 | 8.9 |
| 1o gehobene Beamte | o.2 | 11.3 | 22.2 | 55.2 | 11.1 |
| 11 geh. Angestellte | o.1 | 14.2 | 25.o | 5o.1 | 1o.7 |
| 12 höhere Beamte | o.5 | 4.1 | 12.8 | 7o.2 | 12.4 |
| 13 höh. Angestellte | o.o | 6.5 | 15.1 | 64.4 | 14.o |
| 14 Selbst. -9 Mitarb. | 1.3 | 34.9 | 2o.4 | 15.7 | 27.7 |
| 15 Selbst. 1o+ Mitarb. | 0.5 | 22.4 | 18.5 | 22.2 | 36.5 |
| N = 64675 | 4.o | 48.o | 21.o | 15.1 | 9.7 |

Tabelle 6.1: Intergenerationenmobilität; Berufe verheirateter Männer nach den Berufen ihrer Väter (Assoziationsindices)

| Beruf des Vaters | Beruf des Sohnes 1971: Landwirte | Arbeiter | einfache mittlere Beamte u. | gehob. höhere Angest. | Selbständige |
|---|---|---|---|---|---|
| 1 Landwirte | 7.o4 | 1.o1 | o.49 | o.36 | o.59 |
| 2 ungel. Arbeiter | o.15 | 1.6o | o.66 | o.21 | o.37 |
| 3 angel. Arbeiter | o.o9 | 1.43 | o.87 | o.4o | o.47 |
| 4 Facharbeiter | o.o7 | 1.25 | 1.o6 | o.6o | o.62 |
| 5 Vorarbeiter, Meister | o.15 | o.9o | 1.22 | 1.3o | o.9o |
| 6 einfache Beamte | o.o9 | o.9o | 1.65 | o.9o | o.64 |
| 7 einf. Angestellte | o.o7 | o.76 | 1.73 | 1.17 | o.7o |
| 8 mittlere Beamte | o.o5 | o.52 | 1.73 | 1.89 | o.79 |
| 9 mittl. Angestellte | o.o7 | o.45 | 1.71 | 2.o7 | o.9o |
| 1o gehobene Beamte | o.o6 | o.23 | 1.o3 | 3.58 | 1.12 |
| 11 geh. Angestellte | o.o1 | o.29 | 1.16 | 3.25 | 1.o7 |
| 12 höhere Beamte | o.12 | o.o8 | o.59 | 4.55 | 1.25 |
| 13 höh. Angestellte | o.oo | o.13 | o.7o | 4.17 | 1.41 |
| 14 Selbst. -9 Mitarb. | o.32 | o.71 | o.95 | 1.o2 | 2.78 |
| 15 Selbst. 1o+ Mitarb. | o.12 | o.46 | o.86 | 1.44 | 3.66 |

als für ihre 'Brüder'. Heiratsbeziehungen sind damit etwas offener als Mobilitätsbeziehungen.

Diese Ergebnisse sind in mehrfacher Hinsicht bedeutsam. Vor Kenntnis der Daten schien die Annahme hochplausibel, daß Prozesse der beruflichen Intergenerationenmobilität in sehr viel stärkerem Maße als Heiratsbeziehungen exogen durch strukturelle, ökonomische und technologische Bedingungen und ihren Wandel bestimmt würden, und dadurch für Mobilität mehr 'Offenheit' erzwungen würde. Ferner war zu erwarten, daß das Moment der 'Wahl' bei Heiratsbeziehungen stärker sein würde als bei Mobilität, und die Aufstiegschancen und positiven Statusbewahrungschancen für Töchter größer sein müßten.

Was sich jedoch offenbar zeigt, ist, daß die Ressourcen von Herkunftsfamilien zumindest in der Mittelschicht in höherem Maße dafür eingesetzt werden, für die Söhne eine vorteilhaftere Position zu sichern als für die Töchter.

Trotz der beschriebenen Unterschiede kann jedoch kaum ein Zweifel daran bestehen, daß Heirats- und Mobilitätsmuster im wesentlichen übereinstimmen. Dies bedeutet, daß entweder dieselben Mechanismen für beide Prozesse gelten, oder aber - da sie das gleiche Ergebnis haben - unterschiedliche Mechanismen funktional äquivalent wirken. Bei der Erklärung intergenerationaler Mobilität ist jedoch häufig auf die Bedeutung formaler Qualifikationen, die Erfüllung universalistischer Leistungskriterien, auf Veränderungen des Bildungssystems und der Arbeitsmärkte rekurriert worden, Faktoren, die für Heiratsbeziehungen bestenfalls in einem vagen, übertragenen Sinn zutreffen. Im Gegensatz dazu wurde von Heiratsbeziehungen zumeist angenommen, sie seien entweder in geringerem Maße sozial geregelt, oder aber stärker durch partikularistische, askriptive Merkmale bedingt. Die Ähnlichkeit der Strukturen läßt hingegen vermuten, daß die Einflüsse, die sich aus Veränderungen des Bildungs- und Beschäftigungssystems ergeben, nur die Randverteilungen der Mobilitätsmatrix bestimmen, während die Struktur und das Ausmaß des ursächlichen Zusammenhangs zwischen Statuslagen im Intergenerationenwechsel für beide Formen der Statuszuweisung weitgehend identisch sind.

## 5. Eine Statusskala nach Heiratsquoten

Der oben beschriebene Tatbestand der durchgängig hierarchischen Struktur von Heiratsbeziehungen kann dazu benutzt werden, auf induktive Weise eine Statusskala für die 25 in der MZU unterschiedenen Berufskategorien zu konstruieren. Oldman und Illsley (1966) begründen ein solches Verfahren damit, daß im Gegensatz zu den Bewertungen bei herkömmlichen Berufsprestigeskalen die Heirat eine praktische Lebenssituation darstelle, in der 'echte' Bewertungen von Lebenschancen, potentiellem Einkommen, Vermögen, Besitz, Konsum und andere, mit Berufen verknüpfte Merkmale vorgenommen würden und darüberhinaus nur solche 'Berufe' beurteilt würden, die aufgrund der Gelegenheitsstruktur im eigenen sozialen Milieu von Bedeutung seien. Es genüge also, die soziale Herkunft von Frauen in eine Kategorie mit niedrigem sozialem Prestige und eine Kategorie mit hohem sozialem Prestige zu dichotomisieren, um Variationen der Rekrutierung als Basis der Rangordnung der Berufe von Männern verwenden zu können. Um eine relativ hohe Anzahl von Berufskategorien von Männern nach ihrem Status zu ordnen, braucht danach nur eine sehr begrenzte Annahme gemacht zu werden, nämlich über den durchschnittlichen Prestigerang grober Herkunftskategorien von Frauen.

Im folgenden soll über eine Analyse berichtet werden, die in modifizierter Form der Vorgehensweise von Oldman und Illsley entspricht. Als grobe Kategorien, die sich ohne Zweifel in ihrem Status unterscheiden, wurden die Arbeiter (ungelernte, angelernte und Facharbeiter) und die 'gehobene Mittelschicht' (gehobene und höhere Beamte und Angestellte) festgelegt. Als 'Kontrollgruppe' wurde die Kategorie mit durchschnittlich höherem Sozialprestige zusätzlich auch aus dieser 'gehobenen Mittelschicht' und den Selbständigen gebildet. Um die Konsistenz der Ergebnisse bewerten zu können, wurden sowohl die Berufskategorien der Männer (in unserem Fall Haushaltsvorstände) nach dem Anteil geordnet, zu dem ihre Frauen aus einer Gruppe mit niedrigem bzw. hohem Prestige stammen, als auch die Berufskategorien der Schwiegerväter nach dem relativen Status ihrer Schwiegersöhne. Die Ergebnisse dieser Analysen sind in den Tabellen 8 und 9 und den Schaubildern 1 und 2 zusammengefaßt. Sie enthalten sechs Rangordnungen, je drei nach Übergangsquoten und drei nach Rekrutierungsquoten.

Tabelle 8: Rangordnung von 25 Berufskategorien nach Heiratsbeziehungen: Zugangschancen zu ausgewählten Gruppen

| | Berufskategorie des Vaters der Ehefrau | Berufskategorie des Ehemannes: Zugang zu den Arbeitern | | Zugang zu gehobenen und höheren Beamten und Angestellten | | Zugang zu den gehobenen und höheren Beamten und Ang. und Selbständigen | |
|---|---|---|---|---|---|---|---|
| | | % | Rang | % | Rang | % | Rang |
| 21 | ungel. Arbeiter | 7o | ( 1) | 4 | ( 1) | 9 | ( 1) |
| 22 | angel. Arbeiter | 62 | ( 2) | 7 | ( 4.5) | 13 | ( 3) |
| 1 | Landwirte -5 ha | 57 | ( 3) | 5 | ( 2.5) | 13 | ( 3) |
| 23 | Facharbeiter | 53 | ( 4) | 1o | ( 7) | 18 | ( 6.5) |
| 2 | Landwirte 5-9 ha | 52 | ( 5) | 5 | ( 2.5) | 13 | ( 3) |
| 24 | Vorarbeiter | 46 | ( 6) | 15 | (1o) | 24 | (1o) |
| 12 | einfache Beamte | 45 | ( 7) | 13 | ( 9) | 21 | ( 8) |
| 3 | Landwirte 1o-19 ha | 41 | ( 8) | 7 | ( 4.5) | 14 | ( 5) |
| 25 | Meister | 38 | ( 9) | 2o | (13) | 3o | (12) |
| 17 | einf. Angestellte | 36 | (1o) | 17 | (11) | 28 | (11) |
| 7 | Selbst. -1 Mitarb. | 35 | (11) | 18 | (12) | 37 | (14) |
| 4 | Landwirte 2o-49 ha | 3o | (12.5) | 1o | ( 7) | 18 | ( 6.5) |
| 16 | Werkmeister | 3o | (12.5) | 22 | (14) | 34 | (13) |
| 5 | Landwirte 5o-99 ha | 29 | (14) | 1o | ( 7) | 23 | ( 9) |
| 13 | mittlere Beamte | 27 | (15) | 26 | (15) | 38 | (15) |
| 8 | Selbst. 2-9 Mitarb. | 25 | (16) | 27 | (16) | 47 | (17) |
| 18 | mittl. Angestellte | 24 | (17) | 3o | (17) | 42 | (16) |
| 6 | Landwirte 1oo+ ha | 2o | (18) | 32 | (18) | 56 | (18) |
| 9 | Selbst. 1o-49 Mitarb. | 15 | (19) | 4o | (19) | 63 | (2o) |
| 19 | geh. Angestellte | 14 | (2o) | 44 | (21) | 58 | (19) |
| 14 | gehobene Beamte | 11 | (21) | 49 | (22) | 65 | (21) |
| 2o | höhere Angestellte | 8 | (22) | 55 | (23) | 75 | (23) |
| 1o | Selbst. 5o-199 Mitarb. | 6 | (23) | 43 | (2o) | 72 | (22) |
| 11 | Selbst. 2oo+ Mitarb. | 3 | (24.5) | 61 | (24) | 87 | (25) |
| 15 | höhere Beamte | 3 | (24.5) | 64 | (25) | 82 | (24) |

Tabelle 9: Rangordnung von 25 Berufskategorien nach der Herkunft der Ehefrauen

| Berufskategorie des Ehemannes | | Herkunft der Ehefrauen: Zugang zu den Arbeitern | | Zugang zu gehobenen und höheren Beamten und Angestellten | | Zugang zu den gehobenen und höheren Beamten, Angest.u. Selbständigen | |
|---|---|---|---|---|---|---|---|
| | | % | Rang | % | Rang | % | Rang |
| 22 | angel. Arbeiter | 63 | ( 1) | 1 | ( 3.5) | 8 | ( 5) |
| 23 | Facharbeiter | 61 | ( 2.5) | 2 | ( 8.5) | 11 | ( 8.5) |
| 21 | ungel. Arbeiter | 61 | ( 2.5) | 1 | ( 3.5) | 8 | ( 5) |
| 24 | Vorarbeiter | 57 | ( 4) | 2 | ( 8.5) | 11 | ( 8.5) |
| 17 | einf. Angestellte | 5o | ( 5) | 4 | (11) | 17 | (12.5) |
| 25 | Meister | 5o | ( 6) | 5 | (13.5) | 16 | (11) |
| 12 | einfache Beamte | 5o | ( 7) | 4 | (11) | 14 | (1o) |
| 16 | Werkmeister | 48 | ( 8) | 4 | (11) | 17 | (12.5) |
| 13 | mittlere Beamte | 44 | ( 9) | 6 | (15) | 18 | (14) |
| 18 | mittlere Angestellte | 42 | (1o) | 8 | (16) | 23 | (15) |
| 7 | Selbst. -1 Mitarb. | 37 | (11) | 9 | (17) | 31 | (16) |
| 8 | Selbst. 2-9 Mitarb. | 28 | (12) | 13 | (18.5) | 4o | (2o) |
| 19 | geh. Angestellte | 27 | (13) | 17 | (2o.5) | 37 | (18) |
| 1 | Landwirte -5 ha | 26 | (18) | 1 | ( 3.5) | 8 | ( 5) |
| 14 | gehobene Beamte | 22 | (15) | 22 | (22) | 39 | (19) |
| 9 | Selbst. 1o-49 Mitarb. | 2o | (16) | 13 | (18.5) | 45 | (21) |
| 2o | höhere Angestellte | 17 | (17) | 29 | (24) | 54 | (22) |
| 1o | Selbst. 5o-199 Mitarb. | 14 | (18) | 24 | (23) | 57 | (23) |
| 2 | Landwirte 5-9 ha | 13 | (19) | 1 | ( 3.5) | 4 | ( 1) |
| 3 | Landwirte 1o-19 ha | 1o | (2o) | 1 | ( 3.5) | 5 | ( 2) |
| 4 | Landwirte 2o-49 ha | 8 | (21.5) | 1 | ( 3.5) | 6 | ( 3) |
| 15 | höhere Beamte | 8 | (21.5) | 44 | (25) | 67 | (24.5) |
| 11 | Selbst. 2oo+ Mitarb. | 6 | (23) | 17 | (2o.5) | 67 | (24.5) |
| 5 | Landwirte 5o-99 ha | 3 | (24) | 5 | (13.5) | 1o | ( 7) |
| 6 | Landwirte 1oo+ ha | o | (25) | o | ( 1) | 33 | (17) |

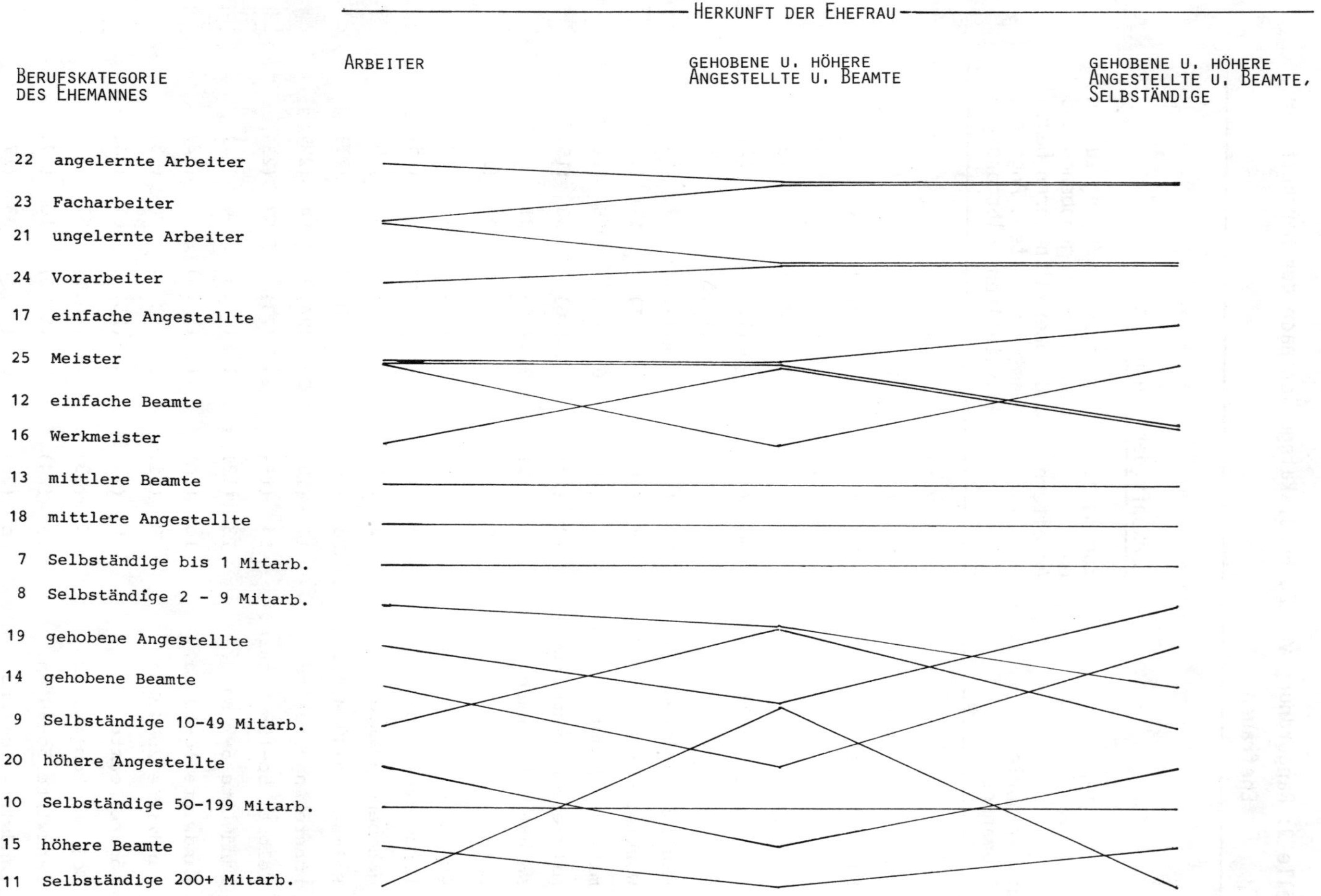


SCHAUBILD 1: RANGORDNUNG VON BERUFSKATEGORIEN (SCHWIEGERVÄTER) NACH HEIRATS-

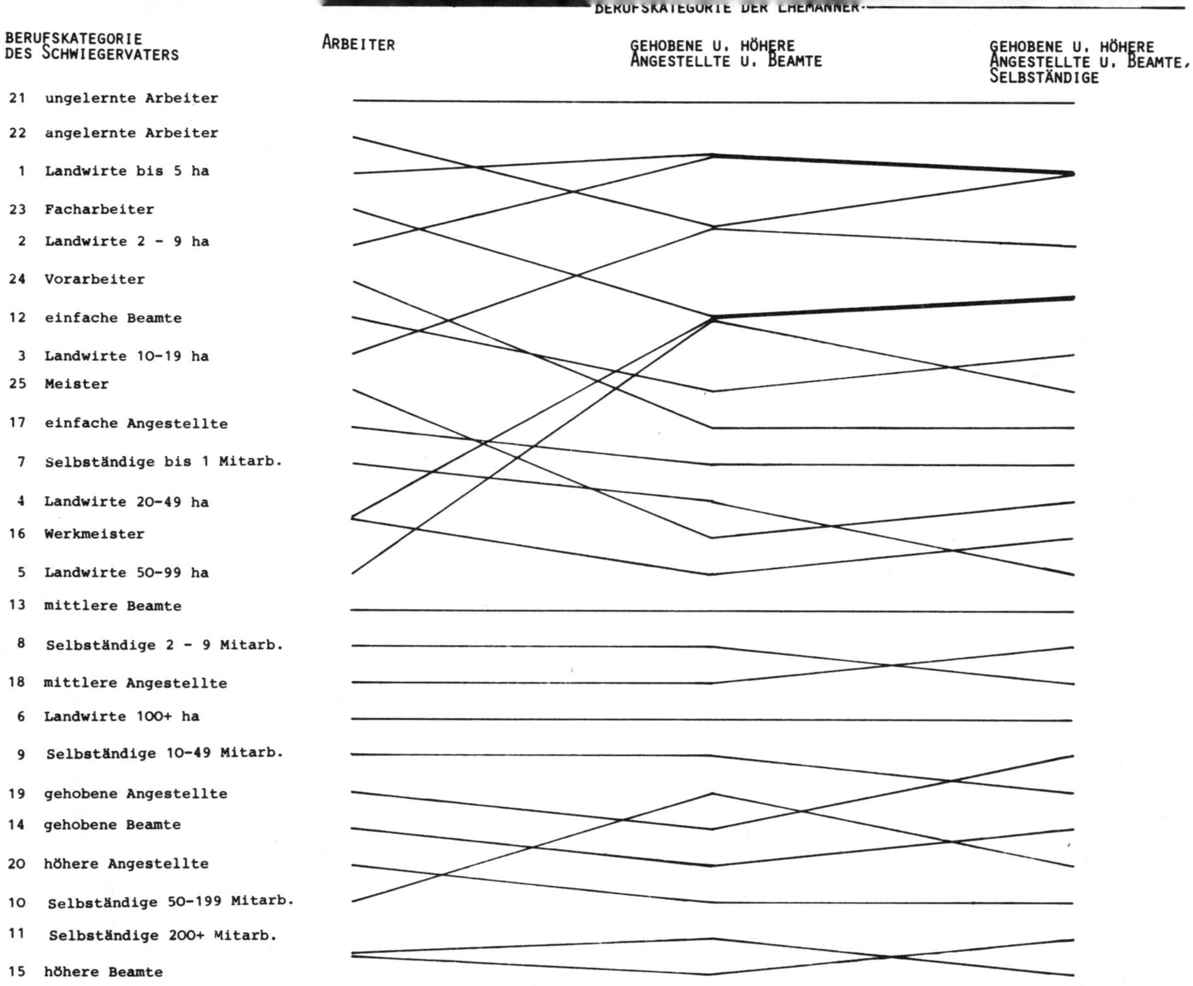


SCHAUBILD 2: RANGORDNUNG VON BERUFSKATEGORIEN (HAUSHALTSVORSTÄNDE) NACH DER HERKUNFT DER EHEFRAUEN (DREI KRITERIEN)

Eine erste Rangordnung der Berufskategorien der Schwiegerväter ergibt sich, wenn man unterstellt, daß ein hoher Anteil an Arbeitern als Schwiegersöhne eine niedrigere soziale Exklusivität in den Heiratsbeziehungen indiziert, zugleich soziale Nähe zur Arbeiterschicht, eine durchschnittlich niedrigere ökonomische Lebenssituation für die Töchter und ein durchschnittlich niedrigeres, relatives Sozialprestige. Wir können zunächst einmal prüfen, ob die in der Klassifikation vorgegebenen Hierarchien in konsistenter Weise reproduzierbar werden. Es zeigt sich, daß die innerhalb der Arbeiter, Landwirte, Beamten, Angestellten und Selbständigen gegebenen Rangabstufungen hinsichtlich differentieller Heiratschancen durchweg erhalten bleiben, nicht nur nach dem Kriterium des Zugangs zur Arbeiterschicht, sondern auch nach dem Zugang zu der auf unterschiedliche Weise abgegrenzten prestigehohen Kategorie. Eine geringfügige Abweichung weisen nur die beiden niedrigsten Gruppen der Landwirte auf, die beim Zugang nach oben gleiche Ränge erhalten.

Schaubild 1 zeigt für die aus Heiratschancen resultierende Rangordnung ein konsistentes Bild über alle Kriterien mit zwei bedeutsamen und zwei minimalen Einschränkungen. Die Landwirte verschlechtern ihre Position zumeist, wenn sie nicht nach ihrem Zugang zu den Arbeitern, sondern nach dem Zugang zu einer prestigehohen Kategorie geordnet werden, und die Selbständigen verbessern natürlich ihre Ränge,rechnet man ihre Endogamie als durchschnittlich 'prestigehohe' Heirat. Die zwei geringfügigen Einschränkungen sind zum einen die Inversion zwischen Vorarbeitern und einfachen Beamten beim Übergang vom Arbeiter- zum Mittelschichtkriterium sowie der Meister und einfachen Angestellten. Betrachtet man jedoch nicht die Ränge, sondern die Anteilsdifferenzen, so kann kaum von Inversionen gesprochen werden, da diese Gruppen jeweils sehr nahe beieinanderliegen. Als bemerkenswertes Resultat kann festgehalten werden, daß die abhängigen städtischen Berufe über Heiratschancen auf konsistente Weise in eine hierarchische Ordnung gebracht werden können. Stellt man zugleich relative Ähnlichkeit der Heiratschancen in Rechnung und gruppiert dann Statusgruppen, so können auch die Selbständigen eindeutig zugeordnet werden. Folgende Statusformation würde sich danach ergeben:

## Statushierarchie nach Heiratschancen

| | | |
|---|---|---|
| I | ungelernte Arbeiter | |
| | angelernte Arbeiter | Landwirte -5 ha |
| | | Landwirte 5-9 ha |
| II | Facharbeiter | |
| | | Landwirte 1o-19 ha |
| III | Vorarbeiter | |
| | einfache Beamte | |
| | | Landwirte 2o-49 ha |
| IV | Meister | |
| | einf.Ang., Selbst.-1 Mitarb. | |
| | | Landwirte 5o-99 ha |
| V | Werkmeister | |
| | mittlere Beamte | |
| | Selbständige 2-9 Mitarb. | |
| | mittlere Angestellte | |
| | | Landwirte 1oo+ ha |
| VI | Selbst. 1o-49 Mitarb. | |
| | gehobene Angestellte | |
| | gehobene Beamte | |
| VII | höhere Angestellte | |
| | Selbst. 5o-199 Mitarb. | |
| | Selbst. 2oo+ Mitarb. | |
| | höhere Beamte | |

Obgleich auch bei 25 Einzelgruppen eine relativ hohe zeitliche Stabilität einer Statushierarchie angenommen werden kann, wird eine Skalierung kaum ausschließlich darauf abzielen können, die Berufskategorien der Vätergeneration in eine Rangordnung zu bringen, sondern muß auch die Berufskategorien der gegenwärtigen männlichen Erwerbstätigenbevölkerung berücksichtigen[1].

Allerdings ist das Gegenargument mindestens ebenso plausibel. Wenn

---

1) In einem 'Heiratswahl/Prestigeorientierungs'-Bezugsrahmen könnte zudem argumentiert werden, daß die Wahl eines Heiratspartners durch die Tochter den Status ihres Vaters kaum verändern wird, während jedoch die Wahl einer Ehefrau aus einem bestimmten Milieu prestigefördernd oder -abträglich sein kann.

bei der Wahl des Ehepartners der Tochter Prestigeüberlegungen auch für den Schwiegervater von relativ geringer Bedeutung sein mögen, für die Tochter selbst, und zumal für die Schwiegermutter, sind sie es gewiß nicht. Wenn zudem - wie bei diesen Analysen zwangsläufig unterstellt wird - der Status des Ehemannes entscheidend ist für den Status der Familie und damit auch der Ehefrau, werden Prestige- und Statuserwägungen bei der Heirat für den Mann weniger wichtig sein als für die Frau. Formale und inhaltliche Gründe sprechen also dafür, neben selektiven Chancen auch selektive Rekrutierung als Statuskriterium heranzuziehen.

Zunächst kann wiederum geprüft werden, ob die Teilhierarchien der Stellung im Beruf konsistent durch die entsprechenden Rekrutierungsquoten reproduziert werden. Dies trifft im allgemeinen zu, mit Ausnahme der Landwirte und z.T. der Arbeiter, die relativ viele 'ties' aufweisen (vgl. Tabelle 9 und Schaubild 2). Eine Inversion tritt zwischen den ungelernten und angelernten Arbeitern auf. Sie kommt dadurch zustande, daß relativ viele Ehefrauen ungelernter Arbeiter aus Landwirtsfamilien kommen. Keinerlei sinnvolle Zuordnungen ergeben sich für die Landwirte, da sie - wie oben diskutiert - ja fast ausschließlich Töchter von Bauern heiraten, und die Rekrutierungsquoten für alle anderen Kategorien zwangsläufig sehr gering sein müssen.

Sieht man von den Landwirten einmal ab, so vermischen sich die Ränge bei der Gruppe der einfachen Angestellten, Meister, einfachen Beamten und Werkmeister, und die Selbständigen wechseln ihre Ränge über die Kriterien. Wiederum läßt sich relativ einfach eine Statusordnung konstruieren, bei der allerdings die Landwirte herausfallen.(Siehe nächste Seite).

Obgleich das Oldman/Illsley-Verfahren also für den Großteil der Kategorien eindeutige Rangzuordnungen ergibt, liegen seine Nachteile auf der Hand. Das Verfahren ist tautologisch, da man die Prestigedichotomisierung empirisch unbegründet einführen muß, um erst dann induktiv spezifischere Prestigedifferenzierungen ableiten zu können. Die Art der Zusammenfassung und Trennung von prestigehohen und prestigeniedrigen Gruppen ist willkürlich und führt zu nicht ganz deckungsgleichen Ergebnissen. Die Anteile werden z.T. so klein, daß mit erheblichen statistischen Fehlern gerechnet werden muß. Gesucht ist also ein Verfahren, das die Berufskategorien nach der Art ihrer Heiratsbeziehungen ohne vorherige Annahmen über ihre hierarchischen Beziehungen ordnet und dabei die Ausgangsdaten in möglichst differenzierter Form verarbeitet.

Statushierarchie nach der Herkunft der Ehefrau

I ungelernte Arbeiter
angelernte Arbeiter
Facharbeiter
Vorarbeiter

II einfache Angestellte
Meister
einfache Beamte
Werkmeister

III mittlere Beamte
mittlere Angestellte
Selbständige -1 Mitarb.

IV gehobene Angestellte
gehobene Beamte
Selbständige 2-9 Mitarb.
Selbständige 1o-49 Mitarb.

V höhere Angestellte
höhere Beamte
Selbständige 5o-199 Mitarb.
Selbständige 2oo+ Mitarb.

## 6. Eine multidimensionale Skalierung von 34 Berufskategorien nach Heiratsbeziehungen

### Multidimensionale Skalierung und Ähnlichkeitsmaße

Das Ziel der Methode der multidimensionalen Skalierung (MDS)[1] besteht darin, Ähnlichkeiten bzw. Unähnlichkeiten zwischen einer bestimmten Anzahl von Objekten in einem Raum von n Dimensionen abzubilden, und zwar der-

1) Siehe u.a. Ahrens (1974), Coxon/Jones (1973), Green/Carmone (197o), Holtmann (1974), Kruskal (1964 a, b), McFarland/Brown (1973), Shepard (1962), Shepard u.a. (1972), Sodeur (1974).

art, daß die monotonen ordinalen Beziehungen zwischen den Objekten so optimal wie möglich erhalten bleiben[1].

In unserem Falle bedeutet dies, daß die Intensität der Sozialbeziehungen zwischen Berufskategorien nach dem Kriterium der Heirat Grade der Ähnlichkeiten zwischen den Kategorien herstellt, die mit Hilfe der multidimensionalen Skalierung als eine Struktur euklidischer Distanzen repräsentiert werden soll. Über eine Anordnung der Kategorien in einem Raum von n Dimensionen und ihre inhaltliche Interpretation hinaus sind wir jedoch an der Ableitung einer eindimensionalen Statusskala interessiert. Eine solche Ableitung kann begründet werden, wenn folgende Bedingungen gegeben sind:

1) Die Ähnlichkeiten zwischen den Kategorien können in einem Raum möglichst geringer Dimensionalität abgebildet werden.
2) Die Rangordnung der Kategorien auf einer der Achsen einer solchen MDS-Konfiguration kann plausibel als eine hierarchische Ordnung interpretiert werden.
3) Die als Statusachse interpretierte Dimension bindet in der Konfiguration mit einer gegebenen geringen Anzahl von Dimensionen einen großen Anteil der Varianz.

Die Fragestellungen bei der Anwendung von MDS lauten also: Werden die Eingangsdaten bei einer vorgegebenen Anzahl von Dimensionen räumlich angemessen abgebildet? Wieviele Dimensionen sind notwendig, um eine zufriedenstellende Lösung zu erreichen? Welcher Anteil der Varianz wird bei einer gegebenen Lösung durch die 'Status'-Achse gebunden? Die technische Antwort auf die beiden ersten Fragen gibt bei dem verwandten Ana-

---

1) Blau und Duncan (1967), die als erste Techniken der multidimensionalen Skalierung auf Mobilitätsdaten anwandten, gebrauchen eine nützliche Analogie, um zu beschreiben, was bei den Iterierungsverfahren vor sich geht. Gegenstände werden miteinander durch Stricke unterschiedlicher Länge verknüpft. Dann werden die Gegenstände so lange bewegt und auseinandergezogen, bis bei einer gegebenen Anzahl von Dimensionen möglichst wenige Stricke durchhängen. MacDonald (1972: 215) hat freilich darauf hingewiesen, daß diese Analogie unpräzise ist, da für die endgültige Konfiguration der Objekte im Raum nur gefordert sei, die abgebildeten Distanzen sollten in derselben Rangordnung untereinander stehen wie die als Maße eingegebenen, als Unähnlichkeiten behandelten Werte.

lyseprogramm MDSCAL III von Kruskal ein Maß, das 'Stress' genannt wird. Die hier verwandte Version dieses Maßes mißt den Anteil der unerklärten Varianz in den Abweichungen zwischen den aufgrund der Monotonizitätsfunktion geschätzten und den im n-dimensionalen Raum abbildbaren Distanzen. Der numerische Wert des 'Stress' erfaßt damit das Ausmaß der Abweichungen zwischen den Rangordnungen unter den eingegebenen Werten und der durch eine Iteration gefundenen räumlichen Konfiguration.

Ein Vorteil gegenüber etwa dem Oldman-Illsley Verfahren besteht bei der multidimensionalen Skalierung auch darin, daß eine relativ große Anzahl von Kategorien auf anschauliche Weise auf ihre hierarchische Struktur hin geprüft werden kann. Es wurde daher versucht, die vorgegebene Berufsklassifikation von 25 Kategorien durch die Kombination mit den Variablen 'Wirtschaftszweig' und 'Ausbildung' zu verbessern. Unbefriedigend bei der Klassifikation war insbesondere der Einschluß der freien Berufe bei den Selbständigen in Handel und Gewerbe sowie der geringe Differenzierungsgrad bei den großen Arbeiter- und Angestelltenkategorien.

Unter diesen Gesichtspunkten wurden analog zu der Vorgehensweise in der Arbeit von Handl (in diesem Band) aus den Selbständigen bis 49 Mitarbeiter die akademischen freien Berufe ausdifferenziert[1], bei den Angestellten die Angestellten im öffentlichen Dienst, und bei den Arbeitern wurde für die einzelnen Kategorien zwischen Landarbeitern, Arbeitern in der Bauwirtschaft, im sonstigen verarbeitenden Gewerbe, im öffentlichen Dienst und im Dienstleistungssektor unterschieden. Um geringe Besetzungszahlen zu vermeiden, wurden ferner folgende zusammenfassende Kategorien gebildet: die Selbständigen mit 1o und mehr Mitarbeitern, die Landwirte bis 9 ha und die Landwirte mit 5o und mehr ha Nutzfläche.

Wie mehrere Autoren (Coxon/Jones 1973;Green/Carmone 197o) gezeigt haben, ergeben verschiedene Algorithmen zur Transformation nicht-metrischer Daten ähnliche Lösungen, sowohl in bezug auf die gefundenen räumlichen Konfigurationen, als auch in bezug auf die Fehlerbewertung. Bei einem gegebenen Problem besteht die strategische Entscheidung daher in der Regel

---

1) Die aufgrund der Datenlage bestmögliche Abgrenzung der akademischen freien Berufe erfolgte durch eine Kombination der Kategorien 'Selbständige mit 1 bzw. mit 2-49 Mitarbeitern', 'Hochschulabschluß' und die Wirtschaftszweige 'Wissenschaft, Bildung, Kunst und Publizistik', 'Gesundheitswesen' sowie 'Rechtsberatung, Ingenieurbüros' u.ä..

nicht in erster Linie in der Auswahl des einen oder anderen der inzwischen zahlreichen Analyseprogramme (MDSCAL, MINISSA, TORSCA etc.), sondern in der Wahl der Ähnlichkeitsmaße für die Eingabewerte. Welches Maß der Analyse zugrundegelegt wird, kann nach drei Kriterien entschieden werden: 1) nach der inhaltlichen Validität dessen, was gemessen werden soll, 2) nach seinen statistischen Eigenschaften und 3) nach der Güte der damit erzielbaren MDS-Lösung.

Wir haben fünf Ähnlichkeitsmaße ausgewählt und damit dreizehn unterschiedliche multidimensionale Skalierungen für zwei Dimensionen gerechnet. Der in der Literatur (Blau und Duncan 1967; Laumann 1966; Pappi 1973; MacDonald 1972) am häufigsten verwandte Dissimilaritätsindex mißt in unserem Falle die Ähnlichkeiten zwischen zwei Berufskategorien als Summe der positiven oder negativen Differenzen zwischen den Prozentvektoren für den Abstrom bzw. den Zustrom. Er nimmt z.B. den Wert Null für das Kategorienpaar Facharbeiter/höhere Beamte an, wenn sich die Töchter beider Herkunftskategorien in genau identischer Weise auf die Berufskategorien der Ehemänner 'verteilen', d.h. wenn ihre Heiratsmuster übereinstimmen. Der Dissimilaritätsindex nimmt den Wert 1oo an, wenn sich die Berufskategorien der Ehemänner von Facharbeiter- und höheren Beamtentöchtern gegenseitig völlig ausschließen. Als Vorteil dieses Maßes für die multidimensionale Skalierung kann gelten, daß die inhaltlich unterschiedlichen Aspekte des Abstroms (Chancen der Frauen) und des Zustroms (Chancen der Männer/Rekrutierung der Frauen) getrennt analysiert werden können. Ferner ist wie in der physikalischen Analogie der Wert für die Distanz einer Kategorie zu sich selbst gleich Null[1]. Schließ-

1) McFarland und Brown (1973) haben in einem methodischen Kommentar zu Laumanns Arbeiten darauf verwiesen, daß keine vollständige Äquivalenz zwischen physischen und sozialen Distanzen besteht, wie dies eine direkte Interpretation des Modells erfordern würde. Die Distanz eines Punktes zu sich selbst ist Null, während eine soziale Gruppe objektiv wie subjektiv eine Distanz zu sich selbst besitzen kann. Ferner sind soziale Distanzen selten symmetrisch: Die Entfernung zwischen A und B ist ungleich der zwischen B und A. Schließlich braucht auch die sog. Dreiecksbedingung für soziale Distanzen nicht zuzutreffen, nach der die Entfernung zwischen A und B immer geringer ist als die Summe der Entfernungen zwischen A und C und zwischen B und C. Ähnlichkeitsmaße, die 'soziale Distanzen' beschreiben, können jedoch als Ausgangsdaten für multidimensionale Skalierungen verwandt werden, wenn sie in einer Weise umgeformt werden können, daß sie den genannten und weiteren Bedingungen metrischer Funktionen entsprechen.

lich kann als ein Vorzug des Maßes angesehen werden, daß die Informationen über die Endogamie mit berücksichtigt werden. Aber der Dissimilaritätsindex hat als Ähnlichkeitsmaß - oder besser - als Maß der Intensität der Heiratsbeziehungen zwischen zwei Gruppen auch inhaltliche und statistische Mängel. Seine Verwendung erbringt wie oben bei Quoten zwei Skalen, eine Rangordnung nach der Rekrutierung und eine nach dem Abstrom, während das Ziel der Analyse eine einzige Skala ist. Die Ähnlichkeit zwischen zwei Kategorien wird ferner nicht unmittelbar durch die Höhe des Austausches zwischen ihnen gemessen, sondern durch die Ähnlichkeit des Beziehungsmusters zu sämtlichen Kategorien[1].

Als alternatives Maß des Austausches zwischen zwei Kategorien bieten sich die bedingten Verteilungen für Chancen und Rekrutierung an, also die Matrizen für Abstrom- und Zustromquoten. Wiederum ergeben sich für die Beziehung zwischen zwei Kategorien zwei Werte, vor allem aber sind Prozentsätze in z.T. extremer Weise eine Funktion der Randverteilung. Die gemessenen Werte vermischen damit zum einen das, was sie messen sollen - nämlich die Intensität des Austausches - und zum andern Einflüsse der Größe der Herkunfts- bzw. Zielkategorien (McFarland/Brown 1973).

Ein drittes Maß, das diesen Einwänden z.T. Rechnung trägt, ist der schon oben verwandte Assoziationsindex, der das Verhältnis der beobachteten Zellenbesetzung mit der bei statistisch zufälligen Heiratsbeziehungen erwarteten Häufigkeit wiedergibt. Dieses Maß hat den Vorteil, daß es 'soziale Nähe' eindeutig faßt als Abweichung von einem Modell, das eine Zufallsverteilung von Heiratsbeziehungen mit der Hypothese 'keine Homogamie' gleichsetzt. Die Nachteile des Assoziationsindex beruhen u.a. auf der unvollständigen Analogie zwischen sozialer und geometrischer Distanz. So gibt es nicht nur einen Wert für die Beziehung einer Kategorie zu sich selbst, also für die Endogamie, sondern auch in ein und derselben (quadratischen) Matrix zwei Werte für jedes Kategorienpaar. In MDS wird in diesem Falle eine Mittelung durchgeführt, die Diagonalzellen (Endogamiewerte) bleiben zwangsläufig unberücksichtigt. In unseren

---

1) Verzerrungen können bei der Summenbildung entstehen, wenn derselbe Wert durch faktisch unterschiedliche Muster zustandekommt. Dieser letztere Einwand wird allerdings bei der MDS weitgehend gegenstandslos, da ja für jede Kategorie viele einzelne Werte vorliegen.

Analysen haben wir zusätzlich versucht, dieses Mittelungsverfahren durch eine Aufteilung in zwei Dreiecksmatrizen zu umgehen. Ein weiterer Nachteil des Assoziationsindex ist die Abhängigkeit seiner Maximalwerte von der Größe der Kategorien (Mayer/Müller 1971: 772-775).

Nach einem Vorschlag von Tyree (1973) können die statistischen Mängel des Assoziationsindex bei Beibehaltung des Modells der statistischen Unabhängigkeit durch Verwendung einer Matrix von Yules Q-Werten vermieden werden. Durch Zusammenfassung der Kategorien wird für jede Zelle eine dichotomische Tabelle gebildet, über die der Q-Wert als Maß der Stärke des Zusammenhangs berechnet wird. Das Maß hat den Vorzug einer eindeutigen Normierung zwischen plus 1 und minus 1 und dem Wert Null für den Fall der statistischen Unabhängigkeit. Für große Matrizen entsteht jedoch systematisch ein enormes Ungleichgewicht zwischen der betrachteten Zelle und der gegenüberliegenden Diagonalzelle, mit unklaren Folgen für die Verteilung der Q-Werte. Auch diese Matrix kann in drei Formen einer multidimensionalen Skalierung unterzogen werden: in quadratischer Form sowie getrennt als untere und obere Dreiecksmatrix.

Schließlich wurden als Ähnlichkeitsmaße die lambda-Werte verwandt, die sich bei einer log-linearen Analyse nach Goodman (1973) für die Interaktion zwischen zwei Kategorien nach Abzug der Effekte der Randverteilung ergeben. Im Gegensatz zu den Q-Werten oben errechnet sich der lambda-Wert nicht auf der Basis einer einzigen durch Zusammenfassung entstandenen Vierfeldertabelle, sondern als logarithmischer Ausdruck für die Interaktion zwischen zwei Kategorien, der sich aus einem gewichteten Mittel über alle in der 34x34 Matrix möglichen Vierfeldertafeln ergibt, in denen die Zelle von Interesse enthalten ist. Von der Modellogik her sind die lambda-Werte sicherlich die besten Maßzahlen, da sie die Einflüsse der Randverteilung in statistisch angemessenster Form ausschalten. Wiederum ergibt sich - wie bei Q-Werten und Assoziationsindices - eine quadratische Matrix, die auf dreierlei Weise analysierbar ist.

Die Ergebnisse dieser vergleichenden Analyse der Heiratsbeziehungen zwischen 34 Berufskategorien mit unterschiedlichen Ähnlichkeitsmaßen sind in Tabelle 1o zusammengefaßt. Dabei erweist es sich, daß alle diejenigen multidimensionalen Skalierungen, die mit Ähnlichkeitsmaßen auf der Basis einzelner Zellenwerte arbeiten, relativ schlechte Lösungen

Tabelle 1o: Ähnlichkeitsmaße und multidimensionale Skalierung - eine vergleichende Analyse von Heiratsbeziehungen zwischen 34 Berufskategorien (2-dimensionale Lösung)

| Ähnlichkeitsmaß | Kruskals 'Streß' % | Anteil Varianz (Hauptachse) % |
|---|---|---|
| Dissimilaritätsindex (Zustrom) | 4.9 | 62 |
| Dissimilaritätsindex (Abstrom) | 3.5 | 86 |
| Zustromquote | 34.6 | 51 |
| Abstromquote | 36.4 | 57 |
| Assoziationsindex (quadr. Matrix) | 26.9 | 61 |
| Yules Q-Werte (quadr. Matrix) | 26.o | 64 |
| Assoziationsindex (obere Dreiecksmatrix) | 2o.o | 56 |
| Assoziationsindex (untere Dreiecksmatrix) | 21.5 | 69 |
| Yules Q-Werte (obere Dreiecksmatrix) | 19.9 | 56 |
| Yules Q-Werte (untere Dreiecksmatrix) | 21.1 | 67 |
| Goodmans log-lineare lambdas (quadr. Matrix) | 31.8 | 62 |
| Goodmans log-lineare lambdas (obere Dreiecksmatrix) | 3o.4 | 62 |
| Goodmans log-lineare lambdas (untere Dreiecksmatrix) | 26.8 | 65 |

aufweisen. Dies gilt also für die Assoziationsindices, die Q-Werte und Goodmans log-lineare lambdas. Allein die Skalierung der Dissimilaritätsindices führt sowohl nach Anteil der Fehlervarianz bei zwei Dimensionen, als auch nach dem Anteil der durch die Hauptachse gebundenen Varianz zu einer Lösung, die als räumliche Abbildung der Eingabematrix akzeptabel ist. Unter den anderen Maßen weisen die Assoziationsindices und die Q-Werte noch die relativ besten Ergebnisse auf[1].

Der Grund für die große Differenz zwischen den Lösungen für die Matrix der Dissimilaritätsindices und die anderen Maße ist nicht schwer zu finden. Bei einer 34x34 Matrix müssen die Werte für 1156 Beziehungen so transformiert werden, daß sie wie hier in einem zweidimensionalen Raum als Distanzen darstellbar sind. Dabei ist offenbar eine hohe Fehlermarge unvermeidbar, u.a. wohl auch, weil viele Zellen nur minimale oder gar keine Besetzungen aufweisen. Schon eine Halbierung der quadratischen Matrizen erbringt bessere Lösungen, da auf Durchschnittsbildungen verzichtet werden kann. Der Dissimilaritätsindex repräsentiert hingegen nicht unmittelbar die Ähnlichkeit zwischen zwei Kategorien als Grad der Intensität ihres Austauschs, sondern die Ähnlichkeit zweier kategorienspezifischer Beziehungsmuster.

---

1) Klahr (1969) hat mit Hilfe von Monte-Carlo-Verfahren nachgewiesen, daß der Wert für den Stress umso größer wird, je größer die Anzahl der Objekte; daß ferner mit der Anzahl der Objekte die Wahrscheinlichkeit einer zufälligen Endkonfiguration sowie einer unstabilen Lösung sinkt. All dies gilt für eine gegebene Anzahl von Dimensionen. Für eine gegebene Anzahl von Objekten verbessert sich der Stress natürlich mit der Anzahl der Dimensionen und wird zwangsläufig Null, wenn das n der Objekte und Dimensionen übereinstimmt.
Mit 34 Berufskategorien können wir damit nach Klahr ziemlich sicher sein, daß die in einer gegebenen Anzahl von Dimensionen gefundenen Konfigurationen 'stabile' Lösungen der Iterationen darstellen. Testreplikationen haben dies in unserem Falle auch bestätigt. Gleichzeitig sollte es nicht verwundern, daß die Werte für den Stress, die in den meisten Analysen über 2o% liegen, nach den herkömmlichen Standards relativ schlecht sind. Kruskal (1964a) und Carmone (197o) nennen für die von uns verwandte Stress-Formel 2.5% als 'ausgezeichnet', 5% als 'gut', 1o% als 'brauchbar' und 2o% als 'schlecht'. Klahr fand jedoch schon bei 16 Objekten und zufällig generierten Ähnlichkeiten in über 95% der Fälle Stress-Werte von 4o% und höher. Die Stress-Werte für die Dissimilaritätsmatrizen können unter diesen Gesichtspunkten als optimale Lösungen angesehen werden.

Legende zu den Schaubildern 1 - 12:

| | | |
|---|---|---|
| 1 | Landwirte bis 9 ha | L9 |
| 2 | Landwirte 10-19 ha | L19 |
| 3 | Landwirte 20-49 ha | L49 |
| 4 | Landwirte 50+ ha | L50+ |
| 5 | freie Berufe bis 1 Mitarbeiter | FB1 |
| 6 | freie Berufe bis 49 Mitarbeiter | FB49 |
| 7 | Selbständige bis 1 Mitarbeiter | S1 |
| 8 | Selbständige 2 - 9 Mitarbeiter | S9 |
| 9 | Selbständige 9+ Mitarbeiter | S9+ |
| 10 | einfache Beamte | B.E |
| 11 | mittlere Beamte | B.M |
| 12 | gehobene Beamte | B.G |
| 13 | höhere Beamte | B.H |
| 14 | Werkmeister | WM |
| 15 | einfache Angestellte | A.E |
| 16 | einfache Angestellte, öffentlicher Dienst | A.E.ÖD |
| 17 | mittlere Angestellte | A.M |
| 18 | mittlere Angestellte, öffentlicher Dienst | A.M.ÖD |
| 19 | gehobene Angestellte | A.G |
| 20 | gehobene Angestellte, öffentlicher Dienst | A.G.ÖD |
| 21 | höhere Angestellte | A.H |
| 22 | ungelernte Arbeiter, Landwirtschaft | UA.L |
| 23 | ungelernte Arbeiter, Gewerbe | UA.G |
| 24 | ungelernte Arbeiter, Bau | UA.B |
| 25 | ungelernte Arbeiter, Dienstleistung | UA.D |
| 26 | angelernte Arbeiter, Gewerbe | AA.G |
| 27 | angelernte Arbeiter, Bau | AA.B |
| 28 | angelernte Arbeiter, Dienstleistung | AA.D |
| 29 | Facharbeiter, Landwirtschaft | FA.L |
| 30 | Facharbeiter, Gewerbe | FA.G |
| 31 | Facharbeiter, Bau | FA.B |
| 32 | Facharbeiter, Dienstleistung | FA.D |
| 33 | Vorarbeiter | VA |
| 34 | Meister | M |

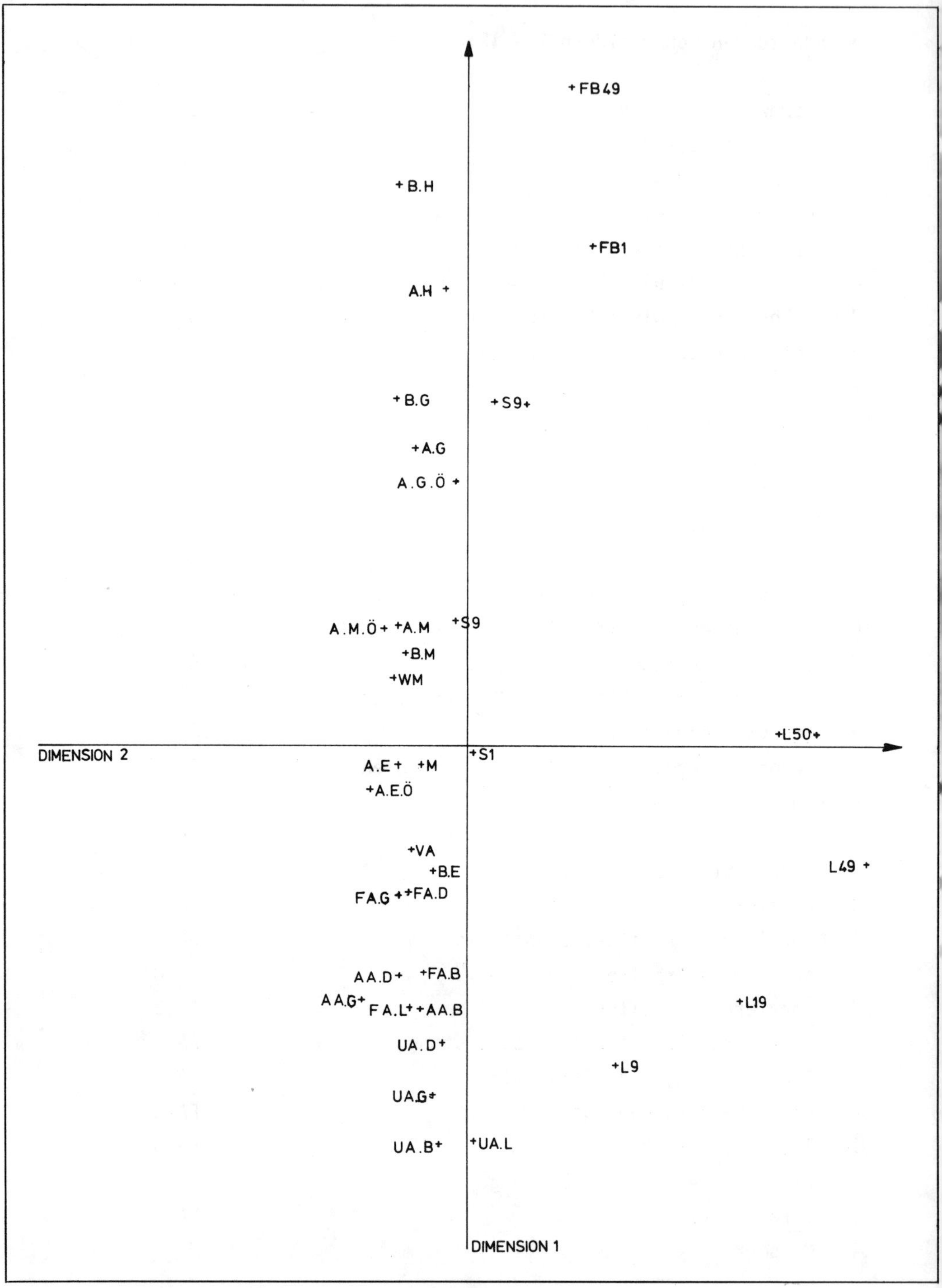


SCHAUBILD 3: MULTIDIMENSIONALE SKALIERUNG VON HEIRATSBEZIEHUNGEN. - 2-DIMENSIONALE LÖSUNG AUF DER BASIS VON DISSIMILARITÄTSINDICES (ABSTROM - 'CHANCEN') STRESS: .035

Die Ergebnisse unserer vergleichenden Analyse erzwingen damit die Verwendung von Dissimilaritätsindices, obgleich diese inhaltlich nur das zweitbeste Maß für die Intensität von Heiratsbeziehungen darstellen.

Heiratsbeziehungen als räumliche Struktur nach Dissimilaritätsindices

Das bisherige Ergebnis unserer Analyse hat erwiesen, daß die Heiratsbeziehungen zwischen 34 Berufskategorien auf der Basis von Dissimilaritätsindices in einem zweidimensionalen Raum so abgebildet werden können, daß die Struktur der Rangordnungen zwischen den Beobachtungswerten in optimaler Weise wiedergegeben wird. Wir müssen nun fragen, ob diese räumlichen Konfigurationen auch substantiell als eine Struktur sozialer Distanzen interpretiert werden können und ferner, ob die Hauptachsen eine plausible hierarchische Ordnung ergeben, die als Grundlage einer Statusskala dienen kann.

Schaubild 3 zeigt die räumliche Anordnung der Berufskategorien, wie sie die multidimensionale Skalierung der Dissimilaritätsindices auf der Grundlage von Abstromquoten erbracht hat. Da für die MDS-Lösung nur die Distanzen zwischen den Kategorien entscheidend sind und die Stellung der Achsen beliebig ist, wurden die Werte mit Hilfe einer zusätzlichen Berechnung um den Nullpunkt des Achsenkreuzes zentriert und die Hauptachse der räumlichen Konfiguration zur Abszisse gedreht. Betrachten wir zunächst die Grobstruktur nach den Quadraten, so finden wir links unten vor allem die Arbeiter, rechts unten die Landwirte, in dem linken oberen Quadranten die nicht-manuellen Berufe und rechts oben einige Selbständigenkategorien. Die erste, vertikale Dimension, die 86% der Varianz in dieser Konfiguration bindet, zeigt die größte Distanz zwischen den freien Berufen, höheren Beamten und Angestellten auf dem einen Pol und den unqualifizierten Arbeitern auf dem anderen Pol. Die zweite Dimension ergibt nur minimale Distanzen unter den abhängigen Berufskategorien und im Vergleich zur ersten Dimension mäßige Distanzen vor allem zu den Landwirten, aber auch zu den freien Berufen und meisten anderen Selbständigen.

Wichtig für die Möglichkeit der Konstruktion einer Statusskala ist die Rangordnung auf der Hauptdimension (vgl. Tabelle 11). Wie schon erwähnt, bilden die Spitze die freien Berufe mit mehr als einem Mitarbeiter und die höheren Beamten, darunter liegen die kleineren freien Be-

Tabelle 11: Statusskala von 34 Berufskategorien nach Heiratsbeziehungen - 2-dimensionale Lösung (Dissimilaritätsindices nach Abstromquoten)

| | | MDSCAL Score | transf.[1] Score | Status Score |
|---|---|---|---|---|
| 24 | Ungelernte Bau | 1.3o5 | 1o.o | 1o |
| 22 | Ungelernte Landw. | 1.29o | 11.5 | 12 |
| 23 | Ungelernte Gewerbe | 1.142 | 26.3 | 26 |
| 1 | Landwirte -9 ha | 1.o42 | 36.3 | 36 |
| 25 | Ungelernte Dienstl. | o.97o | 43.5 | 44 |
| 27 | Angelernte Bau | o.863 | 54.2 | 54 |
| 29 | Facharb. Landw. | o.855 | 55.o | 55 |
| 2 | Landwirte 1o-19 ha | o.834 | 57.1 | 57 |
| 26 | Angelernte Gewerbe | o.83o | 57.5 | 58 |
| 28 | Angelernte Dienstl. | o.747 | 65.8 | 66 |
| 31 | Facharb. Bau | o.74o | 66.5 | 67 |
| 3o | Facharb. Gewerbe | o.491 | 91.4 | 91 |
| 32 | Facharb. Dienstl. | o.485 | 92.o | 92 |
| 1o | einfache Beamte | o.4o7 | 99.8 | 1oo |
| 3 | Landwirte 2o-49 ha | o.385 | 1o2.o | 1oo |
| 33 | Vorarbeiter | o.337 | 1o6.8 | 1o7 |
| 16 | einf. Ang., öff.D. | o.146 | 125.9 | 126 |
| 34 | Meister | o.o67 | 133.8 | 134 |
| 15 | einf. Ang., Privatw. | o.o65 | 134.o | 134 |
| 7 | Selbst. -1 Mitarb. | o.o26 | 137.9 | 138 |
| 4 | Landwirte 5o+ ha | -o.o4o | 144.5 | 145 |
| 14 | Werkmeister | -o.224 | 162.9 | 163 |
| 11 | mittlere Beamte | -o.299 | 17o.4 | 17o |
| 18 | mittl. Ang., öff.D. | -o.378 | 178.3 | 178 |
| 8 | Selbst. -9 Mitarb. | -o.4o4 | 18o.9 | 181 |
| 17 | mittl. Ang., Privatw. | -o.49o | 189.5 | 19o |
| 2o | gehob. Ang., öff.D. | -o.862 | 226.7 | 227 |
| 19 | gehob. Ang., Privatw. | -o.972 | 237.7 | 238 |
| 9 | Selbst. 1o+ Mitarb. | -1.123 | 252.8 | 253 |
| 12 | gehobene Beamte | -1.134 | 253.9 | 254 |
| 21 | höhere Angestellte | -1.493 | 289.8 | 29o |
| 5 | freie Berufe -1 Mitarb. | -1.628 | 3o3.3 | 3o3 |
| 13 | höhere Beamte | -1.831 | 323.6 | 324 |
| 6 | freie Berufe -49 Mitarb. | -2.15o | 355.5 | 356 |

1) (MDSCAL-Score x -1oo) + 14o.5

rufe und die höheren Angestellten. Eine zweite, tieferliegende Gruppe setzt sich aus den gehobenen Beamten, den größeren Unternehmern und den gehobenen Angestellten zusammen. Noch weiter unten im nicht-manuellen Bereich sind die mittleren Beamten, Angestellten und Selbständigen sowie die Werkmeister im Angestelltenverhältnis angeordnet. Eine Art Mittelgruppe zwischen dem eindeutig nicht-manuellen und dem eindeutig manuellen Bereich bilden die großen Landwirte, die kleinen Unternehmer, die einfachen Angestellten[1], die Arbeiterkontrolleure der Meister und Vorarbeiter und die einfachen Beamten. Die Arbeiterkategorien sind konsistent nach dem Qualifikationsniveau und der Branche angeordnet, wobei die Bauarbeiter jeweils unter den Industriearbeitern und diese unter den Arbeitern im Dienstleistungssektor stehen. Die mittleren Landwirte und die Landfacharbeiter liegen auf dem Niveau der Angelernten, während die unqualifizierten Landarbeiter die zweitniedrigste Position über den unqualifizierten Bauarbeitern einnehmen.

Fragt man also, wie ähnlich oder unähnlich Berufskategorien einander sind - gemessen an den Chancen der Töchter gegebener Herkunft, in bestimmte Berufsgruppen einzuheiraten -, so finden wir eine eindeutige, durchweg konsistente und hochplausible Rangordnung. Dies mag nicht so sehr überraschend sein, wenn man an die Ergebnisse unserer obigen tabellarischen Analysen denkt. Dabei ist allerdings zu berücksichtigen, daß in dieser multidimensionalen Skalierung sehr viel mehr Informationen verarbeitet werden, als die Inspektion von Übergangsquoten zu erfassen erlaubt. Überraschend ist dagegen, als ein wie starker Faktor sich die Statusdimension in der Strukturierung von Heiratsbeziehungen erweist.

Die zweidimensionale Lösung der multidimensionalen Skalierung von Dissimilaritätsindices, die auf der Basis einer Matrix von Rekrutierungsquoten berechnet sind, ist in Schaubild 4 dargestellt, wobei die Werte wiederum um den Ursprung zentriert und die Hauptachse zur Abszisse gedreht wurden. Der entscheidende Unterschied zum Distanzmuster aufgrund der Chancenstruktur liegt in der von den anderen Berufskategorien isolierten Lage der Landwirte und ihrer größeren Distanzen zu den anderen

---

1) Die Töchter der Angestellten im öffentlichen Dienst haben konsistent etwas 'schlechtere' Heiratschancen als die Töchter von Vätern vergleichbarer Angestelltenpositionen im privaten Sektor.

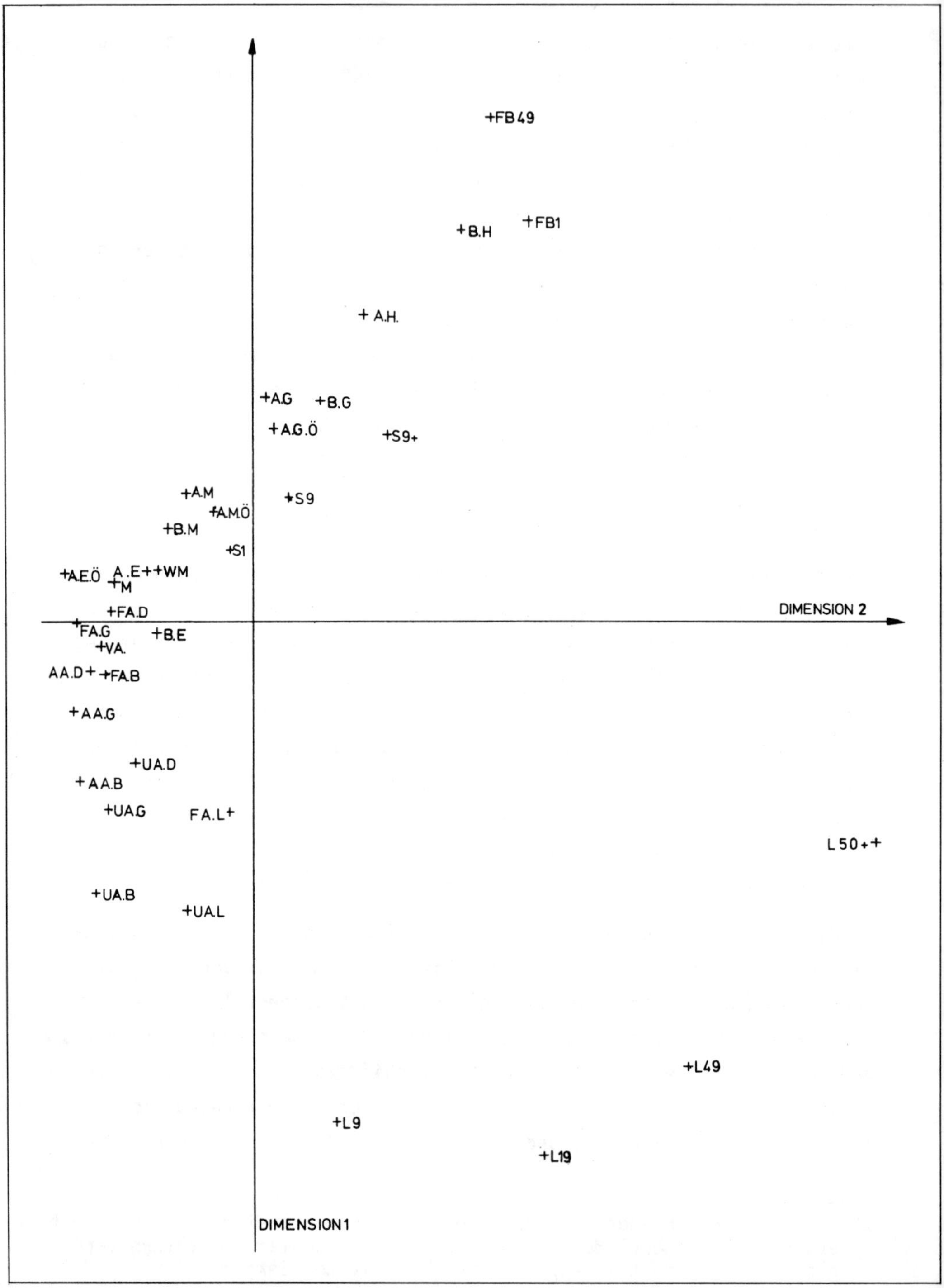


SCHAUBILD 4: MULTIDIMENSIONALE SKALIERUNG VON HEIRATSBEZIEHUNGEN. - 2-DIMENSIONALE LÖSUNG AUF DER BASIS VON DISSIMILARITÄTSINDICES (ZUSTROM - 'REKRUTIERUNG')

Kategorien, deren Rangfolge in der Hauptdimension mit unwesentlichen Inversionen erhalten bleibt. Wir kennen aus der tabellarischen Analyse den für dieses veränderte Bild verantwortlichen distanzgenerierenden Faktor: Die Landwirte heiraten fast ausschließlich Töchter von Landwirten, zu einem hohen Anteil sogar aus Höfen ähnlicher Betriebsgröße, während sich unter den Ehefrauen der anderen Berufsgruppen nur wenige Landwirtstöchter befinden.

In bezug auf die differentielle Rekrutierung von Ehefrauen bestätigt sich also der Tatbestand der Dichotomie des Heiratsmarktes. Eine Zuordnung der Landwirte zu einer gesamtgesellschaftlichen Heiratsordnung bleibt daher problematisch. Eine Verknüpfung der agrarischen und nicht-agrarischen Statushierarchie ist nur möglich, wenn man von den Chancen der Töchter von Landwirten ausgeht, in nicht-agrarische Berufsgruppen einzuheiraten.

Wurden in der ersten Skalierung in der ersten Dimension die Berufskategorien von Vätern nach der Ähnlichkeit der Heiratschancen ihrer Töchter in eine Rangordnung gebracht, so bilden hier die Distanzen auf der Hauptdimension die Ähnlichkeiten von gegenwärtigen Berufsgruppen nach der Herkunft der Ehefrauen ab. Wir können nun für die nicht-agrarischen Berufe fragen, ob sich interessante Unterschiede zwischen beiden Rangfolgen zeigen. Inhaltlich gewendet geht es darum, ob Männer bestimmter Berufsgruppen in stärkerer Weise darauf bedacht sind, durch selektive Heirat ihr Prestige, aber auch möglicherweise ihre materielle Position zu verbessern, als dies für Eltern oder Töchter derselben Gruppe zutrifft. Der Vergleich von Tabelle 11 und 12 zeigt jedoch, daß es ausgeprägte Verschiebungen dieser Art nicht gibt.

Damit verbleiben für diesen Teil der Analyse noch zwei Aufgaben. Zum einen müssen wir aus den gegebenen Informationen eine Statusskala konstruieren, zum anderen müssen wir eine Antwort auf die Frage geben, ob die empirisch abgeleiteten Statushierarchien Brüche aufweisen, die es gestatten würden, Berufskategorien zu 'Schichten' zusammenzufassen.

Die multidimensionale Skalierung von Dissimilaritätsindices für Heiratsbeziehungen erbrachte zwei von den Hauptachsen abgeleitete Skalen, formal gesprochen: eine für die Abstromquoten und eine für die Zustromquoten. Die unterschiedlichen Aspekte, die damit erfaßt werden, kann man auf mehrfache Weise ausdrücken. Man kann, wie wir es häufig getan

Tabelle 12: Statusskala von 34 Berufskategorien nach Heiratsbeziehungen - 2-dimensionale Lösung (Dissimilaritätsindices nach Zustromquoten)

| | | MDSCAL Score | transf.[1] Score | Status Score |
|---|---|---|---|---|
| 2 | Landwirte 10-19 ha | 1.739 | 10.0 | 10 |
| 1 | Landwirte -9 ha | 1.633 | 20.6 | 21 |
| 3 | Landwirte 20-49 ha | 1.452 | 38.7 | 39 |
| 22 | Ungelernte Landw. | 0.942 | 89.7 | 90 |
| 24 | Ungelernte Bau | 0.896 | 94.3 | 94 |
| 4 | Landwirte 50+ ha | 0.722 | 111.7 | 112 |
| 29 | Facharb. Landw. | 0.617 | 122.2 | 122 |
| 23 | Ungelernte Gewerbe | 0.609 | 123.0 | 123 |
| 27 | Angelernte Bau | 0.519 | 132.0 | 132 |
| 25 | Ungelernte Dienstl. | 0.459 | 138.0 | 138 |
| 26 | Angelernte Gewerbe | 0.294 | 154.5 | 155 |
| 31 | Facharb. Bau | 0.173 | 166.6 | 167 |
| 28 | Angelernte Dienstl. | 0.160 | 167.9 | 168 |
| 33 | Vorarbeiter | 0.080 | 175.9 | 176 |
| 10 | einfache Beamte | 0.037 | 180.2 | 180 |
| 30 | Facharb. Gewerbe | 0.002 | 183.7 | 184 |
| 32 | Facharb. Dienstl. | -0.036 | 187.5 | 188 |
| 34 | Meister | -0.127 | 196.6 | 197 |
| 16 | einf. Ang., öff.D. | -0.161 | 200.0 | 200 |
| 15 | einf. Ang., Privatw. | -0.165 | 200.4 | 200 |
| 14 | Werkmeister | -0.171 | 201.0 | 201 |
| 7 | Selbst. -1 Mitarb. | -0.236 | 207.5 | 208 |
| 11 | mittlere Beamte | -0.306 | 214.5 | 215 |
| 18 | mittl. Ang., öff.D. | -0.357 | 219.6 | 220 |
| 8 | Selbst. -9 Mitarb. | -0.406 | 224.5 | 225 |
| 17 | mittl. Ang., Privatw. | -0.421 | 226.0 | 226 |
| 9 | Selbst. 10+ Mitarb. | -0.612 | 245.1 | 245 |
| 20 | geh. Ang., öff.D. | -0.629 | 246.8 | 247 |
| 12 | gehobene Beamte | -0.723 | 256.2 | 256 |
| 19 | geh. Ang., Privatw. | -0.728 | 256.7 | 257 |
| 21 | höhere Angestellte | -1.009 | 284.8 | 285 |
| 13 | höhere Beamte | -1.286 | 312.5 | 313 |
| 5 | freie Berufe -1 Mitarb. | -1.309 | 314.8 | 315 |
| 6 | freie Berufe -49 Mitarb. | -1.646 | 348.5 | 349 |

1) (MDSCAL-Score x -100) + 183.9

Tabelle 13: Statusskala von 34 Berufskategorien nach Heiratsbeziehungen - Mittelwerte der 2-dimensionalen Lösungen auf der Basis der Dissimilaritätsindices nach Zustrom- und Abstromquoten

| | | MDSCAL Mittelwert | transf.[1] Score | Status Score |
|---|---|---|---|---|
| 22 | Ungelernte Landw. | 1.116o | 1o.oo | 1o |
| 24 | Ungelernte Bau | 1.1oo5 | 11.55 | 12 |
| 23 | Ungelernte Gewerbe | o.8755 | 34.o5 | 34 |
| 1 | Landwirte -9 ha[2] | o.7819 | 43.41 | 43 |
| 29 | Facharb. Landw. | o.736o | 48.oo | 48 |
| 25 | Ungelernte Dienstl. | o.7145 | 5o.15 | 5o |
| 27 | Angelernte Bau | o.691o | 52.5o | 53 |
| 2 | Landwirte 1o-19 ha[2] | o.5898 | 62.62 | 63 |
| 26 | Angelernte Gewerbe | o.562o | 65.4o | 65 |
| 31 | Facharb. Bau | o.4565 | 75.95 | 76 |
| 28 | Angelernte Dienstl. | o.4535 | 76.25 | 76 |
| 3o | Facharb. Gewerbe | o.245o | 97.1o | 97 |
| 32 | Facharb. Dienstl. | o.2245 | 99.15 | 99 |
| 1o | einfache Beamte | o.222o | 99.4o | 99 |
| 3 | Landwirte 2o-49 ha[2] | o.2178 | 99.82 | 1oo |
| 33 | Vorarbeiter | o.2o85 | 1oo.75 | 1o1 |
| 16 | einf. Ang., öff.D. | -o.oo75 | 122.35 | 122 |
| 34 | Meister | -o.o3oo | 124.6o | 125 |
| 15 | einf.Ang., Privatw. | -o.o5oo | 126.6o | 127 |
| 7 | Selbst. -1 Mitarb. | -o.1o5o | 132.1o | 132 |
| 4 | Landwirte 5o+ ha[2] | -o.1293 | 134.53 | 135 |
| 14 | Werkmeister | -o.1975 | 141.35 | 141 |
| 11 | mittlere Beamte | -o.3o25 | 151.85 | 152 |
| 18 | mittl. Ang., öff.D. | -o.3675 | 158.35 | 158 |
| 8 | Selbst. -9 Mitarb. | -o.4o5o | 162.1o | 162 |
| 17 | mittl. Ang., Privatw. | -o.4555 | 167.15 | 167 |
| 2o | geh. Ang., öff.D. | -o.7455 | 196.15 | 196 |
| 19 | geh. Ang., Privatw. | -o.85oo | 2o6.6o | 2o7 |
| 9 | Selbst. 1o+ Mitarb. | -o.8675 | 2o8.35 | 2o8 |
| 12 | gehobene Beamte | -o.9285 | 214.45 | 215 |
| 21 | höhere Angestellte | -1.251o | 246.7o | 247 |
| 5 | freie Berufe -1 Mitarb. | -1.4685 | 268.45 | 269 |
| 13 | höhere Beamte | -1.5585 | 277.45 | 278 |
| 6 | freie Berufe -49 Mitarb. | -1.8955 | 311.15 | 311 |

1) (MDSCAL Mittelwert x -1oo) + 121,6

2) Die Landwirte wurden entsprechend ihrer relativen Position in Tabelle 11 eingegliedert.

haben, davon sprechen, daß zum einen die Chancenstruktur von Töchtern unterschiedlicher Herkunft, zum anderen die soziale Zusammensetzung der Ehefrauen der Männer in einer bestimmten Berufsgruppe erfaßt wird. Wenn wir hingegen fragen, was denn bei den beiden Verfahren skaliert wird, so sind es bei Übergangsquoten die 'Schwiegerväter' bzw. ihre Töchter, bei der Herkunftsquoten verschiedene Berufskategorien zum Zeitpunkt der Befragung. Da sich - von den Landwirten abgesehen - keine erheblichen Unterschiede gezeigt haben, braucht eine Entscheidung zwischen diesen Alternativen nicht gefällt zu werden. Eine endgültige Skala kann durch die Kombination der beiden Ausgangsskalen konstruiert werden. Dies läßt sich jedoch auch inhaltlich begründen. Soziale Nähe zwischen zwei Kategorien wird ja nicht nur dadurch hergestellt, daß man durch Heirat enge Sozialkontakte mit den Schwiegereltern und den Geschwistern und Freunden der Ehefrau gewinnt, sondern auch darüber, daß man etwa mit dem Mann der Schwester zusammentrifft.

Tabelle 13 enthält nunmehr die endgültige Statusskala. Dafür wurden die beiden MDS-Scores für jede Kategorie addiert und gemittelt und in linearer Weise so transformiert, daß eine Skala entsteht, die mit dem Score 1o beginnt. Wie schon oben begründet, wurden die Landwirte nach den relativen Heiratschancen ihrer Töchter zugeordnet[1].

## Gibt es soziale Schichten?

Mit der Ableitung einer Rangskala von Berufskategorien auf der Grundlage von Heiratsbeziehungen haben wir versucht, den hierarchischen Aspekt des Statussystems in der Bundesrepublik empirisch zu begründen. Der Ertrag dieses Teil der Analyse ist nicht in erster Linie darin zu sehen, daß die Existenz einer solchen Hierarchie nachgewiesen werden konnte. Sie wird von niemand bestritten. Er besteht vielmehr in der genauen Zuordnung von sozialen Kollektiven, die über Berufskategorien erfaßbar sind, in eine Statushierarchie.

Eine alte Kontroverse der Schichtungsliteratur dreht sich jedoch um

---

1) Die Zuordnung der Landwirte geschah in der Weise, daß ihre relative Position zwischen zwei Kategorien in Tabelle 13 aufgrund der Werte dieser beiden Kategorien in Tabelle 11 neu berechnet wurde.

die Frage, ob für entwickelte Gesellschaften wie die Bundesrepublik nurmehr ein Statuskontinuum angenommen werden darf oder eine Struktur disjunktiver sozialer Schichten unterstellt werden kann. Auch das vorliegende Material gestattet eine definitive Antwort schon deshalb nicht, weil Heiratsbeziehungen nur einen unter mehreren schichtenbildenden Faktoren darstellen. Dies gilt aber auch, weil es gar keine hinreichenden empirischen Kriterien dafür gibt, ab welchem Grad der 'Verdünnung' von Sozialbeziehungen ein Kontinuum in eine Grenze übergehen soll[1].

Ein derart eingeschränktes Ergebnis zur Schichtstruktur nach Heiratsbeziehungen soll nun auf folgende Weise erzielt werden. Wir werden zunächst die Resultate der multidimensionalen Skalierung von Dissimilaritätsindices daraufhin prüfen, ob es gravierende Distanzen zwischen benachbarten Gruppen von Kategorien gibt. Um sicherzustellen, daß die ermittelten 'Barrieren' oder 'Grenzen' kein Artefakt der statistischen Methode sind, werden die gleichen Matrizen dann einem Verfahren der hierarchischen Clusterbildung unterzogen. Schließlich wird dieselbe Methode auf eine geteilte Matrix von Assoziationskoeffizienten angewandt, um eine systematische Verzerrung durch das gewählte Ähnlichkeitsmaß auszuschließen.

Die Daten der multidimensionalen Skalierungen, wie sie in den Tabellen 11 bis 13 und den Schaubildern 3 und 4 wiedergegeben sind, zeigen als einen ersten Befund, daß die 34 Berufskategorien nicht zu einigen wenigen Statusgruppierungen zusammenrücken, die voneinander durch große Distanzen getrennt wären. So sind etwa die Entfernungen zwischen der höchsten und zweithöchsten Kategorie und die zwischen den benachbarten Landwirten so groß oder größer als die größten Entfernungen zwischen den restlichen Gruppen von Berufskategorien. Das grobe Strukturbild entspricht in der Tat also eher einem Kontinuum als dem einer ausgeprägten Schichtenbildung. Von Schichtgrenzen und damit von Schichten oder Statusgruppierungen kann daher nur in einem eingeschränkten Sinne gesprochen werden.

Will man dennoch solche Formationen identifizieren - wegen der Ökono-

1) Zusätzlich gilt, daß alle möglichen Aussagen relativ zu der Klassifikation von 34 Kategorien sind. Es kann nicht ausgeschlossen werden, daß bei einer sehr viel differenzierteren Skala sich etwa eine kontinuierliche Verteilung ergeben könnte.

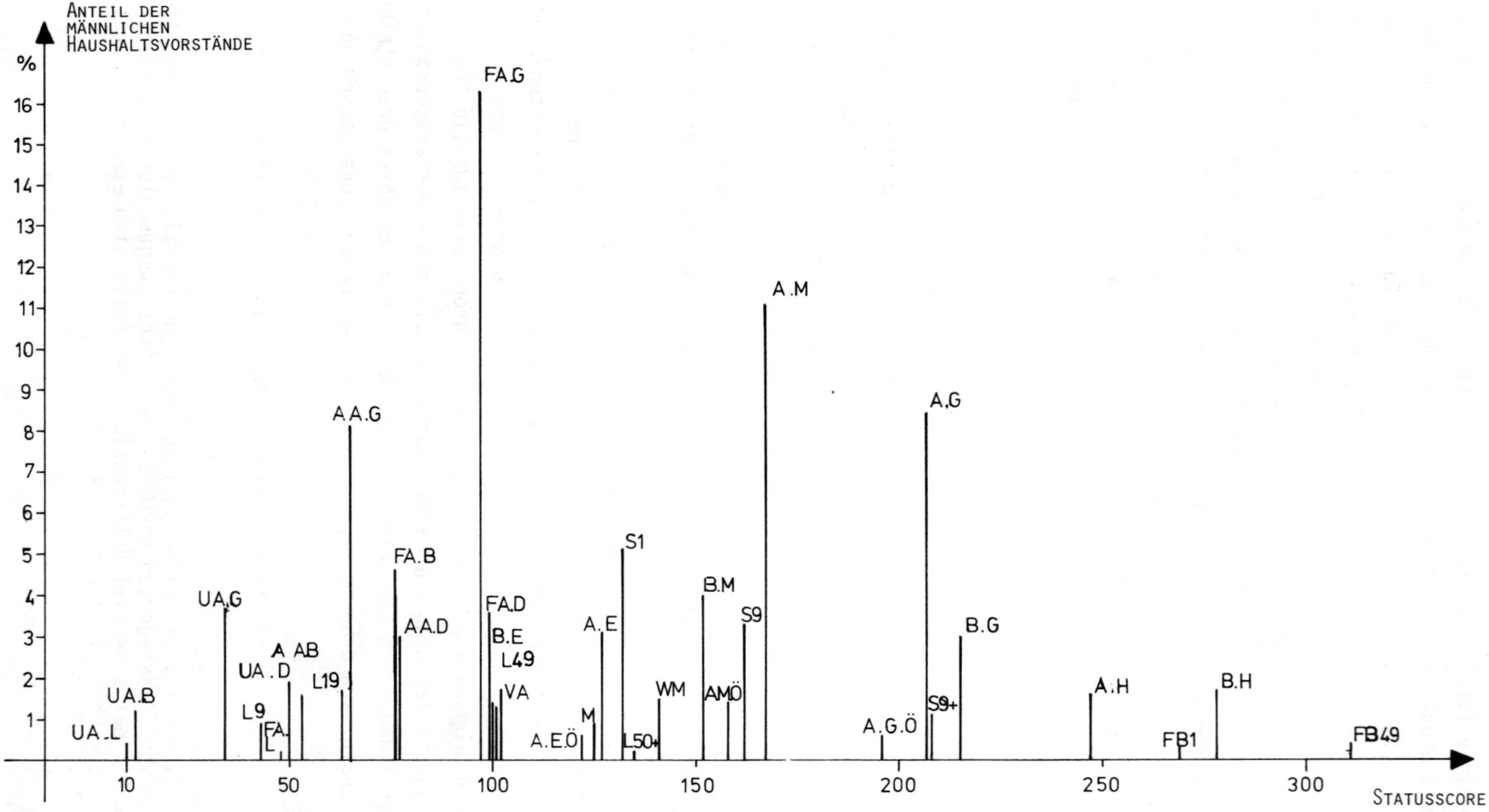


SCHAUBILD 5: Status-Scores (Mittelwerte) und %-Anteile für 34 Berufskategorien

mie der Interpretation und zum praktischen Zweck stärker zusammengefaßter Klassifikationen -, so lassen sich vier größere und sechs bis acht kleinere Gruppierungen unterscheiden. Sicherlich kann man die Landwirte als eine spezifische Statusgruppe kennzeichnen, auch wenn sie untereinander relativ weit streuen. Das nicht-agrarische Statussystem wird besonders anschaulich, wenn wie in Schaubild 5 zu den Heiratsdistanzen die quantitativen Anteile der verschiedenen Kategorien mitberücksichtigt werden. Ein erster Schnitt zwischen den mittleren und gehobenen Angestellten trennt die nicht-manuellen Kategorien in zwei Gruppierungen: Nach oben bilden die höheren Beamten und Angestellten mit den großen Selbständigen und freien Berufen eine 'Schicht', die in sich wiederum durch eine deutliche Grenze zwischen den gehobenen Beamten und höheren Angestellten getrennt ist. Nennen wir sie abgekürzt und mit dem gebotenen Vorbehalt die 'gehobene' und 'obere Mittelschicht'. Nach unten finden wir eine Gruppierung, die von den einfachen Angestellten bis zu den mittleren Beamten und Angestellten reicht und die restlichen Selbständigen sowie Meister und Werkmeister einschließt. Man kann sie in eine 'untere und mittlere Mittelschicht' untergliedern, wenn man die kleine Gruppe der Industrie- und Werkmeister als eine Art Zwischenposition betrachtet.

Die vierte große 'Schicht' bilden die Arbeiter, unter denen sich die Facharbeiter in Industrie, Gewerbe und im Dienstleistungssektor mit den Vorarbeitern und einfachen Beamten als eng zusammenhängende Statusgruppe formieren, während nach unten die Ungelernten am Bau und in der Landwirtschaft abgesetzt sind.

Die multidimensionale Skalierung erlaubte es, die Ähnlichkeiten in den Heiratsmustern als Distanzen in einem anschaulichen Raum abzubilden und die Dimensionen dieses Raumes zu interpretieren. Sie bietet nur eine visuelle Antwort auf die Frage, welche Kategorien nach Maßgabe der Eingabedaten Gruppen bilden. Ein Verfahren, das genauere Aussagen gestattet, ist die hierarchische Clusterbildung, eine sequentielle Klassifikation (Johnson 1967). Die Ergebnisse für die Dissimilaritätsindices sind in den Schaubildern 6 und 7 in der Form sog. Dendogramme (vgl. dazu Ziegler 1973: 24-33) dargestellt. Im Gegensatz zur MDS kommt es in der Interpretation dieser Diagramme nicht auf die Reihenfolge der Kategorien auf der Koordinate an, sondern allein auf die durch die Linien gekennzeichneten Ebenen der Ähnlichkeit. Je tiefer auf der Abszisse

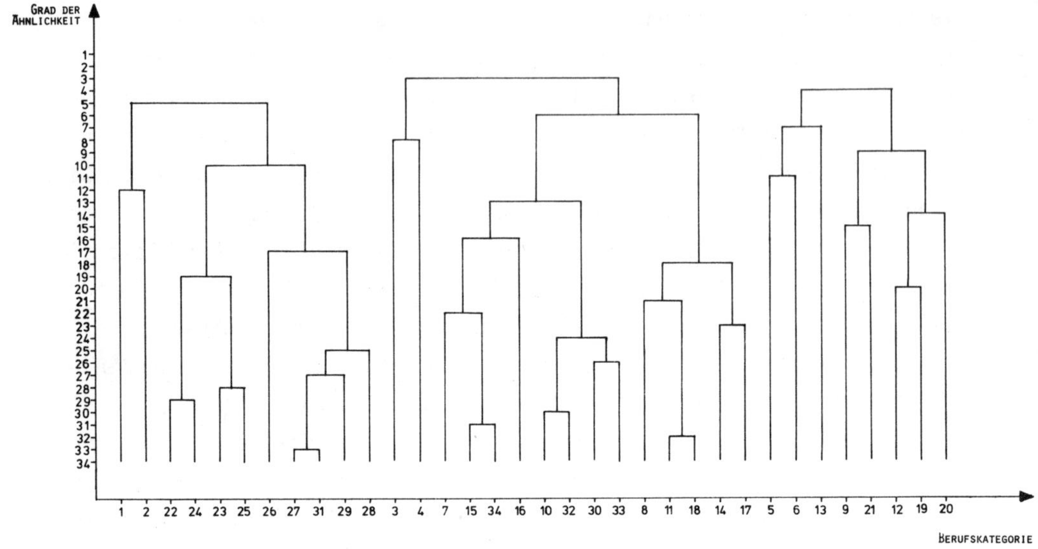


SCHAUBILD 6: STATUSGRUPPIERUNGEN NACH HEIRATSBEZIEHUNGEN DENDROGRAMM NACH DEM HIERARCHISCHEN CLUSTERVERFAHREN VON JOHNSON AUF DER BASIS VON DISSIMILARITÄTSINDICES (ABSTROM - 'CHANCEN')

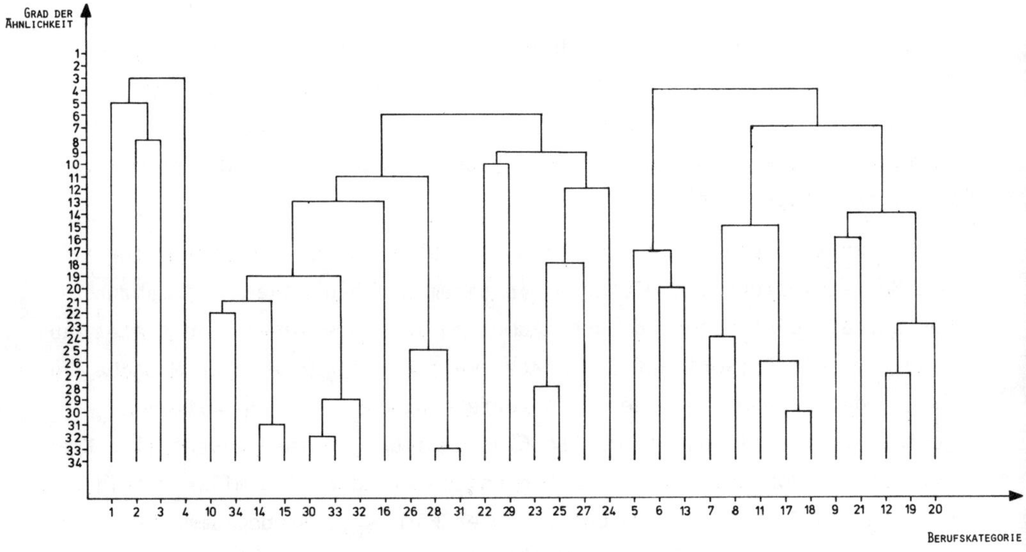


SCHAUBILD 7: STATUSGRUPPIERUNGEN NACH HEIRATSBEZIEHUNGEN DENDROGRAMM NACH DEM HIERARCHISCHEN CLUSTERVERFAHREN VON JOHNSON AUF DER BASIS VON DISSIMILARITÄTSINDICES (ZUSTROM - 'REKRUTIERUNG')

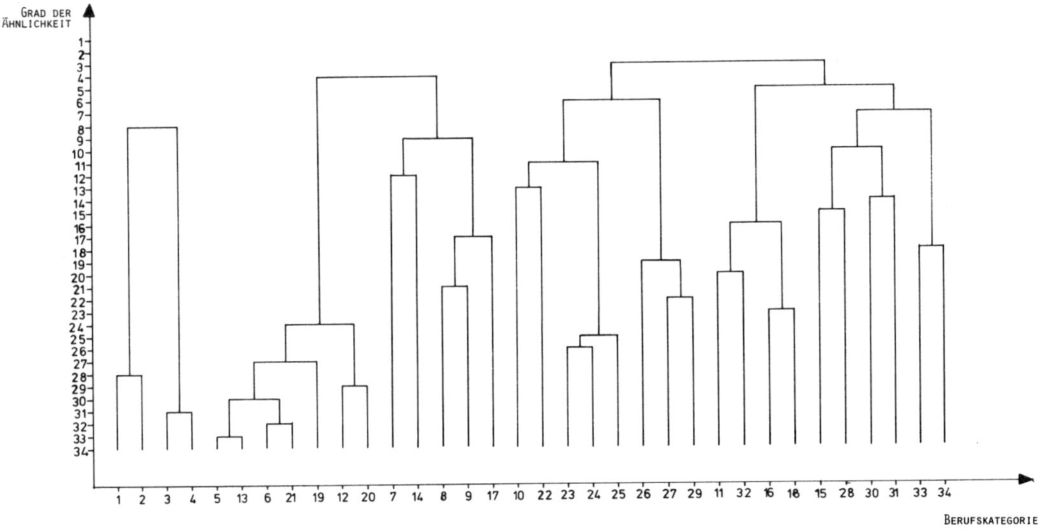


SCHAUBILD 8: STATUSGRUPPIERUNGEN NACH HEIRATSBEZIEHUNGEN DENDROGRAMM NACH DEM HIERARCHISCHEN CLUSTERVERFAHREN VON JOHNSON AUF DER BASIS VON ASSOZIATIONSINDICES (OBERE DREIECKSMATRIX)

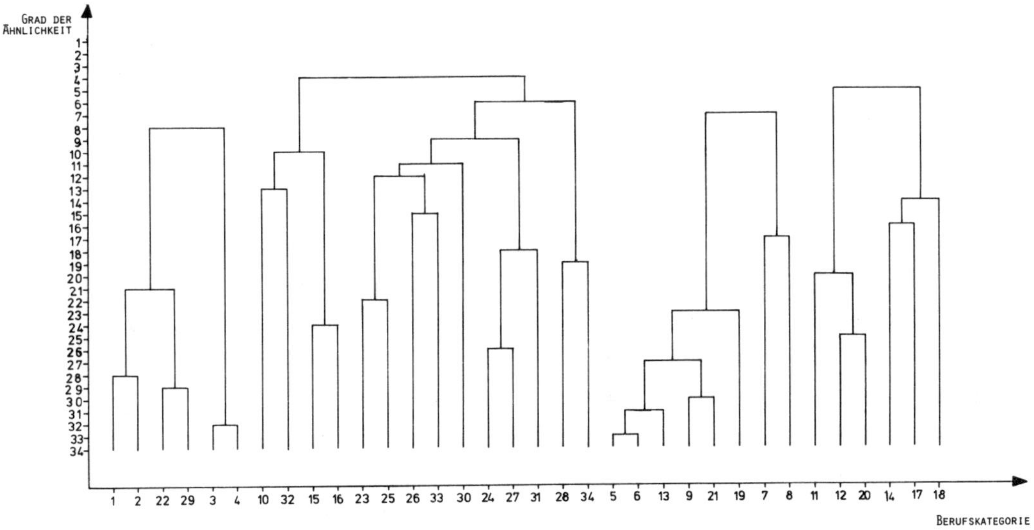


SCHAUBILD 9: STATUSGRUPPIERUNGEN NACH HEIRATSBEZIEHUNGEN DENDROGRAMM NACH DEM HIERARCHISCHEN CLUSTERVERFAHREN VON JOHNSON AUF DER BASIS VON ASSOZIATIONSINDICES (UNTERE DREIECKSMATRIX)

Kategorien miteinander verknüpft sind, desto ähnlicher sind ihre Heiratsmuster.

Schaubild 6, das auf den Dissimilaritätsindices nach Abstromquoten - also der Struktur der Heiratschancen - basiert, bestätigt den Schichtencharakter der Kategorien, die oben gehobene und obere Mittelschicht genannt wurden, zeigt jedoch, daß eine eindeutige Dichotomisierung dieser Statusgruppe wegen der Position der höheren Angestellten nicht konsistent durchgehalten werden kann. Ebenfalls reproduziert werden die Gruppierungen der un- und angelernten Arbeiter, der oberen Arbeiterschicht sowie der unteren und mittleren Mittelschicht. Bemerkenswert ist jedoch, daß die obere Arbeiterschicht mit den letzteren Statusgruppen zu einer Übergruppe zusammengefügt wird, eine geschlossene Arbeiterschicht also nicht nachgewiesen werden kann. Gegen die Vorstellung einer problemlosen Statusdichotomie zwischen Arbeitern und Nicht-Arbeitern wird damit eher die Annahme einer 'middle mass' (Wilensky 1961) gestützt,die von den Facharbeitern bis zu den mittleren Angestellten reicht, wobei die größeren Landwirte ebenfalls zu dieser Formation stossen.

Statusgruppierungen unter dem Rekrutierungsaspekt (Schaubild 7) sind nicht völlig identisch. Zwar bleiben die 'kleinen Schichten', wie die obere, gehobene, mittlere und untere Mittelschicht, obere Arbeiterschicht und die Un- und Angelernten,im wesentlichen erhalten, aber die 'großen' Schichtabgrenzungen zwischen der Arbeiter- und Mittelschicht und innerhalb der Mittelschicht erweisen sich als aspektvariabel und damit für verallgemeinernde Aussagen relativ willkürlich.

Assoziationsindices messen den Austausch zwischen zwei Kategorien als Abweichungen von den bei statistischer Unabhängigkeit erwarteten Zellhäufigkeiten in direkterer Weise als Dissimilaritätsindices. Sie sind daher aber als Parameter anfälliger für Stichprobenfehler und Kategorienumfang. Die auf dieser Basis abgeleiteten Dendogramme (Schaubild 8 und 9) stützen im wesentlichen die oben gefundenen Grobstrukturen. Sie legen ein Schichtungsbild nahe, in der die wichtigsten Grenzen einerseits die Landwirte abtrennen, andererseits die Arbeiterschicht und untere Mittelschicht von der mittleren, gehobenen und oberen Mittelschicht. Eine Synopse dieser sechs Analysen, die dem Leser seine eigenen Schlußfolgerungen erleichtern soll, ist in Schaubild10 enthalten.

Multidimensionale Skalierung — Dissimilaritätsindices | hierarchische Klassifikation — Assoziationsindices

### kombinierte Statusskala

- 6 fr. Berufe 49 Mitarb. FB49
- 13 höhere Beamte B.H
- 5 fr. Berufe 1 Mitarb. FB1
- 21 höhere Angestellte A.H
- ·
- 12 gehobene Beamte B.G
- 9 Selbst. 9+ Mitarb. S9+
- 19 gehobene Angestellte A.G
- 20 geh. Angest. öff. D A.G.ÖD

---

- 17 mittlere Angestellte A.M
- 8 Selbst. 2-9 Mitarb. S9
- 18 mittl. Angest. öff. D A.M.ÖD
- 11 mittlere Beamte B.M
- ·
- 14 Werkmeister WM
- 4 Landwirte über 50 ha L50+
- 7 Selbst. bis 1 Mitarb. S1
- 15 einfache Angestellte A.E
- 34 Meister M
- 16 einf. Angest. öff. D. A.E.ÖD

---

- 33 Vorarbeiter VA
- 3 Landwirte 20-49 ha L49
- 10 einfache Beamte B.E
- 32 Facharbeiter Dienstl. FA.D
- 30 Facharbeiter Gewerbe FA.G

---

- 28 Angelernte Dienstl. AA.D
- 31 Facharbeiter Bau FA.B
- ·
- 26 Angelernte Gewerbe AA.G
- 2 Landwirte 10-19 ha L19
- ·
- 27 Angelernte Bau AA.B
- 25 Ungelernte Dienstl. UA.D
- 29 Landfacharbeiter FA.L
- 1 Landwirte bis 9 ha L9
- 23 Ungelernte Gewerbe UA.G

---

- 24 Ungelernte Bau UA.B
- 22 Landarbeiter LA

### Multidimensionale Skalierung – Abstrom

- 6 FB49, 13 B.H
- ·
- 5 FB1, 21 A.H

---

- 12 B.G, 9 S9+
- ·
- 19 A.G, 20 A.G.ÖD

---

- 17 A.M, 8 S9, 18 A.M.ÖD, 11 B.M, 14 WM

---

- 4 L50+, 7 S1, 15 A.E, 34 M, 16 A.E.ÖD
- ·
- 33 VA, 3 L49, 10 B.E, 32 FA.D, 30 FA.G

---

- 31 AA.D, 28 FA.B, 26 AA.G, 2 L19, 29 AA.B, 27 UA.D
- ·
- 25 FA.L, 1 L9, 23 UA.G

---

- 22 UA.B, 24 LA

### Multidimensionale Skalierung – Zustrom

- 6 FB49, 5 FB1, 13 B.H, 21 A.H
- ·
- 19 A.G, 12 B.G, 20 A.G.ÖD, 9 S9+

---

- 17 A.M, 8 S9, 18 A.M.ÖD, 11 B.M, 7 S1
- ·
- 14 WM, 15 A.E, 16 A.E.ÖD, 34 M, 32 FA.D, 30 FA.G, 10 B.E, 33 VA
- ·
- 28 AA.D, 31 FA.B, 26 AA.G

---

- 25 FA.L, 27 UA.D, 23 UA.G, 29 AA.B, 4 L50+
- ·
- 24 LA, 22 UA.B

---

- 3 L49, 1 L9, 2 L19

### Hierarchische Klassifikation (Dissimilaritätsindices) – Abstrom

- 5 FB1, 6 FB49, 13 B.H
- ·
- 9 S9+, 21 A.H
- ·
- 12 B.G, 19 A.G, 20 A.G.ÖD

---

- 8 S9, 11 B.M, 18 A.M.ÖD, 14 WM, 17 A.M
- ·
- 7 S1, 15 A.E, 34 M, 16 A.E.ÖD
- ·
- 4 L50+, 3 L49
- ·
- 10 B.E, 32 FA.D, 30 FA.G, 33 VA

---

- 28 AA.D, 29 FA.L, 31 FA.B, 27 AA.B, 26 AA.G
- ·
- 25 UA.D, 23 UA.G, 22 LA, 24 UA.B

---

- 1 L9, 2 L19

### Hierarchische Klassifikation (Dissimilaritätsindices) – Zustrom

- 5 FB1, 6 FB49, 13 B.H
- ·
- 9 S9+, 21 A.H, 12 B.G, 19 A.G, 20 A.G.ÖD
- ·
- 7 S1, 8 S9, 11 B.M, 17 A.M, 18 A.M.ÖD

---

- 14 WM, 15 A.E, 16 A.E.ÖD, 10 B.E, 34 M
- ·
- 30 FA.G, 33 VA, 32 FA.D
- ·
- 28 AA.D, 31 FA.B, 26 AA.G
- ·
- 27 AA.B, 25 UA.D, 23 UA.G, 24 UA.B, 29 FA.L, 22 LA

---

- 1 L9, 2 L19, 3 L49, 4 L50+

### Assoziationsindices – obere Dreiecksmatrix

- 5 FB1, 13 B.H
- ·
- 6 FB49, 21 A.H
- ·
- 19 A.G, 12 B.G, 20 A.G.ÖD
- ·
- 8 S9, 9 S9+, 17 A.M
- ·
- 14 WM, 7 S1

---

- 18 A.M.ÖD, 16 A.E.ÖD, 32 FA.D, 11 B.M
- ·
- 34 M, 33 VA, 31 FA.B, 30 FA.G, 28 AA.D, 15 A.E
- ·
- 29 FA.L, 27 AA.B, 26 AA.G
- ·
- 10 B.E, 22 LA, 23 UA.G, 24 UA.B, 25 UA.D

---

- 4 L50+, 3 L49, 2 L19, 1 L9

### Assoziationsindices – untere Dreiecksmatrix

- 5 FB49, 6 FB1, 13 B.H
- ·
- 9 S9+, 21 A.H, 19 A.G, 7 S1, 8 S9
- ·
- 11 B.M, 12 B.G, 20 A.G.ÖD
- ·
- 14 WM, 17 A.M, 18 A.M.ÖD

---

- 16 A.E.ÖD, 15 A.E, 10 B.E, 32 FA.D
- ·
- 34 M, 28 AA.D, 31 FA.B, 27 AA.B, 24 UA.B
- ·
- 30 FA.G, 33 VA, 26 AA.G, 25 UA.D, 23 UA.G

---

- 4 L50+, 3 L49
- ·
- 29 FA.L, 22 LA
- ·
- 2 L19, 1 L9

SCHAUBILD 10: SYNOPSE VON SCHICHTUNGSMUSTERN NACH VERSCHIEDENEN ANALYSEVERFAHREN UND ÄHNLICHKEITSMASSEN

Gibt es also soziale Schichten? Auf der Basis eines rein deskriptiven Schichtungsbegriffes, nach dem Bevölkerungsgruppen über das Kriterium der Interaktionsdichte differenziert werden (Pappi 1976), und dem Indikator Heiratsbeziehungen ergibt sich, daß weder die Strukturannahme eines Statuskontinuums, noch die eines Systems weniger disjunkter Schichten den Beobachtungen adäquat ist. Berücksichtigt man vor allem die quantitativ großen Kategorien der angelernten Industriearbeiter, der Industriefacharbeiter, der mittleren Angestellten und der gehobenen Angestellten sowie deren Umfeld, so lassen sich durchaus eindeutige maß- und methodeninvariante Statusgruppierungen ausmachen. Sie sind jedoch eher durch graduelle Distanzen und kleinere Zwischengruppen als durch wenige hohe Schichtbarrieren voneinander getrennt.

Dieses Ergebnis steht damit sowohl in bezug auf die Anzahl der unterscheidbaren Statusgruppen als auch in bezug auf ihre übergreifende Struktur im Widerspruch zu den Resultaten, die Franz Urban Pappi in einer Gemeindestudie ermittelt und auf die Bundesrepublik extrapoliert hat: "Mit Hilfe der objektiven Daten über die drei besten Freunde und Bekannten war es möglich, drei Schichten mit klaren Abgrenzungen gegeneinander zu identifizieren: eine Arbeiterschicht, ... eine Mittelschicht, ... und eine obere Mittelschicht ... . Die Schichtstruktur mit dem 3-Klassen-Schema ist sicher keine Besonderheit unserer Untersuchungsgemeinde. Sie dürfte in Deutschland generell anzutreffen sein." (1973: 68/69). Es muß freilich offen bleiben, ob diese unterschiedlichen Ergebnisse auf eine Differenz in den Untersuchungspopulationen, in den verwandten Klassifikationen oder in dem gewählten Relationsindikator zurückzuführen sind.

## 7. Zusammenfassung und Interpretation

Am Anfang der Untersuchung stand das dreifache Problem, wie Ungleichheiten über Beziehungsmuster erfaßt, wie über Familien als Einheiten Ungleichheiten zwischen Personen, Gruppen und Kollektiven anstelle einer Hierarchie von Positionen abgebildet und wie nicht primär ökonomische Dimensionen von Ungleichheit gemessen werden können. In vier Schritten - tabellarische Aufgliederung, Oldman/Illsley-Verfahren, multidimensionale Skalierung und sequentielle Klassifikation - wurde gezeigt, wie Heiratsbeziehungen Kategorien von (Berufs-) Positionen zu einer hierarchischen Struktur ordnen. Dies bedeutet, daß ein Aspekt des Prozesses aufgewiesen werden konnte, in dem eine Positionsdifferenzierung in ein Schichtungsgefüge oder eine Hierarchie von unscharf voneinander getrennten Statusgruppen transformiert wird. Als beabsichtigtes Nebenprodukt wurde dabei für 34 Berufskategorien eine metrische[1] Skala des 'sozialen Status' entwickelt.

Wir müssen uns nun zum einen des theoretischen Gehalts dieser empirisch abgeleiteten Struktur und Skala versichern, zum anderen diskutieren, ob diese Ableitung einen spezifischen, von sozio-ökonomischen Verteilungen empirisch unterscheidbaren Tatbestand trifft. Zu Beginn wurden drei Kriterien genannt, die die Definition von Statusgruppen im Gegensatz etwa zu Klassenlagen bestimmen: selektive Sozialbeziehungen, Gütermonopolisierung und Prestigedifferenzierung. Daß die auf der Basis von Heiratsbeziehungen gefundene Statushierarchie eine Struktur selektiver Sozialbeziehungen darstellt, ist unmittelbar evident. Fraglich ist dabei nur, ob es nicht für die Analyse von Statusgruppen bedeutsamere und folgenreichere Beziehungsmuster gibt. Daß Heiratsbeziehungen als Indikator in dieser Hinsicht etwa den von Laumann und Pappi gewählten Freundschaftsbeziehungen vorzuziehen sind, ergibt sich m.E. nicht nur aufgrund der geringeren Beliebigkeit und der für die Definition von 'Struktur'-elementen entscheidenden Dauerhaftigkeit, sondern vor allem daraus, daß Heiraten im Gegensatz zu Freundschaften soziale Einheiten mit hohem Handlungspotential und Handlungszwang 'produzieren'. Gerade dieses letztere Merkmal läßt es jedoch erst als wahrscheinlich erscheinen, daß die empirisch gefundene Statusnähe bzw. Statusdistanz auch tatsächlich die Gewährung von Vorzugschancen impliziert, die mit dem zweiten Kriterium der Gütermonopolisierung gemeint ist.

Schon der selektive Zugang zu aus ökonomischen oder nicht-ökonomischen Gründen erwünschten Heiratspartnern stellt ja bereits eine solche Vorzugschance dar. Ob allerdings darüberhinaus in restriktiver Weise Ressourcenkonvertierungen zwischen statusgleichen oder statusähnlichen Familien vorgenommen werden, muß empirisch nachgewiesen werden,

---

1) Dies ist nicht identisch mit einer Intervall- oder Ratioskala. Zum Unterschied der mathematischen Eigenschaften einer Intervallskala und einer Metrik siehe McFarland/Brown (1973: 218-221); Sodeur (1974: 76-8o).

z.B. in einer geplanten Analyse intergenerationaler Berufsmobilität.

Komplex ist zweifelsohne die Frage, ob unsere Statushierarchie eine Hierarchie des Prestiges und unsere Statusskala eine Prestigeskala darstellt. Begreift man Prestige als die 'gemeinsame, ursächliche Komponente' der Ausbildung von Statusgruppen und Statusbeziehungen, also als etwas, das nicht unmittelbar, sondern erst in seinen Folgen, etwa im Tatbestand restriktiver Heiraten zu beobachten ist, dann kann man von einer Prestigehierarchie und einer Prestigeskala sprechen. Diese Zuordnung erfolgt dann jedoch aufgrund einer theoretischen Annahme, nämlich, daß die beobachteten Gemeinsamkeiten oder Ähnlichkeiten von Berufskategorien in gemeinsamen Identitäten und der gemeinsamen Teilhabe an charismatisch besetzten Ordnungen oder Merkmalen ihren Ursprung haben. Man würde dann etwa interpretieren, daß die in der Skala höchsten Kategorien der freien Berufe, höheren Beamten und Angestellten deswegen einen so hohen Status besitzen, weil Fachwissen, formale Autorität und die damit verknüpften Berufs- und Positionskennzeichnungen prestige-'geladene' Attribute sind.

Das engste und sinnfälligste Prestigekriterium bezieht sich jedoch auf die Ausprägung spezifischer Lebensstile, auf die manifeste symbolische Zu- und Aberkennung von Achtung und Ehrerbietung und auf die symbolische Signalisierung von sozialem Rang. Einen solchen Nachweis - wenn er überhaupt eindeutig erbracht werden könnte - müssen wir mit den verfügbaren Daten schuldig bleiben. Da in der Alltagssprache - auch der soziologischen - zumeist diese letztere Bedeutung mit dem Prestigebegriff verbunden wird, empfiehlt sich trotz der vorangehenden Überlegungen ein zurückhaltender Gebrauch der Termini 'Prestigegruppen' und 'Prestigehierarchie' für die oben beschriebenen Tatbestände.

Eine solch differenzierte theoretische Etikettierung wird allerdings erst dann zwingend, wenn sich der Tatbestand 'Prestigehierarchie' oder 'Schichtungsgefüge' überhaupt empirisch von einer sozio-ökonomischen Verteilungsstruktur abgrenzen läßt. Tabelle 14 und die Schaubilder 11 und 12 enthalten einen Vergleich zwischen der von Handl[1] für dieselben 34 Berufskategorien entwickelte Skala des 'sozio-ökonomischen Status'

---

1) Vgl. dazu den Beitrag von Handl in diesem Band.

Tabelle 14: Statusscores für 34 Berufskategorien nach sozio-ökonomischem und sozialem Status

| sozio-ökonomische[1] Stellung (MZU) | | sozio-ökonom.[2] Status (Handl) | sozialer Status (Mayer) |
|---|---|---|---|
| 1 | Landwirte -9 ha | 39 | 43 |
| 2 | Landwirte 10-19 ha | 48 | 63 |
| 3 | Landwirte 20-49 ha | 76 | 1oo |
| 4 | Landwirte 5o+ ha | 1o9 | 135 |
| 5 | freie Berufe | 348 | 269 |
| 6 | freie Berufe | 366 | 311 |
| 7 | Selbst. -1 Mitarb. | 161 | 132 |
| 8 | Selbst. 2-9 Mitarb. | 22o | 162 |
| 9 | Selbst. 10+ Mitarb. | 288 | 2o8 |
| 1o | einfache Beamte | 177 | 99 |
| 11 | mittlere Beamte | 126 | 152 |
| 12 | gehobene Beamte | 283 | 215 |
| 13 | höhere Beamte | 348 | 278 |
| 14 | Werkmeister | 128 | 141 |
| 15 | einf. Ang., Privatw. | 96 | 127 |
| 16 | einf. Ang., öff.D. | 81 | 122 |
| 17 | mittl. Ang., Privatw. | 157 | 167 |
| 18 | mittl. Ang., öff.D. | 15o | 158 |
| 19 | gehob. Ang., Privatw. | 275 | 2o7 |
| 2o | gehob. Ang., öff.D. | 251 | 196 |
| 21 | höhere Angestellte | 314 | 247 |
| 22 | Ungelernte Landw. | 14 | 1o |
| 23 | Ungelernte Gewerbe | 27 | 34 |
| 24 | Ungelernte Bau | 23 | 12 |
| 25 | Ungelernte Dienstl. | 32 | 5o |
| 26 | Angelernte Gewerbe | 38 | 65 |
| 27 | Angelernte Bau | 39 | 53 |
| 28 | Angelernte Dienstl. | 43 | 76 |
| 29 | Facharb. Landw. | 5o | 48 |
| 3o | Facharb. Gewerbe | 6o | 97 |
| 31 | Facharb. Bau | 6o | 76 |
| 32 | Facharb. Dienstl. | 59 | 99 |
| 33 | Vorarbeiter | 74 | 1o1 |
| 34 | Meister | 1o3 | 125 |

1) Kategorien der Berufsklassifikation der Mikrozensus-Zusatzerhebung 1971, differenziert mit Hilfe der Variablen 'Wirtschaftszweig' und 'Schulabschluß' (freie Berufe).

2) Zuweisung von Scores nach MAC (Multivariate Analysis of Contingencies) auf der Basis der Variablen 'Beruf, 'Schulbildung', 'Einkommen' und 'Hausbesitz'. Siehe Handl (in diesem Band).

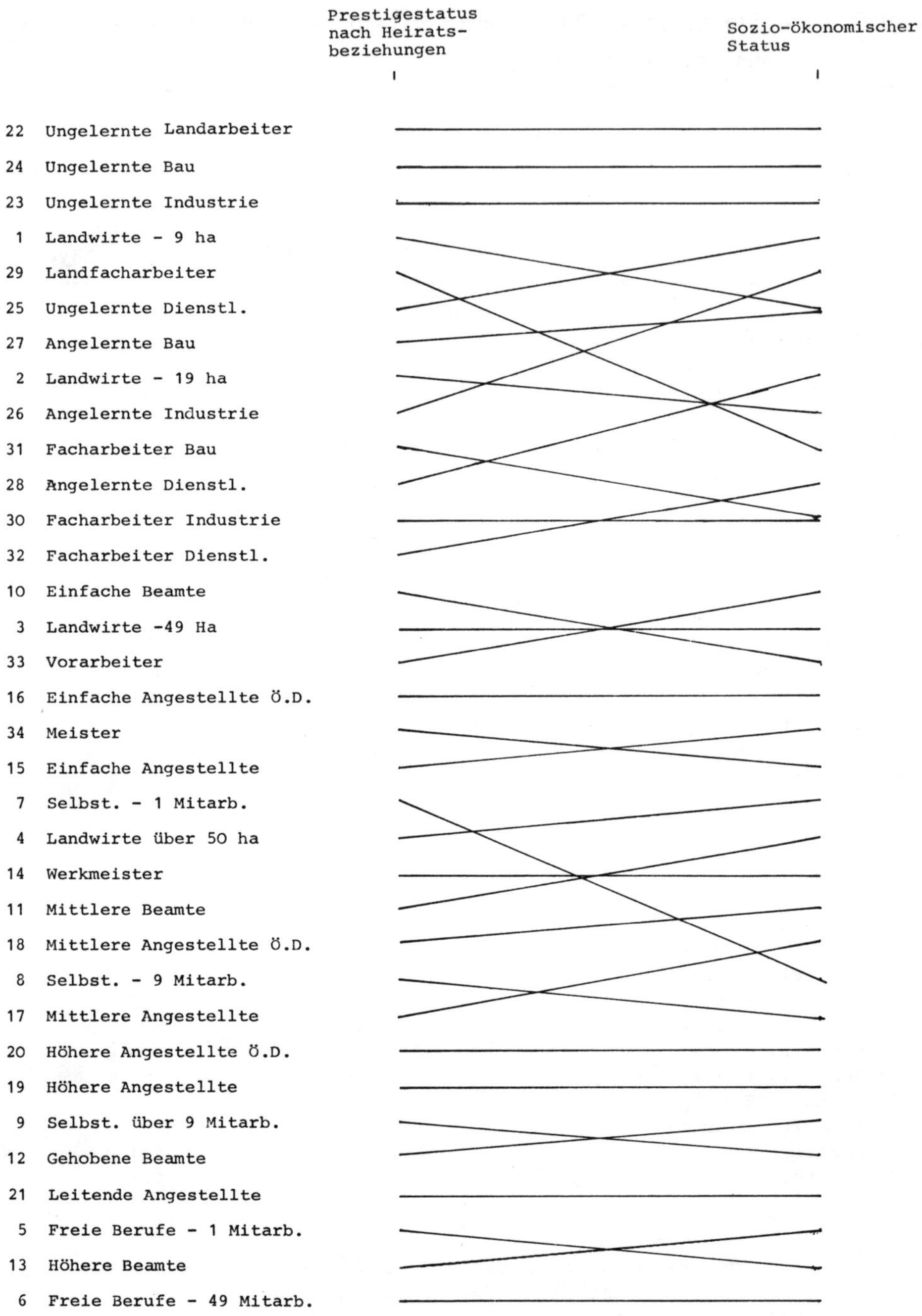


SCHAUBILD 11: VERGLEICH VON STATUSSKALEN

SOZIALER STATUS NACH HEIRATSBEZIEHUNGEN UND SOZIOÖKONOMISCHER STATUS NACH BERUF, BILDUNG, EINKOMMEN UND HAUSBESITZ

und unserer 'Prestige'skala. Schaubild 11, dem eine ordinale Interpretation der beiden Skalen zugrundeliegt, zeigt eine weitgehende Kongruenz der Hierarchien. Es gibt zwei systematische Abweichungen. Die Selbständigen außerhalb der Landwirtschaft werden - wohl wegen ihres Einkommens - in der sozio-ökonomischen Skala höher eingestuft. Dies gilt auch für die kleineren Landwirte, die Landfacharbeiter und die Baufacharbeiter. Diesen Kategorien wird ein höherer sozio-ökonomischer Status zugewiesen, da sie zu relativ hohen Anteilen Hausbesitzer sind. Weniger einsichtige Inversionen gibt es zwischen den einfachen Beamten und Vorarbeitern sowie zwischen den Meistern und einfachen Angestellten, die allerdings nach den absoluten Differenzen der Scores nicht interpretiert zu werden brauchen.

Diese Invarianz der Ungleichheitsstruktur in der Bundesrepublik in verschiedenen Dimensionen ist erstaunlich vor allem deshalb, weil die Skalen zwar beide mit den gleichen Berufskategorien operieren, aber davon abgesehen völlig andere Informationen und Analysetechniken verwenden. Sie bedeutet zugleich, daß über die Valenz verschiedenartiger Ursachen sozialer Ungleichheit - Klassen, ökonomische Ressourcen, soziale Ausschließung, Prestige - empirisch auf der Makroebene kaum entschieden werden kann.

Dieses Zwischenergebnis ist teilweise zu modifizieren, betrachtet man nicht das Muster der Rangpaare, sondern die relative Position der Kategorien auf beiden nunmehr metrisch interpretierten Skalen (vgl. Schaubild 12). Hier zeigt sich zusätzlich, daß zwar oberhalb etwa der mittleren Angestellten und Beamten 'Prestige'-und sozio-ökonomische Positionen ähnlich plaziert sind. Darunter ist die Status- oder Prestigedifferenzierung jedoch sehr viel ausgeprägter als die Streuung nach sozio-ökonomischen Merkmalen. Nach dem zuletzt genannten Kriterium bilden die Arbeiter zwar nach Qualifikation und Branche eine geschichtete, aber gleichwohl homogene Gruppe. Nach der Skalenkonstruktion bei Handl kommt offenbar zum Tragen, daß zwischen Einkommen und Bildung unter den Arbeiterkategorien sehr viel weniger Differenzen bestehen, als zwischen der Selektivität der Heiratsbeziehungen. Dies ist sicherlich z.T. als ein Artefakt der verfügbaren Einkommensklassifikation zu bewerten, nach

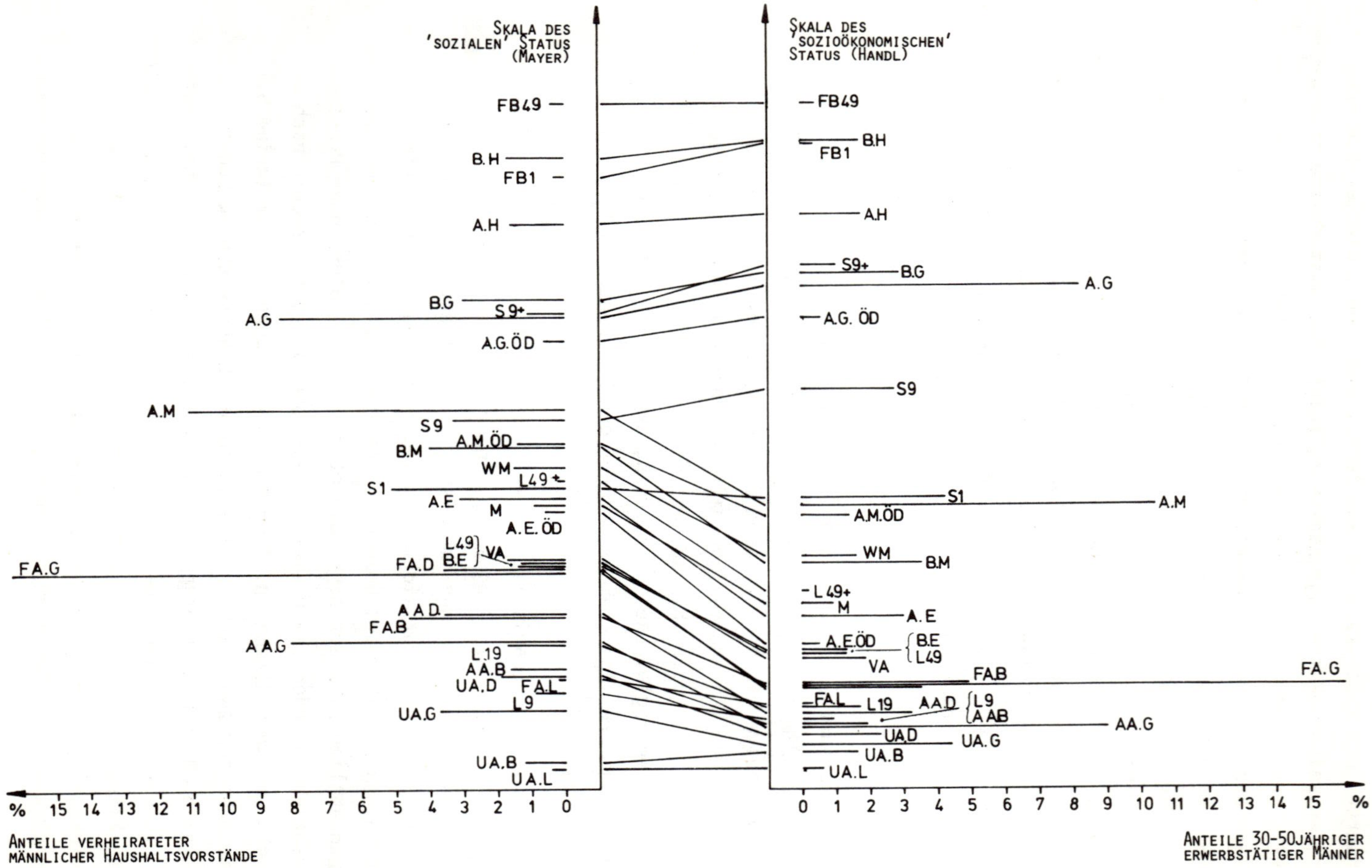


SCHAUBILD 12: Vergleich von Statusskalen (metrische Werte)
Sozialer Status nach Heiratsbeziehungen und sozioökonomischer Status nach Beruf, Bildung, Einkommen und Hausbesitz

der ein Großteil der entsprechenden Fälle in die Nettoeinkommen-Kategorie zwischen 8oo und 1.2oo DM (1971) fällt. Bei einer feineren Einkommensskala hätten sich vermutlich Unterschiede zwischen den Arbeiterkategorien in diesem Einkommensintervall deutlicher auf die Skalenwerte niedergeschlagen. Zum anderen aber ist natürlich diese relative Ähnlichkeit der Einkommen ebenso ein realer Tatbestand wie die geringen Bildungsunterschiede.

Damit ist ein Ergebnis belegt, das im Widerspruch zu den empirischen Erwartungen steht, die herkömmlich mit den theoretischen Begriffen 'Verteilung' und 'Schichtung' verknüpft werden: Die sozio-ökonomische Verteilung ist - im unteren Bereich - ein homogenisierender Faktor, während Schichtungsprozesse zu einer vergleichsweise stärkeren Heterogenität zu führen scheinen. Dennoch ist die Homomorphie der beiden Ungleichheitsstrukturen von beträchtlichem Ausmaß. Die genannten interessanten Unterschiede schlagen (abgesehen von den Selbständigen) weder bei zusammenfassenden Klassifikationen, noch bei Regressionsrechnungen ins Gewicht. Der Korrelationskoeffizient von .96 (sowohl über die Kategorien, als auch über Individuen) belegt hinreichend, daß die beiden Skalen im wesentlichen dasselbe messen.

Eine theoretische Interpretation des Tatbestandes, daß Status- oder Prestigehierachie und sozio-ökonomische Verteilungsstruktur sich nur in wenigen Aspekten unterscheiden, kann nun sicher nicht zum Ziel haben, die oben explizierten Prestigemechanismen mit der Begründung wegzuerklären, sie fielen Occams 'razor' zum Opfer, da die beobachtbaren Strukturen durch die 'objektiven' Variablen Bildung, Einkommen und Besitz hinlänglich erfaßbar wären. Mit einer solchen Argumentation könnte nämlich etwa die Transformation einer Positionshierarchie unter den Erwerbstätigen zu einem institutionalisierten Schichtungssystem der Gesamtbevölkerung nicht mehr angemessen erklärt werden. Vielmehr erscheint es sinnvoll, die Ergebnisse als Indikationen einer weitgehenden Kristallisierung von Ungleichheiten in der Gesellschaft der Bundesrepublik zu interpretieren. Grosso modo sind die Kriterien, die selektive Interaktionen bestimmen,sind die entscheidenden Quellen 'charismatischer' Bewertung offenbar dieselben, die auch Art und Struktur der Verteilungsungleichheiten determinieren. Allerdings wäre es zu kurz gegriffen, wollte man daraus ableiten, eine eindimensionale, 'klassenmäßige' Deutung beobachtbarer Ungleichheitsstrukturen sei zureichend. Sichtbar wird vielmehr ein gesellschaftlicher Zustand, in dem soziale Unterschiede verschiedenster Natur hoch miteinander assoziiert sind. Blau (1974: 632) hat einen solchen Sachverhalt mit dem Begriff 'strukturelle Konsolidierung' umschrieben. Strukturelle Konsolidierung ist jedoch ein ambivalenter Zustand. Denn auf der einen Seite verweist er auf ein hohes Maß an Stabilität, da es systematische Verwerfungen nicht gibt, die zur Ursache tiefgreifender Konflikte werden könnten. Auf der anderen Seite werden durch die Kumulation von Ungleichheiten soziale Beziehungen restringiert, die gesamtgesellschaftliche Integration gefährdet und das Potential für sozialen Wandel gemindert.

# Anhang A

## Tabellen zum Beitrag: Klassenlagen und soziale Lagen in der Bundesrepublik.

Tabelle A1: Männer in abhängiger Erwerbstätigkeit, 15 Jahre und älter, nach Ausbildung und beruflicher Stell

| Ausbildung | Berufliche Stellungen: manueller Bereich | | | nicht-manueller Bereich | | |
|---|---|---|---|---|---|---|
| | un- und angelernte Tätigkeit | Tätigkeit die Fachqualifikationen benötigt | Tätigkeit mit Aufsichtsfunktion | vorwiegend ausführende oder Sachbearbeitertätigkeit | vorwiegend leitende, Lehr- oder hochqualif. Spez.Tätigk. | Insgesamt |
| Volksschule ohne Lehre | ${}_{59^{c}}18750^{b\,81^{a}}$ | ${}_{4}1432^{6}$ | ${}_{11}540^{2}$ | ${}_{7}2248^{10}$ | ${}_{1}177^{1}$ | ${}_{19}23147^{100}$ |
| Volksschule und gewerbliche Lehre | ${}_{36}11600^{19}$ | ${}_{91}33901^{55}$ | ${}_{67}3399^{6}$ | ${}_{36}10854^{18}$ | ${}_{8}1497^{2}$ | ${}_{50}61251^{100}$ |
| Volksschule und kaufmännische Lehre | ${}_{2}718^{7}$ | ${}_{1}512^{5}$ | ${}_{3}139^{1}$ | ${}_{22}6854^{69}$ | ${}_{10}1746^{18}$ | ${}_{8}9969^{100}$ |
| mittlerer Bildungsabschluß[d] ohne Lehre | ${}_{1}340^{13}$ | ${}_{0}62^{2}$ | ${}_{1}44^{2}$ | ${}_{4}1262^{46}$ | ${}_{6}1010^{37}$ | ${}_{3}2718^{100}$ |
| mittlerer Bildungsabschluß[d] und gewerbliche Lehre | ${}_{1}374^{5}$ | ${}_{4}1333^{17}$ | ${}_{17}866^{11}$ | ${}_{11}3398^{42}$ | ${}_{11}2047^{26}$ | ${}_{7}8018^{100}$ |
| mittlerer Bildungsabschluß[d] und kaufmännische Lehre | ${}_{0}115^{1}$ | ${}_{0}71^{1}$ | ${}_{1}53^{1}$ | ${}_{15}4522^{56}$ | ${}_{18}3281^{41}$ | ${}_{7}8042^{100}$ |
| Abitur | ${}_{0}55^{2}$ | ${}_{0}29^{1}$ | ${}_{0}20^{1}$ | ${}_{2}706^{27}$ | ${}_{10}1783^{69}$ | ${}_{2}2593^{100}$ |
| Ingenieurschule | ${}_{0}3^{0}$ | ${}_{0}11^{0}$ | ${}_{0}19^{1}$ | ${}_{2}482^{17}$ | ${}_{13}2376^{82}$ | ${}_{2}2891^{100}$ |
| Hochschule, Universität | ${}_{0}9^{0}$ | ${}_{0}1^{0}$ | ${}_{0}9^{0}$ | ${}_{1}283^{6}$ | ${}_{25}4539^{94}$ | ${}_{4}4841^{100}$ |
| Insgesamt | ${}_{100}31964^{26}$ | ${}_{100}37352^{30}$ | ${}_{100}5089^{4}$ | ${}_{100}30609^{25}$ | ${}_{100}18456^{15}$ | ${}_{100}123470^{100}$ |

a) Zeilenprozente b) Absolutzahlen in der 1%-Mikrozensus-Zusatzerhebung c) Spaltenprozente d) Abschluß einer Mittel- oder Realschule, Techniker- oder sonstigen Berufsfach- oder Fachschule

Tabelle A 2: Bevölkerung der Bundesrepublik Deutschland, 15 Jahre und älter, nach Geschlecht, Stellung im Erwerbsleben und Stellung zum Haushaltsvorstand, 1%-Mikrozensus

| | männlich | | | weiblich | | | |
|---|---|---|---|---|---|---|---|
| | Haushalts-vorstände | andere Haus-haltsmit-glieder | Zwischen-summe | Haushalts-vorstände | andere Haus-haltsmit-glieder | Zwischen-summe | Insgesamt |
| Erwerbstätige[1] | 1253o8 | 32819 | 158127 | 17367 | 71583 | 8895o | 247o77 |
| (darunter mithelfende Familienangehörige) | (665) | (1514) | (2179) | (217) | (1251o) | (12727) | (149o6) |
| Rentner | 32697 | 3o32 | 35729 | 35574 | 14899 | 5o473 | 862o2 |
| sonstige Nicht-Erwerbstätige[2] | 2243 | 13163 | 154o6 | 5623 | 1o2oo5 | 1o7628 | 123o34 |
| Insgesamt | 16o248 | 49o14 | 2o9262 | 58564 | 188487 | 247o51 | 453313 |
| Haushaltsvorstände insgesamt (=Anzahl Haushalte) | | | | | | | 218812 |
| andere Haushaltsmitglieder insgesamt | | | | | | | 2375o1 |

1) incl. Personen in beruflicher Ausbildung ("Lehre") und Wehrpflichtige
2) Schüler, Studierende, Arbeitslose, Arbeitssuchende, Hausfrauen

Tabelle A 3: Soziale Lagen von Haushalten in der Bundesrepublik Deutschland im April 1971 (deutsche Haushaltsvorstände) +

| | Monatliches Nettoeinkommen k.A. | bis 800 DM | 800 - 1.200 DM | 1.200 - 1.800 DM | über 1.800 DM | Insgesamt |
|---|---|---|---|---|---|---|
| 1) unqualifizierte Arbeiter | $_{1}199^{1}$ | $_{70}10.026^{46}$ | $_{56}7.996^{37}$ | $_{6}825^{4}$ | $_{0}18^{0}$ | $_{77}19.064^{50}$ |
| 2) dequalifizierte Arbeiter | $_{1}133^{1}$ | $_{33}4.707^{22}$ | $_{47}6.723^{31}$ | $_{7}954^{4}$ | $_{0}34^{0}$ | $_{88}12.551^{57}$ |
| 3) qualifizierte Arbeiter | $_{2}289^{1}$ | $_{48}6.875^{31}$ | $_{132}18.870^{86}$ | $_{23}3.292^{15}$ | $_{1}151^{1}$ | $_{207}29.477^{135}$ |
| 4) Vorarbeiter, Meister a) | $_{0}36^{0}$ | $_{4}499^{2}$ | $_{19}2.710^{12}$ | $_{11}1.540^{7}$ | $_{1}122^{1}$ | $_{34}4.907^{22}$ |
| 5) ausführende Angestellte und Beamte, Volksschule ohne Lehre oder mit gew. Lehre | $_{1}168^{1}$ | $_{16}2.328^{11}$ | $_{52}7.347^{34}$ | $_{24}3.393^{16}$ | $_{2}238^{1}$ | $_{94}13.474^{62}$ |
| 6) ausführende Angestellte und Beamte, Volksschule mit kaufmännischer Lehre | $_{1}99^{1}$ | $_{10}1.413^{7}$ | $_{25}3.516^{16}$ | $_{13}1.915^{9}$ | $_{1}166^{1}$ | $_{50}7.109^{33}$ |
| 7) ausführende Angestellte und Beamte, mittlere Bildungsabschlüsse | $_{1}159^{1}$ | $_{11}1.494^{7}$ | $_{37}5.343^{24}$ | $_{30}4.337^{20}$ | $_{5}699^{3}$ | $_{84}12.032^{55}$ |
| 8) leitende Angestellte und Beamte, höchstens mittlere Bildungsabschlüsse | $_{1}155^{1}$ | $_{1}200^{1}$ | $_{14}2.032^{9}$ | $_{35}4.933^{23}$ | $_{19}2.711^{12}$ | $_{70}10.031^{46}$ |
| 9) leitende Angestellte und Beamte, höhere Bildungsabschlüsse | $_{1}129^{1}$ | $_{1}100^{1}$ | $_{5}700^{3}$ | $_{24}3.426^{16}$ | $_{32}4.526^{21}$ | $_{62}8.881^{41}$ |
| 10a) Selbständige, bis 9 Mitarbeiter | $_{13}1.813^{8}$ | $_{15}2.070^{10}$ | $_{19}2.771^{13}$ | $_{22}3.068^{14}$ | $_{24}3.429^{16}$ | $_{92}13.151^{60}$ |
| 10b) Selbständige, 10 und mehr Mitarbeiter | $_{1}166^{1}$ | $_{0}21^{0}$ | $_{1}76^{0}$ | $_{2}216^{1}$ | $_{8}1.153^{5}$ | $_{11}1.632^{8}$ |
| 11) freie Berufe | $_{1}91^{0}$ | $_{0}32^{0}$ | $_{0}40^{0}$ | $_{1}114^{1}$ | $_{6}828^{4}$ | $_{8}1.105^{5}$ |
| 12) Landwirte | $_{42}6.018^{28}$ | - | - | - | - | $_{42}6.018^{28}$ |
| 13) mithelfende Familienangehörige | $_{4}518^{2}$ | $_{2}333^{2}$ | $_{0}20^{0}$ | $_{0}5^{0}$ | $_{0}6^{0}$ | $_{6}882^{4}$ |
| 14) sonstige Erwerbstätige b) | $_{1}186^{1}$ | $_{6}831^{4}$ | $_{5}763^{3}$ | $_{3}377^{2}$ | $_{1}204^{1}$ | $_{17}2.361^{11}$ |
| 15) Rentner | $7.048^{32}$ | $49.486^{226}$ | $8.651^{40}$ | $2.342^{11}$ | $744^{3}$ | $68.271^{312}$ |
| 16) sonstige Nicht-Erwerbstätige c) | $2.664^{12}$ | $4.672^{21}$ | $405^{2}$ | $92^{0}$ | $33^{0}$ | $7.866^{36}$ |
| Insgesamt | $19.871^{91}$ | $85.087^{389}$ | $67.963^{311}$ | $30.829^{141}$ | $15.062^{69}$ | $218.812^{1.000}$ |

+ Die drei Zahlen in jedem Tabellenfeld haben folgende Bedeutung. In der Mitte stehen die Absolutzahlen der im Mikrozensus erfaßten Haushaltsvorstände, rechts oben die Prozentwerte bezogen auf alle in der Tabelle repräsentierten Haushalte, links unten die Prozentwerte bezogen auf alle in der Tabelle repräsentierten Erwerbstätigenhaushalte.

a) Diese Kategorie enthält in dieser und den nachfolgenden Tabellen auch Industrie- und Werkmeister im Angestelltenverhältnis; b) Wehrpflichtige sowie Lehrlinge, Beamtenanwärter und Praktikanten/Volontäre; c) Schüler/Studierende, Arbeitslose/Arbeitssuchende, Hausfrauen und sonstige Nicht-Erwerbstätige.

Tabelle A 4: Soziale Lagen von Haushalten mit männlichem Haushaltsvorstand im April 1971+

| | Monatliches Nettoeinkommen K.A. | bis 8oo DM | 8oo - 1.2oo DM | 1.2oo - 1.8oo DM | über 1.8oo DM | Insgesamt |
|---|---|---|---|---|---|---|
| 1) unqualifizierte Arbeiter | $_{1}163^{1}$ | $_{49}6.135^{38}$ | $_{61}7.631^{48}$ | $_{6}811^{5}$ | $_{o}18^{o}$ | $_{118}14.758^{92}$ |
| 2) dequalifizierte Arbeiter | $_{1}121^{1}$ | $_{3o}3.793^{24}$ | $_{53}6.582^{41}$ | $_{8}943^{6}$ | $_{o}34^{o}$ | $_{92}11.473^{72}$ |
| 3) qualifizierte Arbeiter | $_{2}282^{2}$ | $_{51}6.435^{4o}$ | $_{15o}18.787^{117}$ | $_{26}3.289^{21}$ | $_{1}151^{1}$ | $_{231}28.944^{181}$ |
| 4) Vorarbeiter Meister a) | $_{o}35^{o}$ | $_{4}45o^{3}$ | $_{21}2.679^{17}$ | $_{12}1.537^{1o}$ | $_{1}122^{1}$ | $_{39}4.823^{3o}$ |
| 5) ausführende Angestellte und Beamte, Volksschule ohne Lehre oder mit gew. Lehre | $_{1}145^{1}$ | $_{1o}1.238^{8}$ | $_{54}6.724^{42}$ | $_{26}3.296^{21}$ | $_{2}232^{1}$ | $_{93}11.635^{73}$ |
| 6) ausführende Angestellte und Beamte, Volksschule mit kaufmännischer Lehre | $_{1}71^{o}$ | $_{4}478^{3}$ | $_{21}2.635^{16}$ | $_{14}1.752^{11}$ | $_{1}165^{1}$ | $_{41}5.1o2^{32}$ |
| 7) ausführende Angestellte und Beamte, mittlere Bildungsabschlüsse | $_{1}122^{1}$ | $_{4}495^{3}$ | $_{29}3.678^{23}$ | $_{3o}3.8o6^{24}$ | $_{5}65o^{4}$ | $_{7o}8.751^{55}$ |
| 8) leitende Angestellte und Beamte, höchstens mittlere Bildungsabschlüsse | $_{1}136^{1}$ | $_{1}96^{1}$ | $_{14}1.693^{1o}$ | $_{37}4.669^{29}$ | $_{21}2.644^{16}$ | $_{74}9.238^{58}$ |
| 9) leitende Angestellte und Beamte, höhere Bildungsabschlüsse | $_{1}116^{1}$ | $_{1}71^{o}$ | $_{4}555^{3}$ | $_{24}3.o58^{19}$ | $_{35}4.384^{27}$ | $_{65}8.184^{51}$ |
| 1oa) Selbständige bis 9 Mitarbeiter | $_{13}1.636^{1o}$ | $_{12}1.486^{9}$ | $_{2o}2.49o^{16}$ | $_{23}2.87o^{18}$ | $_{26}3.25o^{2o}$ | $_{94}11.732^{73}$ |
| 1ob) Selbständige, 1o und mehr Mitarbeiter | $_{1}159^{1}$ | $_{o}14^{o}$ | $_{1}65^{o}$ | $_{2}2o3^{1}$ | $_{9}1.o93^{7}$ | $_{12}1.534^{1o}$ |
| 11) freie Berufe | $_{1}86^{o}$ | $_{o}17^{o}$ | $_{o}34^{o}$ | $_{1}94^{1}$ | $_{6}782^{5}$ | $_{8}1.o13^{6}$ |
| 12) Landwirte | $_{44}5.524^{34}$ | - | - | - | - | $_{44}5.524^{35}$ |
| 13) mithelfende Familienangehörige | $_{3}418^{3}$ | $_{2}223^{1}$ | $_{o}17^{o}$ | $_{o}3^{o}$ | $_{o}4^{o}$ | $_{5}665^{4}$ |
| 14) sonstige Erwerbstätige b) | $_{1}153^{1}$ | $_{5}574^{4}$ | $_{5}664^{4}$ | $_{3}345^{2}$ | $_{2}196^{1}$ | $_{15}1.932^{12}$ |
| 15) Rentner | $3.756^{23}$ | $2o.263^{126}$ | $6.234^{39}$ | $1.824^{11}$ | $62o^{4}$ | $32.697^{2o4}$ |
| 16) sonstige Nicht-Erwerbstätige c) | $1.163^{7}$ | $94o^{6}$ | $1o8^{1}$ | $23^{o}$ | $1o^{o}$ | $2.243^{14}$ |
| Insgesamt | $14.o85^{88}$ | $42.7o8^{267}$ | $6o.576^{378}$ | $28.524^{178}$ | $14.355^{89}$ | $16o.248^{1ooo}$ |

+ Die drei Zahlen in jedem Tabellenfeld haben folgende Bedeutung. In der Mitte stehen die Absolutzahlen der im Mikrozensus erfaßten Haushaltsvorstände, rechts oben die Prozentwerte, bezogen auf alle in der Tabelle repräsentierten Haushalte, rechts unten die Prozentwerte, bezogen auf alle in der Tabelle repräsentierten Erwerbstätigenhaushalte.

a) Diese Kategorie enthält in dieser und den nachfolgenden Tabellen auch Industrie- und Werkmeister im Angestelltenverhältnis; b) Wehrpflichtige sowie Lehrlinge, Beamtenanwärter und Praktikanten/Volontäre; c) Schüler/Studierende, Arbeitslose/ Arbeitsuchende, Hausfrauen und sonstige Nicht-Erwerbstätige.

Tabelle A 5: Soziale Lagen von Haushalten mit weiblichem Haushaltsvorstand im April 1971

| | Monatliches Nettoeinkommen | | | | | |
|---|---|---|---|---|---|---|
| | K.A. | bis 8oo DM | 8oo - 1.2oo DM | 1.2oo - 1.8oo DM | über 1.8oo DM | Insgesamt |
| 1) unqualifizierte Arbeiter | ${}_{2e}36^{1\,d}$ | ${}_{224}3.891^{66}$ | ${}_{21}365^{6}$ | ${}_{1}14^{o}$ | ${}_{o}o^{o}$ | ${}_{248}4.3o6^{74}$ |
| 2) dequalifizierte Arbeiter | ${}_{1}12^{o}$ | ${}_{53}914^{16}$ | ${}_{8}141^{2}$ | ${}_{1}11^{o}$ | ${}_{o}o^{o}$ | ${}_{62}1.o78^{18}$ |
| 3) qualifizierte Arbeiter | ${}_{o}7^{o}$ | ${}_{25}44o^{8}$ | ${}_{5}83^{1}$ | ${}_{o}3^{o}$ | ${}_{o}o^{o}$ | ${}_{31}533^{9}$ |
| 4) Vorarbeiter Meister a) | ${}_{o}1^{o}$ | ${}_{3}49^{1}$ | ${}_{2}31^{1}$ | ${}_{o}3^{o}$ | ${}_{o}o^{o}$ | ${}_{5}84^{1}$ |
| 5) ausführende Angestellte und Beamte, Volkssschule ohne Lehre oder mit gew. Lehre | ${}_{1}23^{o}$ | ${}_{63}1.o9o^{19}$ | ${}_{36}623^{11}$ | ${}_{6}97^{2}$ | ${}_{o}6^{o}$ | ${}_{1o6}1.839^{31}$ |
| 6) ausführende Angestellte und Beamte, Volksschule mit kaufmännischer Lehre | ${}_{2}28^{1}$ | ${}_{54}935^{16}$ | ${}_{51}881^{15}$ | ${}_{9}162^{3}$ | ${}_{o}1^{o}$ | ${}_{116}2.oo7^{34}$ |
| 7) ausführende Angestellte und Beamte, mittlere Bildungsabschlüsse | ${}_{2}37^{1}$ | ${}_{58}999^{17}$ | ${}_{96}1.665^{28}$ | ${}_{31}531^{9}$ | ${}_{3}49^{1}$ | ${}_{189}3.281^{56}$ |
| 8) leitende Angestellte und Beamte, höchstens mittlere Bildungsabschlüsse | ${}_{1}19^{o}$ | ${}_{6}1o4^{2}$ | ${}_{2o}339^{6}$ | ${}_{15}264^{5}$ | ${}_{4}67^{1}$ | ${}_{46}793^{14}$ |
| 9) leitende Angestellte und Beamte, höhere Bildungsabschlüsse | ${}_{1}13^{o}$ | ${}_{2}29^{1}$ | ${}_{8}145^{3}$ | ${}_{21}368^{6}$ | ${}_{8}142^{2}$ | ${}_{4o}697^{12}$ |
| 1oa) Selbständige bis 9 Mitarbeiter | ${}_{1o}177^{3}$ | ${}_{34}584^{1o}$ | ${}_{16}281^{5}$ | ${}_{11}198^{3}$ | ${}_{1o}179^{3}$ | ${}_{82}1.419^{24}$ |
| 1ob) Selbständige, 1o und mehr Mitarbeiter | ${}_{o}7^{o}$ | ${}_{o}7^{o}$ | ${}_{1}11^{o}$ | ${}_{1}13^{o}$ | ${}_{4}6o^{1}$ | ${}_{6}98^{2}$ |
| 11) freie Berufe | ${}_{o}5^{o}$ | ${}_{1}15^{o}$ | ${}_{o}6^{o}$ | ${}_{1}2o^{o}$ | ${}_{3}46^{1}$ | ${}_{5}92^{2}$ |
| 12) Landwirte | ${}_{28}494^{8}$ | - | - | - | - | ${}_{28}494^{8}$ |
| 13) mithelfende Familienangehörige | ${}_{6}1oo^{2}$ | ${}_{6}11o^{2}$ | ${}_{o}3^{o}$ | ${}_{o}2^{o}$ | ${}_{o}2^{o}$ | ${}_{13}217^{4}$ |
| 14) sonstige Erwerbstätige b) | ${}_{2}33^{1}$ | ${}_{15}257^{4}$ | ${}_{6}99^{2}$ | ${}_{2}32^{1}$ | ${}_{1}8^{o}$ | ${}_{25}429^{7}$ |
| 15) Rentner | $3.292^{56}$ | $29.223^{499}$ | $2.417^{41}$ | $518^{9}$ | $124^{2}$ | $35.574^{6o7}$ |
| 16) sonstige Nicht-Erwerbstätige c) | $1.5o2^{26}$ | $3.732^{64}$ | $297^{5}$ | $69^{1}$ | $23^{o}$ | $5.623^{96}$ |
| Insgesamt | $5.786^{99}$ | $42.379^{724}$ | $7.387^{126}$ | $2.3o5^{39}$ | $7o7^{12}$ | $58.564^{1ooo}$ |

a) Diese Kategorie enthält in dieser und den nachfolgenden Tabellen auch Industrie- und Werkmeister im Angestelltenverhältnis; b) Wehrpflichtige sowie Lehrlinge, Beamtenanwärter und Praktikanten/Volontäre; c) Schüler/Studierende, Arbeitslose/Arbeitsuchende, Hausfrauen und sonstige Nicht-Erwerbstätige; d) Promillewerte,bezogen auf alle in der Tabelle repräsentierten Haushalte; e) Promillewerte,bezogen auf alle in der Tabelle repräsentierten Erwerbstätigenhaushalte

Tabelle A 6: Soziale Lagen von Rentnerhaushalten mit männlichem Haushaltsvorstand im April 1971, eingeordnet nach letzter erfaßter beruflicher Stellung

| Rentner, nach der letzten erfaßten Stellung einzuordnen als | Monatliches Nettoeinkommen K.A. | bis 8oo DM | 8oo - 1.2oo DM | 1.2oo - 1.8oo DM | über 1.8oo DM | Insgesamt |
|---|---|---|---|---|---|---|
| 1) Arbeiter[a)] | $_{59f}1.927^{9e}$ | $_{4o9}13.383^{61}$ | $_{7o}2.279^{1o}$ | $_{4}132^{1}$ | $_{o}11^{o}$ | $_{542}17.732^{81}$ |
| 2) ausführende Angestellte und Beamte b) | $_{16}514^{2}$ | $_{77}2.519^{12}$ | $_{67}2.191^{1o}$ | $_{12}4o1^{2}$ | $_{1}37^{o}$ | $_{173}5.662^{26}$ |
| 3) leitende Angestellte und Beamte c) | $_{11}37o^{2}$ | $_{16}529^{2}$ | $_{35}1.141^{5}$ | $_{33}1.o81^{5}$ | $_{13}416^{2}$ | $_{1o8}3.537^{16}$ |
| 4) Selbständige[d)] | $_{12}389^{2}$ | $_{6o}1.959^{9}$ | $_{11}361^{2}$ | $_{4}125^{1}$ | $_{4}117^{1}$ | $_{9o}2.951^{14}$ |
| 5) Landwirte | $_{1o}292^{2}$ | $_{33}1.o85^{5}$ | $_{1}44^{o}$ | $_{o}1o^{o}$ | $_{o}4^{o}$ | $_{44}1.435^{7}$ |
| 6) keine frühere berufliche Stellung rekonstruierbar | $_{8}264^{1}$ | $_{24}788^{4}$ | $_{7}218^{1}$ | $_{2}75^{o}$ | $_{1}35^{o}$ | $_{42}1.38o^{6}$ |
| Insgesamt | $_{116}3.576^{17}$ | $_{62o}20.263^{93}$ | $_{19o}6.234^{28}$ | $_{56}1.824^{8}$ | $_{19}62o^{3}$ | $_{1ooo}32.697^{149}$ |

a) Kategorien 1) bis 4) von Tabelle A 3; b) Kategorien 5) bis 7) von Tabelle A 3; c) Kategorien 8) bis 9) von Tabelle A 3; d) Kategorien 1oa) bis 11) von Tabelle A 3; e) Promillewerte, bezogen auf alle Haushalte; f) Promillewerte, bezogen auf alle in der Tabelle repräsentierten Rentnerhaushalte

Tabelle A 7: Soziale Lagen von Rentnerhaushalten mit weiblichem Haushaltsvorstand im April 1971, eingeordnet nach letzter erfaßter beruflicher Stellung

| Rentner, nach der letzten erfaßten Stellung einzuordnen als | Monatliches Nettoeinkommen K.A. | bis 8oo DM | 8oo - 1.2oo DM | 1.2oo - 1.8oo DM | über 1.8oo DM | Insgesamt |
|---|---|---|---|---|---|---|
| 1) Arbeiter[a)] | $_{38f}1.356^{6e}$ | $_{413}14.718^{68}$ | $_{8}278^{1}$ | $_{1}21^{o}$ | $_{o}2^{o}$ | $_{46o}16.375^{75}$ |
| 2) ausführende Angestellte und Beamte b) | $_{14}5o3^{2}$ | $_{152}5.392^{25}$ | $_{19}689^{3}$ | $_{2}6o^{o}$ | $_{o}5^{o}$ | $_{187}6.649^{3o}$ |
| 3) leitende Angestellte und Beamte c) | $_{9}3o2^{1}$ | $_{53}1.897^{9}$ | $_{28}997^{5}$ | $_{8}3oo^{1}$ | $_{1}49^{o}$ | $_{1oo}3.545^{16}$ |
| 4) Selbständige[d)] | $_{1o}369^{2}$ | $_{85}3.o16^{14}$ | $_{7}255^{1}$ | $_{2}85^{o}$ | $_{2}59^{o}$ | $_{1o6}3.784^{17}$ |
| 5) Landwirte | $_{7}225^{1}$ | $_{38}1.353^{6}$ | $_{o}15^{o}$ | $_{o}4^{o}$ | $_{o}3^{o}$ | $_{45}1.6oo^{7}$ |
| 6) keine frühere berufliche Stellung rekonstruierbar | $_{15}537^{3}$ | $_{8o}2.847^{13}$ | $_{5}183^{1}$ | $_{1}48^{o}$ | $_{o}6^{o}$ | $_{1o2}3.621^{17}$ |
| Insgesamt | $_{93}3.292^{15}$ | $_{821}29.233^{133}$ | $_{68}2.417^{11}$ | $_{15}518^{2}$ | $_{3}124^{1}$ | $_{1ooo}35.574^{163}$ |

a) Kategorien 1) bis 4) von Tabelle A 3; b) Kategorien 5) bis 7) von Tabelle A 3; c) Kategorien 8) bis 9) von Tabelle A 3; d) Kategorien 1oa) bis 11) von Tabelle A 3; e) Promillewerte, bezogen auf alle Haushalte; f) Promillewerte, bezogen auf alle in der Tabelle repräsentierten Rentnerhaushalte

Tabelle A 8: Soziale Lagen von Männern der Geburtsjahrgänge 192o - 1936 im April 1971

| | Monatliches Nettoeinkommen<br>K.A. | bis<br>8oo DM | 8oo -<br>1.2oo DM | 1.2oo -<br>1.8oo DM | über<br>1.8oo DM | Insgesamt |
|---|---|---|---|---|---|---|
| 1) unqualifizierte Arbeiter | $_{2e}$98 $^{2d}$ | $_{53}$3.17o$^{51}$ | $_{72}$4.35o $^{7o}$ | $_{8}$464 $^{8}$ | $_{o}$1o $^{o}$ | $_{134}$8.092$^{131}$ |
| 2) dequalifizierte Arbeiter | $_{1}$67 $^{1}$ | $_{27}$1.642$^{27}$ | $_{59}$3.546 $^{57}$ | $_{8}$464 $^{8}$ | $_{o}$13 $^{o}$ | $_{95}$5.732 $^{93}$ |
| 3) qualifizierte Arbeiter | $_{2}$135 $^{2}$ | $_{47}$2.8o2$^{45}$ | $_{151}$9.115$^{148}$ | $_{28}$1.693$^{28}$ | $_{1}$62 $^{1}$ | $_{229}$13.8o7$^{223}$ |
| 4) Vorarbeiter Meister a) | $_{o}$2o $^{o}$ | $_{3}$187 $^{3}$ | $_{23}$1.412 $^{23}$ | $_{15}$919$^{15}$ | $_{1}$78 $^{1}$ | $_{43}$2.616 $^{42}$ |
| 5) ausführende Angestellte und Beamte, Volksschule ohne Lehre oder mit gew. Lehre | $_{1}$66 $^{1}$ | $_{8}$459 $^{7}$ | $_{52}$3.162 $^{51}$ | $_{3o}$1.823$^{3o}$ | $_{2}$134 $^{2}$ | $_{94}$5.644 $^{91}$ |
| 6) ausführende Angestellte und Beamte, Volksschule mit kaufmännischer Lehre | $_{1}$33 $^{1}$ | $_{2}$124 $^{2}$ | $_{18}$1.o87 $^{18}$ | $_{14}$861$^{14}$ | $_{2}$92 $^{2}$ | $_{36}$2.197 $^{36}$ |
| 7) ausführende Angestellte und Beamte, mittlere Bildungsabschlüsse | $_{1}$46 $^{1}$ | $_{2}$99 $^{2}$ | $_{22}$1.323 $^{21}$ | $_{29}$1.767$^{29}$ | $_{5}$321 $^{5}$ | $_{59}$3.556 $^{58}$ |
| 8) leitende Angestellte und Beamte, höchstens mittlere Bildungsabschlüsse | $_{1}$68 $^{1}$ | $_{1}$27 $^{o}$ | $_{11}$681 $^{11}$ | $_{39}$2.369$^{38}$ | $_{24}$1.461$^{24}$ | $_{76}$4.6o6 $^{75}$ |
| 9) leitende Angestellte und Beamte, höhere Bildungsabschlüsse | $_{1}$67 $^{1}$ | $_{o}$8 $^{o}$ | $_{2}$132 $^{2}$ | $_{21}$1.245$^{2o}$ | $_{42}$2.538$^{41}$ | $_{66}$3.99o $^{65}$ |
| 1oa) Selbständige, bis 9 Mitarbeiter | $_{13}$771$^{13}$ | $_{7}$434 $^{7}$ | $_{18}$1.o87 $^{18}$ | $_{22}$1.319$^{21}$ | $_{26}$1.592$^{26}$ | $_{86}$5.2o3 $^{84}$ |
| 1ob) Selbständige, 1o und mehr Mitarbeiter | $_{1}$8o $^{1}$ | $_{o}$5 $^{o}$ | $_{1}$27 $^{o}$ | $_{2}$111 $^{2}$ | $_{9}$513 $^{8}$ | $_{12}$736 $^{12}$ |
| 11) freie Berufe | $_{1}$3o $^{1}$ | $_{o}$5 $^{o}$ | $_{o}$9 $^{o}$ | $_{o}$26 $^{o}$ | $_{6}$344 $^{6}$ | $_{7}$414 $^{7}$ |
| 12) Landwirte | $_{44}$2.675$^{43}$ | - | - | - | - | $_{44}$2.645 $^{43}$ |
| 13) mithelfende Familienangehörige | $_{4}$218 $^{4}$ | $_{o}$9 $^{o}$ | $_{o}$3 $^{o}$ | $_{o}$o $^{o}$ | $_{o}$o $^{o}$ | $_{4}$23o $^{4}$ |
| 14) sonstige Erwerbstätige b) | $_{2}$91 $^{2}$ | $_{3}$18o $^{3}$ | $_{5}$281 $^{5}$ | $_{2}$143 $^{2}$ | $_{2}$1o5 $^{2}$ | $_{13}$8oo $^{13}$ |
| 15) Rentner | 152 $^{3}$ | 735$^{12}$ | 186 $^{3}$ | 34 $^{1}$ | 9 $^{o}$ | 1.116 $^{18}$ |
| 16) sonstige Nicht-Erwerbstätige c) | 2o6 $^{3}$ | 142 $^{2}$ | 28 $^{1}$ | 5 $^{o}$ | 2 $^{o}$ | 383 $^{6}$ |
| Insgesamt | 4.823$^{78}$ | 1o.o28$^{162}$ | 26.429$^{428}$ | 13.243$^{214}$ | 7.274$^{118}$ | 61.797 $^{1ooo}$ |

a) Diese Kategorie enthält in dieser und den nachfolgenden Tabellen auch Industrie- und Werkmeister im Angestelltenverhältnis; b) Wehrpflichtige sowie Lehrlinge, Beamtenanwärter und Praktikanten/Volontäre; c) Schüler/Studierende, Arbeitslose/Arbeitsuchende, Hausfrauen und sonstige Nicht-Erwerbstätige d) Promillewerte, bezogen auf alle in der Tabelle repräsentierten Personen; e) Promillewerte, bezogen auf alle in der Tabelle repräsentierten Erwerbstätigen

Tabelle A 9: Soziale Lagen von Männern der Geburtsjahrgänge 1946 - 1951 im April 1971

| | Monatliches Nettoeinkommen K.A. | bis 8oo DM | 8oo - 1.2oo DM | 1.2oo - 1.8oo DM | über 1.8oo DM | Insgesamt |
|---|---|---|---|---|---|---|
| 1) unqualifizierte Arbeiter | $_{2e}32^{2d}$ | $_{62}958^{46}$ | $_{27}422^{2o}$ | $_{2}32^{2}$ | $_{o}2^{o}$ | $_{93}1.446^{69}$ |
| 2) dequalifizierte Arbeiter | $_{1}2o^{1}$ | $_{41}634^{3o}$ | $_{29}447^{21}$ | $_{4}54^{3}$ | $_{o}o^{o}$ | $_{75}1.155^{55}$ |
| 3) qualifizierte Arbeiter | $_{7}114^{5}$ | $_{211}3.269^{156}$ | $_{165}2.553^{122}$ | $_{16}241^{12}$ | $_{1}11^{1}$ | $_{399}6.188^{295}$ |
| 4) Vorarbeiter Meister a) | $_{o}1^{o}$ | $_{4}58^{3}$ | $_{4}59^{3}$ | $_{2}23^{1}$ | $_{o}1^{o}$ | $_{1o}142^{7}$ |
| 5) ausführende Angestellte und Beamte, Volksschule ohne Lehre oder mit gew. Lehre | $_{7}11o^{5}$ | $_{44}682^{33}$ | $_{27}415^{2o}$ | $_{4}57^{3}$ | $_{o}1^{o}$ | $_{82}1.265^{6o}$ |
| 6) ausführende Angestellte und Beamte, Volksschule mit kaufmännischer Lehre | $_{2}3o^{1}$ | $_{56}866^{41}$ | $_{29}441^{21}$ | $_{5}7o^{3}$ | $_{o}1^{o}$ | $_{91}1.4o8^{67}$ |
| 7) ausführende Angestellte und Beamte, mittlere Bildungsabschlüsse | $_{3}45^{2}$ | $_{55}853^{41}$ | $_{38}592^{28}$ | $_{8}129^{6}$ | $_{o}4^{o}$ | $_{1o5}1.623^{77}$ |
| 8) leitende Angestellte und Beamte, höchstens mittlere Bildungsabschlüsse | $_{2}27^{1}$ | $_{7}1o8^{5}$ | $_{1o}158^{8}$ | $_{5}78^{4}$ | $_{1}11^{1}$ | $_{25}382^{18}$ |
| 9) leitende Angestellte und Beamte, höhere Bildungsabschlüsse | $_{1}14^{1}$ | $_{3}48^{2}$ | $_{5}72^{3}$ | $_{3}5o^{2}$ | $_{o}4^{o}$ | $_{12}188^{9}$ |
| 1oa) Selbständige, bis 9 Mitarbeiter | $_{1}2o^{1}$ | $_{2}28^{1}$ | $_{4}6o^{3}$ | $_{4}54^{3}$ | $_{2}35^{2}$ | $_{13}197^{9}$ |
| 1ob) Selbständige, 1o und mehr Mitarbeiter | $_{o}1^{o}$ | $_{o}1^{o}$ | $_{o}o^{o}$ | $_{o}3^{o}$ | $_{1}1o^{1}$ | $_{1}15^{1}$ |
| 11) freie Berufe | o | o | o | o | o | o |
| 12) Landwirte | $_{5}82^{4}$ | - | - | - | - | $_{5}82^{4}$ |
| 13) mithelfende Familienangehörige | $_{26}4o3^{19}$ | o | o | o | o | $_{26}4o3^{19}$ |
| 14) sonstige Erwerbstätige b) | $_{3}4o^{2}$ | $_{57}885^{42}$ | $_{5}73^{4}$ | $_{1}1o^{1}$ | $_{o}1^{o}$ | $_{65}1.oo9^{48}$ |
| 15) Rentner | $26^{1}$ | $55^{3}$ | $o^{o}$ | $1^{o}$ | $o^{o}$ | $82^{4}$ |
| 16) sonstige Nicht-Erwerbstätige c) | $3.331^{159}$ | $2.oo6^{96}$ | $29^{1}$ | $8^{o}$ | $o^{o}$ | $5.374^{256}$ |
| Insgesamt | $4.296^{2o5}$ | $1o.451^{499}$ | $5.321^{254}$ | $81o^{39}$ | $81^{4}$ | $2o.959^{1ooo}$ |

a) Diese Kategorie enthält in dieser und den nachfolgenden Tabellen auch Industrie- und Werkmeister am Angestelltenverhältnis; b) Wehrpflichtige sowie Lehrlinge, Beamtenanwärter und Praktikanten/Volontäre; c) Schüler/Studierende, Arbeitslose/Arbeitsuchende, Hausfrauen und sonstige Nicht-Erwerbstätige; d) Promillewerte, bezogen auf alle in der Tabelle repräsentierten Personen; e) Promillewerte, bezogen auf alle in der Tabelle repräsentierten Erwerbstätigen.

Tabelle A 10: Soziale Lagen von Arbeitersöhnen der Geburtsjahrgänge 192o - 1936 im April 1971

| | Monatliches Nettoeinkommen K.A. | bis 8oo DM | 8oo - 1.2oo DM | 1.2oo - 1.8oo DM | über 1.8oo DM | Insgesamt |
|---|---|---|---|---|---|---|
| 1) unqualifizierte Arbeiter | $35^{2}$[d] | $1.4o1^{58}$ | $2.o62^{86}$ | $223^{9}$ | $6^{o}$ | $3.727^{155}$ |
| 2) dequalifizierte Arbeiter | $31^{1}$ | $756^{32}$ | $1.79o^{75}$ | $236^{1o}$ | $7^{o}$ | $2.82o^{118}$ |
| 3) qualifizierte Arbeiter | $75^{3}$ | $1.511^{63}$ | $5.o8o^{212}$ | $874^{36}$ | $27^{1}$ | $7.567^{315}$ |
| 4) Vorarbeiter Meister a) | $12^{1}$ | $1o5^{4}$ | $683^{29}$ | $451^{19}$ | $42^{2}$ | $1.293^{54}$ |
| 5) ausführende Angestellte und Beamte, Volksschule ohne Lehre oder mit gew. Lehre | $28^{1}$ | $175^{7}$ | $1.42o^{59}$ | $79o^{33}$ | $63^{3}$ | $2.476^{1o3}$ |
| 6) ausführende Angestellte und Beamte, Volksschule mit kaufmännischer Lehre | $12^{1}$ | $44^{2}$ | $444^{19}$ | $355^{15}$ | $33^{1}$ | $888^{37}$ |
| 7) ausführende Angestellte und Beamte, mittlere Bildungsabschlüsse | $11^{1}$ | $15^{1}$ | $418^{17}$ | $5o2^{21}$ | $85^{4}$ | $1.o31^{43}$ |
| 8) leitende Angestellte und Beamte, höchstens mittlere Bildungsabschlüsse | $31^{1}$ | $7^{o}$ | $231^{1o}$ | $759^{32}$ | $4o5^{17}$ | $1.433^{6o}$ |
| 9) leitende Angestellte und Beamte, höhere Bildungsabschlüsse | $8^{o}$ | $1^{o}$ | $25^{1}$ | $19o^{8}$ | $295^{12}$ | $519^{22}$ |
| 1oa) Selbständige, bis 9 Mitarbeiter | $182^{8}$ | $112^{5}$ | $292^{12}$ | $349^{15}$ | $373^{16}$ | $1.3o8^{55}$ |
| 1ob) Selbständige, 1o und mehr Mitarbeiter | $16^{1}$ | $1^{o}$ | $7^{o}$ | $18^{1}$ | $84^{4}$ | $126^{5}$ |
| 11) freie Berufe | $1^{o}$ | $o^{o}$ | $1^{o}$ | $3^{o}$ | $11^{1}$ | $16^{1}$ |
| 12) Landwirte | $119^{5}$ | - | - | - | - | $119^{5}$ |
| 13) mithelfende Familienangehörige | $47^{2}$ | $3^{o}$ | $o^{o}$ | $o^{o}$ | $o^{o}$ | $5o^{2}$ |
| 14) sonstige Erwerbstätige b) | $o^{o}$ | $3^{o}$ | $9^{o}$ | $4^{o}$ | $o^{o}$ | $16^{1}$ |
| 15) Rentner | $62^{3}$ | $319^{13}$ | $82^{3}$ | $13^{1}$ | $1^{o}$ | $477^{2o}$ |
| 16) sonstige Nicht-Erwerbstätige c) | $64^{3}$ | $67^{3}$ | $9^{o}$ | $o^{o}$ | $o^{o}$ | $14o^{6}$ |
| Insgesamt | $734^{31}$ | $4.52o^{188}$ | $12.553^{523}$ | $4.767^{199}$ | $1.432^{6o}$ | $24.oo6^{1ooo}$ |

a) Diese Kategorie enthält in dieser und den nachfolgenden Tabellen auch Industrie- und Werkmeister im Angestelltenverhältnis; b) Wehrpflichtige sowie Lehrlinge, Beamtenanwärter und Praktikanten/Volontäre; c) Schüler/Studierende, Arbeitslose/ Arbeitsuchende, Hausfrauen und sonstige Nicht-Erwerbstätige; d) Promillewerte, bezogen auf alle in der Tabelle repräsentierten Personen.

Tabelle A 11: Soziale Lagen von Söhnen ausführender Angestellter und Beamter der Geburtsjahrgänge 192o - 1936 im April 1971

| | Monatliches Nettoeinkommen K.A. | bis 8oo DM | 8oo - 1.2oo DM | 1.2oo - 1.8oo DM | über 1.8oo DM | Insgesamt |
|---|---|---|---|---|---|---|
| 1) unqualifizierte Arbeiter | 3$^{1}$[d] | 1o5$^{16}$ | 15o$^{23}$ | 15$^{2}$ | 2$^{o}$ | 275$^{42}$ |
| 2) dequalifizierte Arbeiter | 7$^{1}$ | 1o5$^{16}$ | 238$^{37}$ | 35$^{5}$ | 1$^{o}$ | 386$^{6o}$ |
| 3) qualifizierte Arbeiter | 14$^{2}$ | 185$^{29}$ | 699$^{1o8}$ | 157$^{24}$ | 9$^{1}$ | 1.o64$^{164}$ |
| 4) Vorarbeiter Meister[a)] | 1$^{o}$ | 9$^{1}$ | 1o8$^{17}$ | 71$^{11}$ | 6$^{1}$ | 195$^{3o}$ |
| 5) ausführende Angestellte und Beamte, Volksschule ohne Lehre oder mit gew. Lehre | 1o$^{2}$ | 61$^{9}$ | 439$^{68}$ | 3oo$^{46}$ | 15$^{2}$ | 825$^{127}$ |
| 6) ausführende Angestellte und Beamte, Volksschule mit kaufmännischer Lehre | 8$^{1}$ | 31$^{5}$ | 244$^{38}$ | 195$^{3o}$ | 17$^{3}$ | 495$^{76}$ |
| 7) ausführende Angestellte und Beamte, mittlere Bildungsabschlüsse | 12$^{2}$ | 25$^{4}$ | 281$^{43}$ | 423$^{65}$ | 81$^{13}$ | 822$^{127}$ |
| 8) leitende Angestellte und Beamte, höchstens mittlere Bildungsabschlüsse | 9$^{1}$ | 1$^{o}$ | 13o$^{2o}$ | 476$^{73}$ | 3o5$^{47}$ | 921$^{142}$ |
| 9) leitende Angestellte und Beamte, höhere Bildungsabschlüsse | 11$^{2}$ | 1$^{o}$ | 14$^{2}$ | 271$^{42}$ | 465$^{72}$ | 762$^{117}$ |
| loa) Selbständige, bis 9 Mitarbeiter | 58$^{9}$ | 36$^{6}$ | 89$^{14}$ | 125$^{19}$ | 188$^{29}$ | 496$^{76}$ |
| lob) Selbständige, 1o und mehr Mitarbeiter | 3$^{1}$ | o$^{o}$ | 2$^{o}$ | 6$^{1}$ | 35$^{5}$ | 46$^{7}$ |
| 11) freie Berufe | 2$^{o}$ | o$^{o}$ | 1$^{o}$ | 2$^{o}$ | 39$^{6}$ | 44$^{7}$ |
| 12) Landwirte | 28$^{4}$ | - | - | - | - | 28$^{4}$ |
| 13) mithelfende Familienangehörige | 9$^{1}$ | o$^{o}$ | o$^{o}$ | o$^{o}$ | o$^{o}$ | 9$^{1}$ |
| 14) sonstige Erwerbstätige[b)] | o$^{o}$ | 2$^{o}$ | 1$^{o}$ | o$^{o}$ | 2$^{o}$ | 5$^{1}$ |
| 15) Rentner | 9$^{1}$ | 6o$^{9}$ | 14$^{2}$ | 5$^{1}$ | o$^{o}$ | 88$^{14}$ |
| 16) sonstige Nicht-Erwerbstätige[c)] | 14$^{2}$ | 1o$^{2}$ | 5$^{1}$ | o$^{o}$ | o$^{o}$ | 29$^{5}$ |
| Insgesamt | 198$^{31}$ | 631$^{97}$ | 2.415$^{372}$ | 2.o81$^{321}$ | 1.165$^{18o}$ | 6.49o$^{1ooo}$ |

a) Diese Kategorie enthält in dieser und den nachfolgenden Tabellen auch Industrie- und Werkmeister im Angestelltenverhältnis; b) Wehrpflichtige sowie Lehrlinge, Beamtenanwärter und Praktikanten/Volontäre; c) Schüler/Studierende, Arbeitslose/Arbeitsuchende, Hausfrauen und sonstige Nicht-Erwerbstätige; d) Promillewerte, bezogen auf alle in der Tabelle repräsentierten Personen.

Tabelle A 12: Soziale Lagen von Söhnen von leitenden Angestellten und Beamten der Geburtsjahrgänge 192o - 1936 im April 1971

| | Monatliches Nettoeinkommen | | | | | |
|---|---|---|---|---|---|---|
| | K.A. | bis 8oo DM | 8oo - 1.2oo DM | 1.2oo - 1.8oo DM | über 1.8oo | Insgesamt |
| 1) unqualifizierte Arbeiter | $o^{d}$ | $8^{3}$ | $17^{5}$ | $3^{1}$ | $o^{o}$ | $28^{9}$ |
| 2) dequalifizierte Arbeiter | $o^{o}$ | $16^{5}$ | $31^{1o}$ | $4^{1}$ | $2^{1}$ | $53^{17}$ |
| 3) qualifizierte Arbeiter | $4^{1}$ | $23^{7}$ | $1o3^{33}$ | $29^{9}$ | $3^{1}$ | $162^{51}$ |
| 4) Vorarbeiter Meister a) | $o^{o}$ | $o^{o}$ | $25^{8}$ | $34^{11}$ | $4^{1}$ | $63^{2o}$ |
| 5) ausführende Angestellte und Beamte, Volksschule ohne Lehre oder mit gew. Lehre | $3^{1}$ | $9^{3}$ | $45^{14}$ | $41^{13}$ | $6^{2}$ | $1o4^{33}$ |
| 6) ausführende Angestellte und Beamte, Volksschule mit kaufmännischer Lehre | $1^{o}$ | $5^{2}$ | $44^{14}$ | $31^{1o}$ | $8^{3}$ | $89^{28}$ |
| 7) ausführende Angestellte und Beamte, mittlere Bildungsabschlüsse | $3^{1}$ | $6^{2}$ | $1o9^{35}$ | $18o^{57}$ | $58^{18}$ | $356^{113}$ |
| 8) leitende Angestellte und Beamte, höchstens mittlere Bildungsabschlüsse | $3^{1}$ | $3^{1}$ | $53^{17}$ | $265^{84}$ | $194^{61}$ | $518^{164}$ |
| 9) leitende Angestellte und Beamte, höhere Bildungsabschlüsse | $22^{7}$ | $1^{o}$ | $43^{14}$ | $347^{11o}$ | $884^{28o}$ | $1.297^{411}$ |
| 1oa) Selbständige, bis 9 Mitarbeiter | $29^{9}$ | $6^{2}$ | $22^{7}$ | $56^{18}$ | $117^{37}$ | $23o^{73}$ |
| 1ob) Selbständige, 1o und mehr Mitarbeiter | $9^{3}$ | $1^{o}$ | $1^{o}$ | $6^{2}$ | $35^{11}$ | $52^{17}$ |
| 11) freie Berufe | $11^{4}$ | $4^{1}$ | $3^{1}$ | $6^{2}$ | 112 | 136 |
| 12) Landwirte | $11^{4}$ | - | - | - | - | $11^{4}$ |
| 13) mithelfende Familienangehörige | $5^{2}$ | $o^{o}$ | $o^{o}$ | $o^{o}$ | $o^{o}$ | $5^{2}$ |
| 14) sonstige Erwerbstätige b) | $o^{o}$ | $o^{o}$ | $o^{o}$ | $2^{1}$ | $o^{o}$ | $2^{1}$ |
| 15) Rentner | $6^{2}$ | $11^{4}$ | $7^{2}$ | $2^{1}$ | $1^{o}$ | $27^{9}$ |
| 16) sonstige Nichterwerbstätige c) | $16^{5}$ | $4^{1}$ | $3^{1}$ | $1^{o}$ | $1^{o}$ | $25^{8}$ |
| Insgesamt | $123^{39}$ | $97^{31}$ | $5o6^{16o}$ | $1.oo7^{319}$ | $1.425^{451}$ | $3.158^{1ooo}$ |

a) Diese Kategorie enthält in dieser und den nachfolgenden Tabellen auch Industrie- und Werkmeister im Angestelltenverhältnis; b) Wehrpflichtige sowie Lehrlinge, Beamtenanwärter und Praktikanten/Volontäre; c) Schüler/Studierende, Arbeitslose/Arbeitsuchende, Hausfrauen und sonstige Nicht-Erwerbstätige; d) Promillewerte, bezogen auf alle in der Tabelle repräsentierten Personen.

Tabelle A 13: Angestellte und Beamte in leitenden Positionen[a)] nach Ausbildungsabschluß und monatlichem Nettoeinkommen sowie nach beruflicher Stellung des Vaters. Männer der Geburtsjahrgänge 192o - 1936

| berufliche Stellung des Vaters | höhere Bildung[b)] über 1.8oo DM | höhere Bildung[b)] bis 1.8oo DM | keine höhere Bildung über 1.8oo DM | keine höhere Bildung bis 1.8oo DM | Insgesamt |
|---|---|---|---|---|---|
| 1) unqualifizierte Arbeiter | 34 | 32 | 53 | 2o8 | 327 |
| 2) dequalifizierte Arbeiter | 18 | 18 | 34 | 84 | 157 |
| 3) qualifizierte Arbeiter | 138 | 1o6 | 219 | 5o2 | 965 |
| 4) Vorarbeiter Meister[c)] | 1o5 | 6o | 99 | 2oo | 464 |
| 5) ausführende Angestellte und Beamte, Volksschule ohne Lehre oder mit gew. Lehre | 169 | 95 | 123 | 31o | 697 |
| 6) ausführende Angestellte und Beamte, Volksschule mit kaufmännischer Lehre | 112 | 89 | 1o7 | 177 | 485 |
| 7) ausführende Angestellte und Beamte, mittlere Bildungsabschlüsse | 184 | 1o2 | 75 | 12o | 481 |
| 8) leitende Angestellte und Beamte, höchstens mittlere Bildungsabschlüsse | 422 | 194 | 144 | 247 | 1.oo7 |
| 9) leitende Angestellte und Beamte, höhere Bildungsabschlüsse | 462 | 197 | 5o | 74 | 783 |
| 1oa) Selbständige, bis 9 Mitarbeiter | 264 | 13o | 159 | 331 | 884 |
| 1ob) Selbständige, 1o und mehr Mitarbeiter | 83 | 2o | 24 | 27 | 154 |
| 11) freie Berufe | 39 | 26 | 7 | 13 | 85 |
| 12) Landwirte | 78 | 53 | 84 | 147 | 362 |
| keine Angabe | 430 | 263 | 283 | 634 | 161o |
| Insgesamt | 2.538 | 1.385 | 1.461 | 3.o77 | 8.461 |

a) gehobene und höhere Angestellte und Beamte
b) Abitur, Ingenieurschule, Hochschule
c) enthält auch Industrie- und Werkmeister im Angestelltenverhältnis

# Anhang B

Tabellen zum Beitrag: Sozio-ökonomischer Status und der Prozess der Statuszuweisung.

Skala 1: MAC1-Scores für die Berufsgruppen (ohne Landwirte) der zwischen 192o-194o geborenen Söhne bei Berücksichtigung der Variablen Einkommen und Schulbildung

| | | N | % | Score |
|---|---|---|---|---|
| 1 | Fr. Berufe 2+ Mitarb. | 3o6 | o.43 | -2.4295 |
| 2 | höhere Beamte | 1283 | 1.79 | -2.2838 |
| 3 | Fr. Berufe -1 Mitarb. | 254 | o.35 | -2.2629 |
| 4 | höhere Ang. | 1179 | 1.64 | -1.94o8 |
| 5 | Selbst. 1o+ Mitarb. | 766 | 1.o7 | -1.63o5 |
| 6 | gehobene Beamte | 216o | 3.o1 | -1.629o |
| 7 | geh. Ang., Privatw. | 6118 | 8.51 | -1.5512 |
| 8 | geh. Ang., öff.D. | 415 | o.58 | -1.4oo8 |
| 9 | Selbst. 2-9 Mitarb. | 2o56 | 2.86 | -o.9395 |
| 1o | mittl. Ang., Privatw. | 78oo | 1o.85 | -o.3881 |
| 11 | Selbst. bis 1 Mitarb. | 3188 | 4.44 | -o.3735 |
| 12 | mittl. Ang., öff.D. | 1o35 | 1.44 | -o.3o66 |
| 13 | mittlere Beamte | 266o | 3.7o | -o.o763 |
| 14 | Werkmeister | 1173 | 1.63 | -o.o649 |
| 15 | Meister | 683 | o.95 | o.1829 |
| 16 | einf. Ang., Privatw. | 22o9 | 3.o7 | o.2264 |
| 17 | einf. Ang., öff.D. | 376 | o.52 | o.394o |
| 18 | einfache Beamte | 977 | 1.36 | o.4382 |
| 19 | Vorarbeiter | 1381 | 1.92 | o.4661 |
| 2o | Facharb. Gewerbe | 11995 | 16.69 | o.6o44 |
| 21 | Facharb. Dienstl. | 26o4 | 3.62 | o.61o5 |
| 22 | Facharb. Bau | 3689 | 5.13 | o.6157 |
| 23 | Facharb. Landw. | 225 | o.31 | o.7267 |
| 24 | Angelernte Dienstl. | 2429 | 3.38 | o.7657 |
| 25 | Angelernte Bau | 1445 | 2.o1 | o.8237 |
| 26 | Angelernte Gewerbe | 6751 | 9.39 | o.8242 |
| 27 | Ungelernte Dienstl. | 1727 | 2.4o | o.8847 |
| 28 | Ungelernte Gewerbe | 33o4 | 4.6o | o.9554 |
| 29 | Ungelernte Bau | 12o4 | 1.68 | o.9911 |
| 3o | Ungelernte Landw. | 472 | o.66 | 1.o8o6 |

| Skala 2: MAC1-Scores für die Berufsgruppen der zwischen 192o-194o geborenen Söhne bei Berücksichtigung der Variablen Einkommen, Hausbesitz und Schulbildung | | | Skala 3: MAC1-Scores für die Berufsgruppen der zwischen 192o-194o geborenen Söhne bei Berücksichtigung der Variablen Schulbildung | | |
|---|---|---|---|---|---|
| 1 | Fr. Berufe 2+ Mitarb. | -2.5481 | 1 | Fr. Berufe 2+ Mitarb. | -2.74o5 |
| 2 | Fr. Berufe -1 Mitarb. | -2.2777 | 2 | höhere Beamte | -2.729o |
| 3 | höhere Beamte | -2.2723 | 3 | Fr. Berufe -1 Mitarb. | -2.6852 |
| 4 | höhere Ang. | -1.9396 | 4 | höhere Ang. | -1.9661 |
| 5 | Selbst. 1o+ Mitarb. | -1.67o9 | 5 | gehobene Beamte | -1.841o |
| 6 | gehobene Beamte | -1.6215 | 6 | geh. Ang., öff.D. | -1.6286 |
| 7 | geh. Ang., Privatw. | -1.541o | 7 | geh. Ang., Privatw. | -1.5727 |
| 8 | geh. Ang., öff.D. | -1.3894 | 8 | Selbst. 1o+ Mitarb. | -o.9o27 |
| 9 | Selbst. 2-9 Mitarb. | -o.9973 | 9 | mittl. Ang., öff.D. | -o.4987 |
| 1o | Selbst. bis 1 Mitarb. | -o.4o29 | 1o | mittl. Ang., Privatw. | -o.4262 |
| 11 | mittl. Ang., Privatw. | -o.3697 | 11 | Selbst. 2-9 Mitarb. | -o.3194 |
| 12 | mittl. Ang., öff.D. | -o.294o | 12 | mittlere Beamte | -o.1283 |
| 13 | Werkmeister | -o.o773 | 13 | Selbst. bis 1 Mitarb. | -o.o587 |
| 14 | mittlere Beamte | -o.o551 | 14 | einf. Ang., Privatw. | o.o954 |
| 15 | Meister | o.1763 | 15 | Werkmeister | o.1577 |
| 16 | einf. Ang., Privatw. | o.2428 | 16 | einf. Ang., öff.D. | o.2132 |
| 17 | einf. Ang., öff.D. | o.3991 | 17 | Meister | o.2321 |
| 18 | einfache Beamte | o.4377 | 18 | einfache Beamte | o.333o |
| 19 | Vorarbeiter | o.4642 | 19 | Facharb. Dienstl. | o.5358 |
| 2o | Facharb. Bau | o.6o42 | 2o | Facharb. Gewerbe | o.5574 |
| 21 | Facharb. Gewerbe | o.6o8o | 21 | Facharb. Landw. | o.5593 |
| 22 | Facharb. Dienstl. | o.6166 | 22 | Vorarbeiter | o.5644 |
| 23 | Facharb. Landw. | o.7o47 | 23 | Facharb. Bau | o.57o6 |
| 24 | Angelernte Dienstl. | o.7737 | 24 | Angelernte Dienstl. | o.76o9 |
| 25 | Angelernte Bau | o.8145 | 25 | Angelernte Gewerbe | o.8336 |
| 26 | Angelernte Gewerbe | o.8213 | 26 | Angelernte Bau | o.9o32 |
| 27 | Ungelernte Dienstl. | o.8864 | 27 | Ungelernte Dienstl. | o.9125 |
| 28 | Ungelernte Gewerbe | o.9397 | 28 | Ungelernte Gewerbe | o.9652 |
| 29 | Ungelernte Bau | o.9784 | 29 | Ungelernte Bau | 1.o281 |
| 3o | Ungelernte Landw. | 1.o647 | 3o | Ungelernte Landw. | 1.o478 |

Skala 4: MAC1-Scores für die Berufsgruppen (ohne Landwirte) der zwischen 192o-1929 geborenen Söhne bei Berücksichtigung der Variablen Einkommen, Hausbesitz und Schulbildung

| | | N | % | Score |
|---|---|---|---|---|
| 1 | Fr. Berufe 2+ Mitarb. | 192 | o.63 | -2.4913 |
| 2 | höhere Beamte | 563 | 1.86 | -2.3696 |
| 3 | Fr. Berufe -1 Mitarb. | 137 | o.45 | -2.3166 |
| 4 | höhere Ang. | 569 | 1.88 | -1.938o |
| 5 | Selbst. 1o+ Mitarb. | 385 | 1.27 | -1.6722 |
| 6 | gehobene Beamte | 1o35 | 3.42 | -1.5954 |
| 7 | geh. Ang., Privatw. | 245o | 8.1o | -1.4o19 |
| 8 | geh. Ang., öff.D. | 231 | o.76 | -1.2o66 |
| 9 | Selbst. 2-9 Mitarb. | 986 | 3.26 | -1.o187 |
| 1o | Selbst. bis 1 Mitarb. | 1492 | 4.93 | -o.3445 |
| 11 | mittl. Ang., öff.D. | 621 | 2.o5 | -o.2341 |
| 12 | mittl. Ang., Privatw. | 3137 | 1o.37 | -o.23o5 |
| 13 | mittlere Beamte | 1195 | 3.95 | -o.o227 |
| 14 | Werkmeister | 582 | 1.92 | o.o39o |
| 15 | Meister | 244 | o.81 | o.2938 |
| 16 | einf. Ang., Privatw. | 914 | 3.o2 | o.326o |
| 17 | einf. Ang., öff.D. | 21o | o.69 | o.4499 |
| 18 | einfache Beamte | 461 | 1.52 | o.4588 |
| 19 | Vorarbeiter | 626 | 2.o7 | o.5166 |
| 2o | Facharb. Bau | 1o85 | 3.59 | o.6199 |
| 21 | Facharb. Gewerbe | 4659 | 15.4o | o.6436 |
| 22 | Facharb. Dienstl. | 1o28 | 3.4o | o.6483 |
| 23 | Facharb. Landw. | 87 | o.29 | o.7396 |
| 24 | Angelernte Dienstl. | 941 | 3.11 | o.7824 |
| 25 | Angelernte Bau | 485 | 1.6o | o.7847 |
| 26 | Angelernte Gewerbe | 3o53 | 1o.o9 | o.8156 |
| 27 | Ungelernte Dienstl. | 727 | 2.4o | o.8894 |
| 28 | Ungelernte Gewerbe | 1487 | 4.92 | o.8992 |
| 29 | Ungelernte Bau | 474 | 1.57 | o.944o |
| 3o | Ungelernte Landw. | 197 | o.65 | o.982o |

Skala 5: MAC1-Scores für die Berufsgruppen (ohne Landwirte) der zwischen 193o-194o geborenen Söhne bei Berücksichtigung der Variablen Einkommen, Hausbesitz und Schulbildung

| | | N | % | Score |
|---|---|---|---|---|
| 1 | Fr. Berufe 2+ Mitarb. | 114 | o.27 | 2.4344 |
| 2 | Fr. Berufe -1 Mitarb. | 117 | o.28 | 2.2574 |
| 3 | höhere Beamte | 72o | 1.73 | 2.22o6 |
| 4 | höhere Ang. | 61o | 1.47 | 1.95oo |
| 5 | Selbst. 1o+ Mitarb. | 381 | o.92 | 1.6617 |
| 6 | gehobene Beamte | 1125 | 2.7o | 1.6393 |
| 7 | geh. Ang., Privatw. | 3668 | 8.81 | 1.6137 |
| 8 | geh. Ang., öff.D. | 184 | o.44 | 1.5424 |
| 9 | Selbst. 2-9 Mitarb. | 1o7o | 2.57 | o.9598 |
| 1o | mittl. Ang., Privatw. | 4663 | 11.21 | o.4792 |
| 11 | Selbst. bis 1 Mitarb. | 1696 | 4.o8 | o.4481 |
| 12 | mittl. Ang., öff.D. | 414 | o.99 | o.2938 |
| 13 | Werkmeister | 591 | 1.42 | o.1799 |
| 14 | mittlere Beamte | 1465 | 3.52 | o.o661 |
| 15 | Meister | 439 | 1.o6 | -o.o916 |
| 16 | einf. Ang., Privatw. | 1295 | 3.11 | -o.1787 |
| 17 | einf. Ang., öff.D. | 166 | o.4o | -o.3588 |
| 18 | einfache Beamte | 516 | 1.24 | -o.4156 |
| 19 | Vorarbeiter | 755 | 1.81 | -o.4185 |
| 2o | Facharb. Gewerbe | 7336 | 17.63 | -o.5766 |
| 21 | Facharb. Bau | 26o4 | 6.26 | -o.5872 |
| 22 | Facharb. Dienstl. | 1576 | 3.79 | -o.59o7 |
| 23 | Facharb. Landw. | 138 | o.33 | -o.6796 |
| 24 | Angelernte Dienstl. | 1488 | 3.58 | -o.7659 |
| 25 | Angelernte Gewerbe | 3698 | 8.89 | -o.8268 |
| 26 | Angelernte Bau | 96o | 2.31 | -o.8355 |
| 27 | Ungelernte Dienstl. | 1ooo | 2.4o | -o.8821 |
| 28 | Ungelernte Gewerbe | 1817 | 4.37 | -o.9788 |
| 29 | Ungelernte Bau | 73o | 1.75 | -1.oo84 |
| 3o | Ungelernte Landw. | 275 | o.66 | -1.1456 |

Skala 6: MAC1-Scores für die Berufsgruppen (inklusive Landwirte) der zwischen 192o-194o geborenen Söhne bei Berücksichtigung der Variablen Hausbesitz und Schulbildung

| | | N | % | Score |
|---|---|---|---|---|
| 1 | Fr. Berufe 2+ Mitarb. | 3o6 | o.41 | -2.8433 |
| 2 | höhere Beamte | 1283 | 1.71 | -2.8o33 |
| 3 | Fr. Berufe -1 Mitarb. | 254 | o.34 | -2.778o |
| 4 | höhere Ang. | 1179 | 1.57 | -2.o197 |
| 5 | gehobene Beamte | 216o | 2.88 | -1.8747 |
| 6 | gehobene Ang. | 6533 | 8.72 | -1.6269 |
| 7 | Selbst. 1o+ Mitarb. | 766 | 1.o2 | -o.985o |
| 8 | mittl. Ang., öff.D. | 1o35 | 1.38 | -o.515o |
| 9 | mittl. Ang., Privatw. | 78oo | 1o.41 | -o.4381 |
| 1o | Selbst. 2-9 Mitarb. | 2o56 | 2.74 | -o.3715 |
| 11 | mittlere Beamte | 266o | 3.55 | -o.1252 |
| 12 | Selbst. bis 1 Mitarb. | 3188 | 4.25 | -o.o94o |
| 13 | Landwirte 5o+ ha | 149 | o.2o | -o.oo87 |
| 14 | einf. Ang., Privatw. | 22o9 | 2.95 | o.o834 |
| 15 | Werkmeister | 1173 | 1.56 | o.1386 |
| 16 | einf. Ang., öff.D. | 376 | o.5o | o.198o |
| 17 | Meister | 683 | o.91 | o.2255 |
| 18 | einfache Beamte | 977 | 1.3o | o.316o |
| 19 | Landwirte 2o-49 ha | 97o | 1.29 | o.4o28 |
| 2o | Facharb. Dienstl. | 26o4 | 3.47 | o.534o |
| 21 | Facharb. Landw. | 225 | o.3o | o.5379 |
| 22 | Vorarbeiter | 1381 | 1.84 | o.5472 |
| 23 | Facharb. Bau + Gewerbe | 15684 | 2o.92 | o.5541 |
| 24 | Landwirte 1o-19 ha | 1281 | 1.71 | o.7124 |
| 25 | Angelernte Dienstl. | 2429 | 3.24 | o.74o9 |
| 26 | Landwirte bis 9 ha | 691 | o.92 | o.7667 |
| 27 | Angelernte Bau + Gewerbe | 8196 | 1o.93 | o.8133 |
| 28 | Ungelernte Dienstl. | 1727 | 2.3o | o.8797 |
| 29 | Ungelernte Bau + Gewerbe | 45o8 | 6.o1 | o.9326 |
| 3o | Ungelernte Landw. | 472 | o.63 | o.9955 |

Skala 7: MAC1-Scores für die Berufsgruppen (inklusive Landwirte) der zwischen 192o-194o geborenen Söhne bei Berücksichtigung der Variablen Schulbildung

| | | N | % | Score |
|---|---|---|---|---|
| 1 | Fr. Berufe 2+ Mitarb. | 3o6 | o.41 | -2.8126 |
| 2 | höhere Beamte | 1283 | 1.71 | -2.7976 |
| 3 | Fr. Berufe -1 Mitarb. | 254 | o.34 | -2.756o |
| 4 | höhere Ang. | 1179 | 1.57 | -2.o13o |
| 5 | gehobene Beamte | 216o | 2.88 | -1.8691 |
| 6 | gehobene Ang. | 6533 | 8.72 | -1.6273 |
| 7 | Selbst. 1o+ Mitarb. | 766 | 1.o2 | -o.9326 |
| 8 | mittl. Ang., öff.D. | 1o35 | 1.38 | -o.5265 |
| 9 | mittl. Ang., Privatw. | 78oo | 1o.41 | -o.4559 |
| 1o | Selbst. 2-9 Mitarb. | 2o56 | 2.74 | -o.3322 |
| 11 | mittlere Beamte | 266o | 3.55 | -o.1443 |
| 12 | Selbst. bis 1 Mitarb. | 3188 | 4.25 | -o.o772 |
| 13 | Landwirte 5o+ ha | 149 | o.2o | o.o634 |
| 14 | einf. Ang., Privatw. | 22o9 | 2.95 | o.o657 |
| 15 | Werkmeister | 1173 | 1.56 | o.1425 |
| 16 | einf. Ang., öff.D. | 376 | o.5o | o.186o |
| 17 | Meister | 683 | o.91 | o.2246 |
| 18 | einfache Beamte | 977 | 1.3o | o.3o93 |
| 19 | Landwirte 2o-49 ha | 97o | 1.29 | o.4941 |
| 2o | Facharb. Dienstl. | 26o4 | 3.47 | o.51o8 |
| 21 | Facharb. Bau + Gewerbe | 15684 | 2o.92 | o.5344 |
| 22 | Facharb. Landw. | 225 | o.3o | o.5372 |
| 23 | Vorarbeiter | 1381 | 1.84 | o.5389 |
| 24 | Angelernte Dienstl. | 2429 | 3.24 | o.7325 |
| 25 | Landwirte 1o-19 ha | 1281 | 1.71 | o.8149 |
| 26 | Angelernte Bau + Gewerbe | 8196 | 1o.93 | o.8183 |
| 27 | Landwirte bis 9 ha | 691 | o.92 | o.8549 |
| 28 | Ungelernte Dienstl. | 1727 | 2.3o | o.8839 |
| 29 | Ungelernte Bau + Gewerbe | 45o8 | 6.o1 | o.9515 |
| 3o | Ungelernte Landw. | 472 | o.63 | 1.o167 |

Skala 8: MAC1-Scores für die Berufsgruppen (inklusive Landwirte) der Väter von zwischen 192o-194o geborenen Söhnen bei Berücksichtigung der Variablen Hausbesitz und Schulbildung

| | | N | % | Score |
|---|---|---|---|---|
| 1 | Fr. Berufe -1 Mitarb. | 177 | o.29 | -3.o216 |
| 2 | Fr. Berufe 2+ Mitarb. | 134 | o.22 | -2.9922 |
| 3 | höhere Beamte | 598 | o.99 | -2.7743 |
| 4 | höhere Ang. | 54o | o.89 | -2.o969 |
| 5 | gehobene Beamte | 1579 | 2.61 | -1.9o71 |
| 6 | gehobene Ang. | 1642 | 2.71 | -1.7321 |
| 7 | mittlere Ang., Privatw. | 2o72 | 3.42 | -1.1971 |
| 8 | mittlere Ang., öff.D. | 58o | o.96 | -1.18o9 |
| 9 | Selbst. 1o+ Mitarb. | 739 | 1.22 | -o.8o12 |
| 1o | mittlere Beamte | 2432 | 4.o1 | -o.6945 |
| 11 | einf. Ang., Privatw. | 1284 | 2.12 | -o.6451 |
| 12 | einf. Ang., öff.D. | 453 | o.75 | -o.4695 |
| 13 | Werkmeister | 635 | 1.o5 | -o.4142 |
| 14 | Selbst. 2-9 Mitarb. | 3251 | 5.37 | -o.35oo |
| 15 | Meister | 1529 | 2.52 | -o.3443 |
| 16 | Facharbeiter Bau + Gewerbe | 11751 | 19.4o | -o.2754 |
| 17 | Facharbeiter Dienstl. | 1612 | 2.66 | -o.2693 |
| 18 | Selbst. bis 1 Mitarb. | 3919 | 6.47 | -o.1272 |
| 19 | Vorarbeiter | 817 | 1.35 | -o.o161 |
| 2o | einfache Beamte | 168o | 2.77 | o.o274 |
| 21 | Facharbeiter Landw. | 391 | o.65 | o.o6o3 |
| 22 | Angelernte Dienstl. | 1323 | 2.18 | o.5o16 |
| 23 | Landwirte 5o+ ha | 346 | o.57 | o.6o64 |
| 24 | Angelernte Bau + Gewerbe | 5164 | 8.52 | o.6799 |
| 25 | Ungelernte Dienstl. | 1145 | 1.89 | o.7468 |
| 26 | Ungelernte Bau + Gewerbe | 4317 | 7.13 | o.785o |
| 27 | Ungelernte Landw. | 2o37 | 3.36 | o.9613 |
| 28 | Landwirte 2o-49 ha | 1527 | 2.52 | 1.1617 |
| 29 | Landwirte bis 9 ha | 4254 | 7.o2 | 1.3435 |
| 3o | Landwirte 1o-19 ha | 2653 | 4.38 | 1.3817 |

Skala 9: MAC1-Scores für die Berufsgruppen (inklusive Landwirte) der Väter von zwischen 192o-194o geborenen Söhnen bei Berücksichtigung der Variablen Schulbildung

| | | N | % | Score |
|---|---|---|---|---|
| 1 | Fr. Berufe -1 Mitarb. | 177 | o.29 | -4.1553 |
| 2 | Fr. Berufe 2+ Mitarb. | 134 | o.22 | -4.1336 |
| 3 | höhere Beamte | 598 | o.99 | -3.7117 |
| 4 | höhere Ang. | 54o | o.89 | -2.6978 |
| 5 | gehobene Beamte | 1579 | 2.61 | -2.3744 |
| 6 | gehobene Ang. | 1642 | 2.71 | -2.o125 |
| 7 | Selbst. 1o+ Mitarb. | 739 | 1.22 | -1.2656 |
| 8 | mittl. Ang., Privatw. | 2o72 | 3.42 | -1.1151 |
| 9 | mittl. Ang., öff.D. | 58o | o.96 | -1.o382 |
| 1o | mittlere Beamte | 2432 | 4.o1 | -o.5868 |
| 11 | Selbst. 2-9 Mitarb. | 3251 | 5.37 | -o.4448 |
| 12 | einf. Ang., Privatw. | 1284 | 2.12 | -o.4424 |
| 13 | einf. Ang., öff.D. | 453 | o.75 | -o.1936 |
| 14 | Selbst. bis 1 Mitarb. | 3919 | 6.47 | -o.1512 |
| 15 | Werkmeister | 635 | 1.o5 | -o.1oo4 |
| 16 | Meister | 1529 | 2.52 | -o.o285 |
| 17 | Landwirte 5o+ ha | 346 | o.57 | -o.o232 |
| 18 | einfache Beamte | 168o | 2.77 | o.1447 |
| 19 | Facharb. Dienstl. | 1612 | 2.66 | o.1573 |
| 2o | Facharb. Bau + Gewerbe | 11751 | 19.4o | o.1582 |
| 21 | Vorarbeiter | 871 | 1.35 | o.2639 |
| 22 | Facharb. Landw. | 391 | o.65 | o.3332 |
| 23 | Landwirte 2o-49 ha | 1527 | 2.52 | o.5836 |
| 24 | Angelernte Dienstl. | 1323 | 2.18 | o.6174 |
| 25 | Angelernte Bau + Gewerbe | 5164 | 8.52 | o.723o |
| 26 | Ungelernte Dienstl. | 1145 | 1.89 | o.7534 |
| 27 | Landwirte 1o-19 ha | 2653 | 4.38 | o.8197 |
| 28 | Landwirte bis 9 ha | 4254 | 7.o2 | o.8321 |
| 29 | Ungelernte Bau + Gewerbe | 4317 | 7.13 | o.8373 |
| 3o | Ungelernte Landw. | 2o37 | 3.36 | o.8687 |

Skala 1o: MAC1-Scores für die Berufsgruppen (inklusive Landwirte) der zwischen 192o-194o geborenen Söhne bei Berücksichtigung der Variablen Schulbildung des Sohnes, Schulbildung und Beruf des Vaters

| | | N | % | Score |
|---|---|---|---|---|
| 1 | Fr. Berufe 2+ Mitarb. | 274 | o.47 | 2.46oo |
| 2 | höhere Beamte | 1o47 | 1.78 | 2.3119 |
| 3 | Fr. Berufe -1 Mitarb. | 233 | o.4o | 2.257o |
| 4 | höhere Ang. | 992 | 1.68 | 1.754o |
| 5 | gehobene Beamte | 1755 | 2.98 | 1.4491 |
| 6 | gehobene Ang. | 5238 | 8.89 | 1.3464 |
| 7 | Selbst. 1o+ Mitarb. | 725 | 1.23 | 1.o291 |
| 8 | Selbst. 2-9 Mitarb. | 1962 | 3.33 | o.4o94 |
| 9 | mittl. Ang., öff.D. | 788 | 1.34 | o.4o82 |
| 1o | mittl. Ang., Privatw. | 6142 | 1o.43 | o.397o |
| 11 | Selbst. bis 1 Mitarb. | 2972 | 5.o5 | o.1599 |
| 12 | mittlere Beamte | 2o25 | 3.44 | o.o988 |
| 13 | einf. Ang., Privatw. | 168o | 2.85 | -o.o275 |
| 14 | Werkmeister | 9o1 | 1.53 | -o.1246 |
| 15 | Landwirte 5o+ ha | 14o | o.24 | -o.1483 |
| 16 | einf. Ang., öff.D. | 298 | o.51 | -o.1594 |
| 17 | Meister | 527 | o.89 | -o.183o |
| 18 | einfache Beamte | 741 | 1.26 | -o.3344 |
| 19 | Facharb. Dienstl. | 1936 | 3.29 | -o.3615 |
| 2o | Vorarbeiter | 1o65 | 1.81 | -o.4o16 |
| 21 | Facharb. Bau + Gewerbe | 11955 | 2o.3o | -o.4342 |
| 22 | Facharb. Landw. | 173 | o.29 | -o.598o |
| 23 | Angelernte Dienstl. | 1752 | 2.97 | -o.614o |
| 24 | Landwirte 2o-49 ha | 877 | 1.49 | -o.7562 |
| 25 | Angelernte Bau + Gewerbe | 6oo3 | 1o.19 | -o.7742 |
| 26 | Ungelernte Dienstl. | 1279 | 2.17 | -o.8381 |
| 27 | Ungelernte Bau + Gewerbe | 33o2 | 5.61 | -o.9654 |
| 28 | Landwirte bis 9 ha | 6o6 | 1.o3 | -1.o4o8 |
| 29 | Ungelernte Landw. | 381 | o.65 | -1.o761 |
| 3o | Landwirte 1o-19 ha | 1136 | 1.93 | -1.11o1 |

Skala 11: MAC1-Scores für die Berufsgruppen (inklusive Landwirte) der Väter von zwischen 192o-194o geborenen Söhnen bei Berücksichtigung der Variablen Schulbildung des Vaters, Schulbildung und Beruf des Sohnes

| | | N | % | Score |
|---|---|---|---|---|
| 1 | Fr. Berufe 2+ Mitarb. | 128 | o.22 | 2.8149 |
| 2 | Fr. Berufe -1 Mitarb. | 172 | o.29 | 2.7416 |
| 3 | höhere Beamte | 578 | o.98 | 2.7o66 |
| 4 | höhere Ang. | 523 | o.89 | 2.196o |
| 5 | gehobene Beamte | 1541 | 2.62 | 2.oo75 |
| 6 | gehobene Ang. | 16o5 | 2.72 | 1.7692 |
| 7 | Selbst. 1o+ Mitarb. | 723 | 1.23 | 1.5o59 |
| 8 | mittl. Ang., Privatw. | 2o34 | 3.45 | 1.1688 |
| 9 | mittl. Ang., öff.D. | 568 | o.96 | o.975o |
| 1o | mittlere Beamte | 2373 | 4.o3 | o.7751 |
| 11 | Selbst. 2-9 Mitarb. | 3167 | 5.38 | o.6639 |
| 12 | Werkmeister | 623 | 1.o6 | o.5341 |
| 13 | einf. Ang., Privatw. | 1265 | 2.15 | o.4791 |
| 14 | Meister | 1493 | 2.53 | o.235o |
| 15 | einf. Ang., öff.D. | 444 | o.75 | o.1954 |
| 16 | Selbst. bis 1 Mitarb. | 38o9 | 6.47 | o.1847 |
| 17 | Landwirte 5o+ ha | 327 | o.56 | o.o219 |
| 18 | einfache Beamte | 1652 | 2.8o | -o.o324 |
| 19 | Vorarbeiter | 794 | 1.35 | -o.o959 |
| 2o | Facharb. Dienstl. | 1572 | 2.67 | -o.1813 |
| 21 | Facharb. Bau + Gewerbe | 11476 | 19.48 | -o.2o18 |
| 22 | Angelernte Dienstl. | 1293 | 2.2o | -o.4835 |
| 23 | Facharb. Landw. | 382 | o.65 | -o.5o75 |
| 24 | Angelernte Bau + Gewerbe | 5o24 | 8.53 | -o.6o73 |
| 25 | Landwirte 2o-49 ha | 1448 | 2.46 | -o.6394 |
| 26 | Ungelernte Dienstl. | 11o2 | 1.87 | -o.74o4 |
| 27 | Ungelernte Bau + Gewerbe | 4192 | 7.12 | -o.8351 |
| 28 | Landwirte bis 9 ha | 41o2 | 6.96 | -o.87o3 |
| 29 | Landwirte 1o-19 ha | 254o | 4.31 | -o.8927 |
| 3o | Ungelernte Landw. | 1955 | 3.32 | -o.9441 |

Statusscores für Bildungsabschlüsse der zwischen 1920 - 1940 geborenen Söhne (ohne Landwirte)

| | | | Skala 12: MAC1-Scores für Bildungsabschlüsse bei Berücksichtigung von Beruf und Einkommen | Skala 13: MAC1-Scores für Bildungsabschlüsse bei Berücksichtigung von Beruf, Einkommen und Hausbesitz |
|---|---|---|---|---|
| | N | % | Score | Score |
| 1 Hochsch., Universität | 3541 | 4.9 | -2.1900 | -2.1822 |
| 2 Ingenieurschule | 2038 | 2.8 | -1.8234 | -1.8207 |
| 3 Abitur, mit L. | 839 | 1.2 | -1.6803 | -1.6772 |
| 4 Abitur, ohne L. | 720 | 1.0 | -1.6403 | -1.6293 |
| 5 Berufsfsch., kaufm. L. | 1104 | 1.5 | -1.3216 | -1.3185 |
| 6 M. Reife, kaufm. L. | 3090 | 4.3 | -1.1775 | -1.1650 |
| 7 Technikerschule | 1097 | 1.5 | -1.0754 | -1.0544 |
| 8 Berufsfsch., ohne L. | 666 | 0.9 | -1.0452 | -1.0486 |
| 9 Berufsfsch., gewerbl. L. | 3010 | 4.2 | -0.7013 | -0.7216 |
| 10 M. Reife, ohne L. | 749 | 1.0 | -0.6496 | -0.6271 |
| 11 M. Reife, gewerbl. L. | 1772 | 2.5 | -0.6207 | -0.6094 |
| 12 Berufssch., kaufm. L. | 3413 | 4.8 | -0.5599 | -0.5490 |
| 13 Volkssch., kaufm. L. | 1691 | 2.4 | -0.3441 | -0.3248 |
| 14 Berufssch., gewerbl. L. | 23172 | 32.2 | 0.4294 | 0.4288 |
| 15 Volkssch., gewerbl. L. | 11998 | 16.7 | 0.4764 | 0.4754 |
| 16 Berufssch., ohne L. | 2993 | 4.2 | 0.8256 | 0.8300 |
| 17 Volkssch., ohne L. | 9971 | 13.9 | 0.9114 | 0.8975 |

Statusscores für Bildungsabschlüsse der Söhne nach Alterskohorten (ohne Landwirte)

Skala 14: Alterskohorte 1920-1929 geborener Söhne
MAC1-Scores für Bildungsabschlüsse bei
Berücksichtigung von Beruf und Einkommen

| | N | % | Score |
|---|---|---|---|
| 1 Hochsch., Universität | 1430 | 4.7 | -2.2857 |
| 2 Ingenieurschule | 783 | 2.6 | -1.8195 |
| 3 Abitur, mit L. | 494 | 1.6 | -1.6417 |
| 4 Abitur, ohne L. | 418 | 1.4 | -1.6160 |
| 5 Berufsfsch., kaufm. L. | 476 | 1.6 | -1.2972 |
| 6 Berufsfsch., ohne L. | 331 | 1.1 | -1.1338 |
| 7 M. Reife, kaufm. L. | 1270 | 4.2 | -1.0723 |
| 8 Technikerschule | 329 | 1.1 | -0.9809 |
| 9 Berufsfsch., gewerbl. L. | 1162 | 3.8 | -0.6994 |
| 10 M. Reife, ohne L. | 471 | 1.6 | -0.5119 |
| 11 Berufssch., kaufm. L. | 1710 | 5.7 | -0.4827 |
| 12 M. Reife, gewerbl. L. | 742 | 2.5 | -0.4592 |
| 13 Volkssch., kaufm. L. | 900 | 3.0 | -0.2681 |
| 14 Berufssch., gewerbl. L. | 8799 | 29.1 | 0.4429 |
| 15 Volkssch., gewerbl. L. | 5079 | 16.8 | 0.4913 |
| 16 Berufssch., ohne L. | 1163 | 3.8 | 0.7764 |
| 17 Volkssch., ohne L. | 4696 | 15.5 | 0.8566 |

Skala 15: Alterskohorte 1930-1940 geborener Söhne
MAC1-Scores für Bildungsabschlüsse bei
Berücksichtigung von Beruf und Einkommen

| | N | % | Score |
|---|---|---|---|
| 1 Hochsch., Universität | 2111 | 5.1 | 2.1268 |
| 2 Ingenieurschule | 1255 | 3.0 | 1.8425 |
| 3 Abitur, mit L. | 345 | 0.8 | 1.6614 |
| 4 Abitur, ohne L. | 302 | 0.7 | 1.5951 |
| 5 Berufsfsch., kaufm. L. | 628 | 1.5 | 1.3308 |
| 6 M. Reife, kaufm. L. | 1820 | 4.4 | 1.2382 |
| 7 Technikerschule | 768 | 1.9 | 1.1533 |
| 8 Berufsfsch., ohne L. | 335 | 0.8 | 0.9092 |
| 9 Berufsfsch., gewerbl. L. | 1848 | 4.4 | 0.7480 |
| 10 M. Reife, gewerbl. L. | 1030 | 2.5 | 0.7280 |
| 11 M. Reife, ohne L. | 278 | 0.7 | 0.6749 |
| 12 Berufssch., kaufm. L. | 1703 | 4.1 | 0.5740 |
| 13 Volkssch., kaufm. L. | 791 | 1.9 | 0.3341 |
| 14 Berufssch., gewerbl. L. | 14373 | 34.5 | -0.4127 |
| 15 Volkssch., gewerbl. L. | 6919 | 16.6 | -0.4658 |
| 16 Berufssch., ohne L. | 1830 | 4.4 | -0.8714 |
| 17 Volkssch., ohne L. | 5275 | 12.7 | -0.9381 |

Statusscores für Bildungsabschlüsse der zwischen 1920 - 1940 geborenen Söhne

Skala 16: MAC1-Scores für Bildungsabschlüsse bei Berücksichtigung von Beruf (ohne Landwirte)

| | N | % | Score |
|---|---|---|---|
| 1 Hochsch., Universität | 3541 | 4.9 | -2.5239 |
| 2 Ingenieurschule | 2038 | 2.8 | -1.8754 |
| 3 Abitur, ohne L. | 720 | 1.0 | -1.7587 |
| 4 Abitur, mit L. | 839 | 1.2 | -1.6591 |
| 5 Berufsfsch., kaufm. L. | 1104 | 1.5 | -1.3209 |
| 6 Berufsfsch., ohne L. | 666 | 0.9 | -1.1571 |
| 7 M. Reife, kaufm. L. | 3090 | 4.3 | -1.1484 |
| 8 Technikerschule | 1097 | 1.5 | -1.0496 |
| 9 M. Reife, ohne L. | 749 | 1.0 | -0.7429 |
| 10 Berufssch., kaufm. L. | 3413 | 4.8 | -0.6043 |
| 11 Berufsfsch., gewerbl. L. | 3010 | 4.2 | -0.5145 |
| 12 M. Reife, gewerbl. L. | 1772 | 2.5 | -0.4884 |
| 13 Volkssch., kaufm. L. | 1691 | 2.3 | -0.4694 |
| 14 Berufssch., gewerbl. L. | 23172 | 32.2 | 0.4499 |
| 15 Volkssch., gewerbl. L. | 11998 | 16.7 | 0.4661 |
| 16 Berufssch., ohne L. | 2993 | 4.2 | 0.8800 |
| 17 Volkssch., ohne L. | 9971 | 13.9 | 0.9550 |

Skala 17: MAC1-Scores für Bildungsabschlüsse bei Berücksichtigung von Beruf (inklusive der Landwirte)

| | N | % | Score |
|---|---|---|---|
| 1 Hochsch., Universität | 3546 | 4.7 | -2.5933 |
| 2 Ingenieurschule | 2047 | 2.7 | -1.9201 |
| 3 Abitur, ohne L. | 726 | 1.0 | -1.7954 |
| 4 Abitur, mit L. | 844 | 1.1 | -1.6985 |
| 5 Berufsfsch., kaufm. L. | 1109 | 1.5 | -1.3693 |
| 6 M. Reife, kaufm. L. | 3093 | 4.1 | -1.2001 |
| 7 Technikerschule | 1098 | 1.5 | -1.1017 |
| 8 Berufsfsch., ohne L. | 851 | 1.1 | -0.7730 |
| 9 M. Reife, ohne L. | 770 | 1.0 | -0.7436 |
| 10 Berufssch., kaufm. L. | 3423 | 4.6 | -0.6446 |
| 11 Volkssch., kaufm. L. | 1705 | 2.3 | -0.4992 |
| 12 M. Reife, gewerbl. L. | 1830 | 2.4 | -0.4949 |
| 13 Berufsfsch., gewerbl. L. | 3210 | 4.3 | -0.4741 |
| 14 Berufssch., gewerbl. L. | 23515 | 31.4 | 0.4254 |
| 15 Volkssch., gewerbl. L. | 12334 | 16.5 | 0.4464 |
| 16 Berufssch., ohne L. | 3437 | 4.6 | 0.8597 |
| 17 Volkssch., ohne L. | 11417 | 15.2 | 0.9246 |

Statusscores für Bildungsabschlüsse der Väter von zwischen 1920 - 1940 geborenen Söhnen

Skala 18: MAC1-Scores für Bildungsabschlüsse bei Berücksichtigung von Beruf (ohne Landwirte)

| | N | % | Score |
|---|---|---|---|
| 1 Hochsch., Universität | 1329 | 2.6 | -3.6050 |
| 2 Abitur, ohne L. | 551 | 1.1 | -2.5809 |
| 3 Ingenieurschule | 459 | 0.9 | -2.2437 |
| 4 Berufsfsch., ohne L. | 344 | 0.7 | -2.1262 |
| 5 Abitur, mit L. | 614 | 1.2 | -1.8999 |
| 6 Berufsfsch., kaufm. L. | 311 | 0.6 | -1.7995 |
| 7 M. Reife, ohne L. | 429 | 0.8 | -1.7315 |
| 8 M. Reife, kaufm. L. | 1679 | 3.2 | -1.5482 |
| 9 Technikerschule | 218 | 0.4 | -1.3768 |
| 10 Berufssch., kaufm. L. | 1478 | 2.9 | -0.7690 |
| 11 M. Reife, gewerbl. L. | 703 | 1.4 | -0.7214 |
| 12 Volkssch., kaufm. L. | 2854 | 5.5 | -0.6087 |
| 13 Berufsfsch., gewerbl. L. | 922 | 1.8 | -0.5358 |
| 14 Berufssch., gewerbl. L. | 8809 | 17.0 | 0.2265 |
| 15 Volkssch., gewerbl. L. | 14911 | 28.8 | 0.2669 |
| 16 Berufssch., ohne L. | 799 | 1.5 | 0.5054 |
| 17 Volkssch., ohne L. | 15391 | 29.7 | 0.7043 |

Skala 19: MAC1-Scores für Bildungsabschlüsse bei Berücksichtigung von Beruf (inklusive der Landwirte)

| | N | % | Score |
|---|---|---|---|
| 1 Hochsch., Universität | 1339 | 2.2 | -3.6406 |
| 2 Abitur, ohne L. | 560 | 0.9 | -2.6230 |
| 3 Ingenieurschule | 463 | 0.8 | -2.3357 |
| 4 Abitur, mit L. | 634 | 1.1 | -1.9765 |
| 5 Berufsfsch., kaufm. L. | 312 | 0.5 | -1.9154 |
| 6 Berufsfsch., ohne L. | 416 | 0.7 | -1.8787 |
| 7 M. Reife, kaufm. L. | 1700 | 2.8 | -1.7332 |
| 8 Technikerschule | 220 | 0.4 | -1.5932 |
| 9 M. Reife, ohne L. | 484 | 0.8 | -1.5930 |
| 10 Berufssch., kaufm. L. | 1492 | 2.5 | -0.9786 |
| 11 M. Reife, gewerbl. L. | 770 | 1.3 | -0.8117 |
| 12 Volkssch., kaufm. L. | 2915 | 4.8 | -0.7774 |
| 13 Berufsfsch., gewerbl. L. | 1005 | 1.7 | -0.6512 |
| 14 Berufssch., gewerbl. L. | 9049 | 14.9 | 0.0145 |
| 15 Volkssch., gewerbl. L. | 15808 | 26.1 | 0.0976 |
| 16 Berufssch., ohne L. | 1102 | 1.8 | 0.5598 |
| 17 Volkssch., ohne L. | 22312 | 36.8 | 0.7547 |

Statusscores für Bildungsabschlüsse der zwischen 1920 - 1940 geborenen Söhne und ihrer Väter

Skala 20: MAC1-Scores für Söhne bei Berücksichtigung von Beruf und Bildung von Vater und Sohn (inklusive der Landwirte)

| | N | % | Score |
|---|---|---|---|
| 1 Hochsch., Universität | 2981 | 5.1 | 2.2956 |
| 2 Abitur, ohne L. | 589 | 1.0 | 1.7813 |
| 3 Abitur, mit L. | 705 | 1.2 | 1.7373 |
| 4 Ingenieurschule | 1709 | 2.9 | 1.6028 |
| 5 M. Reife, kaufm. L. | 2562 | 4.4 | 1.0675 |
| 6 Berufsfsch., kaufm. L. | 900 | 1.5 | 1.0332 |
| 7 Technikerschule | 882 | 1.5 | 0.8109 |
| 8 M. Reife, ohne L. | 624 | 1.1 | 0.7278 |
| 9 M. Reife, gewerbl. L. | 1487 | 2.5 | 0.7098 |
| 10 Berufsfsch., ohne L. | 702 | 1.2 | 0.4185 |
| 11 Berufssch., kaufm. L. | 2808 | 4.8 | 0.4131 |
| 12 Berufsfsch., gewerbl. L. | 2626 | 4.5 | 0.3587 |
| 13 Volkssch., kaufm. L. | 1339 | 2.3 | 0.2699 |
| 14 Berufssch., gewerbl. L. | 18234 | 31.0 | -0.3310 |
| 15 Volkssch., gewerbl. L. | 9418 | 16.0 | -0.3881 |
| 16 Berufssch., ohne L. | 2641 | 4.5 | -0.8854 |
| 17 Volkssch., ohne L. | 8698 | 14.8 | -0.9743 |

Skala 21: MAC1-Scores für Väter bei Berücksichtigung von Beruf und Bildung von Vater und Sohn (inklusive der Landwirte)

| | N | % | Score |
|---|---|---|---|
| 1 Hochsch., Universität | 1297 | 2.2 | 2.6258 |
| 2 Abitur, ohne L. | 540 | 0.9 | 2.1774 |
| 3 Ingenieurschule | 452 | 0.8 | 2.0339 |
| 4 Abitur, mit L. | 618 | 1.1 | 1.8160 |
| 5 Berufsfsch., ohne L. | 397 | 0.7 | 1.7585 |
| 6 M. Reife, kaufm. L. | 1662 | 2.8 | 1.6940 |
| 7 Berufsfsch., kaufm. L. | 307 | 0.5 | 1.6660 |
| 8 Technikerschule | 214 | 0.4 | 1.6393 |
| 9 M. Reife, ohne L. | 467 | 0.8 | 1.5895 |
| 10 M. Reife, gewerbl. L. | 752 | 1.3 | 1.0984 |
| 11 Berufssch., kaufm. L. | 1459 | 2.5 | 0.9897 |
| 12 Berufsfsch., gewerbl. L. | 980 | 1.7 | 0.8227 |
| 13 Volkssch., kaufm. L. | 2856 | 4.9 | 0.8021 |
| 14 Berufssch., gewerbl. L. | 8841 | 15.0 | 0.0136 |
| 15 Volkssch., gewerbl. L. | 15433 | 26.2 | -0.0605 |
| 16 Berufssch., ohne L. | 1o73 | 1.8 | -0.5459 |
| 17 Volkssch., ohne L. | 21567 | 36.6 | -0.7288 |

# Anhang C

## Kurze Charakteristik der Mikrozensus-Zusatzerhebung 1971 "Berufliche und soziale Umschichtung der Bevölkerung"

Die wesentlichste Zielsetzung der Mikrozensus-Zusatzerhebung 1971 bestand darin, Informationen über die wirtschaftliche und soziale Integration der in der Folge des zweite Weltkrieges vorhandenen Flüchtlinge und Vertriebenen zu liefern. Da die Erhebung aus organisatorischen Gründen erst 1971 durchgeführt werden konnte, bot sich zusätzlich auch noch die Möglichkeit, die tiefgreifenden Wandlungsprozesse der deutschen Gesellschaft während der Wiederaufbauphase und der daran anschließenden Phase der Konsolidierung von Wirtschaft und Gesellschaft zu beleuchten.

Eine ausführliche Darstellung der Planung und Durchführung dieser Erhebung ist in jüngster Zeit von Tegtmeyer (1976) vorgelegt worden, sodaß wir uns an dieser Stelle mit einigen kurzen Hinweisen begnügen können[1].

### Der Stichprobenplan[2]

Die Mikrozensusbefragungen von Oktober 1962 bis Januar 1972 waren als Flächenstichproben angelegt; Auswahleinheiten waren die (ca. 6oo.ooo) Zählbezirke der Volkszählung 1961; Erhebungseinheiten waren jeweils alle Personen der Haushalte eines gezogenen Zählbezirkes.

Die Auswahl der in die Stichprobe fallenden Zählbezirke erfolgte mit Hilfe eines einstufigen, zweiphasigen Auswahlverfahrens. Bei einem Auswahlsatz von 1% ergibt sich dabei ein Stichprobenumfang von ca. 45o.ooo zu befragenden Personen. Die Stichprobe ist repräsentativ für die deut-

---

1) Ferner hat das Statistische Bundesamt erste tabellarische Auswertungen veröffentlicht; siehe Statistisches Bundesamt 1975. Analysen auf Grundlage des Datenmaterials der MZU71 finden sich in: Tegtmeyer (1975 a, b), Lengsfeld (1976), Steiger/Tegtmeyer (1976).

2) Eine ausführliche Beschreibung des Stichprobenplans und der sich aus ihm ergebenden Fehlerrechnung findet sich in: Statistisches Bundesamt 1964. Eine auf dieser Publikation basierende Zusammenfassung findet sich in Handl 1975.

sche Bevölkerung im Alter von 15 und mehr Jahren.

## Fehlerrechnung

Da die zur Verminderung des Stichprobenfehlers getroffene Anordnung der Zählbezirke nicht vollständig mit dem mathematischen Apparat der Stichprobentheorie erfaßt werden kann, stellen die vom Statistischen Bundesamt veröffentlichten Formeln zur Berechnung des Standardfehlers der Schätzung jeweils obere Grenzen dar, die in keinem Fall überschritten werden.

Ganz allgeimen wird empfohlen, für Zellbesetzungen unter 5o (dem entsprechen etwa 5ooo Personen in der Grundgesamtheit) keine Hochrechnung mehr vorzunehmen, da in diesem Fall der Standardfehler der Schätzung 2o% überschreitet.

## Fragebogen

Der Fragenkatalog der MZU71 sowie die zusätzlich zur Verfügung stehenden Informationen aus der Mikrozensus-Grunderhebung sind in Tegtmeyer (1976: 12) und Statistisches Bundesamt (1975) ausführlich beschrieben. Wir werden daher auf den nächsten Seiten einzig die für unsere Analysen wichtigsten zwei Klassifikationen nach der 'Beruflichen Stellung' und dem 'Wirtschaftszweig' wiedergeben.[1]

---

1) Aus Statistisches Bundesamt (1975:71).

## Schlüssel für die Eintragung der Erwerbstätigen und Nicht-Erwerbstätigen sowie des Wirtschaftszweiges

Mikrozensus-Zusatzbefragung „Berufliche und soziale Umschichtung der Bevölkerung" April 1971

### Nicht-Erwerbstätige

**Schüler / Studierende**

01 Volksschüler (Grundschüler/Hauptschüler)

02 Realschüler (Mittelschüler)

03 Gymnasiasten (Oberschüler)

04 Studierende an Technikerschulen

05 Studierende an sonstigen Berufsfach- oder Fachschulen

06 Studierende an Ingenieurschulen

07 Studierende an Hochschulen und Universitäten

10 **Arbeitslose/Arbeitsuchende**

11 **Rentner/Pensionäre** (einschl. vom Eigentum lebende Personen)

12 **Hausfrauen** (nicht erwerbstätig, auch Haustöchter)

13 **Sonstige Nicht-Erwerbstätige** (auch Kleinkinder)

### Erwerbstätige

**Selbständige Landwirte mit landwirtschaftl. genutzter Fläche von**

20 unter 5 ha
21 5 bis unter 10 ha
22 10 bis unter 20 ha
23 20 bis unter 50 ha
24 50 bis unter 100 ha
25 100 ha oder mehr

**Selbständige außerhalb der Landwirtschaft mit**

26 1 Mitarbeiter oder allein
27 2 bis 9 Mitarbeitern
28 10 bis 49 Mitarbeitern
29 50 bis 199 Mitarbeitern
30 200 oder mehr Mitarbeitern

35 **Mithelfende Familienangehörige**

**Beamte / Richter / Berufssoldaten**

40 Beamte im einfachen Dienst (bis einschl. Oberamtsmeister)

41 Beamte im mittleren Dienst (vom Assistenten bis einschl. Hauptsekretär/Amtsinspektor)

42 Beamte im gehobenen Dienst (vom Inspektor bis einschl. Oberamtmann/Oberamtsrat)

43 Beamte im höheren Dienst, Richter (vom Regierungsrat aufwärts)

49 **Wehrpflichtige** (1960 und später; sonst letzte zivile Tätigkeit)

**Angestellte**

50 Industrie- und Werkmeister im Angestelltenverhältnis

51 Angestellte mit einfacherer Tätigkeit (z. B. Verkäufer, Kontorist, Stenotypistin)*

52 Angestellte, die schwierigere Aufgaben nach allgem. Anweisung selbständig erledigen (z. B. Sachbearbeiter, Buchhalter, techn. Zeichner)*

53 Angestellte, die selbständige Leistungen in verantwortungsvoller Tätigkeit erbringen oder begrenzte Verantwortung für die Tätigkeit anderer tragen (z. B. wiss. Mitarbeiter, Prokurist, Abteilungsleiter)*

54 Angestellte mit umfass. Führungsaufgaben und Entscheidungsbefugnissen (z. B. Direktor, Geschäftsführer, Vorstand größerer Betriebe und Verbände)*

* in extremen Zweifelsfällen Klartext in Zeile für Nicht-Erwerbstätige eintragen

**Arbeiter**

60 ungelernte Arbeiter
61 angelernte Arbeiter
62 gelernte und Facharbeiter
63 Vorarbeiter und Kolonnenführer
64 Meister/Poliere

**In Ausbildung**

70 kaufm./Verw.-Lehrlinge
71 gewerbliche Lehrlinge
72 haus-/landwirtschaftl. Lehrlinge
73 Beamtenanwärter/Beamte im Vorbereitungsdienst
74 Praktikanten/Volontäre

### Wirtschaftszweig

80 Land- u. Forstwirtschaft, Garten-, Weinbau, Fischerei

81 Strom-, Gas-, Wasserversorgung, Bergbau

82 Verarbeitendes Gewerbe (ohne Baugewerbe) einschl. Herstellung von Nahrungs- und Genußmitteln

83 Hoch- u. Tiefbau (einschl. Ausbau u. Bauhilfsgewerbe)

84 Groß- u. Einzelhandel, Handelsvermittlung

85 Post, Bahn, sonstiger Verkehr

86 Banken u. Versicherungsgewerbe (einschl. private Krankenversicherung)

87 Gaststätten und Beherbergungsgewerbe

88 Reinigungsunternehmen, Schornsteinfegergewerbe, Körperpflege (z. B. Friseurgewerbe)

89 Wissenschaft, Bildung, Kunst und Publizistik (z. B. Schule und Theater)

90 Gesundheitswesen

91 Rechtsberatung, Ingenieurbüros, Grundstückwesen, fotografisches Gewerbe u. ähnliche Dienstleistungen

92 Kirchen, Verbände und sonstige Organisationen

93 Private Haushalte

94 Behörden, Verteidigung, Sozialversicherung

# LITERATURVERZEICHNIS

AHRENS, Hans J.
1974 Multidimensionale Skalierung. Weinheim: Beltz.

ALWIN, Duane F.; HAUSER, Robert M.
1975 The decomposition of effects in path analysis. In: American Sociological Review, 40, 37-47.

ANDREWS, Frank M.; MORGAN, James N.; SONQUIST, John A.; KLEM, Laura
1967 Multiple classification analysis. Institute for Social Research, The University of Michigan, Ann Arbor.

AUTORENKOLLEKTIV des Instituts für marxistische Studien und Forschungen
1974 Klassen- und Sozialstruktur der BRD 1950-1970. Theorie, Diskussion, sozialstatistische Analysen. Frankfurt: Marxistische Blätter.

BENDIX, Reinhard
1974 Inequality and social structure: a comparison of Marx and Weber. In: American Sociological Review, 39, 149-161.

BERTAUX, Daniel
1976 An assessment of Garnier and Hazelrigg's paper on intergenerational mobility in France. In: American Journal of Sociology, 82-2, 388-398.

BLAU, Peter M.
1974 Parameters of social structure. In: American Sociological Review, 39-5, 615-635.

BLAU, Peter M.; DUNCAN, Otis D.
1967 The American occupational structure. New York: Wiley.

BOYLE, Richard P.
1974 Path analysis and ordinal data. In: BLALOCK, Hubert M. jr. (Hg.): Causal models in the social sciences. Chicago: Aldine, 432-452.

BROSSARD, Michel; MAURICE, Marc
1974 Betriebliche Organisationsstrukturen im interkulturellen Vergleich. In: Soziale Welt, 25, 432-454.

BUNDESMINISTER FÜR ARBEIT UND SOZIALORDNUNG (Hg.)
1973 Sozialbericht 1973. Bonn.

1975 Die Einkommens- und Vermögensverteilung in der Bundesrepublik Deutschland. Auswahl aus der amtlichen und verbindlichen Statistik. Bonn.

CENTERS, Richard
1949 Marital selection and occupational strata. In: American Journal of Sociology, 54, 530-535.

CONOVER, W.J.
1971 Practical non-parametric statistics. New York: Wiley.

COXON, A.P.M.; JONES, C.L.
1973 The development and extensions of multidimensional scaling models. Edinburgh, Project on Occupational Cognition, Research Memorandum Nr.4.

CURTIS, Richard F.
1963 Differential association and the stratification of the urban community. In: Social Forces, 42, 68-77.

DAHRENDORF, Ralf
1971 Gesellschaft und Demokratie in Deutschland. München: Piper.

DEJONG, Peter Y.; BRAWER, Milton J.; ROBIN, Stanley S.
1971 Patterns of female intergenerational occupational mobility: a comparison with male patterns of intergenerational occupational mobility. In: American Sociological Review, 36, 1033-1042.

DUNCAN, Otis D.
1961 A socioeconomic index for all occupations. In: REISS, Albert J. jr. (Hg.): Occupation and social status. New York: The Free Press of Glencoe, 109-138.

DUNCAN-JONES, Paul
1972 Social mobility, canonical scoring and occupational classification. In: HOPE, Keith (Hg.): The analysis of social mobility: methods and approaches. Oxford: Oxford University Press, 191-210.

1973 Preparing social stratification data for path analysis. In: MÜLLER, Walter; MAYER, Karl Ulrich (Hg.): Social stratification and career mobility. Paris, The Hague: Mouton, 189-211.

ECKLAND, Bruce C.
1968 Theories of mate selection. In: Eugenics Quarterly, 15-2, 71-84

EISENSTADT, S.N.
1968 Prestige, participation and strata formation. In: JACKSON, J.A. (Hg.): Social stratification. Cambridge: University Press, 62-103.

1971 Social differentiation and stratification. Glenview, Ill.: Scott, Foresman.

FEATHERMAN, David L.; HAUSER, Robert M.
1975 Prestige or socioeconomic scales in the study of occupational achievement. Working Paper 75-34, Center for Demography and Ecology, University of Wisconsin-Madison.

FEATHERMAN, David L.; JONES, Frank L.; HAUSER, Robert M.
1974 Assumptions of social mobility research in the U.S.: the case of occupational status. Working Paper 74-7, Center for Demography and Ecology, University of Wisconsin-Madison.

FELDMAN, Jacqueline; EL HOURI, Marwan
1975 Social classification from homogamy: a method based on information. In: Quality and Quantity, 9, 283-316.

GIDDENS, Anthony
1973 The class structure of the advanced societies. London: Hutchinson.

GIRARD, A.
1964 Le choix du conjoint. Paris: INED Cahier No. 44.

GIROD, Roger
1971 Mobilité sociale. Faits établis et problèmes ouverts. Genève: Librairie Droz.

GOLDTHORPE, John H.; HOPE, Keith
1973 Occupational grading and occupational prestige. In: MÜLLER, Walter; MAYER, Karl Ulrich (Hg.): Social stratification and career mobility. Paris: Mouton, 17-73.

1974 The social grading of occupations: a new approach and scale. Oxford: Oxford University Press.

GOODMAN, Leo A.
1972 A general model for the analysis of surveys. In: American Journal of Sociology, 77, 1035-1086.

1973 Causal analysis of data from panel studies and other kinds of surveys. In: American Journal of Sociology, 78, 1135-1191.

GREEN, P.E.; CARMONE, F.J.
1970 Multidimensional scaling and related techniques in marketing analysis. Boston: Allyn and Bacon.

GUTTMAN, Louis
1941 Quantification of a class of attributes. In: HORST, Paul (Hg.): The prediction of personal adjustment. New York: Social Science Research Council.

HALLER, Max
1974 Patterns and consequences of social mobility of women. Paper presented at the VIII World Congress of Sociology, Toronto, August 19-23, 1974.

HANDL, Johann
1975 Methodische Probleme bei der Auswertung der Mikrozensus-Zusatzerhebung 1971. SPES-Arbeitspapier Nr. 31.

HEMPEL, Carl G.
1965 Typologische Methoden in den Sozialwissenschaften. In: TOPITSCH, Ernst (Hg.): Logik der Sozialwissenschaften. Köln/Berlin: Kiepenheuer und Witsch, 85-103.

HERZ, Thomas
1977 Die Erfassung des Berufs in der deutschen Umfrageforschung - dargestellt am Beispiel der Zentralarchivbestände. In: PAPPI, Franz U. (Hg.): Hintergrundsmerkmale für allgemeine Bevölkerungsumfragen. Schriftenreihe des Zentrums für Umfragen, Methoden und Analysen (ZUMA), erscheint 1977.

HOLTMANN, Dieter
1974 Multidimensionale Skalierung. Methode und ihre Anwendung in den Sozialwissenschaften. Dissertation Köln.

HOPE, Keith (Hg.)
1972a The analysis of social mobility. Oxford: Oxford University Press.

HOPE, Keith
1972b Marriage markets in the stratification system. In: HOPE, Keith (Hg.): The analysis of social mobility. Methods and approaches. Oxford: Oxford University Press, 105-120.

HUNT, Thomas C.
1940 Occupational status and marriage selection. In: American Sociological Review, 5, 495-504.

JÄGGI, Urs
1976 Sozialstruktur und politische Systeme. Köln: Kiepenheuer und Witsch.

JANOWITZ, Morris
1958 Soziale Schichtung und Mobilität in Westdeutschland. In: Kölner Zeitschrift für Soziologie und Sozialpsychologie, 10, 1-38.

JOHNSON, Stephen C.
1967 Hierarchical clustering schemes. In: Psychometrika, 32, 241-254

KLAHR, David
1969 A Monte Carlo investigation of the statistical significance of Kruskal's nonmetric scaling procedure. In: Psychometrika,34, 319-330.

KLEINING, Gerhard; MOORE, Harriett
1968 Soziale Selbsteinstufung (SSE). Ein Instrument zur Messung sozialer Schichten. In: Kölner Zeitschrift für Soziologie und Sozialpsychologie, 20, 502-552.

KRUSKAL, J.B.
1964a Multidimensional scaling by optimizing goodness of fit to a nonmetric hypothesis. In: Psychometrika, 29, 1-27.

1964b Nonmetric multidimensional scaling: a numerical method. In: Psychometrika, 29, 115-129.

LAUMANN, Edward O.
1966 Prestige and association in an urban community. An analysis of an urban stratification system. New York: Bobbs-Merrill.

1973 Bonds of pluralism: the form and substance of urban social networks. New York: Wiley.

LAUMANN, Edward O.; PAPPI, Franz U.
1973 New directions in the study of community elites. In: American Sociological Review, 38, 212-230.

1976 Networks of collective action: a perspective on community influence systems. Quantitative Studies in Social Relations Series. New York: Academic Press.

LAUMANN, Edward O.; VERBRUGGE, Lois M.; PAPPI, Franz U.
1974 A causal modelling approach to the study of a community elite's influence structure. In: American Sociological Review, 39, 162-174.

LENGSFELD, Wolfgang
1976 Vergleich der Schulausbildung von Kindern mit der ihrer Eltern. In: Zeitschrift für Bevölkerungswissenschaft, 1, 55-72

LOCKWOOD, David
1958 The blackcoated worker. A study in class consciousness. London: Allan/Unwin.

LUTZ, Burkart
1976 Personalstruktur und Arbeitsorganisation in deutschen und französischen Betrieben - eine empirische Analyse des Zusammenhangs zwischen Bildungssystem und betrieblicher Arbeitsteilung. Manuskript.

MACDONALD, Kenneth I.
1972 MDSCAL and distances between socio-economic groups. In: HOPE, Keith (Hg.): The analysis of social mobility. Methods and approaches. Oxford: Oxford University Press, 211-234.

MATRAS, Judah
1975 Social inequality, stratification and mobility. Englewood Cliffs, N.Y.: Prentice-Hall.

MAYER, Karl Ulrich
1975 Soziologische Mobilitätsforschung. In: WIEHN, Erhard; MAYER, Karl Ulrich: Soziale Schichtung und Mobilität. München: Beck, 122-155.

1977 Sozio-ökonomische Gliederung und Klassifikation der Berufe. In: PAPPI, Franz U. (Hg.): Hintergrundsmerkmale für allgemeine Bevölkerungsumfragen. Schriftenreihe des Zentrums für Umfragen, Methoden und Analysen (ZUMA), erscheint 1977.

MAYER, Karl Ulrich; MÜLLER, Walter
1971 Progress in social mobility research? In: Quality and Quantity, 5-1, 141-178.

1976a Soziale Ungleichheit, Prozesse der Statuszuweisung und Legitimitätsglaube. In: HÖRNING, Karl H. (Hg.): Soziale Ungleichheit. Strukturen und Prozesse sozialer Schichtung. Darmstadt/Neuwied: Luchterhand, 108-134.

1976b Soziale Ungleichheit und Prozesse der Statuszuweisung. In: LEPSIUS, R.M.(Hg.): Zwischenbilanz der Soziologie. Verhandlungen des 17. Deutschen Soziologentages. Stuttgart: Enke, 243-257.

MAYNTZ, Renate
1958 Soziale Schichtung und sozialer Wandel in einer Industriegemeinde. Eine soziologische Untersuchung der Stadt Euskirchen. Stuttgart: Enke.

McFARLAND, David M.; BROOM, Daniel J.
1973 Social distance as a metric: a systematic introduction to smallest space analysis. In: LAUMANN, Edward O.: Bonds of pluralism: the form and substance of urban social networks. New York: Wiley, 213-253.

MOORE, Harriett; KLEINING, Gerhard
1960 Das soziale Selbstbild der Gesellschaftsschichten in Deutschland. In: Kölner Zeitschrift für Soziologie und Sozialpsychologie, 12-1, 86-119.

MÜLLER, Walter
1972 Bildung und Mobilitätsprozeß - eine Anwendung der Pfadanalyse. In: Zeitschrift für Soziologie, 1-1, 65-84.

1974 Education and class structure in West-Germany. SPES-Arbeitspapier Nr.32.

1975 Familie, Schule und Beruf. Soziale Mobilität und Prozesse der Statuszuweisung in der Bundesrepublik. Opladen: Westdeutscher Verlag.

MÜLLER, Walter; MAYER, Karl Ulrich
1975 Social stratification and stratification research in the Federal Republic of Germany 1945-1975. SPES-Arbeitspapier Nr. 38.

1976 Chancengleichheit durch Bildung? Untersuchungen über den Zusammenhang von Ausbildungsabschlüssen und Berufsstatus. Deutscher Bildungsrat. Studien und Gutachten der Bildungskommission Bd. 42. Stuttgart: Klett.

NEURATH, Paul
1974 Grundbegriffe und Rechenmethoden der Statistik für Soziologen. In: KÖNIG, René (Hg.): Handbuch der empirischen Sozialforschung. Dritter Teil. Grundlegende Methoden und Techniken. Bd. 3b. 3., umgearbeitete und erweiterte Auflage. Stuttgart: Enke.

OFFE, Claus
1969 Politische Herrschaft und Klassenstrukturen. In: KRESS, Gisela; SENGHAAS, Dieter (Hg.): Politikwissenschaft. Frankfurt: Europäische Verlagsanstalt, 155-189.

OLDMAN, David; ILLSLEY, Raymond
1966 Measuring the status of occupations. In: Sociological Review, 14, 53-72.

PAPPI, Franz U.
1973 Sozialstruktur und soziale Schichtung einer Kleinstadt mit heterogener Bevölkerung. In: Kölner Zeitschrift für Soziologie und Sozialpsychologie, 25-1, 23-73.

1976 Soziale Schichten als Interaktionsgruppen. Zur Messung eines "deskriptiven" Schichtbegriffs. In: LEPSIUS, Rainer M. (Hg.): Zwischenbilanz der Soziologie. Verhandlungen des 17. Deutschen Soziologentages. Stuttgart: Enke, 223-242.

PAPPI, Franz U.; LAUMANN, Edward O.
1974 Gesellschaftliche Wertorientierung und politisches Verhalten. In: Zeitschrift für Soziologie, 3-2, 157-188.

PARKIN, Frank
1974 Strategies of social closure in the maintenance of inequality. In: PARKIN, Frank (Hg.): The social analysis of class structure. London: Tavistock, 1-18.

PROJEKT KLASSENANALYSE
1974 Materialien zur Klassenstruktur der BRD. Westberlin: Verlag für das Studium der Arbeiterbewegung GmbH.

RAMSØY, N.Rogoff
1966 Assortative mating and the structure of cities. In: American Sociological Review, 31,773-786.

REUBAND, Karl-Heinz
1975 Zur Existenz schichtähnlicher Gruppierungen im interpersonalen Präferenzgefüge. In: Kölner Zeitschrift für Soziologie und Sozialpsychologie, 27-2, 293-311.

RITSERT, Jürgen; ROLSHAUSEN, Claus
1973 Zur Sozialstruktur der Bundesrepublik Deutschland. In: MESCHKAT, Klaus; NEGT, Oskar: Gesellschaftsstrukturen. Frankfurt: Suhrkamp, 13-40.

RUNCIMAN, W.G.
1974 Towards a theory of social stratification. In: PARKIN, Frank (Hg.): The social analysis of class structure. London: Tavistock, 55-101.

SCHEUCH. Erwin K.
1961 Sozialprestige und soziale Schichtung. In: GLASS, David W.; KÖNIG, René (Hg.): Soziale Schichtung und soziale Mobilität. Kölner Zeitschrift für Soziologie und Sozialpsychologie, Sonderheft 5, 65-103.

SHEPARD, Roger N.
1962 The analysis of proximities: multidimensional scaling with an unknown distance function. In: Psychometrika, 27, 125-139; 219-246.

SHEPARD, Roger N.; ROMNEY, A. Kimball; NERLOVE, Sarah B. (Hg.)
1972 Multidimensional scaling. Bd. 1,2. London: Seminar Press.

SHILS, Edward

1965 Charisma, order, and status. In: American Sociological Review, 30, 199-213.

1966 Class. In: Encyclopaedia Britannica. Chicago: Benton Publ., 873-875.

1967 The stratification system of mass society. In: SINGH, V.B.; BALJIT (Hg.): Social and economic change. Bombay: Allied Publishers Private, 163-177.

1968 Charisma. In: SILLS, David L. (Hg.): The International Encyclopedia of the Social Sciences, Bd.2, 386-390.

1968 Deference. In: JACKSON, John A. (Hg.): Social stratification. Cambridge: Cambridge University Press, 104-132.

1975 Center and periphery: essays in macrosociology. Selected papers of Edward Shils. Bd.2. Chicago: University of Chicago Press.

SLOMCZYNSKI, Kazimierz
1970 Socio-occupational differentiation and education, authority, income and prestige. 7th World Congress of Sociology, Varna 1970.

SODEUR, Wolfgang
1974 Empirische Verfahren zur Klassifikation. Stuttgart: Teubner.

STATISTISCHES BUNDESAMT
1964 Stichprobenplan des Mikrozensus. In: Fachserie A, Bevölkerung und Kultur, Reihe 6: Erwerbstätigkeit, I. Entwicklung der Erwerbstätigkeit. Stuttgart und Mainz: Kohlhammer, 8-34.

1975 Berufliche und soziale Umschichtung der Bevölkerung. In: Bevölkerung und Kultur, Reihe 6: Erwerbstätigkeit. Stuttgart und Mainz: Kohlhammer.

STEIGER, Horst; TEGTMEYER, Heinrich
1975 Sozialstruktur im Wandel. In: Zeitschrift für Bevölkerungswissenschaft, 2, 14-38.

TEGTMEYER, Heinrich
1976a Berufliche und soziale Umschichtung der Bevölkerung. Methodische Anmerkungen zur Planung, Durchführung und Aufbereitung der Befragung. In: Zeitschrift für Bevölkerungswissenschaft, 1, 4-33.

1976b Die soziale Schichtung der Erwerbstätigen in der Bundesrepublik Deutschland. In: Zeitschrift für Bevölkerungswissenschaft, 1, 34-54.

TJADEN-STEINHAUER, Margarete; TJADEN, Karl H.
1973 Klassenverhältnisse im Spätkapitalismus. Stuttgart: Enke.

TREIMAN, Ronald J.; TERRELL, Kermit
1975 Sex and the process of status attainment: a comparison of working women and men. In: American Sociological Review, 40, 174-200.

TYREE, Andrea
1973 Mobility ratios and association in mobility tables. In: Population Studies,27, 577-588.

TYREE, Andrea; TREAS, Judith
1974 The occupational and marital mobility of women. In: American Sociological Review, 39, 293-302.

WEBER, Max
1964 Wirtschaft und Gesellschaft. Köln/Berlin: Kiepenheuer und Witsch.

WELTZ, Friedrich; SCHMIDT, Gert; SASS, Jürgen
1974 Facharbeiter im Industriebetrieb. Frankfurt: Athenäum.

WILENSKY, Harold L.
1960 Work, careers, and social integration. In: International Social Science Journal, 12, 543-560.

1961 Orderly careers and social participation: the impact of work history on social integration in the middle mass. In: American Sociological Review, 29, 173-197.

WILSON, Thomas P.
1974 Critique of ordinal variables. In: BLALOCK, Hubert M. jr. (Hg.): Causal models in the social sciences. Chicago: Aldine, 415-431.

ZIEGLER, Rolf
1973 Typologien und Klassifikationen. In: ALBRECHT, G.; DAHEIM, H.; SACK, F. (Hg.): Soziologie. Opladen: Westdeutscher Verlag, 11-47.

Wolfgang Zapf (Hg.)

SOZIALE INDIKATOREN

Konzepte und Forschungsansätze
Sektion Soziale Indikatoren in der Deutschen Gesellschaft für Soziologie

Im engeren Sinne handelt es sich bei Sozialen Indikatoren um die Entwicklung von Meßgrößen zur Struktur- und Ergebnisanalyse in zentralen gesellschaftlichen Lebensbereichen, und um die Entwicklung eines sozialen Sytems dieser Meßgrößen.

Band I. 1974. 303 Seiten, Pbck.
Aus dem Inhalt: Vorhaben der Bundesregierung, des Statistischen Bundesamtes und von Regierungskommissionen - Laufende Projekte an Universitäten und Forschungsinstituten - Kommentare aus der Sicht der Nationalökonomie und der politischen Wissenschaft.

Band II. 1974. 308 Seiten, Pbck.
Aus dem Inhalt: Datenhandbücher für die BRD - Zu einer Theorie sozialer Indikatoren - Politik und Knappheit - Zur Problematik sozialer Indikatoren - Subjektive Indikatoren der Lebensqualität, der Arbeitswelt - Konstruktion sozialer Indikatoren - "Corporate Social Auditing"

Band III. 1975. 357 Seiten, Pbck.
Aus dem Inhalt: Methoden der Sozialberichterstattung - Soziale Indikatoren für die BRD - Indikatoren des Gesundheitsbereichs - Indikatoren zur "Humanisierung des Arbeitslebens"

GESELLSCHAFTSPOLITISCHE ZIELSYSTEME

Band IV. 1976. 283 Seiten, Pbck.
Im ersten Teil werden drei bereichsübergreifende Zielsysteme diskutiert: Forschungen über Wertstrukturen, Wertwandel und gesamtgesellschaftliche Simulationsmodelle.
Im zweiten und dritten Teil werden bereichsspezifische Probleme untersucht. Mehrere Beiträge untersuchen das Bildungswesen der Bundesrepublik. Je ein Beitrag gilt Arbeitsmarkt- und Beschäftigungsbedingungen und der Versorgung alter Menschen.